〈災後〉の記憶史

メディアにみる関東大震災・伊勢湾台風

Koki Mizuide
水出幸輝

人文書院

〈災後〉の記憶史　目次

第Ⅱ部

第四章　平凡な「魔の九月二十六日」
――伊勢湾台風の忘却　211

第Ⅲ部

〈災後〉の記憶史――メディアにみる関東大震災・伊勢湾台風

はじめに

重層的な〈災後〉

二〇一一年三月一一日、東日本大震災。〝あの時〟を、時代の画期とする立場がある。

「災後」ということばがその象徴だろう。東日本大震災復興構想会議（内閣官房）の議長代理を務めた御厨貴のことばである。「「戦後」が終わり、「災後」が始まる」と述べ、長い「戦後」の次に来る、新たな時代を、「災後」と名付けた[1]。だが、「一年もたつと『「戦後」は終わらず、「災後」は始まらず』と慨嘆したくなる気分が我々を襲った」と御厨自身が嘆くように[2]、問題意識は広く共有されなかったのかもしれない。「災後」という言葉もそれほど社会で流通しなかった。

とはいえ、「災後」を冠した書籍はいくつか刊行されている。御厨が企図したプロジェクトの成果である『「災後」の文明』（サントリー文化財団「震災後の日本に関する研究会」編、CCCメディアハウス、二〇一四年）、その執筆者の一人であった佐藤卓己による『災後のメディア空間　論壇と時評2012-2013』（中央公論新社、二〇一四年）、あるいは、吉見俊哉の時評集『戦後と災後の間　溶融するメディアと社会』（集英社新書、二〇一八年）など、主に東日本大震災後の時代状況／時代精神を示す言葉として使用されてきた。

「震災後」ではなく、「災後」。「戦後」に対応する「災後」である。「戦後」といえば、第二次世界大戦

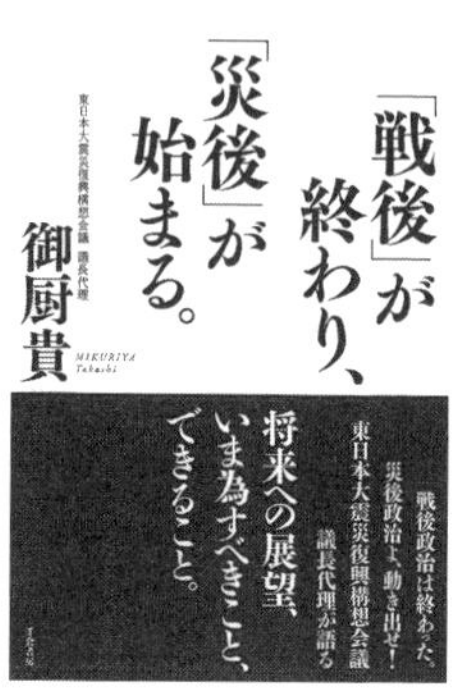
「戦後」が終わり、
「災後」が始まる。
東日本大震災復興構想会議 議長代理
御厨貴
MIKURIYA Takashi
戦後政治は終わった。
災後政治よ、動き出せ！
東日本大震災復興構想会議
議長代理が語る
将来への展望、
いま為すべきこと、
できること。

図はじめに-1　御厨貴『「戦後」が終わり、「災後」が始まる。』（千倉書房、2011年）

後がイメージされるのと同様に、「災後」には、〃東日本大震災後〃というイメージがまとわりつく。

別の見立てもある。社会学者の仁平典宏は、御厨の「災後」という言葉を受け、以下のように記す。

> しかし将来の歴史家は、果たして今この時点を「災後」と記述するだろうか。そうならばいいと思う。だが我々を取り巻いているのは、近い将来、より大きなカタストロフィが来るかもしれないという不安ではないだろうか。言い換えれば、将来の歴史家によって、今が「二つの災害に挟まれたつかの間の平時」＝〈災害間〉と記述されうる不安である。(3)

第二次世界大戦以来、日本は総力戦で挑む戦争を経験していない。だから、長い「戦後」はあり得たが、巨大な自然災害は、人びとの意思とは無関係にくり返し発生するものだ。「次の災厄は未だ起きていない」（同前、傍点引用者）だけである。それゆえに、より長期的な視点に立てば、「災後」ではなく「災間」と呼ぶべき状況なのだ。「激甚的な被害があった被災地以外、変わらぬ日常が連綿と続いている。どこか間延びした、袋小路に入り込んだような平凡な日常」。未だ起きていない次の災厄との間。「我々は〈以後〉ではなく〈間〉を生きている」(4)。このように、仁平は東日本大震災後の社会を「災後」ではなく「災間」と捉え、次の災厄に備えて社会に「溜め」を用意しておくべきだと論じた。

どの時点に軸足を置いて議論するかによって、用語が変化する。前者（災後）は、二〇一一年三月一一日を起点に、その後の社会を考える。後者（災間）は、東日本大震災から次の巨大災害が発生するまでの「間」に身を置き、社会のあり方を考えようとする。いずれにせよ、問題意識の起点は二〇一一年

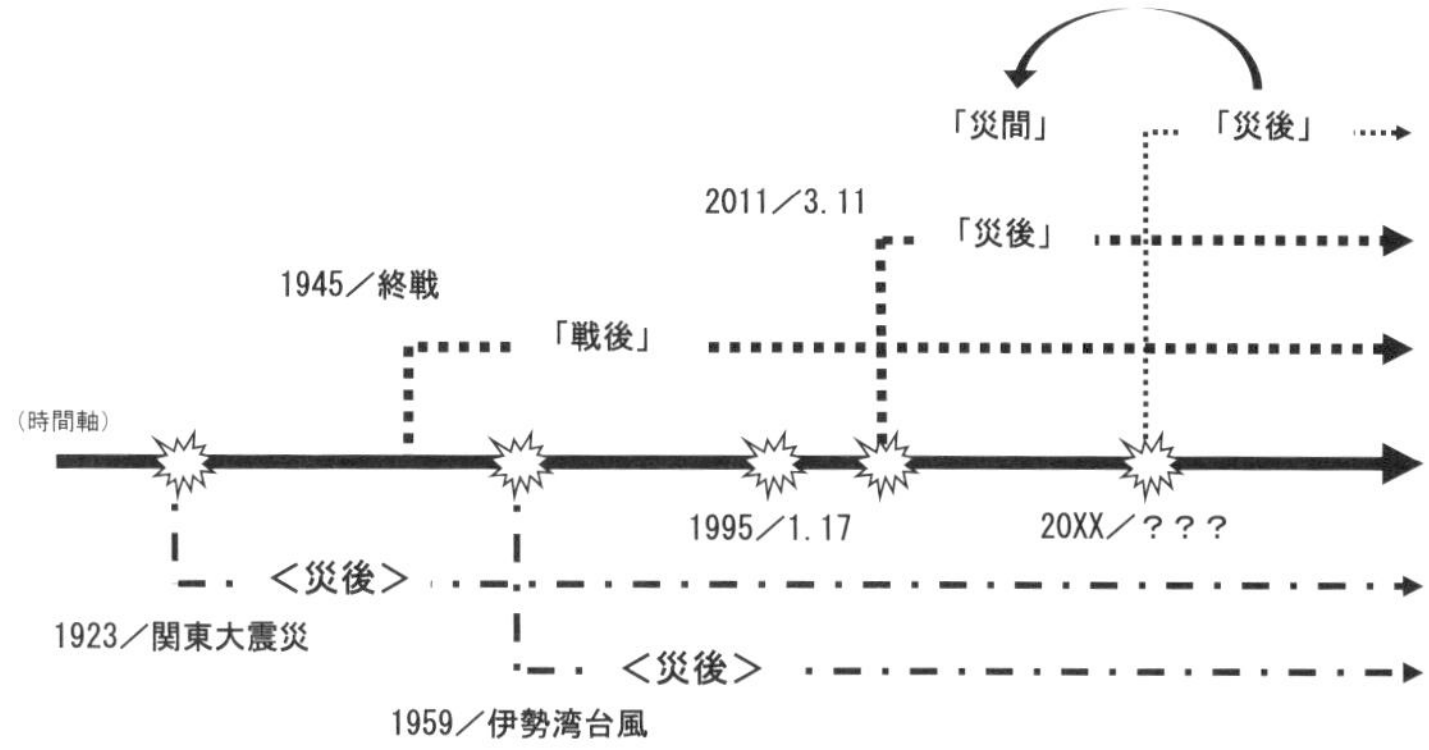

図はじめに－2　重層的な〈災後〉（筆者作成）

三月一一日にある。そして、どちらも東日本大震災後の日本を考察するための、有用な視角だろう。

　だが、そうした現在形の問題意識からあえて逃れることで、現在的な状況を別の角度から顧みることもできるはずだ。「災間」がくり返し訪れるように、「災後」も繰り返し、重層的に存在してきた（図はじめに－2）。この重層性に着目すれば、東日本大震災の後に語られた「災後」という時代状況は、「戦後」ではなく、より長い〈災後〉との対応で把握することも可能となる。

　例えば、関東大震災（一九二三年）。発災直後の様子を対比するために、東日本大震災後にもたびたび持ち出されていたが、私たちは、関東大震災の長い〈災後〉を生きている。状況の比較対象としてではなく、関東大震災の〈災後〉との関わりで、東日本大震災の「災後」はどのように考えたらよいのだろうか。

　あるいは、日本災害史を顧みたときに、見過ごすべきではない重要な災害に伊勢湾台風（一九五九年）がある。「災害大国」を自称する日本を襲った、戦後最悪の台風だ。関東大震災の〈災後〉の上に、さらに伊勢湾台風の〈災後〉が積み重なっている。東日本大震災や阪神・淡路大震災（一九九五年）だけではない。こうした重層的な〈災後〉の上に、現代的な「災後」が存在するのだ(5)。

「災後」と「災間」の現在

注目すべきは、災害を想起する営みである。

人気ロックバンドRADWIMPSは、ほぼ毎年、三月一一日に合わせ、インターネット上で楽曲を公開してきた(6)。作詞・作曲を手がける野田洋次郎は、被災地出身でもなければ、直接的な被災体験も持たない。それでも想いを込め、三月一一日にフォーカスした曲をつくることについて、以下のように語る。

すべての人が、やっぱりそれまでとは、なんて言うんだろ……その前日と、三月一〇日とは、全く違う、やっぱりこう……自分になったと思うんですよね。やっぱり、あの出来事を経験して。僕自身、やっぱり当然そうだったし、「この気持ちは残さなきゃ」と思ったんですよね。ただただ自然なこととして。

被災しなかった僕らみたいな人は曲をきっかけで、本当にとてつもないことが日本で起きたことを忘れないで欲しいし、いつか自分の身に起きるなにか〔に対して、〕毎年その思いを新たにする日であってほしい(7)。

二〇一一年三月一一日の前と後。「いつか自分の身に起きるなにか」。「災後」と「災間」の時代感覚が、端的に語られている。そして、彼らを突き動かしているのはまぎれもなく東日本大震災の衝撃だ。あの出来事を経験した気持ちを残し、忘れないために、三月一一日を意味付けようとしている。忘れないこと、記憶を残すことに重きが置かれている。

「災後」の社会において、こうした営みは多くの支持を得るだろう。現代的な感覚をもってすれば、災害の記念日は重要な意味を持つからだ。実際に、三月一一日を記念日に見立て、記憶を留めようとする営みは、「災後」の社会で（今のところ）広く受け入れられているようにみえる。三月一一日に意味を込めようとする試みは、ＲＡＤＷＩＭＰＳに限るものではない。

しかし、過去の巨大災害の記念日を、被災体験の有無にかかわらず、全国的規模で想起するという営みは、果たして自明なものなのだろうか？　こうした営みは、いつの時代にも支持を得てきたのだろうか？

答えは、否である。さらにいえば、毎年の記念日に想起することの重みを、広く社会で受け止めようとすることは、三・一一の衝撃だけが可能にしているわけではない。現代日本の災害認識は、東日本大震災や阪神・淡路大震災といった、近年の巨大災害のみに規定されるものではないからだ。東日本大震災の「災後」は、より長い〈災後〉に規定されている。現代的な認識は、重層的な〈災後〉の上にある。〈災後〉の記憶史を辿ることで、この事実を紐解いていこう。

注

（1）東日本大震災から約一年の間に御厨貴が発表した文章・対談などをまとめた書籍のタイトルは、『「戦後」が終わり、「災後」が始まる。』（千倉書房、二〇一一年）である。

（2）御厨貴「『「災後」の文明』のリアリティを求めて」サントリー文化財団「震災後の日本に関する研究会」編『別冊アステイオン　「災後」の文明』ＣＣＣメディアハウス、二〇一四年、八頁。

（3）仁平典宏「〈災間〉の思考　繰り返す３・11の日付のために」赤坂憲雄・小熊英二編『辺境から始まる　東京

／東北論』明石書店、二〇一二年、一一三頁。
（4）同前、一二四頁。
（5）本書では、御厨貴らが語る東日本大震災後の時代状況／時代精神を示す場合に「災後」と記す。これに対し、関東大震災や伊勢湾台風など、それ以前に発生した巨大災害後の時代状況／時代精神を示す場合は〈災後〉と表記する。
（6）東日本大震災が発生した三月一一日と結びつけて発表された楽曲は以下の通り。『白日』（二〇一一年）、『ブリキ』（二〇一三年）、『カイコ』（二〇一四年）、『あいとわ』（二〇一五年）、『春灯』（二〇一六年）『空窓』（二〇一八年）、『夜の淵』（二〇一九年）。ＲＡＤＷＩＭＰＳの公式ホームページで聴くことが出来る（https://radwimps.jp/）【二〇一九年三月一九日取得】。
（7）二〇一九年三月一一日放送の「ＮＨＫニュース７」。野田洋次郎のコメントについては、ＮＨＫ ＮＥＷＳ ＷＥＢにアップされているものを参考に補足している（https://www3.nhk.or.jp/news/html/20190318/k10011852011000.html）【二〇一九年三月一九日取得】。

序章

災害の来し方、行く末

日本社会は災害[1]の記憶をいかに語ってきたのだろうか？

逆説のない、シンプルな問いである。しかし、十分な検証は進んでいない。過去の災害はどのように語られたり、語られなかったりするのか。災害の記憶認識は時代ごとにどのように変化してきたのか。こうした問いへの回答は、これまで用意されてこなかった。

もっとも、東日本大震災（二〇一一年）を経て、災害の記憶への関心は高まっている。復興計画にも、記憶を残す営みが据えられた[2]。しかし、災害の記憶についての議論は、阪神・淡路大震災（一九九五年）や東日本大震災の記憶を〝どう残していくのか〟というものがほとんどである。一九九五年以前に発生した巨大災害がこれまでどのように記憶されてきたのか、あるいは、どのように忘却されてきたのかを問い直していく作業には手が付けられていない。つまり、過去の災害を〝どのように残してきたか〟というプロセスについてはほとんど目が向けられてこなかった。記憶の「行く末」に対し、「来し方」への関心が低いといえる。

こうした傾向は、記憶の「行く末」が現在の問題関心に基づくものであるからだろう。東日本大震災の後、『マス・コミュニケーション研究』（日本マス・コミュニケーション学会）で組まれた特集「震災後のメディア研究、ジャーナリズム研究」において、林香里は「メディア研究から見る東日本大震災の特徴」を五点列記している。その三点目に、デジタル情報化によって情報収集、保存、検索、利用が格段に容易となり、「東日本大震災は蓄積された情報をもとに後年多くの人による検証を受けることが可能になった」ことを挙げ、以下のように述べた。

> これまでになく資料の収集、保存のあり方が問われる災害であり、メディア研究、ジャーナリズム研究のノウハウが生かされ得る災害である。とくに災害の規模が大きいだけに、映像、音声、印刷物などさまざまな形の記録は膨大である。また、マスメディアだけでなく、東京電力、政府をはじめ地元の警察や消防、自衛隊による映像、そして市民たちによる個人的なビデオや写真も、貴重な資料だ。これらをどのように保存し後世に伝えていくか、そして、それをどのような形で利用に供するか。こうした点については、国を挙げて制度的な保存への動きが必要であろう。これは、メディア研究にとっても、大きなチャレンジである。[3]（傍点引用者）

災害の被害規模、技術革新と比例するように、災害の記録が膨大なものとなった。そうした記録といかに向き合っていくのかがメディア研究にとっての課題であり、「大きなチャレンジ」でもあるという。そして、「これらをどのように保存し後世に伝えていくか」が課題の一つに挙げられた[4]。東日本大震災の記憶が生々しいうちに、生々しい記録をアーカイブしておこうとする活動が注目を集め、記憶の「行く末」は盛んに議論されていく。

しかし、こうした現在の問題関心をより深めていくためには、〝どのように残してきたか〟という「来し方」を辿る作業も重要な意味を持つはずだ。いやむしろ、「来し方」を正確に把握していなければ、「行く末」を見誤りかねないだろう。だが、災害の記憶への関心が高まっている現代社会においても、これまで災害の記憶がいかに語られてきたかを追跡する作業は試みられてこなかった。「災害大国」、「地震大国」と自称する日本社会は、いったいどのように過去の災害を想起し、未来の災害を想像してきたのだろうか。この問題を解くために、本書では、「集合的記憶」[5]の概念を手がかりとして、日本社会における災害認識の変遷を通時的に検証していく。対象としたのは「国民的物語」[6]として扱われる関東大震災（一九二三年）と、阪神・淡路大震災まで戦後最悪の災害であった伊勢湾台風（一九五九年）である。この二つの巨大災害を軸に、日本社会が災害の記憶をいかに語ってきたかを追跡していく。

先行研究との差異[7]

（一）廣井脩『災害と日本人』

災害の記憶研究に対し、戦争の記憶研究には膨大な蓄積がある。研究史レベルでは、「戦争の記憶」ブームともいえる現象が一九九五年前後に訪れていた[8]。戦争体験や戦争観、記憶の系譜については、吉田裕『日本人の戦争観　戦後史のなかの変容』（岩波現代文庫、一九九五＝二〇〇五年）や成田龍一『「戦争経験」の戦後史　語られた体験／証言／記憶』（岩波書店、二〇一〇年）、福間良明『「戦争体験」の戦後史　世代・教養・イデオロギー』（中公新書、二〇〇九年）などがある。そこでは時代ごとの戦争語りを広く見渡し、通時的な整理が行われてきた。知識人の言論、投書、世論調査、戦記物など扱う資料は多岐にわたっている。また、福間良明の『焦土の記憶　沖縄・広島・長崎に映る戦後』（新曜社、二〇一一年）では、戦後日本の主要な戦争語りと、沖縄、広島、長崎における戦争語りの比較が試みられた。問題の範囲は通時的な変容だけでなく、地域間の偏差にまで拡げられている[9]。

「戦争の記憶」ブームの背景には、敗戦から五〇年が経過し体験者が減りはじめたこと、研究者の世代が代わり、「過去の戦争の経験が、もはやその当事者でないことを自明の前提とするところから対象化され分析されるようになった」ことなどがある。[10] これに対し、一九二三年に発生した関東大震災は一九七三年に五〇周年を迎えるが、〝関東大震災の記憶研究ブーム〟は訪れなかった。[11] 現代の戦争研究が主な対象とする第二次世界大戦に対し、災害が地域限定的な事象であるという問題も影響しているのだろうか。災害研究に戦争研究ほどの厚みはない。

だが、〝災害と日本人〟の関連を検証しようとした試みは存在する。一九八六年に刊行された、廣井脩の『災害と日本人　巨大地震の社会心理』（時事通信社、一九八六年）である。廣井は「災害社会学の第一人者というより、日本における草分け」[12] と評される人物で、災害研究者として重要な位置を占めている。『毎日新聞』の追悼記事で、「廣井脩さんほど、取材を通じお世話になったマスコミ人の多い学者はいないのではないか」と記されたように、メディアでも活躍した。[13] 同書は、阪神・淡路大震災（一九九五年）の後、新たに「補章　阪神大震災を実地調査して」を加えた新装版を刊行。[14]「日本人の災害観」という興味深いテーマに切り込んだ著作であった。[15]

廣井によれば、「日本人の災害観」および「災害観」とは、以下のように説明されるものである。

> 大災害のたびに繰り返されるこのような経験を通じて、われわれ日本人のなかには、災害についてのある共通の観念が形成されてきた。そしてそれは、日本人がもっている宗教観や自然観とも、深く関わりながら形づくられてきたと考えられる。わたしはこうした観念を「日本人の災害観」と呼ぶことにしている。
>
> ここでいう災害観とは、人々が災害というものをどうみているか、災害についてどんな意識をもっているかというような、「災害に関する人々の基本的観念」を意味している。[16]（傍点引用者）

大規模な自然災害にくり返し襲われてきた日本人は、独自の「災害観」を有しており、それは、「災害に関する人々の基本的観念」であるという。社会心理学が対象としてきた「災害意識」に近い概念といえるだろう。

だが、廣井は「災害観と災害意識とは違う」とも述べていた。「災害意識」が「具体的かつ個別的災害に関する意識」を対象としているのに対し、「災害観」は、「災害一般、つまり「災害なるもの」についての観念」とされている。「災害観」は「災害意識」そのものを規定する要因になりうるもので、「災害意識」よりも、「もうひとつ深層にある意識」だと述べ、図序-1を示した。

つまり、「災害観は、災害一般についての観念であるとともに、災害関心や災害不安などの災害意識を規定する基本的な観念と考えられる」ものであった(17)。このような、「災害意識」を規定し得る「災害観」を解き明かすことが、『災害と日本人』を貫くテーマである。

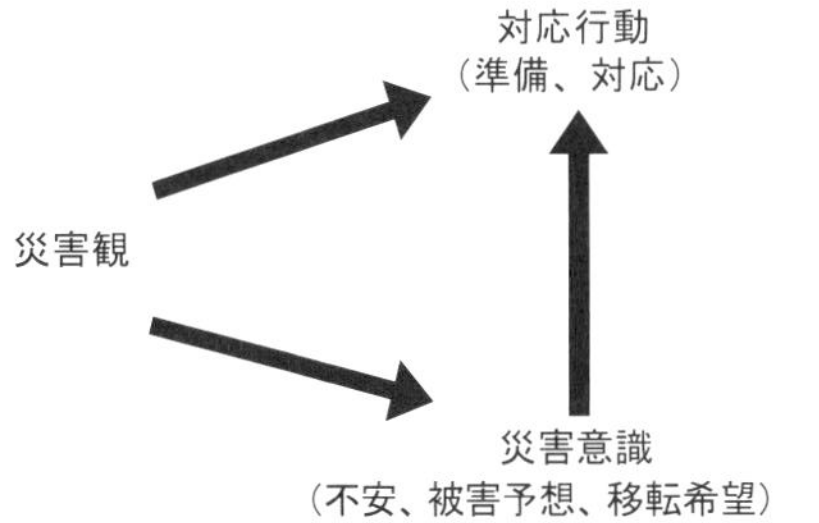

図序-1　災害観、災害意識、および対応行動の関係（廣井脩『新版　災害と日本人』、7頁より）

ただし、同書は災害についての歴史観や記憶が問題とされるものではない。災害発生時に人びとがどのように災害を認知するか、という問題が議論の中心に置かれている。日本人と災害の関係が通時的に検証されたわけではなかった。代表的な災害として関東大震災を挙げ、発災直後に生み落とされた資料をもとに、「日本人の災害観」として「天譴論」、「運命論」、「精神論」の三つのパターンを抽出。その後、現代社会にも適応可能なものなのかどうかを同時代のアンケート調査と照らし合わせ、検討している。『災害と日本人』というよりも〝発災と日本人〟というべきものである。「日本人の災害観」という言葉は、吉田裕の著作である『日本人の戦争観』と酷似しているが、「歴史観」や「戦争の記憶」を分析の対象に据えた吉田とは明らかに問題意識が異なっていた。これは、戦争が過去のものとして相対化されたのに対し、災害の場合は、現代社会に起こりうる問題として議論される側面が強いためだろう。「災害大国」を自称する日本にとって、災害は目の前の課題なのである。「災害大国」であるがゆえに、記憶ではなく防災・減災という目の前の課題への対応が求められるのだ。過去の災害を議論する場合でも、現代の防災・減災との直接的な関連が強く求められる傾向は、研究対象に規定された災害研究の特性だといえる。

いずれにせよ、廣井の議論における「災害」は、発災時に限定されてしまっていた。過去の災害を事例として、発災時に現れる人びとの反応・行動を掘り起こす試みはこれまでにも存在しているが[18]、災害の記憶語りを手がかりに、〝災害と日本人〟の検討を試みた研究は現在まで存在していない。

（二）災害情報論

注意しておきたいのは、災害を時間限定的なものとして捉えるという発想が廣井に限るものではない、ということである。これは、防災・減災への寄与を目的に掲げる災害情報論を中心とした、災害を対象とするメディア研究全体の傾向でもあった。

阪神・淡路大震災を経た一九九七年に、廣井は社会科学における災害研究の成り立ちを踏まえながら、災害を対象としたメディア研究について以下のように指摘している。

理学や工学など自然科学的な災害研究は長い歴史をもっているが、人文社会科学、とりわけコミュニケーション論的な観点からの研究は、スタートしてからまだ日が浅い。まとまりをもった恒常的な研究を開始してから、おそらく二〇年も経っていないであろう。また、もともと少数からはじまった研究者のほとんどが心理学者・社会学者であり、その研究テーマは、マスコミ報道を含む災害報道と避難行動の実態や問題点を解析し、被害の軽減に役立つ災害情報のあり方を研究したものが非常に多い[19]。

「被害の軽減に役立つ災害情報のあり方」、つまり、防災・減災のための災害情報研究が主流とされている。同論文では、災害についてのメディア研究として、「避難行動と災害警報の研究」、「情報伝達メディアの研究」、「流言とパニックの研究」、「災害報道の研究」という、四つの研究テーマが紹介された。いずれも発災時を中心とした研究で、災害情報の提供方策、災害情報システム、災害情報を提供する媒体、災害報道のあり方などが論じられている。

なお、今後の見通しとして、「人々に災害に対する正確な知識をもってもらったり（防災教育・啓蒙活動）、災害経験を後世まで伝承していく（災害文化の伝承）にはいったいどうすればいいかということが、研究の大きなテーマになる[20]」とも述べていた。災害体験や記憶の継承がテーマとして想定されている。しかし、この方向の研究はメディア研究においてほとんど蓄積されてこなかった[21]。

例えば、阪神・淡路大震災「当時の社会学的成果の総覧[22]」とも称される『阪神・淡路大震災の社会学』（全三巻）[23]は、情報・メディアについてもまとめている。その中で、震災以前に「欠落」していた研究テーマとして「被災規模が広域かつ激甚である場合の状況定義情報の収集・伝達システム」と、「生活情報」の二つの問題が挙げられていた。また、「緊急時における情報行動の過程的研究」を今後の課題としている[24]。「生活情報」は避難後に時間的局面が移行してからのものであるが、直前に発生した災害が現在進行形の課題として存在する場面であることに変わりはない。つまり、ここでも災害とメディアのかかわりは、発災直前から復旧・復興過程にかけてが中心にある。災害の記憶語りを検討するようなメディア研究が「欠落」していることは指摘されなかった。

災害を対象としたメディア研究が災害発生前後の一定期間に対象を限定するのは、自然科学だけでなく、社会科学領域の災害研究にも命を守ることが最重要課題として挙げられているからだろう。災害情報論は「減災、つまり災害による被害の軽減を、情報論の観点からアプローチする研究領域[25]」とされてきた。田中淳は研究領域の特性を、「災害研究は極めて学際的である。最終的な目的が、災害から生命を守り、資産や生活を守ることにあり、そのためにはあらゆる知を動員せざるを得ない[26]」と述べている。命を守ろうと思えば、発災時に注目しないわけにはいかない。時間限定性は必然的なものである。

つまり、災害情報研究には、わかりやすく社会的意義があるのだ[27]。それゆえ、研究は推し進められ、「災害情報関連の研究は、災害の社会科学研究の中で、大きな位置を占めてきている[28]」。災害史研究の分野でも、災害情報研究は一歩進んでいた[29]。今後、災害情報システムとしてインターネットの担う役割がますます大きくなり、災害情報研究がより一層重要なものとなっていくことは容易に予想できるだろう。だが、災害情報システムの頑健性や速報性、正確な情報伝達システムのみにメディアの有用性は限られない[30]。周年報道という形式で、一月一七日に阪神・淡路大震災が、三月一一日に東日本大震災が語られ続けているように、メディアと災害の関わりは発災直前・直後にとどまるものではないからだ。「人々の記憶の限界を超えて、時に忘れていた記憶を呼び起こす記事や番組を提供するという意味」で、マス・メディアは「人々の外部記憶装置だとも言える[31]」。

短期的な効果や効率の検証を主眼に置く災害情報論に偏重してきたメディア研究は、集合的な想起を促すメディアの長期的な機能を見落としてきた。裏を返せば、見落としてきたメディアの機能に光をあてることにより、〝災害情報の研究〟とは異なる視座で、〝災害のメディア研究〟が可能となるだろう。発災時に命を守る情報とは位相が異なるものの、本書で試みる災害とメディアの長期的な関係の検証は、メディア研究の重要な課題であるはずだ[32]。

(三) 災害文化論

とはいえ、メディア研究に限定しなければ、災害の時間軸を拡張しようとする試みはこれまでにも存在した。災害の記憶との関連を持つ、災害文化研究という領域においてである。[33]そして、そこではマス・メディアに対する期待も語られていた。

「災害文化」とは、「防災・減災にかかわる文化」とされるものである。田中重好と林春夫によれば、「防災という観点から発想された」考え方であり、「災害文化は防災のための「生活の知恵」といいかえてもよい」という。具体的には、「(一)災害の発生の予防、(二)予防しえない災害の発生の予知、(三)二次災害を含めて災害時の被害を最小限にくいとめること、(四)被災後の復旧、これら(一)~(四)を促す(あるいは、それらを阻害する)文化である」とまとめられている。[34]

日本において、災害社会学の立場から災害文化という概念を初めて導入したのは、廣井脩の浦河地震(一九八二年)についての研究だと指摘されているが、[35][36]それ以前の動向も確認可能だ。例えば、一九七二年九月一一日~一五日の期間、オハイオ州立大学の災害研究センター(Disaster Research Center)で開催された初の日米災害行動研究グループ共同セミナーにおいて、日本からの参加者が「災害文化(Disaster Subculture)」に強い関心を示した様子が報告されている。[37]この災害研究センターとは、一九六三年にオハイオ州立大学で設立された災害を専門に研究する調査機関のことである。日本の研究者との交流は、安倍北夫が「スタンフォード大学に海外研究員として席をおいたとき、文献の中でオハイオ大学の災害研究センターの所在を知り、文書によって交流を行ったの」[38]がきっかけとされる。安倍がスタンフォード大学にいたのは一九七〇年のことだった。社会科学系の日本人研究者が災害文化という概念に触れたのは、おそらくこの共同セミナーが初めてである。

なお、小松左京は一九七三年に刊行された『日本沈没』の上巻で、「戦前までに、大火や地震や水害などの数百年間を通じて形成されてきた」「巨大災害に対して、瞬間的に身を処するマナー」を「「災害文化」ともいうべきもの」と記している。[39]アカデミックな定義と大差はない。一九六〇年代、あるいは七〇年代の初めごろからアメリカの災害社会学が少しずつ日本へ輸入されるようになっていたことがわかる(40)。

この災害文化について、木村周平は「理論化の動きはまだまだ十分であると言えない」とし、問題点を三点挙げている。一点目は、先行する議論において「文化」とされるものが非常に曖昧であり、「語りの収集や住民意識の質問紙調査に終始している」こと。二点目は、「災害に関する文化の習得あるいは学習のモデルが単純な「刺激‐反応」型であり、継承における阻害などを体系立てて分析できていない」こと。三点目は、「災害に関する語りや伝承の存在がどの程度行動と結びついているか、両者の関係性について分析できていない」ことである。「「災害文化」は、従来の仕方では説明しにくいものを囲い込んだだけのブラックボックス」だと指摘された(41)。この現状理解はおおむね正しいと考えられる。問題の根底にあるのは、災害文化といいつつも、評価軸として防災・減災への寄与を採用していることだろう。「防災という観点から発想された」考え方であるため仕方のないことだが、防災に固執するあまり、問題が生じてしまっている(42)。

こうした問題を乗り越えようとする動きが存在しなかったわけではない。阪神・淡路大震災の後、田中重好は「「防災という目的に直接的に役立つ」と判断することに限定せず、日常の生活との関連性に着目することが必要である(43)」と述べ、以下のように記している。

> これまで、人文社会系の災害研究は、被災地に限定された研究であった。たとえば、発災時の行動、被害状況、行政対応が取り上げられてきた。さらに、研究は発災からの短い時間に限定されていた。確かに、災害の長期的影響の調査研究も散見されるが、全体的には、発災に時間的にも地域的にも限定された研究が大部分を占めている。また、災害の特定の側面を取り出して、それだけを分離して研究してきた(44)。（傍点引用者）

阪神・淡路大震災以前の研究が時間的にも空間的にも拡がりのない研究であったことを問題視し、「災害を、被災の場面に限定させず、発災を中心とした短期間に限定せず、さらに、災害を人々の日常生活の全体性のなかで研究する立場」として「後衛の災害研究」が構想された。「後衛の災害研究」を進めていくことによって、「災害研究は「特異な」状況として災害を研究するのではなく、われわれの生活を安全に成り立たしめるための日常社会・生活の研究と位置づけ直すこととなる」という[45]。

時間限定性についての指摘は、これまでのメディア研究にもあてはまるものだろう。本書の位置付けを考えるうえで、非常に重要な指摘である。しかしながら、ここで構想された「後衛の災害研究」、つまり、災害の社会科学的研究を時間的にも空間的にも拡張するような方向の研究が、これまで十分に深められてきたようにはみえない。

例えば、同論文は、被災地外部の人びとがメディアを通じて災害に触れることを「間接的被災体験」と呼び、阪神・淡路大震災を中心とした報道の検討を行った。被災地の外部の人びとが接するであろうメディア報道の量的変化を測定し、分類する試みは、地域的限定性から逃れるものである。しかし、調査期間は新聞を半年、雑誌を一カ月程度であり、時間軸が長期的に引き延ばされたわけではなかった。災害情報論、あるいは災害報道研究の範疇にある。

さらに、「間接的被災体験」によって社会の広い地域で災害への関心は高まったが、実際に人びとの「災害への備え」に与える影響は乏しく、このことを理由に災害文化が「風化」する危険性があると指摘した。間接的に被災した人びとが、災害への備えを充実させるかどうかが問題となっている。結局、評価基準は「災害への備え」に置かれていた。提示された課題が適切に乗り越えられているようにはみえない。

また、阪神・淡路大震災以前から、「災害文化」を継承する担い手としてマス・メディアへの期待は既に示されていた。田中重好・林春夫によれば、「災害文化」が存続するためには、同じ地域に住む人びとが災害に対する知恵を共時的に共有することと、世代を横断した通時的な共有が必要となる。しかし、都市化にともなう社会の流動化によりコミュニティが解体されたことで、共時的にも通時的にも共有が困難になりつつあるという。家族であっても、「直系家族制の解体により、世代ごとに独立した夫婦家族制に推移して」おり、一族が同じ土地に住み続けるわけではないから、家族が「伝承母体であり続けるか否か危ぶまれている」と指摘されていた(46)。

こうした問題を改善するために、四つの案を提示しているが、その一つが「マス・コミを通じての災害文化の育成」であり、以下のように記している。

常襲性のものを除いては、多くの災害因は個人にとって一回性のものであり、きわめて稀な体験である。そのため、疑似体験としての災害報道は重要な意味をもってくる。ただし、同一の災害因についても、地域によっては被災のあり方がことなるために、こうした一般的な擬似体験がローカライズされて始《ママ》めて、真の災害文化の育成につながる。このローカライゼーションにおいては、学校教育やコミュニティが重要な役割を果たすことはいうまでもない(47)。(傍点引用者)

「疑似体験としての災害報道」とは、先述の「間接的被災体験」と対応するものだろう。それゆえに、必ずしも災害とメディアの長期的な関係を想定した指摘ではないが、災害が発生していない社会におけるメディアの役割を意図した指摘として重要である。しかし、「災害文化」に関心を示すメディア研究者は存在していたが(48)、継承の担い手としてマス・メディアを検証することはなかった(49)。あくまでメディア研究の中心は災害情報論にある。

このように、災害とメディアの長期的な関わりは、「災害文化」研究において以前から積み残しの課題とされていた。「災害文化」の継承を論じる中で、マス・メディアに期待が寄せられることもあったが、具体的な検証は施されていない。そしてこれは、先述の通り、災害情報論を中心とするメディア研究が見落としていた問題と通底している。

（四）災害の記憶研究

最後に、災害の記憶研究についても整理しておこう。記憶研究が戦争に偏っていることは世界的な傾向としてしばしば指摘されており[50]、これは「災害大国」を自称する日本においても当てはまる問題である。とはいえ、戦争の記憶研究ほどではないが、災害の記憶研究も一定の蓄積が存在している[51]。

近年の成果であれば、ワイゼンフェルドが『関東大震災の想像力』（青土社、二〇一四年）において、災害の記憶が投影されたメディアを丹念に掘り起こす作業を行っている。「見ること、理解すること、そして最終的には記憶することのモードを、さまざまなメディアがどのように作り出したか」という問題を検証した[52]。美術史からの視覚表象メディアの分析としても重要な成果である。

しかしながら、同書では記憶認識の変容が勘案されていない。「災害コミュニティ内での相反する視覚的反応を分析し、それらがどのようにして集合的記憶へと集約され、国民的物語を形成するに至ったかを分析すること。そうすることで初めてわれわれは、関東大震災などの大きな出来事が歴史へと変わる経緯を究極的に理解できるだろう[53]」と述べているが、発災後数年間の資料を分析することによって明らかにできるのは、集合的記憶が構築される過程である。「国民的物語」として構築された関東大震災が、そのまま「国民的物語」でありつづけたかどうかについては検討の余地がある。本書で確認していくように、関東大震災という巨大災害であっても、集合的記憶は静的（static）なものではない。動的（dynamic）なものである。現代的な感覚と同じように「国民的物語」と位置付けられるようになったのが発災直後とはいえず、時代や地域によってその認識は大きく変化していた。過去と現在の記憶認識を繋ぐプロセスの検証が抜け落ちてしまっている。

また、戦災をくぐり抜け、現代にまで残る震災の痕跡として、慰霊碑や記念物などを調査した武村雅之[54]『関東大震災を歩く』（吉川弘文館、二〇一二年）も「現代に生きる災害の記憶」という副題を付けている。関東大震災の記憶を扱った重要な成果の一つだ。しかし、そこで論じられているものは、現代の「記憶」（＝現代から見た「記憶」）でしかない。そうした「記憶」が現在の位置を獲得するまでのプロセスが、ここでも見落とされてしまっている[55]。

社会的に記憶を保持する媒体として、マス・メディアに注目する研究では、そうしたプロセスにも目が向けられつつあるが、時間軸が十分に引き延ばされてこなかった。日本における先駆的な成果としては、大野道邦らによる伊勢湾台風の集合的記憶研究が挙げられる[56]。大野らの研究は、『中日新聞』の報道を検討したもので、災害の記憶とマス・メディアの関係を明らかにすることではなく、伊勢湾台風の集合的記憶を構成する「社会的枠[57]」の析出に重点を置いていた。通時的な関心はうかがえるものの、対象期間は発災から三〇年余りとされるため、メディアを介する世代を越えた記憶の問題については検討の余地が残されている。また、『中日新聞』のみの検討では地域の偏差を考慮できない。そのため、日本社会という枠で伊勢湾台風の災害体験がどのような位置を占めていたかについては判然としない。災害の記憶に関する地域の偏差も、重要な課題として残されたままだ。この他、英語圏の研究で災害の記念日への注目も見られるが、対象期間は発災から十数年程度にとどまっている[58]。

つまり、従来の記憶研究は発災直後にどのような記憶が構築されるかという問題と、現存する記憶についての検証が中心であり、題材として扱われている記憶の時系列的変容や共時的位相差については関心が示されてこなかったのである。

〝災害のメディア史〟にむけて

これまでみた通り、従来の研究は時間的にも空間的にも発災（時／場所）に拘束されるものであった。

災害を扱ったメディア研究は災害情報論が主流であり、重要な成果を蓄積してきたが、そこで問われるメディアの機能は限定的なものだった。災害の記憶研究は記憶認識の変容過程を長期的な時間軸の上で把握できておらず、記憶の時系列的変容や共時的位相差の検討はほとんどなされてこなかったといえる。災害とメディアの長期的な関係は、メディア研究においても「災害文化」研究においても重要な課題として挙げられていたが、検証が進んでいない。

こうした先行研究の動向を踏まえ、本書では長期的な時間軸を設定し、記憶認識の変容プロセスをマス・メディアの分析によって追跡する。加えて、地域間の比較から共時的位相差についても検証を行う。つまり、日本社会が災害の記憶をいかに語ってきたのかという問題を、時間軸における変容と、地域の偏差を考慮しながら検討し、重層的な〈災後〉を考えていく。

そのために、本書は関東大震災と伊勢湾台風という二つの災害を研究対象として選定した。次ページに掲載した表序‐1は、『理科年表 平成30年』（国立天文台編、丸善出版）に記載のある地震（一九〇〇年以降）と気象災害（一九二七年以降）のうち、一〇〇〇人以上の死者・行方不明者を記録した災害をまとめたものである。

一九二三年九月一日に発生した関東大震災[59]は、明治以降に日本を襲った災害の中で最も多くの人命を奪ったもので、現在の研究では、死者・行方不明者は一〇万五千余人と推定されている[60]。地震に伴う火災が甚大で、東京・横浜は壊滅的な被害を受けた。被害規模は、日本災害史の中で突出している。また、現代では朝鮮人や社会主義者の虐殺事件が引き起こされたことがよく知られている[61]。メディア史においては、災害情報メディアとして放送（ラジオ）の重要性が認識されたこと[62]、震災後の〝書物飢餓〟によって「円本ブーム」が引き起こされたことがしばしば取り上げられる。同時代の文化状況にも大きな影響を与えた巨大災害だった（図序‐2・3）。

一方の伊勢湾台風は、一九五九年九月二六日に愛知・三重に大規模な被害をもたらした災害である。

表序 -1　1000 人以上の死者・行方不明者を記録した日本の災害

年. 月. 日	名称	死者・行方不明者
1923.9.1	関東地震（関東大震災）	10 万 5 千余人
1927.3.7	北丹後地震	2925 人
1933.3.3	三陸沖地震（昭和三陸地震津波）	3064 人
1934.3.21	大火（函館）	2015 人
1934.9.20～21	室戸台風	3036 人
1942.8.27～28	台風（特に山口）	1158 人
1943.9.10	鳥取地震	1083 人
1944.12.7	東南海地震	1223 人
1945.1.13	三河地震	2306 人
1945.9.17～18	枕崎台風	3756 人
1946.12.21	南海地震	1330 人
1947.9.14～15	カスリーン台風	1930 人
1948.6.28	福井地震	3769 人
1953.6.25～29	大雨（前線、特に熊本）	1013 人
1953.7.16～24	南紀豪雨	1124 人
1954.9.25～27	洞爺丸台風	1761 人
1958.9.26～28	狩野川台風	1269 人
1959.9.26～27	伊勢湾台風	5098 人
1995.1.17	兵庫県南部地震（阪神・淡路大震災）	6437 人
2011.3.11	東北地方太平洋沖地震（東日本大震災）	22118 人

（自然科学研究機構国立天文台編『理科年表 平成 30 年（机上版）』（丸善出版、2017 年）掲載の「日本のおもな気象災害」、「日本付近のおもな被害地震年代表」、及び、内閣府編『平成 29 年版 防災白書』（2017 年）掲載の「我が国の主な被害地震（明治以降）」、「我が国における昭和 20 年以降の主な自然災害の状況」を参照し、筆者が作成。地震については 1900 年以降、気象災害については 1927 年以降のもの（『理科年表』に記載のあるもの）を対象とした。死者・行方不明者数は『理科年表』に従っている）

左：図序-2、右：図序-3　関東大震災後の東京（出典　左：北原糸子編『写真集 関東大震災』吉川弘文館、2010年　右：木村松夫・石井敏夫編『絵はがきが語る関東大震災』柘植書房、1990年）

高潮による被害が甚大で、貯木場に集積してあった大量の木材が流れ出し、町を破壊した（図序－4）。台風の来襲が夜間であったことも被害増大要因として指摘されている。死者・行方不明者は五〇九八人と報告されており、表序－1からも明らかなように、一九九五年に阪神・淡路大震災が発生するまでは戦後最大の人的被害をもたらした自然災害であった。現在でも台風災害に限れば最大である[63]。この災害をきっかけとして、「防災の日」が創設（一九六〇年）され、災害対策基本法（一九六一年）も制定された。伊勢湾台風以降、自然災害による死者数は激減し、一〇〇〇人規模で人命が奪われた災害は阪神・淡路大震災と東日本大震災の二度しか発生していない。こうした点からも、日本災害史において重要な意味を持つ災害であるといえる。

　伊勢湾台風の報道ではＮＨＫが気象庁にテレビカメラを持ちこみ、予報課長や天気相談所長へのインタビューを生中継した。気象庁の予報官が直接テレビに出演し、情報を伝える気象中継はこのとき初めて行われたものであった。それまでは〝被害報道〟が中心にあった災害報道が、〝防災報道〟へと報道のあり方が転換したこともしばしば指摘される。関東大震災と同様に放送メディアへの注目も集まったが、特に、ポータブルラジオの重要性が認識された。当時、停電時でも聞ける電池式ポータブルラジオの普及率は名古屋市内でも二一％程度にとどまっており、停電によって肝心の台風情報が住民に伝わらなかったという問題が浮上したからだ[64]。

図序-4　伊勢湾台風直撃後の名古屋。大量の木材が流れ出し、家屋を次々と破壊した（出典　中部日本新聞社編『伊勢湾台風の全容』中部日本新聞社、1959年）

日本災害史において重要な位置を占めるこの二つの災害は、どちらも五〇年以上の時間が経過しており、長期的な時間軸を設定することができる。また、被害の中心地域が東京・横浜と名古屋で異なるため、地域の差異を検討できるだけでなく、地震と台風という災害間の位相差も検証することが可能だ。

この二つの巨大災害を素材として、日本社会における災害認識の変遷を「集合的記憶」の概念を手がかりに検証していく。これまでにもマス・メディアを集合的記憶の担い手として議論する研究者は多数存在していたが[65]、先述の通り、災害の集合的記憶を担うマス・メディアについてはほとんど論じられてこなかった。核エネルギーに対する集合的な認識の変遷を明らかにした山本昭宏が、「個人的記憶は、主にメディアを通して集合化・国民化されるが、その過程は記憶概念を導入することで解明しやすくなる。また、記憶という時間的概念は、核エネルギー認識の通時的変容を解明するのに適している」と述べているが、災害認識の解明についても同様のことがいえるだろう[66]。

そこで本書は、各時代の集合的記憶を措定するために新聞報道を跡づけていく。特に、周年記念日の報道を検討した。周年記念日とメディアに関する重要な先行研究として、佐藤卓己『増補 八月十五日

の神話　終戦記念日のメディア学』（ちくま学芸文庫、二〇〇五＝二〇一四年）を挙げられる。佐藤は、メディア・イベントとしての「終戦記念日」が成立するプロセスを分析し、ミズーリ号上で降伏文書に調印した「九・二降伏」ではなく、玉音放送の「八・一五終戦」が「終戦記念日」の集合的記憶として定着した国民的神話を解体している。佐藤の成果が示すように、特定の日付に行われる周年報道というメディア・イベントを跡づけることは、メディアが構築する記憶と忘却の過程を検討するための有効な分析方法だろう。(67)

記念日を扱う上で注意しておきたいことがある。それは、福間良明が指摘するように、われわれは「記念すべき出来事があったがゆえに、その日を「記念日」として記憶しているかのように考えがちである」が、多くの場合は何らかの社会的背景が関与することで、「記念」の対象として選定されているということだ。(68)意味づける営みがなければ、どんな出来事も「記念日」としては成立しえない。「記念日」が「記念日」たり得るためには、何か重大な事件や事故が発生するだけでなく、社会が記念日として意味づけていかなければならないのだ。それゆえ、記念日の周年報道を跡づけるアプローチにおいて重要となるのは、記事の内容だけでなく、どのような記事がどのような形式で登場するのかを把握することだろう。記念日とは社会的に構築されるものであり、それを報じる記事の形式や性質は、同時代における社会の認識とある程度対応するものと考えられるからだ。

分析のための資料としては、新聞（全国紙・地方紙）を採用した。集合的記憶認識の系譜を追いかける場合、対象となる資料の幅はかなり広い。新聞、ラジオ、テレビといったマス・メディアから、雑誌、映画、小説や美術作品、個人の手記など多岐にわたる。すべてを網羅することは不可能である。

災害を体験した個々人の認識を検証するのであれば、手記などのよりミクロな資料を用いるべきである。だが、そのような資料に没入していくだけでは、そこで語られている認識が同時代の「主流」に沿うものなのか、そうでないのかが見えてこない。語りの布置を確定していくためにも、まずは社会で広く流通したマス・メディアを定点観測し、「主流」をなす認識を把握しておく必要がある。また、各時代に、関東大震災語りや伊勢湾台風語りが多くなされる媒体を選び出し、分析するという方法もあり得るが、基礎作業がなされていない現況でそのような方法を採用してしまうと、媒体の特性やそこで展開される災害語りの布置を明らかにすることができない[69]。新聞という広く普及した媒体で書かれたものを通時的に整理する作業は基礎作業であるが、このような作業がなされぬままに災害の記憶は論じられてきた。まずは新聞を取りあげ、災害がいかに語られてきたか、という点について議論していきたい。

同時に強調しておきたいのは、語られることだけでなく、語られない状況そのものにも読み込むべき意味が存在しているということである。時代ごとに、多くの語りを確認できる特定のメディアを選び出す方法は、この語られない状況への意識が決定的に欠けている。ある特定のメディアを定点観測する方法が持つ意義の一つは、語られなさを浮き彫りにしたうえで議論できることだといってもよい。本書では、語られることだけでなく、語られない状況にも注意深く目を向け、議論を進めていきたい。

また、新聞という資料の代表性については議論が分かれるかもしれないが、一九二四年から現在までを対象期間とした場合に、一定程度の訴求力を持ち続けたマス・メディアと呼べる媒体は、新聞しか存在しない[70]。新聞以外のマス・メディアを「主流」と位置付け、定点観測することは不可能だろう[71]。もっとも、新聞が必ずしも読者の認識と一致していたわけではない。受け手の認識についての分析としては、限界があることを認めなければならないだろう。とはいえ、ローカル／ナショナルな枠において、一定の発行部数を維持し続けた新聞が、読者の認識と全くかけ離れて存続する状況は考えにくいはずだ。人びとが、マス・メディアを通じて社会を認識している面も少なからずある。新聞の通時的な分析により、どのような認識が構築されているのか（＝支配的な認識はどのようなものか）を読み解くことは十分可能である。

分析対象には東京で発行される全国紙だけでなく、大阪や名古屋で発行される地方版、地方紙を含めた。これは、伊勢湾台風が名古屋を中心に甚大な被害をもたらした災害であることを踏まえた措置でもあるが、こうした比較によって、災害の記憶認識における地域の偏差が浮かび上がってくる。

以上、本書では地震と台風という災害間の比較、東京、大阪、名古屋という地域間の比較、通時的な検証による時代ごとの比較を通じ、災害の記憶がいかに語られてきたのかを検証していく。このことで、〝災害のメディア研究〟あるいは〝災害のメディア史〟を構想していきたい。メディア史とは情報の内容よりも、その効果に注目する歴史研究である。内容・真偽に関心を示すジャーナリズム史やマス・コミュニケーション史に対し、メディア史は形式・影響に関心を示す。また、主としてメディアが社会に与えた影響を記述してきたジャーナリズム史、マス・コミュニケーション史に対し、メディア史の関心は社会とメディアの相互作用にある。本書は記憶の内容・真偽よりも、語りの形式、記憶を語る水準に重きを置いた。集合的記憶はメディア・イベントによる構築・補強というメディア側からの一方通行ではなく、社会の営みとの相互作用によるものである。先述の通り、記念日が社会的に構築されるものであるからだ。こうしたメディア史の視座を踏まえ、本書は災害間、地域間、時代ごとの災害認識を比較検討していく(72)。

本書の構成と時代区分

最後に、時代区分を設定し、本書の構成について確認しておく。

本書の対象期間は一九二四年から二〇一八年であるが、時代を大きく分ける二つの転換点が存在している。一つは、三月末に関東大震災の復興を祝う帝都復興祭が開催され、名目上は復興が目の前の課題ではなくなった一九三〇年である。実態はどうあれ、復興の完了という区切りによって、復興はアジェンダとしての効力を失い、関東大震災は過去のものとして語られるようになっていく。〈現在〉から〈過去〉へと語りの形式が移行したのが一九三〇年だった。

そして、もう一つは、伊勢湾台風の周年報道が開始され、関東大震災の「震災記念日」（九月一日）に「防災の日」という新たな意味が付与された一九六〇年である。本書で明らかにするように、「防災の日」という新たな意味づけは、関東大震災の記憶認識に、重大な変化をもたらした。一九三〇年と一九六〇年は、記憶語りが変質するという意味で時代の区分点となりうるものである。こうした時代区分を軸に、本書は一九三〇年から一九六〇年を扱う第Ⅰ部、一九六〇年以降を主に扱う第Ⅱ部、第Ⅲ部という三部から構成されている。

「防災の日」制定以前における関東大震災の記憶認識について検討する第Ⅰ部では、まず、第一章で一九三〇年三月末に開催された帝都復興祭に注目する。先述の通り、関東大震災からの復興を祝う帝都復興祭は、復興語りの終点、記憶語りの始点として位置付けることができる。これまでの研究においても帝都復興祭への言及はみられるが、東京における盛況を描くのみで、同時代の横への拡がり、つまり他都市でどのように扱われていたかについては検証されてこなかった。こうした研究状況を踏まえ、第一章では、帝都復興祭に関する東京と大阪の報道を比較分析する。東京の外でどのように帝都復興祭が受容されたかを確認したうえで、復興を祝う祭典の同時代的な意義、日本という枠内における関東大震災の位置付けを明らかにしていく。

続く第二章では、一九三〇年から一九六〇年における「震災記念日」の報道を跡づける。ここでも東京と大阪の紙面を比較検討した。すでに、関東大震災の経験が「国民防空」体制へと繋がったことは先行研究で指摘されているが[73]、関東大震災の記憶認識の変化と戦時体制の関連については十分検証されていなかった。また、関東大震災認識についての記述は被災体験を有する東京を中心としたものに偏っており、他地域における記憶認識の変容が十分に考慮されてはいない。戦前・戦中・戦後という時代とのかかわりで、関東大震災はどのように想起されてきたのか。地域の偏差を加味しつつ、通時的に検証していく。

一九六〇年までの関東大震災認識を検証する第Ⅰ部に対し、第Ⅱ部では、「防災の日」制定以後の災害認識について検討する。一九五九年の伊勢湾台風を契機として、九月一日の「震災記念日」には「防災の日」という新たな意味が付与された。このことが関東大震災の記憶認識に重要な変化をもたらしていく。

このうち、第三章では「防災の日」創設の経緯を明らかにし、「防災の日」制定以前を含む一九二四年から二〇一八年における関東大震災の周年社説を、東京・大阪・名古屋で比較分析する。対象期間が第Ⅰ部と重なっているが、これは同じ方法による調査から「防災の日」制定以前と以後の時代を比較するためである。この章では、九〇年以上に及ぶ時間軸の中で関東大震災の記憶認識がどのように変化してきたのか、特に「防災の日」という新たな記念日の創設が集合的な認識に与えた影響について明らかにする。

第四章では、「防災の日」制定の契機である伊勢湾台風の周年報道を扱う。一九六〇年から二〇一八年を対象に、東京・名古屋で比較分析を行った。このことで、戦後最悪の自然災害であった伊勢湾台風が、日本という枠内でどのような位置を占めていたのかを明らかにする。これら二つの章を通じ、第Ⅱ部では「防災の日」制定以後にみられる記憶認識の変化、地方の巨大災害が中央に与える影響や中央での位置付けを検証していく。

第Ⅲ部は、第Ⅱ部と同じ「防災の日」制定以後の期間を中心としている。ただし、それまでの章とは異なるアプローチを採用し、日本社会における災害認識の変遷についてより立体的な把握を試みた。

まず、第五章では過去の認識である記憶との対応関係で、未来の災害に対する集合的な認識の検討を試みる。第三章で明らかにするように、一九六〇年に「防災の日」が制定されたことで、関東大震災の記憶認識には大きな変化が生じているが、こうした記憶認識の変動とパラレルに、未来の地震の語られ方にも変化がみられる。一九六二年に地震研究者有志が地震予知のための研究計画の青写真として『地

震予知　現状とその推進計画』（地震予知計画研究グループ）を公表し、一九六五年から国の第一次地震予知研究計画が開始された。一九七八年には東海地震の科学的予知を前提とした「大規模地震対策特別措置法」（大震法）が成立する。つまり、関東大震災の記憶認識の変化と対応して、科学的地震予知を基にした防災体制が整備されていった。第五章では、科学的地震予知に関する報道を扱い、過去の地震に対する記憶と、未来の地震についての想像力との関連を読み解いていく。

第六章では、「メディア知識人」[74]と称される清水幾太郎の震災語りを扱う。清水は関東大震災の被災体験を持ち、アプレ・ゲール（戦後派）との対比で「地震後派」を自称する人物であった。関東大震災と関わりの深い人物として重要視されてきたが、清水による震災論の通時的な整理はなされていない。従来の清水研究では、思想形成において重要な体験だったとされるのみである。ここでは、清水幾太郎という「メディア知識人」を介し、集合的／個人的な記憶認識を浮かび上がらせ、新聞を主資料として扱ってきた第Ⅰ部、第Ⅱ部の議論との対応を明らかにする。

最後に、終章では日本社会における災害認識の変遷を再整理し、〈災後〉の記憶史を辿ることで浮かび上がってくる論点を整理する。そのうえで、東日本大震災後に語られた「災後」という時代の現在地を、本書が省みた重層的な〈災後〉との対応で推し量りたい。

なお、本書において、漢字は原則として新字体に統一し、仮名遣いは原文に従った。〔　〕内は筆者による補足であり、〔……〕は中略を示している。引用文中の／は改行を意味する。また、朝日新聞のうち、東京発行のものは『東京朝日』、大阪発行のものは『大阪朝日』、名古屋発行のものは『名古屋朝日』[75]と表記した。同様に、毎日新聞のうち、一九六〇年までの東京発行のものは『東京日日』、大阪発行のものは『大阪毎日』とした。一九六〇年以降は『毎日新聞』としている。読売新聞社は報知新聞社と合併し、一九四二年八月五日から『読売報知』となるが、一九四六年五月一日に再び『読売新聞』へと復元する。本書では統一して『読売新聞』とした[76]。中日新聞は、一九六五年に中部日本新聞から中日新聞へと改題されるが、本文ではどちらも『中日新聞』と表記する。

また、本書が対象とする期間には、夕刊の日付が発行日と一致していない時期がある。これは、新聞の速報性を印象付けるための措置で、夕刊には翌日の日付が記載されていたことによる。日付の統一は一九四三年に一度実行されたものの、戦後に復活した夕刊では再び翌日の日付が付された。一九四三年は日本新聞協会の指令のため、統一のタイミングは各社一致しているが、戦後はまちまちである。『東京朝日』の場合、一九四三年一〇月一一日付の夕刊で「夕刊の日付統一」を知らせており、戦後は一九五一年の一〇月一日から日付と発行日を一致させている[77]。このため、本文中では適宜「夕刊」と記し、発行日ではなく紙面に記載された日付を採用した。

複数回引用しているホームページがあるが、このうち、比較的回数の多い国会公文書館デジタルアーカイブ（https://www.digital.archives.go.jp/）と内閣府世論調査（https://survey.gov-online.go.jp/index.html）については、引用資料掲載ページのＵＲＬ、取得日を省略した。それぞれ「（国立公文書館デジタルアーカイブ）」、「（内閣府世論調査）」と付記する。

注

（1）本書において、「災害」とは基本的に自然災害を指している。

（2）東日本大震災では多くの自治体が慰霊碑や祈念碑といった「震災祈念施設」の設置を復興計画のなかに位置付けた。これは、阪神・淡路大震災ではほとんどみられなかった動向である。今井信雄が指摘しているように、災害の記憶を伝え、残すことの正当性は阪神・淡路大震災よりも東日本大震災後の方が拡がっていると考えられる（今井信雄「震災を忘れているのは誰か　被災遺物の保存の社会学」『フォーラム現代社会学』第一二巻、二〇一三年、九九、一〇二－一〇三頁）。

（3）林香里「震災後のメディア研究、ジャーナリズム研究　問われる「臨床の知」の倫理と実践のあり方」『マス・コミュニケーション研究』第八二号、二〇一三年、七‐八頁。その他四点は、被災地域が広範囲にわたること、日本にとってインターネットをはじめとするデジタル化情報技術が本格的に普及した時代の最初の災害であること、グローバル化時代の災害であること、福島第一原子力発電所事故の併発である（同書、六‐八頁）。また、丹羽美之・藤田真文はメディア研究、ジャーナリズム研究の立場から、地震・津波災害と原子力災害が重なった前代未聞の広域的かつ複合的な大災害であること、報道内容がまるごとアーカイブに保存可能となった最初の大災害であること、インターネットをはじめとするデジタル情報技術が本格的に普及したなかで起こった最初の大災害であること、という三点を東日本大震災の特徴として挙げている（丹羽美之・藤田真文「はじめに」丹羽美之・藤田真文編『メディアが震えた　テレビ・ラジオと東日本大震災』東京大学出版会、二〇一三年、三‐四頁）。メディア研究者たちの認識に大差はみられない。

（4）『マス・コミュニケーション研究』第八二号の特集では、坂田邦子が震災の記録に関するプロジェクトを紹介している（「東日本大震災から考えるメディアとサバルタニティ」『マス・コミュニケーション研究』第八二号、二〇一三年、六七‐八七頁）。この他、高野明彦・吉見俊哉・三浦伸也『311情報学　メディアは何をどう伝えたか』（岩波書店、二〇一二年）、小林直毅編『原発震災のテレビアーカイブ』（法政大学出版局、二〇一八年）など。国立国会図書館と総務省は「東日本大震災に関するデジタルデータを一元的に検索・活用できるポータルサイト「国立国会図書館東日本大震災アーカイブ」」を公開している（http://kn.ndl.go.jp/#/）【二〇一八年四月四日取得】。また、二〇一二年一月二二日放送の『文化系トークラジオ Life』（TBSラジオ）は、「何のためのアーカイブ？」というテーマを設定し、東日本大震災以後のアーカイブについて論じていた。

（5）Halbwachs, Maurice, 1950, *La mémoire collective*, Paris: Presses universitaires de France.（小関藤一郎訳『集合的記憶』行路社、一九八九年）。集合的記憶については、金瑛「集合的記憶概念の再考　アルヴァックスの再評価をめぐって」（『フォーラム現代社会学』第一一巻、三‐一四頁）や日高勝之『昭和ノスタルジアとは何か　記憶とラディカル・デモクラシーのメディア学』（世界思想社、二〇一四年）、Connerton, Paul, 1989, *How Societies Remember: Themes in the Social Sciences*, Cambridge University Press.（芦刈美紀子訳『社会はいかに記憶する

か　個人と社会の関係』新曜社、二〇一一年）、Id., 2008, "Seven Types of Forgetting," (*Memory studies*, 1(1): 59-71.)、Id., 2009, *How Modernity Forgets*, Cambridge University Press.、などの議論を参照。

記憶を扱う上で、歴史との差異は留意すべき問題であるが、この点については『メディア史研究』第一四号の特集「メディアがつくる歴史と記憶」で議論されている。問題提起者の有山輝雄は、「過去に対する自生的想い出としての記憶と一定の体系性をもちなんらかの権威を背景に提示される歴史」という暫定的な区別をし、歴史・記憶・メディアの相互的関係について議論を進めていた（有山輝雄「問題提起　戦後日本における歴史・記憶・メディア」『メディア史研究』第一四号、二〇〇三年、六頁）。

しかしながら、現在の研究動向を踏まえると、記憶と歴史を明瞭に腑分けすることは難しい。日高勝之が指摘するように、「言語論的転回」以降にみられる記憶研究の隆盛は、過去が歴史の専有物ではないことを意味していた。そのため、「記憶と歴史の境界はほとんどと言ってよいくらい消滅してしまった感がある」（前掲『昭和ノスタルジアとは何か』、五一頁）。記憶と歴史の差異が重要であることは認めるものの、本書の目的はその点を理論的に突き詰めることにはない。深入りはせず、このような動向の確認にとどめておく。

（6）Weisenfeld, Gennifer, 2012, *Imaging Disaster: Tokyo and the Visual Culture of Japan's Great Earthquake of 1923*, Berkeley: University of California Press.（篠儀直子訳『関東大震災の想像力　災害と復興の視覚文化論』青土社、二〇一四年、一六－一七頁）。関東大震災を「国民的物語」と位置付ける背景には、同時代のメディア環境の変化があるだろう。震災後の混乱を背景にラジオが登場している。佐藤卓己が指摘するように、「書籍や新聞雑誌から活動写真まで明治期以来の旧メディアも、震災以前とは利用者の規模や機能を一変することになった」（佐藤卓己『キングの時代　国民大衆雑誌の公共性』岩波書店、二〇〇二年、二一頁）。しかし、そうであったとしても、構築された認識がその後に維持されるかどうかという問題については検証の余地がある。

（7）本書は各章ごとに先行研究との差異を記述しているため、序章では本書全体の設定と対応関係にある先行研究について記述する。

（8）野上元「テーマ別研究動向（戦争・記憶・メディア）　課題設定の時代被拘束性を越えられるか？」『社会学評論』第六二巻第二号、二三九－二四〇頁。

（9）この他、被爆の記憶だけでなく、核エネルギーの「平和利用」問題を含めた山本昭宏『核エネルギー言説の戦後史1945-1960「被爆の記憶」と「原子力の夢」』（人文書院、二〇一二年）も重要な成果である。同書は文系知識人だけでなく科学者の議論も踏まえ、文理横断的に日本社会における核エネルギー認識を検討している。本書はこれら近接の研究領域から示唆を受けた。

（10）前掲野上元「テーマ別研究動向（戦争・記憶・メディア）」、二三九頁。

（11）〝関東大震災の記憶研究ブーム〟は訪れなかったが、本書で明らかにするように、関東大震災や起こりうる震災が注目を集めた時期である。吉村昭の『関東大震災』（文藝春秋、一九七三年）が刊行されただけでなく、小松左京の『日本沈没（上・下）』（光文社、一九七三年）の刊行もこの年で、地震予知の議論が盛り上がりをみせていた。ある意味、〝関東大震災ブーム〟といえるような時期である。

研究史レベルでは『歴史評論』（一九七三年一〇月号）が「関東大震災50周年」の特集を組んでいる。『日本の地震学　その歴史的展望と課題』（紀伊国屋書店、一九六七年）などの著者である地震学者・藤井陽一郎が「関東大震災と科学者」で巻頭をつとめた。歴史学者だけでなく理系の研究者による寄稿があったことは、それだけ地震という研究対象が自然科学系のものであったことを示しているようで興味深い。

ただし、この後盛んに成果が産出されていたわけではない、ということには注意しておきたい。吉田律人が指摘するように、「歴史学の「関東大震災」研究の課題は「虐殺」問題の解明に集約し」、「一九六三（昭和三八）年の震災四十周年以降、一九七三年の震災五十周年、一九八三年の震災六十周年、一九九三年の震災七十周年、そして二〇〇三年の震災八十周年と周年行事的に進んできた」（吉田律人「「関東大震災」研究の現在　震災80周年以後の研究動向を中心に」『年報　首都圏史研究』第一号、二〇一一年、四、一五頁）。

この他、歴史学を中心とした関東大震災の研究史については、関東大震災80周年記念行事実行委員会編『世界史としての関東大震災』（日本経済評論社、二〇〇四年）や関東大震災90周年記念行事実行委員会編『関東大震災記憶の継承』（日本経済評論社、二〇一四年）などで動向がまとめられている。

（12）「悼　災害社会学者、東大大学院教授・廣井脩さん」『毎日新聞』二〇〇六年五月一七日付朝刊。

（13）同前。

(14) 廣井脩『新版　災害と日本人　巨大地震の社会心理』時事通信社、一九九五年。
(15) 廣井も参照しているが、清水幾太郎「日本人の自然観　関東大震災」（伊藤整・清水幾太郎編『近代日本思想史講座3　発想の諸様式』筑摩書房、一九六〇年、九－六二頁）も類似の試みであり、先駆的な成果である。同論文の位置付けについては第六章を参照。
(16) 前掲廣井脩『新版　災害と日本人』、五－六頁。
(17) 同前、六－七頁。
(18) 例えば、災害の発生とナラティブ（物語）に注目した近年の成果として、Samuels, J. Richard. 2013. *3.11 Disaster and Change in Japan*, Cornell University.（プレシ南日子・廣内かおり・藤井良江訳『3・11　震災は日本を変えたのか』英治出版、二〇一六年）がある。
(19) 廣井脩「災害」『マス・コミュニケーション研究』第五〇号、一九九七年、二四頁。
(20) 同前、二五頁。
(21) 日本マス・コミュニケーション学会が刊行する『マス・コミュニケーション研究』において、投稿論文として災害情報論以外のテーマを主題とした災害関連論文が掲載されたのは、関東大震災の記憶をテーマとした拙稿が初めてである（水出幸輝「防災の日をめぐる災害の記憶　1924‐2014年における関東大震災周年社説を手がかりに」『マス・コミュニケーション研究』第八八号、二〇一六年、一五七－一七五頁）。
(22) 田中淳「災害と社会」船津衛・山田真茂留・浅川達人編『21世紀社会とは何か　「現代社会学」入門』恒星社厚生閣、二〇一四年、一六六頁。
(23) 岩崎信彦・鵜飼孝造・浦野正樹・辻勝次・似田貝香門・野田隆・山本剛郎編『阪神・淡路大震災の社会学』昭和堂、一九九九年、全三巻。いずれも昭和堂のホームページでPDFファイルが無料公開されている（http://www.showado-kyoto.jp/）【二〇一九年二月一三日取得】。
(24) 野田隆「概説」岩崎信彦・鵜飼孝造・浦野正樹・辻勝次・似田貝香門・野田隆・山本剛郎編『阪神・淡路大震災の社会学　被災と救援の社会学』昭和堂、一九九九年、二二六－二二七頁。野田は阪神・淡路大震災以前の研究動向について、「前災害期における地震予知情報（東海地震説にもとづく警戒宣言の発令手順）と住民の反応、発災直前期における警報と避難行動、発災直後期における流言蜚語研究などがあげられる。これらは正確かつ迅速に内容を伝えるという実践的課題とともに、流言研究の災害時への適用といった学問関心も含んでいた」と記している。これまで確認した研究史の整理と大きな差はない。なお、同書所収の遠藤英樹論文は災害報道の「物語」構造を検討した成果で、発災から二年後までを対象としている。災害情報論と比べて、比較的長期の時間軸が設定された重要な成果である（遠藤英樹「〈被災者〉というカテゴリーをめぐるマスメディアの「物語」構造」前掲『阪神・淡路大震災の社会学　被災と救援の社会学』、一五九－一六九頁）。

(25) 田中淳「災害情報論の布置と視座」田中淳・吉井博明編『災害情報論入門』弘文堂、二〇〇八年、一八頁。田中淳は災害情報論について、「情報の生産過程、伝達過程、受容過程、表現ならびに効果の総体から、もっとも有効なあり方を研究する。具体的には人命や財産、社会を守るために、警報、避難勧告、防災対策の実施状況、リスク情報など災害に関わる種々の情報をどのように活かすかを検討してきた」と述べている。

(26) 田中淳「日本における災害研究の系譜と領域」大矢根淳・浦野正樹・田中淳・吉井博明編『災害社会学入門』弘文堂、二〇〇七年、二九頁。

(27) ただし、これはあくまで現代的な感覚による。廣井脩が社会科学における災害研究の始動が遅く、自然科学と比べて歴史が浅いことを指摘していたが、遅れた理由は社会科学系の研究者のみにあるわけではない。自然科学系の災害研究では、文理横断的に研究を総合科学化していくことが必要だとはやくから叫ばれてはいたものの、スムーズに進展しなかった。その理由の一つとして、文部省で学術行政に携わっていた飯田益雄は、「本来的に異質な学問が入ってくることについて基本的に反対であるというご意見、それからまた長年培ってきた学術体制の中にそういう分野が入ることによって歪が生じやしないかという危惧の念を抱かれた先生方、こういう方がおられたわけでございます」と回想している。また、こうした状況を打破した動きとして、大規模地震対策特別措置法の制定がある（飯田益雄「特別研究の回想　行政的側面と今後の課題」『自然災害科学の研究成果と展望』自然災害科学総合研究班、一九八九年、一八二頁）。その意味で、第五章で扱う科学的地震予知は社会科学領域の災害研究者にとって非常に重要であった。

(28) 田中淳「災害情報と行動」大矢根淳・浦野正樹・田中淳・吉井博明編『災害社会学入門』弘文堂、二〇〇七年、一〇二頁。

(29) 前掲吉田律人「「関東大震災」研究の現在」、一〇頁。

(30) ここで展開している災害情報研究の限界については、飯田豊の議論に着想を得た。この他に、飯田は「共同体を駆動する儀礼的な文化装置としてメディアを捉えるという視座は、一九八〇年代以降のメディア研究の中で確実に定着しているが、災害情報の効果的な伝達を命題とする災害情報学のパラダイムには、それほど反映されてこなかった」という問題を指摘している（飯田豊「震災後の地域メディアをITはエンパワーできるか　道具的文化から表現的文化へ」コンピューターテクノロジー編集部編『IT時代の震災と核被害』インプレスジャパン、二〇一一年、一四八頁）。こうした現状を鑑み、メディア領域の災害研究を拡張していくためにも、発災直前・直後に限定せず、災害とメディアの関わりを検討していく必要がある。

(31) 黒田勇「送り手のメディアリテラシー　関西の放送はどうあるべきなのか」黒田勇編『送り手のメディアリテラシー　地域からみた放送の現在』世界思想社、二〇〇五年、二四頁。

(32) なお、メディア史研究における災害研究でも発災時・発災直後のメディアを検討した成果が主流である。メディア史研究会が刊行する『メディア史研究』で災害を主たるテーマとした論文は、後藤嘉宏「関東大震災後の天譴論の二側面」（『メディア史研究』第四号、一九九六年、五九‐八〇頁）、王京「災害航空写真の登場と新聞社」（『メディア史研究』第二五号、二〇〇九年、一‐一九頁）、北原糸子「「感情」のメディア　女性雑誌の関東大震災特集号を手掛かりに」（『メディア史研究』第二七号、二〇一〇年、一四‐三二頁）などがある。

(33) 木村周平が「災害の記憶（およびその記録）、災害に関わる経験知や在来知はいずれも東日本大震災に関する研究でも大きな割合を占めている。しかし、実際はそれらの名で論じられるものは、その内容や、課題（共有や継承、風化を防ぐことなど）において、上述の「文化」として論じられるものと大きく重なり合う」と述べているように、災害の記憶というテーマは、災害文化研究と重なり合っている（木村周平「人類学における災害研究これまでとこれから」橋本裕之・林勲男編『災害文化の継承と創造』臨川書店、二〇一六年、二三頁）。

(34) 田中重好・林春男「災害文化論序説」『社会科学討究』第三五巻第一号、一九八九年、一四七頁。災害文化の定義は非常に曖昧である。そのため、ここではごく簡単な表現にとどめた。日本では一九八〇年代以降、盛んに議論されたテーマである。安倍北夫・三隅二不二・岡部慶三編『自然災害の行動科学（応用心理学講座３）』（福村出版、一九八八年）、広瀬弘忠『生存のための災害学　自然・人間・文明』（新曜社、一九八四年）などが当時の代表的な成果である。英語圏では"Disaster Subculture"と表記されており、かつては「災害下位文化」と訳されることが多かった。近年はポピュラーカルチャーに描かれる災害を想定し、"The Popular Culture of Disaster"という用語も使用されている（Webb, Gary, R 2006, "The Popular Culture of Disaster," Rodríguez, Havidán, Quarantelli, Enrico L, and Dynes, Russell R eds., *Handbook of Disaster Research*, New York: Springer: 430-440.）。

（35）東京大学新聞研究所「災害と情報」研究班『１９８２年浦河沖地震と住民の対応』東京大学新聞研究所、一九八二年。廣井脩が担当した第一章「１９８２年浦河沖地震について」の第二節が「災害文化」を取り上げている。「一般にある地域に特定の災害がくり返し発生すると、その地域には、災害が発生する際にどんな兆候があるか、災害時にはどんな行動をしたらいいかなどの知識や技術が生まれてくる」と述べ、このことを「災害文化（Disaster Subculture）」と呼んだ（同書、六頁）。

（36）北原糸子「災害常襲地帯における災害文化の継承　三陸地方を中心として」首藤伸夫（研究代表）『災害多発地帯の「災害文化」に関する研究　平成４年度科学研究費補助金（重点領域研究（１））研究成果報告書』一九九三年、一四三頁。

（37）Quarantelli, Enrico L, 1972, "Report on Japan-United States Seminar on Organizational and Community Responses to Disaster," *Working Paper*, 46, DRC: 4-5.

日本からの参加者は、安倍北夫（東京外国語大学）、島田一男（聖心女子大学）、町田欽一（警視庁）、詫摩武俊（東京都立大学）、大田英昭（東洋大学）、秋元律郎（早稲田大学）、祖父江孝男（明治大学）、多賀保志（静岡大学）の八名。日本側の記録としては、安倍北夫「災害に関する関係機関及び地域社会の反応　日米協力セミナー」（『学術月報』第二六巻第一号、一九七三年、三三－三五頁）がある。ただし、ここで「災害文化」という言葉は使用されていない。

（38）安倍北夫「訳序」アレン・H・バートン著、安倍北夫監訳『災害の行動科学』学陽書房、一九七四年、四頁。

（39）前掲小松左京『日本沈没　上』、二二四頁。

(40) アメリカで行われていた災害研究の動向、日本における初期の災害研究については、池田謙一・宮田加久子「資料　アメリカにおける社会科学的災害研究の動向」(東京大学新聞研究所編『災害と人間行動』東京大学出版会、一九八二年、二六五-三〇〇頁)、秋元律郎「アメリカにおける都市災害研究の現状と動向について」(『社会科学討究』第七二号、一九八〇年、八五-一一七頁)、秋元研究室・災害研究グループ「アメリカにおける災害の社会学的研究　文献とその史的分析」(『社会学年誌』第二三号、一九八二年、一六九-二〇一頁)、秋元律郎・太田英昭『都市と災害』(学文社、一九八〇年)、秋元律郎編『現代のエスプリ　都市と災害』(第一八一号、一九八二年)、山本康正「研究動向　一九七〇年代後半のアメリカにおける災害研究」(『社会学評論』第三一巻第四号、一九八一年、九八-一一〇頁)、同「災害と社会変動　災害の長期的影響に関する研究の動向」(『総合都市研究』第一七号、一九八三年、一一七-一三〇頁)など。

(41) 木村周平「災害の人類学的研究に向けて(研究ノート)」『文化人類学』第七〇巻三号、二〇〇五年、四〇五頁。前掲木村周平「人類学における災害研究」でも人類学との関連で論点が整理されている。また、木村周平『震災の公共人類学　揺れとともに生きるトルコの人びと』(二〇一三年、世界思想社)は、災害の記憶を扱った重要な成果で、時間軸の拡大を試みている。

(42) 災害文化については第四章で再び言及するが、本書で災害文化論を全面展開しようとは考えていない。

(43) 田中重好「後衛の災害研究　間接的被災体験と災害文化」『人文社会論叢　社会科学編』第二号、一九九九年、九九頁。

(44) 同前、九九頁。

(45) 同前、九九-一〇〇頁。

(46) 前掲田中重好・林春男「災害文化論序説」、一六六-一六七頁。

(47) 同前、一六九頁。他の三点は、学校教育の場での災害文化の育成、行政と住民の関係改善(住民の行政依存の解消)、コミュニティを育てること。

(48) アンケート調査によって災害文化の継承を検討する研究がくり返し行われており、災害の集合的記憶とも関連する(たとえば、五十嵐之雄・船津衛「三陸地方の津波災害文化に関する研究　田老町を中心にして」(『東京大学新聞研究所紀要』第三九号、一九八九年、二一九‐二七一頁）、同「津波災害文化に関する研究　大船渡市を中心として」（『東北学院大学論集　人間・言語・情報』第九七号、一九九〇年、一‐三八頁）など）。

これらの研究では、災害文化の第一の担い手が家族であることを導き出し、記憶の継承母体としても家族は最も重要であると論じた。しかし、田中重好・林春夫が指摘していた都市化の問題を想定せずに調査が行われている。また、メディアの役割についても考慮できておらず、調査対象者の世代などを含め、調査の設計自体に問題が少なくない。仮に、家族内での継承が重要だとすれば、どのようなきっかけがあって家族内での継承が行われるかも検証すべきだが、そのような点については議論が及んでいない。
(49)　集合的記憶とメディアを結びつけることは、特異な発想ではない。むしろ、「集合的記憶の歴史研究にメディア論は必要不可欠」である（佐藤卓己『ヒューマニティーズ　歴史学』岩波書店、二〇〇九年、九七頁）。
(50)　前掲日高勝之『昭和ノスタルジアとは何か』、六一‐六二頁。
(51)　ここでの記述は比較的長期の時間軸の中で、記憶を捉えた研究に限定した。阪神・淡路大震災については、今井信雄の一連の研究（「死と近代と記念行為　阪神・淡路大震災の「モニュメント」にみるリアリティ」『社会学評論』第五一巻第四号、二〇〇一年、三四‐五一頁：「阪神大震災の「記憶」に関する社会学的考察　被災地につくられたモニュメントを事例として」『ソシオロジ』第四七巻第二号、二〇〇二年、八九‐一〇四頁など）の他、ミュージアムやアーカイブ研究が取り組まれている。また、木村周平の『震災の公共人類学』（前掲）は、発災時ではなくその後の社会を扱う中で記憶や知識に注目しているという点で、重要な先行研究である。
(52)　前掲ワイゼンフェルド『関東大震災の想像力』、一五頁。
(53)　同前、一七頁。
(54)　武村雅之『復興百年誌　石碑が語る関東大震災』（鹿島出版会、二〇一七年）も類似の試みである。この他、武村は『関東大震災　大東京圏の揺れを知る』（鹿島出版会、二〇〇三年）において、東京内の地域別の震度を明らかにしている。また、『手記で読む関東大震災』（古今書院、二〇〇五年）では、同時代の手記から関東大震災の揺れ方を検証した。
(55)　前掲福間良明『焦土の記憶』、一七‐一八頁。

(56) 大野道邦『可能性としての文化社会学　カルチュラル・ターンとディシプリン』世界思想社、二〇一一年。初出は、大野道邦・林大造・野中亮「災害の集合的記憶　伊勢湾台風の場合」『奈良女子大学社会学論集』第四号、一九九七年、五一‐七三頁。同「集合的記憶と個人的記憶　伊勢湾台風をめぐって」『奈良女子大学社会学論集』第六号、一九九九年、五一‐七七頁。阪神・淡路大震災を受けて開始された研究だった。大野研究の限界については、本書第四章を参照。

(57) 集合的記憶は、過去の事象を現在の視点から置き直し、配置したものであるが、ここでの再構成は「社会的枠」に基づくとされる。大野は、アルヴァックスの議論を参照しつつ、「社会的枠」の基盤として、「集団を基盤とする「集団的枠」、ジャーナリズムを基盤とする「流動的枠」（アルヴァックス自身は明瞭にしていないが）、制度的装置（国家的・官僚的組織、学問・科学制度）およびその中における歴史編纂者たち、そして歴史家などを基盤とする「歴史的枠」の三タイプ」に整理し、議論を展開した（前掲大野道邦『可能性としての文化社会学』、一二一‐一二二頁）。

(58) 例えば、Sue は、ハリケーン Katrina の周年報道に注目し、ローカルなメディアとナショナルなメディアを比較することで、構築される集合的認識の差異と問題を指摘した（Sue, Robinson, 2009, "We were All There: Remembering America in the Anniversary Coverage of Hurricane Katrina," *Memory Studies*, 2(2): 235-253.）。また、Chiaoning は一九九九年に発生した台湾９２１大地震の一〇周年報道が、記念日の直前に発生し、大きな被害をもたらした台風 Morakot とどのような関わりを持ったかについて検討を試みている（Chiaoning, Su, 2012, "One Earthquake, Two Tales Narrative Analysis of the Tenth Anniversary Coverage of the 921 Earthquake in Taiwan," *Media, Culture & Society*, 34(3): 280-295.）。記念日に着目したこれらの研究も、集合的記憶の構築過程や現在の問題関心から記憶を論じるものであり、災害の記憶とメディアの長期的な関係は、未だ萌芽段階の研究といえる。

なお、Forrest は、周年記念日を「集合的な想起の過程」とし、ハリケーン Hugo（一九八九年）の二周年記念日について、地域によって記念日の意味づけ方が異なることを指摘している。また、一周年記念日に比べて二周年以降は意味づけが弱まるものの、慣習的に五年や一〇年といった区切りの良いタイミングで記念日の意義が増すと述べている（Forrest, Thomas R, 1993, "Disaster Anniversary: A Social Reconstruction of Time," *Sociological Inquiry*, 63(4): 444-456.）。Forrestは五周年や一〇周年の報道を検証したわけではなく、経験則に基づいて指摘している。これに対し、本書は新聞報道から実証を試みる。

(59)「関東大震災」という名称が普及する過程には諸説ある。北原糸子は「関東大震災」が一般的な呼称になるのは戦後としているが（北原糸子編『写真集 関東大震災』吉川弘文館、二〇一〇年、一頁）、成田龍一が指摘しているように、初期の頃から「関東大震災」という名称は使用されていた（成田龍一「関東大震災のメタヒストリーのために 報道・哀話・美談」『思想』一九九六年八月号、六五頁）。ここで見られる名称の揺らぎは記憶認識のゆらぎというよりも、正式名称の統一がなかったことによるものと考えられる。

(60) 前掲武村雅之『関東大震災』一七‐一八頁。

(61)「震災後の流言蜚語による社会的混乱は、放送が普及していれば回避しえたと考えられ」た（佐藤卓己『現代メディア史 新版』岩波書店、二〇一八年、一六五頁）。また、関東大震災の衝撃は日本の放送体制にも影響を及ぼしている。それまで放送事業は民営にすることが逓信省で決まっていたが、震災が放送事業の重要性を認識させたことで、その方針は転換。「事業免許の全申請者は、東京、大阪、名古屋での非営利の社団法人に統合することが命じられた」（飯田豊『テレビが見世物だったころ 初期テレビジョンの考古学』青弓社、二〇一六年、五八頁）。

(62)「円本」とは、「一円」の「本」を意味するもので、「書籍出版の一つの形式、一種のメディア装置の名称」のこと。一九二六年一〇月に予約募集を開始した改造社の『現代日本文学全集』以降、ブームに火が付いた。関東大震災後の円本ブームは、「震災による出版界の壊滅的打撃と、家庭や図書館における書物ストックの焼失によって、人々の書物に対する飢餓感が高まり、円本ブームが引き起こされたという論理」で説明される。なお、永嶺重敏は震災と円本ブームの間には三年のブランクがあるとし、震災の翌年、一九二四年からの予約全集ブームを円本ブームに先立つ〈プレ円本ブーム〉と呼んでいる（永嶺重敏「円本の誕生と「普選国民」」吉見俊哉・土屋礼子編『大衆文化とメディア 叢書 現代のメディアとジャーナリズム 第4巻』ミネルヴァ書房、二〇一〇年、四‐七頁）。

(63)「防災の日」創設については、第三章を参照。

(64) 日本放送協会編『20世紀放送史　上』日本放送協会、二〇〇一年、三四三－三四五頁。
(65) メディアと集合的記憶の関わりについては膨大な蓄積が存在する。そのため本論と直接関わりのある方法論や個別の議論については適宜言及していくこととする。なお、メディアと記憶、メディアと認識、記憶とジャーナリズム、記憶と共同性などの議論については、Zelizer Barbieの研究に示唆を受けた（Zelizer, Barbie, 1993, "Journalists as Interpretive Communities," *Critical Studies in Media Communication*, 10（3）: 219-237.; Id., 1995, "Reading the Past against the Grain: The Shape of Memory Studies," *Critical Studies in Media Communication*, 12(2): 214-239.; Id., 2008, "Why Memory's Work on Journalism does not Reflect Journalism's Work on Memory," *Memory Studies*, 1(1): 79-87.）。この他、Edy, Jill, A, 1999, "Journalistic Uses of Collective Memory," *Journal of Communication*, 49(2): 71-85.; Silverstone, Roger, 1999, *Why Study the Media?*, London: Sage.（吉見俊哉・伊藤守・土橋臣吾訳『なぜメディア研究か　経験・テクスト・他者』せりか書房、二〇〇三年）、大石裕『ジャーナリズムとメディア言説』（勁草書房、二〇〇五年）、小林直毅編『「水俣」の言説と表象』（藤原書店、二〇〇七年）など。
(66) 前掲山本昭宏『核エネルギー言説の戦後史１９４５－１９６０』、一一頁。「集合的な「夢」に関しても同様のことが指摘できるだろう。〔……〕「被爆の記憶」と「原子力の夢」は、社会のメディア環境において幾重にも錯綜しながら言説的に構築されていった」という指摘も本書の問題意識においては非常に重要である（同書、一一－一二頁）。「記憶」語りだけではなく、「記憶」語りと対応する科学知に基づいた語りを検証するという着想は、同書に示唆を受けたものである。
(67) 佐藤卓己・孫安石編『東アジアの終戦記念日　敗北と勝利のあいだ』（ちくま新書、二〇〇七年）では、対象が東アジアまで広げられた。この他、記念日についてはWilliam, Johnston, W, M, 1991, *Celebrations: The cult of anniversaries in Europe and the United States Today*, Transaction Publishers.（小池和子訳、『記念祭／記念日カルト　今日のヨーロッパ、アメリカにみる』現代書館、一九九三年）など。
(68) 福間良明『「聖戦」の残像　知とメディアの歴史社会学』人文書院、二〇一五年、一二頁。
(69) このあたりの議論については、福間良明「ポスト「戦後七〇年」と戦争社会学の新展開　特集企画にあたって」（『戦争社会学研究』第一巻、二〇一七年、八－一八頁）を参照。

（70）全国紙としては、『朝日新聞』、『毎日新聞』、『読売新聞』が代表的であるが、そのうち『朝日新聞』を中心に据えたのは、発行部数の多さもさることながら、同一新聞社で東京、大阪、名古屋の比較分析が可能だからである。毎日新聞社よりも、朝日新聞社の方が名古屋での存在感は強く、第四章で議論するように伊勢湾台風との関わりが深い。なお、全国紙とは、「東京や大阪などの大都市に本拠を構え、複数の発行所を置き、全国規模の普及を図って事業展開」する、『読売新聞』、『朝日新聞』、『毎日新聞』、『日本経済新聞』、『産経新聞』の五大紙であり、「ブロック紙」、「県紙」は全国紙に対する地方紙として位置付くものである（吉岡至「沖縄の言論空間と地方新聞の役割」吉岡至編『地域社会と情報環境の変容　地域における主体形成と活性化の視点から』関西大学出版部、二〇一四年、一三六頁）。

（71）放送メディアは普及率の波が新聞よりも大きい。また、放送史料はアクセスが非常に困難だという問題がつきまとう。その意味で、佐藤卓己『青年の主張　まなざしのメディア史』（河出書房新社、二〇一七年）は、テレビ研究の困難さに立ち向かった重要な成果である。佐藤は「個人蔵」の記録媒体（放送テープ、ビデオカセット、ＤＶＤ）や放送台本、コンクールの発表文集などを駆使しているが、本研究において、そのような資料にあたることはできなかった。とはいえ、放送などのメディアを全く無視することはできないため、同時代のメディア状況を勘案しつつ、補足的な言及を試みている。

（72）メディア史の定義については、前掲佐藤卓己『ヒューマニティーズ歴史学』（一〇一－一〇三頁）や同『現代メディア史　新版』（iii－iv頁）を参照。

（73）土田宏成『近代日本の「国民防空」体制』神田外語大学出版局、二〇一〇年。

（74）竹内洋『メディアと知識人　清水幾太郎の覇権と忘却』中央公論新社、二〇一二年、二九頁。

（75）『名古屋朝日』の表記は一般的ではないが、東京本社、大阪本社と同様に名古屋本社の発行という意味で、便宜的に『名古屋朝日』表記とした。

（76）日本新聞協会編『昭和22年　日本新聞年鑑』日本新聞協会（電通）、一九四七年、一一四頁。

（77）「夕刊の日付統一」『東京朝日』一九四三年一〇月一一日：日本新聞販売協会新聞販売百年史刊行委員会編『新聞販売百年史』日本新聞販売協会、一九六九年、五四〇頁（年表）。

第Ⅰ部

第一章　復興語りの終点／記憶語りの始点
――〈東京〉の帝都復興祭

一九二三年九月一日に関東大震災を受け、東京は市域の約三分の二を消失してしまった。この巨大災害に対する復興計画を用意したのは後藤新平である。震災発生直後に成立した山本権兵衛内閣で、内務大臣兼復興院総裁になっていた。後藤がリーダーシップを発揮して打ち立てた計画は、「後藤の大風呂敷」と批判を浴び、結局は縮小してしまう。しかし、それでも東京は近代都市へと造りかえられていった。区画整理が進められ、道路や公園が整備されていく。そして、外形的な復興が整うと、事業の完了を祝う催しが企図された。

不況の中の祝祭

「畜生もう一度強震に襲はれろ、東京は再び焼けの原と化せ、破壊された東京こそが屋外労働者にパンを保証するんだ」。

同じ境遇に有るSは〔一九三〇年〕正月二日の日記に以上の如く記して居た。[1]

『中央公論』一九三〇年八月号には、「失業体験記」として読者による五本の体験記が掲載されている。[2]

上記は村田辨次郎という人物の「東京よ焼野原となれ」と題する寄稿の一部だ。「同じ境遇」とは、失業問題に直面していることを意味する。「俺が失業したのは何でも去年の正月だ。理由は至つて簡単だ。復興工事が終つて了つた事に有る」と述べるように、関東大震災の復興事業完了は失業者の増加を意味していた。[3] 別の体験記にも「地震よ、火事よ、大洪水よ、皆、皆、この世のものが一文なしの貧乏になつちまへ！」[4] とある。再度、巨大災害の発生が切望されるほどに、東京を覆う不況は深刻だった。

前年の一〇月二四日、ニューヨーク・ウォール街の株価暴落をきっかけに世界は不況に陥っていた。いわゆる世界恐慌である。日本経済も大打撃を受け、「昭和恐慌」が巻き起こった。当時は、まさにエリートの大学生でさえも就職難に苦しんでいる。[5] 小津安二郎監督の『大学は出たけれど』が一九二九年に公開され、同作のタイトルは流行語となった。[6] 就職難、失業だけではない。凶作、親子心中、乳児死亡率の高さなども問題視された時代である。[7] 決して明るい時代のようにはみえない。

しかし、それでも関東大震災からの復興事業完了は盛大に祝われた。[8] 一九三〇年三月末、帝都復興祭である。村田の寄稿はその祭典から約三カ月後に書かれたものだった。

帝都復興祭は復興プロセスの「頂点」に位置づけられてきたもので、[9]「歓喜の乱舞の中に沸立つた全帝都」という見出しの新聞記事は、「全東京が空家になつたかと怪しまれる程の空前の賑はひだ」と盛況を伝えている。[10] 細民対策として全市の労働者に五〇銭の食券が配布されたため、村田のように東京で暮らしていた失業者も、束の間ながら食の不安を忘れることができたのかもしれない。[11]

では、東京の外、日本という枠の中で帝都復興祭はどのように見られていたのだろうか。本章では、東京と大阪の報道を比較検討することによって、東京における帝都復興祭の意義、東京外への拡がりについて検討していく。

帝都復興祭をめぐる現代的状況

関東大震災は全国に被災者が散らばっただけでなく、新聞社による報道、画報の出版、写真展覧会などのメディア体験によって、「広く災害の未経験者が震災を追体験し、社会全体として関東大震災という事件が共有できた」[12]。「大量に登場する震災写真は、震災の集合的記憶の形成に必要な視角的イメージを提供した」[13]。つまり、人の移動、発災時のメディア体験が、関東大震災を全国的なものへと押し上げたとされている。これらは社会史、メディア史研究の重要な知見だが、時間の経過とともに関東大震災の記憶認識がどのように変化したか、という問題についてはこれまで追跡されてこなかった。そのため、帝都復興祭が挙行された一九三〇年三月末の時点において、人びとがどのように関東大震災を認識していたのか、日本社会の中で関東大震災がどのように位置づけられていたのか、といった問題はよくわかっていない。

また、都市政策、空間編成、社会史など、関東大震災の復興過程に焦点を当てた研究が豊富な一方で[14]、その「頂点」に位置する帝都復興祭を正面から論じた研究は少ない[15]。ワイゼンフェルドや尾原宏之など、帝都復興祭に言及する場合はあるが、復興過程という時間軸の中で簡単に触れられる程度となっている[16]。原武史が帝都復興祭の記録映画について報告しているが[17]、同時代の新聞報道を紐解くような試みはこれまでなされていない。

つまり、復興過程の「頂点」として帝都復興祭に言及される場合はあったが、ほとんど研究の中心には据えられてこなかったのである。そのため、この催しが東京だけでなく、同時代の日本においてどのような位置を占めていたのか、という点については十分に把握できていない。東京中心、あるいは現在の問題意識からのみ論じられてきたきらいがある。

ただ、先行研究は多くないものの、まとまった記述を確認できる資料はいくつも存在する。全三巻の高橋重治編『帝都復興史』（興文堂書院、一九三〇年）では、第一巻「第十一章　帝都復興事業完成の式祭」で概略が示され、第三巻「第十七編　帝都復興完成」では、巡幸、式典、祝賀会、余興の様子について詳述されている。「諸名士の復興観」という寄稿文集も収められた[18]。松葉一清の『『帝都復興史』を読む』（新潮選書、二〇一二年）は、この資料をもとにして、東日本大震災の後に刊行されたものである。この他、同時代の資料として、復興祭の二年後に刊行された東京市役所編『帝都復興祭志』[19]がある。同書は、「帝都復興祭に関する記録を編纂し以て復興帝都を記念し併せて将来の参考に資する」ことを目的としたもので、事前準備から当日までの経緯を記録した行政による復興祭史である。

東京の歴史を描いた東京百年史編集委員会編『東京百年史』（東京市、一九三二年）にもまとまった記述を確認できる。第四巻「大都市への成長（大正期）」[20]で関東大震災当時の様子、第五巻「復興から壊滅への東京（昭和期戦前）」で震災以後の東京について記しており、中でも、帝都復興祭に関する以下の記述は興味深い。

帝都復興祭が、祝賀会を除き、東京市のイニシャティブで行われたものでないことは、復興事業そのものが国家的な大事業であったこと、帝都としての東京という点からは当然のことであるとはいえ注目されるべきことであろう[21]。

復興が国家的な事業であること、東京が帝都であることを確認したうえで、帝都復興祭が地域限定的な催しではなく、国家的な催しであったという認識が提示されている。

しかし、国家が主導したという事実だけでは、〝国家的な催し〟とまではいえないのではないだろうか。それは、〝国家による催し〟でしかない。帝都復興祭が行われた東京以外の都市で、どのように〝国家による催し〟が報じられていたかを確認しなければ、〝国家的な催し〟であったかどうかはわからないままだ。本章は、復興完了時点における関東大震災認識の把握を目指すが、同時に、東京の報道と大阪の報道を比較することで、こうした東京側の想定を問い直していく。

対象の設定

先述の通り、復興プロセスの「頂点」に位置づけられることから、記憶認識の変遷を検討するための出発点として帝都復興祭を位置付けることができる。名目上ではあるが、帝都復興祭は関東大震災からの復興完了を意味していた。このことで、復興は目の前の課題ではなくなり、関東大震災は過去語りとならざるを得なくなる。つまり、復興プロセスの「頂点」というだけでなく、震災の語られ方が〈現在形〉から〈過去形〉に変わる象徴的な時点として、帝都復興祭を位置づけることができるのだ。

では、発災から約六年半後、震災語りの転換点ともいえる一九三〇年三月末時点において、関東大震災の記憶や認識はいかなるものだったのか。本章は、〝復興過程の「頂点」〟という縦の時間軸から帝都復興祭を取り上げるというよりも、東京と大阪の新聞報道を比較検討することによって、〝それぞれの都市における社会的受容〟という横軸の視点から帝都復興祭の把握を試みる。

主たる分析対象として設定したのは『東京朝日』と『大阪朝日』の報道である。[22] 当時、大阪系の朝日新聞社と毎日新聞社は東西本社体制を敷いて力を増していた。関東大震災の翌年、一九二四年の元日号において、『大阪毎日』は一面で「発行紙数＝百万突破」[23]を伝えている。『大阪朝日』も同様に百万部突破を社告した。[24] 東京でも、大阪朝日系の『東京朝日』と大阪毎日系の『東京日日』は大きな勢力を誇っていた。両紙は定価販売を口実に協定を結ぶと、関東大震災の被害から再建途上にあった在京新聞社を販売店から締め出していき、一九三七年に定価販売が実行されたときには大阪系両紙の寡占体制は盤石不動になっていたという。[25] 一九三〇年三月時点でも、相当な存在感を示していたと考えられる。

また、マス・メディアは帝都復興祭に併せたメディア・イベントを展開していた。『東京日日』は復興局、東京府、東京市の賛助を受け、復興道路二十二幹線の名称を募る懸賞企画を行っている。[26]『時事新報』は、復興の完成を機に、震災当時に寄せられた諸外国への感謝を示すことを目的として、「最も関係の深かつた米国に対し特に国民的情操を表現する為めに優雅なる婦人答礼使を派遣」することとした。この取り組みには東京市も「多大なる賛意」を示したという[27]。『読売新聞』は「東京湾遊航」を企画し、読者一〇〇〇名を招待した[28]。これらに対し、『東京朝日』は「市民公徳運動」という明らかに性質が異なった、社会教化のためのイベントを展開している。報道のあり様だけでなく、こうした異質なイベントを検討することで、単なる祝祭としての帝都復興祭ではなく、その祭典の社会的な意味付けを問うことができるだろう。『東京朝日』を対象とする理由もここにある。

対象期間は一九二九年一二月一日〜一九三〇年三月末日とした。この期間の設定にあたっては、『帝都復興祭志』に掲載されている「帝都復興祭日録」の対象が、復興祭に関する協議の行われた一九二九年一二月六日から、復興祭関係事務規定と臨時施設が廃止された一九三〇年三月末日までであることを考慮している[29]。この期間の報道を『東京朝日』と『大阪朝日』で比較検討し、東京だけでなく、日本という枠の中、特に大阪で帝都復興祭がどのように位置付けられていたのかを明らかにしていく。

『帝都復興祭志』にみる祝祭

帝都復興祭の基本的な性格についても確認しておこう。

くり返しになるが、帝都復興祭は関東大震災からの復興事業完成を祝うものである。高野宏康が震災記念堂建設をめぐる議論において、「慰霊」の要素が「復興」を妨げると懸念されていたことを指摘しているように、慰霊や哀悼と復興の祝賀は分ける必要があった[30]。そのため、哀悼を目的とする「震災記念日」（九月一日）とは別の時期に帝都復興祭が挙行されている[31]。帝都復興祭は震災による死者を哀悼するという過去志向ではなく、復興を果たした東京が未来を志向するイベントだった。

一九三〇年三月二四日の天皇による復興帝都の巡幸、二六日の復興完成式典が大々的に執り行われたが、「式典ならびに祝賀会が一般市民と無縁のものであったとすれば、復興記念行事への一般市民の参加は、式典後行われた各種の催しものであったと言えよう[32]」と指摘されるように、一般市民は巡幸と行政や市民主催の催し（二四日〜三〇日頃）に参加することで帝都復興祭への参加感覚を得たと考えられる。花電車の運行や広告行列が人気を博したが、他にも青年団・私立中学校・青年訓練所・補習学校の生徒による提燈行列、陸海軍楽隊の音楽行進、日比谷公園をはじめとする市内七つの公園における音楽自動車の演奏、記念体育大会などが行われた。『東京朝日』は、「警視庁調査」として天皇巡幸の奉迎者を九五万人[33]、二六日以降の人出については「復興祭に現れた記録やぶりの乗客　昨日は省電のみで一六〇万市電は一七〇万人[34]」の見出しで伝えている。

『帝都復興祭志』によると、巡幸の奉拝者や式典招待者は東京・横浜の復興功労者を中心に選出されている。東京市外については、復興完成式典の参列者に「府県」の知事、「五大都市及川崎市」の「市長、市会議長（川崎市ヲ除ク）」と記されている。海外向けには外国大公使にも招待状が送られた。また、三月二七日に外交団招待会が企画され、在東京各国大公使、在東京各国領事、在横浜各国領事に招待状が送られている。二二日には外国記者団を招待した昼食会が開催されていた。式典招待者の「民間」には、「東京発行日刊新聞社」、「東京発行主ナル通信社」も含まれている。一方で、東京以外の日本のメディアは招待が確認できない[35]。このようなイベントの設計から、帝都復興祭は全国的に展開された催しではなく、また、全国規模で一般の人びとが動員されたわけでもなかった、ということがわかる。

次節以降では、帝都復興祭に関する東京と大阪の報道を確認したうえで、さらに、ラジオのインパクトを検討する。ここでラジオのインパクトを検討するのは、同時代にラジオがナショナルなメディアとして期待を集めていただけでなく、ラジオ史でしばしば取り上げられる一九二八年の昭和天皇大礼というナショナル・イベントと対比することによって、帝都復興祭の特質がより鮮明に見えてくるからである。

帝都復興祭の構想

『東京朝日』は、一九二九年一二月一八日付夕刊で帝都復興祭に向けた報道を開始する。復興という「国家的大事業を永久に記念するため東京市は内務省復興局と共同主催で盛大なる帝都復興祭を既報の通り催すことになり期日は三月末と決定した」[36]。後述する『大阪朝日』よりも約二カ月早く、帝都復興祭の三月末開催を伝えている。「既報の通り」とあるが、それ以前の報道は対象期間外の一九二九年六月二八日付夕刊で確認ができた。一面トップで「聖上の臨幸を仰いで　明春上野に大復興祭」という見出しの記事を掲載し、「明春五月上野公園において盛大なる帝都復興祭を催し特に聖上陛下の行幸を奏請する事となつた」と報じている[37]。併置された記事には、「横浜市ではさき頃復興祭を催しましたが、東京は復興年度の関係上明年までかゝりますので五月頃復興祭を挙行いたしたいと思ひます」という東京市長堀切善次郎のコメントが紹介されていた[38]。

『帝都復興祭志』に記されている通り、三月末の帝都復興祭に向けて動き出したのは一二月だと考えられる。実際、紙面では一二月以降に復興祭関連の記事が増えていく。しかし、帝都復興祭そのものの構想は一九二九年六月末の時点ですでに存在していたようである。当初は一九三〇年五月の開催予定だったものが、一二月の報道で三月末開催に変更されていた。この経緯は不明だが、結果的には復興完了年度内に祭典まで完了することとなる。

なお、復興祭への言及はないが、『東京朝日』が五月開催を報じた日の朝刊で、『東京日日』は復興道路の名称募集を開始した[39]。また、この年の「震災記念日」に掲載された社説において、「明春までには〔復興に関する〕全部の計画を遂行し、復興祝賀の記念祭さへ行はうといふ計画がある」と、帝都復興祭が予定されていることを示唆している[40]。おそらく、計画段階のものが、実行へと実際に動き出したのが一二月だったのだろう。

奉迎せよ　全市民！

三月二四日の天皇巡幸、二六日の復興完成式典への臨席が象徴するように、帝都復興祭において昭和天皇は重要な役割を担っていた。それゆえ、関連報道も多い。

一九二九年一二月二二日付夕刊の一面トップでは、「帝都御巡幸の御日取発表さる」という見出しで日程の決定と準備委員会の設置を伝えた。[41] 一九三〇年一月一四日には、内定した巡幸順路を手書きの地図付きで紹介している。[42] 復興帝都を「御巡幸遊ばされる」道程について解説するこのような記事は、くり返し掲載されるものだった。読者にどこが復興名所であるか、どこが復興事業として重要なポイントだったかを提示する側面もあったのだろうが、やはり、天皇に関する情報として重要である。単に道筋を紹介するだけでなく、「帝都御巡幸の御時間　午前九時宮城御出門と内定」[43]、「御巡幸御召車は速力十二マイルで」[44]といった見出しの記事で、発着時刻や御料車の移動速度まで詳述している。巡幸当日の朝刊一面では「市民よ、高らかに萬歳を叫べ」という見出しを掲げ、「もつとも人出の多いと予想される」場所や「一般奉拝者の奉拝場所に到着すべき時間」を知らせている。「萬一雑踏のために奉拝出来なかつたものは右の時間によつて直に適当な場所に電車その他で移動すれば奉迎出来るはずである」と、応急手段まで紹介していた[45]（図1-1・2）。

また、「栄ある御巡幸の奉拝取締を寛大に」という見出しの記事によれば、規制が緩和され、奉拝者は「従来よりもずつと広い足場を得ると共に陛下の御英姿を眼のあたりに拝することが出来ることになつた」という。天皇が通過する側の歩道は、従来、歩道の半分までしか出られなかったが、今回は歩道いっぱいまで出ることができるようになり、反対側は、歩道まででせき止められていたものが車道にも出て良いこととなった。[46] 人びとは、より近くで天皇の姿を目の当たりにできるようになったのである。

表 1-1　分刻みで細かく設定された復興帝都の巡幸スケジュール（宮内庁書陵部図書課宮内公文書館編『摂政宮と関東大震災　宮内庁の記録から　昭和天皇記念館・宮内庁宮内公文書館共催展示図録』、2013 年）

時刻	立ち寄り場所	概要
午前 9 時 45 分	宮城出門	
午前 10 時 17 分	九段坂上着	拝謁、田安門内近衛歩兵第一聯隊内の御展望場で復興状況の御展望
午前 10 時 27 分	九段坂上発	
午前 10 時 32 分	府立工芸学校着	東京府知事より復興事業奏上、拝謁、府執行復興事業資料及び工芸学校設備御覧
午前 10 時 58 分	府立工芸学校発	
午前 11 時 7 分	上野公園着	拝謁、上野公園内御展望場で復興状況の御展望
午前 11 時 17 分	上野公園発	
午前 11 時 27 分	隅田公園着	日本漕艇協会分列式御覧、明治天皇記念碑御覧、後援御視察
午前 11 時 39 分	隅田公園発	
午前 11 時 46 分	震災記念堂着	震災記念物御覧
午前 11 時 52 分	震災記念堂発	
正午	市立千代田尋常小学校着	復興局長官・東京市長より復興事業奏上、拝謁、屋上より御展望、国執行及び市執行復興事業関係資料御覧
午後 1 時 25 分	市立千代田尋常小学校発	
午後 1 時 45 分	市立築地病院着	拝謁、復興衛生施設及び社会事業関係資料御覧、屋上より御展望、病院内施設御覧
午後 2 時 5 分	市立築地病院発	
午後 2 時 15 分	還幸	

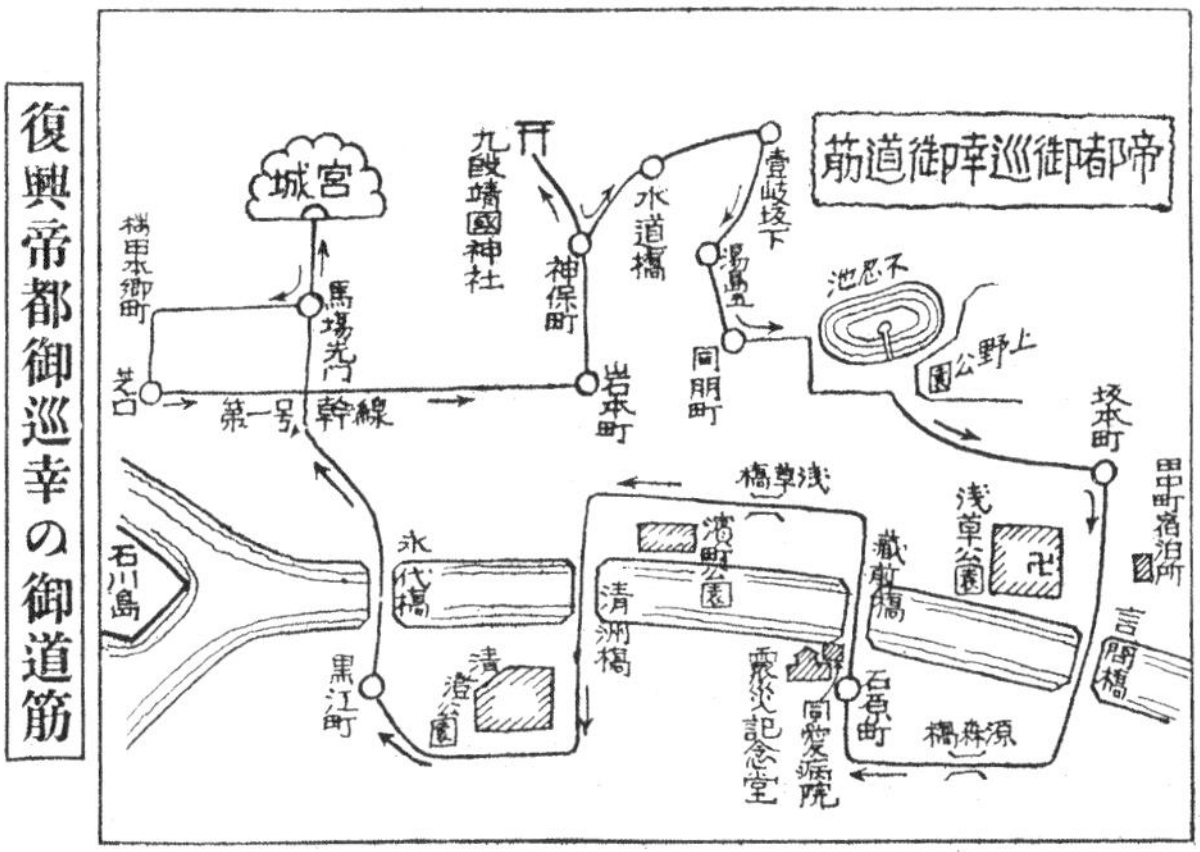

図 1-1　巡幸順路を伝える手書きの地図（東京朝日）

東京朝日新聞

復興帝都御巡幸

帝都復興は成れり
けふ輝く御巡幸
擧國七年の剛苦はむくいられ
おゝ、この歡びの日よ

待たせ給へる
けふの日

復興　和田三造筆

市民よ高らかに
萬歲を叫べ
奉迎せよ全市民！

奮ひ起つたその日
眼前に在る思ひ
山本權兵衛伯の談

図 1-2　帝都巡幸当日の朝刊一面（東京朝日）

「さアお許しが出た　思ふ存分浮かれろ」の見出しで報じられたように、帝都復興祭における警視庁の取り締まり方針は「なるべく大目に見〔る〕」というもので、人びとの自由な参加、お祭り騒ぎが期待されていた。[47]

順路やタイムスケジュールが決定していく過程を細かく、くり返し報じることには、巡幸への期待を東京の読者に抱かせようとする意図が透けている。天皇をそれまで以上に近くで目にすることができるという情報も、期待の高まりを後押しする。そのうえで、いつ・どこで奉迎することが適切であるかが提示され、読者もそのタイムスケジュールに沿って行動することが可能となった。[48]「奉迎せよ全市民！」[49]という小見出しが付されたように、『東京朝日』は復興帝都での巡幸に、市民の積極的参加を求めていたのである。

しかしながら、こうした情報の提示があっても、奉迎者が天皇の姿をはっきりと拝めたわけではないようである。帝都復興祭の記録映画を観た原武史は、以下のように所感を記していた。

沿道に確かに市民がたくさん並んでいましたね。彼らはちゃんと整列して秩序正しく並んでいる。しかし市民が並んでいるところは、天皇は車に乗って通りすぎるだけです。馬ではありません、スピードがあります。しかも屋根があって隠れていてよく見えませんでした。[50]

この時期、「天皇というのは一般市民の近くではみだりに生々しい姿を現すことはない[51]」のである。ただ、たとえ天皇の姿がはっきりと見えなくとも、市民にとって天皇による復興帝都の巡幸が重要な催しであったことに変わりはなかった。

偉なるかな新東京！

巡幸関連の報道以外では、「今春の復興祭に大がかりの催物[52]」、「装ひを凝す御巡幸の日の復興帝都[53]」など、催しの予定を紹介するものがある。帝都復興祭約一カ月前の一九三〇年二月二五日付夕刊一面トップでは、「春立返る帝都に市民が復興の歓喜」という見出しで行政による企画、正路喜社（広告代理店）が主催した広告祭など、当日行われる催しを紹介している[54]。式典の様子がラジオ中継によって全国に発信されることも告知され[55]、装飾を施した花電車は写真付きで紹介された[56]。

復興帝都を賛美する記事も確認できる。一九三〇年一月五日付夕刊の一面トップに掲載された「傾倒された人間の力　偉なるかな新東京！」という記事は、「今や東京市は近代都市としてのあらゆる設備を持つて誇らかに我國全都市を代表する位置に立つてゐる」と記した。「新しい東京の姿」として、愛宕山隧道、元町小公園、一号幹線、青洲橋、隅田公園が写真付きで紹介されている[57]。また、別日には、「これが復興帝都の顔」と題した航空写真とともに、「遂に世界第一にこね上げた「東京」」（強調原文）という見出しで復興帝都を称揚していた[58]。復興帝都が世界と比肩するほどの都市へと変貌したことを告げるこれらの記事は、そこで生活する東京市民の自意識を刺激しうるものであっただろう。

一九三〇年三月一五日から開始された、「御巡幸の市街を見る」（全七回）と題した連載特集は、復興帝都の再建を称賛する象徴的な記事である。「宮城前より宇田川町まで」、「宇田川町より和泉橋まで」、「和泉橋より湯島まで」と、巡幸の道筋に沿って復興帝都を紹介していくもので、すべての回に道筋を示すイラストの地図と写真が掲載されていた。

同連載は、「一号幹線は復興帝都の大動脈であり、復興局の最大の誇りの一つである[59]」といったように復興の代表的な成果を紹介するものだが、記事の中では帝都復興祭を東京だけでなく、日本という枠で位置づけようとしている。例えば、第一回の冒頭では、「帝都復興祭！　何といふ壮大な響きだ！　我等日本国民の歴史に特記さるべき天皇陛下御巡幸の日も近づき、馬場先門際の奉迎門工事も半ばまで進行した」（傍点引用者）と書き出し[60]、最終回は「馬場先門に工を急ぎつゝある奉祝塔こそは六ヶ年半にわたる復興当路者の尊き努力の象徴でもある、これこそ国と市民の奉祝の心の結晶でもある」（傍点引用者）と締めている[61]。東京市のみならず国民的・国家的意義を有することとして、復興事業や復興祭が喧伝された。

その他の連載特集としては、「焼土より奮い起つ」（一九三〇年二月二八日～、全一四回）や上司《かみつかさ》小剣《しょうけん》「復興の東京　廣重の色」（一九三〇年三月二〇日～、全五回）がある。後者は『大阪朝日』にも掲載されていたが、前者は『東京朝日』のみに掲載されたもので、読者から復興の美談を募り、紹介するものだった。

「焼土より奮い起つ」の連載目的は、第一回で以下のように記されている。

こゝに至るまでに市民は、過去七年余、「復興にまさる供養なし」とふるひ起つて、個人的にも集団的にも有史以来の大建設に猛進した〔……〕東京も横浜もその他あらゆる震災地も、各個人の辛苦経営の努力によつてのみ今日の雄々しい姿となつた、史上に記念さるべき復興祭を前にして、焼土より雄々しく奮ひ立つた健気な人々を紹介して見たい[62]。

関東大震災から七年間、人びとがどのような「辛苦経営の努力」を経て復興したのかを紹介するという。美談として紹介された人物は、商人、母親、医者、復興局技師など多岐にわたり、「一家は幸福な復活に恵まれ震災前にも増した資産を積んでゐる[63]」、「今では近代的な建築に震災前にも増した立派な復興振りを見せてゐる[64]」など、災前の状態を取り戻す復旧ではなく、それ以上に活気を取り戻したという復興体験が記されていた。こうした「美談」の共有は、個人の復興体験を「共通体験」へと昇華させようとする営みとみなすこともできるだろう。関東大震災当時、個別の被災体験を「われわれ」の体験へとつくりかえていく装置」として「美談」や「哀話」は用いられていたが、[65]ここでも同じ手法を確認できるのである。ただし、『大阪朝日』にこの特集は掲載されていないため、ここで展開されている「美談」の共有は、あくまで東京の内部に閉じた動向に過ぎないことを注意しておきたい。

帝都復興に関する詔勅

このような事前報道を経た巡幸当日の朝刊は、特別構成で一面が帝都復興祭特集となっている。この時代、『東京朝日』の朝刊一面は全面広告が基本で、記事は二面から始まるものだった。[66]そうした慣例を破り、一面が特集になったのだから、この日はまさに〝特別〟な紙面構成だった。最上段に「復興帝都御巡幸」と題する社説が掲げられ、中央には和田三造による「復興」という絵画が配置された。それを囲うように、復興、巡幸に寄せた談話や記事が並べられている（図1‐2）。なお、他紙の状況として『読売新聞』と『東京日日』を確認したが、どちらも朝刊一面は全面広告だった。この事実から、『東京朝日』が他紙よりも復興帝都の巡幸を重要視していたと考えられる。

社説では、「広大を加へた街区の整備、高壮を増した近代建築の色調」などと復興帝都の様式を紹介し、「今次の御巡幸こそは実に、わが「東京」にとつて、もつとも意義深きもの〔で〕あると共に、市民生活の画期的記念であり、国民精神の上に、一大教訓をふくむことを思はなければならない」と、「わが「東京」」にとって意義深いものである巡幸に言及した。[67]そのうえで、関東大震災から約一〇日後、一九二三年九月一二日に発せられた「帝都復興の詔勅の聖旨」を取り上げている。[68]

関東大震災が発生すると、地震・火災による都市の破壊に加え、流言蜚語が飛び交い社会は混乱。首都機能を別の都市へと移す遷都論も囁かれ、東京の人びとは不安と恐怖に襲われていた。こうした状況を静めたのが、当時摂政だった昭和天皇による「帝都復興の詔勅」である。詔勅が出された「経緯は明らかでない」としつつ、今井清一は以下のように推測している。

山本〔権兵衛〕首相が流言蜚語で民心が動揺しているおりから、民心の安定をはかるためには遷都論をおさえて帝都復興の道を示さねばならぬと考え、伊東巳代治枢密顧問官とも相談して伊東に詔書案の起草を依頼したものらしい(69)。

復興帝都巡幸当日の社説では、「実に全市民および全国民が、一意この大業の達成に対して、不屈の意気と不断の精励とを持ちえたる一大原動力」であり、「混乱の際における一大指標をしめし」、社会を覆う不安を一掃したものと紹介されている。さらに、東京が「一朝にして旧体を失ふに至つても、なほ、「政治経済の枢軸」となり、「国民文化の源泉」となるべきことを明らかにした(70)」と述べ、東京が正統な首都・帝都であることを担保したものとして「帝都復興の詔勅」を位置づけた。

帝都としての東京

明らかに「東京」の目線から提示された解釈のように読めるが、ここでの記述はそれほど間違っていないと考えられる。「ミヤコ」に関する概念の変遷を追いかけた園田英弘は、完全な「ミヤコ」とは、王宮性と首都性、都会性を兼ね備えた都市だとしている。その上で、この詔勅を「平安京以来、千年余のミヤコの変遷の極相を表現している」ものとして取り上げ、以下のように述べている。

「東京ハ帝国ノ首都ニシテ政治経済ノ枢軸トナリ文化ノ源泉」。ここでは「首都」という表現が使われているが、「都」あるいは当時のもっとポピュラーな用語の「帝都」のほうが適切な言葉であろう。ミヤコ東京は、ミヤコであるがゆえに「首都」になり、ミヤコであるがゆえに経済の中心になり、ミヤコであるがゆえに文化の中心になった。要するに「あらゆる総ての仕事の中心」になったので

ある。(71)

つまり、「帝都復興の詔勅」によって東京は完全な「ミヤコ」として認められた。「ミヤコ東京は、古代都市・平安京の再来である。いや、古代都市以上に過剰にミヤコの統合性をもった都市がミヤコ東京であった(72)」。関東大震災による甚大な被害を受けたすぐ後に、東京は日本の中心としての地位を承認されたのだと、園田も『東京朝日』と同様の説明をしている。

こうした「帝都復興の詔勅」が巡幸当日の社説で想起されているのは、「独り旧態を回復するに止まらず、進んで将来の発展を図り、以て巷衢《こうく》の面目を新たにせざるべからず」と詔勅に記されていたからではないだろうか(73)。復興した東京の姿を確認してまわる巡幸という催しは、天皇が詔勅で求めていた「復興」の完了を、天皇自らが確認するものである。東京の立場からしてみれば、復興した姿を天皇に見てもらう機会だった。端的にいえば、詔勅に対する東京からの応答である。東京にとっての巡幸の意味は、ここに浮かび上がってくる。

たしかに、園田が指摘するように「帝都復興の詔勅」は、一九二三年九月一二日の時点で東京が日本の帝都であることを認めたものであった。しかし、そこでは同時に復興が成されることも求められており、東京が焦土のままで、復興が達成されなければ、詔勅は不完全なものとなりかねない。東京が復興することで、改めて意味が完結するのである。だとすれば、一九三〇年三月二四日の巡幸は、天皇が帝都復興のあり様を確認するだけでなく、詔勅が完全なものであることを証明するイベントでもあったといえる。復興帝都の巡幸をもって「帝都復興の詔勅」が完結し、東京の帝都としての正統性が再確認されたのだ。「正式な遷都の宣言がないまま、なし崩し的に首都になっていった(74)」東京にしてみれば、首都・帝都であることを再確認するこのイベントが持つ意義は、非常に大きかったはずだ。

『東京朝日』は帝都復興を「全国的の祝典」と位置づけ、「世界に誇るべき成功」として復興事業の完

図 1-3 「市民公徳運動」の予告（東京朝日）

了を祝った。それだけでなく、関東大震災発災直後に出された「帝都復興の詔勅」に言及することによって、東京が正統な帝都であることを再確認している。発災直後に東京の地位を認めた昭和天皇による復興帝都巡幸は、東京市民の帝都意識にかかわる重要な催しであったのだ。

「市民公徳運動」というメディア・イベント

こうした報道にとどまらず、『東京朝日』は紙面を飛び出し帝都復興祭に積極的な関わりをみせていた。復興帝都の清潔と秩序を保つことを目的とする、「市民公徳運動」の展開である[75]。すでに記したように、他紙が主催していたメディア・イベント[76]とは明らかに異なる、社会教化を目指した運動であった。

「市民公徳運動」について初めて報じたのは、一九三〇年三月一九日の「復興帝都の整美へ　我社の市民公徳運動」という記事である（図1－3）。復興事業の完了により「外観の美と近代化を誇らんとしてゐる」東京の問題を、次のように指摘した。

しかしかうして折角完成した帝都に生活し往来する人人の多くは遺憾ながらその概観にふさはしい街頭作法を守つてゐない〔。〕紙くづ、吸殻、蜜柑の皮は道路に公園に停車場に到るところ投げ散らされてゐる、たんつばは到るところに吐き散らされてゐる、汽車、電車、バスの乗り降りは強い者勝ち早い者勝ちの状態である、街路に停車場に交通の秩序は全く保たれてゐない――一言にしていへば市民公徳の最小限度も守られてゐない[77]（太字・強調原文ママ）

「外観の美と近代化を誇らんとしてゐる」復興都市に対し、人びとの公徳心が欠如していることを問題視した。「名実共に我が日本の首都として模範都市たるべき復興の大東京」であるからこそ、こうした「欠点を除くための公徳運動ほど必要を感じられてゐるものはあるまい」という。そして、「この運動こそは実に復興帝都の精神的記念樹として確実に植ゑつけられねばならぬ」ので、帝都復興祭にかこつけて展開されることとなった。東京市民が帝都意識を育むためのイベントであることは明らかだ。天皇の巡幸と対応する下からの試みである。具体的には、「標語を本紙上[78]、示威運動行列、ポスター、パンフレット等により徹底せしめる」ほか、参加団体による清掃活動が行われた。参加団体は東京市各区青年団、東京府下青年団、東京府市少年団、東京連合婦人会、その他各学校諸団体とされている。

主催は東京朝日新聞社で、大阪朝日新聞社の記載はない。内務省、文部省、鉄道省、東京府、東京市、警視庁、復興局が後援しているように、帝都復興祭の主催者からも賛同を得ていた。東京市長の堀切善次郎は、復興事業で一新した帝都を「いかにしてきれいにするかは復興の市民に課せられた市民的な責任である[79]」とし、「時機に適した絶好の計画」である『東京朝日』の「市民公徳運動[80]」に、「双手をあげて賛成した」。同様に、田中隆三文相、安達謙蔵内相なども紙面上で賛意を示している。

「市民公徳運動」の報道は帝都復興祭が開催されるまで大きく報じられ続けた。「見ても胸が悪い紙くづかごの街路　鼻紙もビラも丸めてポン〳〵　癖の悪い紳士淑女[81]」、「掃除夫を尻目に朝から夜までひつきりなしに汚される東京駅[82]」、「公衆衛生の大敵！　たんつば吐きの悪風[83]」といった見出しで、人びとの公徳心の欠如、東京の街の汚さを写真付きで紹介している（図1-4）。「市民公徳運動」に対する反響は大きく、「読者から激励の辞」という記事によれば、激励、同感、提案などの投書は数百通に及んでいたという[84]。

復興祭当日の朝刊では、「市民公徳の旗高く　けふの一大運動」という見出しの記事で、「この運動の

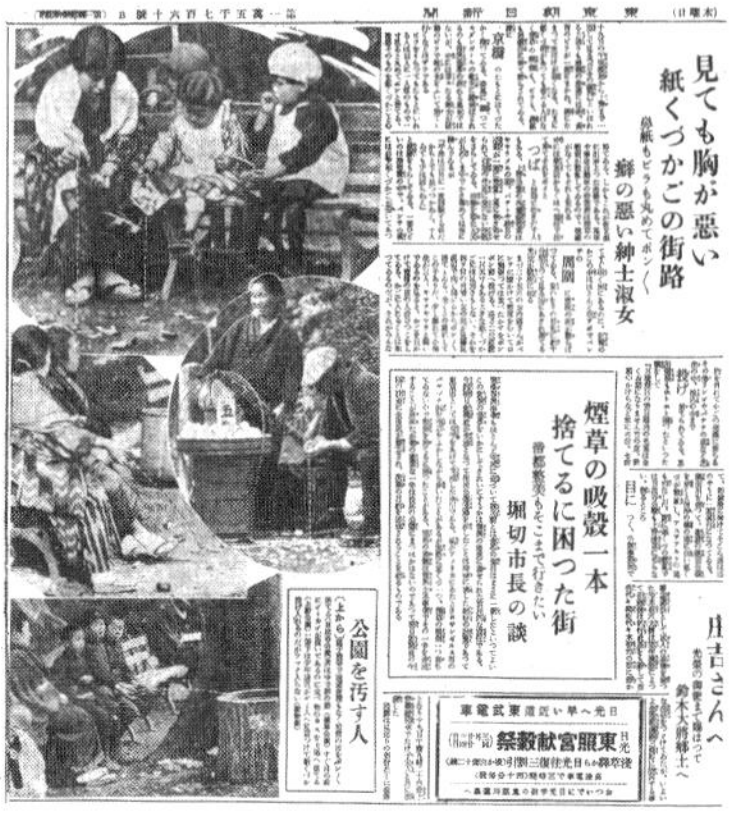

図1-4　公徳心の欠如を批判する記事（東京朝日）

デモンストレーションは最高潮に達する」ことを予告し、青年団、学生、婦人団体などによる大行進の編隊を詳しく紹介した(85)。「歓びの復興街頭に華々しき大示威(86)」、「街頭巻起る共鳴のあらし(87)」などの見出しで、当日は大いに盛り上がったと伝えられている。

「都市美運動」に掉さして

しかしながら、『東京朝日』はなぜ他紙と比べて明らかに異質なメディア・イベントを用意したのだろうか。一つの背景として考えられるのは、民間団体が類似した社会運動を既に展開していたことである(88)。

例えば、参加団体の一つでもある東京連合婦人会は、復興祭に合わせて「帝都浄化運動」を企画していた。「復興祭典を期し記念事業として「紙屑を捨てない習慣」を市民にうゑつける」という「市民公徳運動」と類似した試みで、三月一二日には東京市と意見交換を行っていた。東京連合婦人会側は復興帝都の巡幸にあわせ、「婦人、女学生約七萬余の会員を総動員し」、清掃やリーフレットを用いた宣伝に努める意向を伝え、「市も大いに援助する」という返答を得たとされる(89)。「市民公徳運動」が初めて紙面に登場した一九三〇年三月一九日には、一九時から「帝都浄化運動」について臨時委員会を事務所で開いている(90)。『東京朝日』は「市民公徳運動」と題する記事で、「普《あまね》く青年団、少年団、連合婦人会、各学校団体の応援を求め、関係各官庁の後援の下に、市民公徳運動を起すに至つた(91)」と記していたが、実際には東京連合婦人会の試みが先んじていたようだ。

また、当時存在感を示しつつあった都市美協会という組織による「都市美運動」も背景として興味深い。「「都市美運動」とは、単に都市を美しくする運動ではなく、「都市美」の実現を目標とした運動」である。都市を「美化」する活動に限定される「都市美化運動」に対し、「都市美運動」にそうした限定は必ずしもない。「都市計画をはじめとする制度への提案やそれに関する議論、そして、物的環境を直接操作するわけではないが、間接的な影響を与える啓蒙活動等までをも幅広く含」む運動である(92)。一九二五年に誕生した都市美研究会が、翌年改組することで誕生した都市美協会は、都市美の重要性を訴える先駆的な団体であった。復興帝都の巡幸に際しては、「市政調査会・庭園協会との共同実施調査の結果として「復興祭行幸御道筋美観維持に関する建議書」を提出している(93)」。

「都市美運動」の歴史的変遷を整理した中島直人によれば、帝都復興祭が行われる直前、一九二九年一一月末から一九三〇年二月末まで、都市美協会は「警視庁と激しくやり合っていた」という。事の発端は、宮城桜田門外に建設中だった警視庁新庁舎の望楼で、これに都市美協会が「新警視庁庁舎望楼撤廃に関する請願書」を提出する形でクレームを付けた。結局は、一九三〇年二月二七日に建設中の望楼を解体することが正式に決まり、都市美協会に軍配が上がったことになるが、それだけでなく、この騒動が新聞報道で取り上げられたこともあり、都市美協会が社会的に認知されるきっかけとなった。「望楼撤去が決定した一九三〇年の春の時点で、都市美協会に対する世間の認知度はかつてないほどに高まっていた」という(94)。『東京朝日』が展開した「市民公徳運動」は、こうした「都市美」への社会的関心の高まりに掉さすものであったといえるだろう。

「帝都」意識の涵養

しかし、この時代に都市美協会と深い関わりがあったと考えられるのは『東京朝日』ではなく、『東京日日』や『大阪毎日』といった大阪毎日系の新聞社である。

例えば、都市美協会の初動期に「活動の一つの柱として定着」していたとされる樹植祭《きうえまつり》の第五回が、帝都復興祭直後の一九三〇年四月二日に開催されている。このとき、東京市公園課、東京市教育局、復興局公園課などとともに後援団体に名を連ねたのは、『東京朝日』ではなく『東京日日』であった。東京日日広場や東日講堂で催しが行われている。また、『大阪毎日』の論説委員だった小川市太郎は、都市美研究会が都市美協会に改組した時点から一九三四年度まで同会の理事を務めていた[95]。このように、帝都復興祭が行われた一九三〇年時点には、都市美協会と大阪毎日系新聞社との直接的な関係が確認できる。

一方、『東京朝日』と都市美協会の関わりは、その前身である都市美研究会発足時まで遡る。都市美研究会発足にあたり重要な役割を担った橡内吉胤《とちないよしたね》は、『東京朝日』社会部記者を経て都市環境問題や都市計画の研究に従事するようになった人物である。さらに、橡内とともに一〇名の発起人に名を連ねていた鈴木文史郎は、一九二五年に『東京朝日』社会部部長に就任しており[96]、帝都復興祭の一九三〇年三月時点では論説委員を務めている[97]。名の知れたジャーナリストでもあった。時期はずれるものの、一九三一年四月に発行された都市美協会の機関誌『都市美』創刊号には前田多門、鈴木文史郎、下村海南といった大阪朝日系の人物がアンケート記事に登場している[98]。大阪毎日系のような直接的な接点は見当たらないが、一九三〇年当時に関わりが全くなかったわけではないだろう。

また、都市美協会が「市民公徳運動」の参加団体として取り上げられることはないが、先述の通り庭園協会、東京市政調査会とともに行った巡幸順路調査は写真付きで大きく報じていた[99]。共同で調査を行った東京市政調査会の理事は、当時『東京朝日』の論説委員であった前田多門が務めている[100]。『東京朝日』と都市美協会の関わりは続いていたし、「都市美運動」への関心を失っていたようにもみえない。それでも『東京朝日』が主導した「市民公徳運動」への参加が確認できないのは、先述の通り、復興祭直前に後援団体の一つである「警視庁と激しくやり合っていた」ことと、『東京朝日』とライバル関係にあった『東京日日』との直接的な結びつきという二つの障害が存在したためだと考えられる。

重要なのは、直接的な結びつき以上に理念の一致である。都市美協会は「市民精神、愛市精神の助長」を運動の理念としていた。[101]一方の「市民公徳運動」は、市民の精神作興に寄与するものと主張し、運動への参加は愛市精神の表れとされていた。警視総監の丸山鶴吉は、二重橋前で行われた「市民公徳運動」の解散式で、「この運動に参加された諸君はこの公徳運動の先覚者で先頭に立つたものである、この尊い愛市心に心から感謝する」[102]と呼びかけている。「都市美」の理念と「市民公徳運動」の理念は矛盾なく一致する。

だとすれば、「市民公徳運動」とは「市民精神、愛市精神の助長」に関わる運動を民間団体が企図する時代に、社会で存在感を発揮していた『東京朝日』が諸団体の運動を回収し、帝都復興祭にかこつけてメディア・イベント化したものであったといえるだろう。そしてそれは、復興帝都の巡幸と対応し、下から帝都意識の涵養を目指すものだった。東京連合婦人会の動向を伝えていた『婦女新聞』は、『東京朝日』の「市民公徳運動」について、「印刷部数百万を突破するに至つた」新聞社の「威力を道徳的に善用するもので、職責自覚の一端の現はれと見るべきだらう」[103]とし、「有力な機関を有つ新聞社が此の種の運動を起すのは、最も適当であり、有力でもある」と評価していた。「職責自覚」があったかは定かでないが、『東京朝日』を媒介することでより「有力」な試みとなったことは確かだろう。

本節では『東京朝日』の報道と、同社が主催した帝都復興祭に伴うメディア・イベントを確認した。巡幸報道を筆頭に、『東京朝日』の帝都復興祭関連報道は充実していたといえる。『東京朝日』は復興を祝う気運を高め、東京が正統な帝都であると主張していたが、同時に、紙面の外でもあらゆる団体と共に、帝都意識に関わる実践を「市民公徳運動」として展開していた。つまり、『東京朝日』による帝都復興祭関連の報道とは、東京が正統な〈帝都〉であることを主張し、メディア・イベントを通じて東京に住む人びとや街並みを〈帝都〉にふさわしいものへと改良していこうとする営みであったといえる。東京における帝都復興祭は、東京の帝都意識にかかわる重要なイベントであった。[104]

大阪と帝都復興祭

しかしながら、なぜこの時代に、帝都意識が重要なポイントとなったのだろうか。

「大大阪」の存在感

一つには、大阪の存在があるだろう。先述した関東大震災当時の遷都論にはいくつかのパターンがあり、関西遷都論として京都や大阪を帝都の候補に挙げるものもあった。例えば、関東大震災の直後、帝都復興に関する詔勅が出される前に掲載された『大阪朝日』の論説「帝都復興と遷都論」がある。ここでは畿内の地震災害が「関東に較べて極めて少ない」こと、朝鮮などの新領土を含めた場合「地理上から見ても、東京は帝国の中心では無」く、「近畿は正に大日本帝国の中心である」こと、大阪、神戸など物資供給に便利な地理関係にあることを理由に関西遷都論が展開されている[105]。東京の立場からは、復興の足枷とみなされた遷都論だが、「遷都論があったがこれは一理はある。現代科学より研究して適当の地に帝都を移すことも必要であろう」と、留保を述べた[106]うえで東京が正統な帝都であることを指摘した後藤新平のように、一定の理解が示される場合もあった。尾原宏之は、関西遷都論をかつてから存在した「根強い主張」とし、「これらを単なる一過性の議論としてではなく、大阪発の日本国家改造論として見直した時に、震災を契機に垣間見えた、東京と大阪の相互に嫉妬と警戒にまみれた複雑な関係に新たな視角がもたらされる」と指摘している[107]。

一九二五年の市域拡張により、大阪は面積、人口ともに東京市を抜き日本一になっていた。いわゆる「大大阪」の誕生である。経済規模も大きく、「社会事業や都市計画事業、それに公害防止などの保健衛生事業などにおいて、全国の都市行政をリードする先進的な施策を展開し、都市問題・都市政策の理論と実際について、全国に対する情報発信源の役割を」果たしていた[108]。帝都復興祭の最中、批評家の大宅壮一は関東大震災の打撃を受けた東京について、「いろんな方面において大阪に押され気味であることは、誰もが気づいてゐることである」と指摘し、以下のように述べている。

政治の中心である東京が、いつまでも文化的優位を失はないといふ考へ方は古い。生産的に、経済的に、絶対的優位を獲得しつゝ、ある大阪は消費文化の点でも、漸次東京を始め全日本をその影響下におくであらう。[109]

東京の「ミヤコ」性は、かなり揺らいでいたようだ。

日本社会の中で大阪の存在感が一層増しつつあった中、復興事業が完了したことで、東京市は次の目標であった市域拡張に力を入れていくことになる。[110]市域拡張により「大東京」が誕生するのは一九三二年だった。次の目標に勢いよく向かっていくためにも、帝都復興祭では帝都意識が強調されたのだろう。

また、一九二九年六月に大阪では天皇行幸が行われていた。この行幸については「近代の「帝都」東京に対する古代の「帝都」大阪という意識を市民の間に呼び起こす」動きが大阪にあったと指摘されている。[111]こうした大阪の動向は、東京の〈帝都〉意識にも少なからず影響があったのではないだろうか。

つまり、東京が「大大阪」の存在感・動向を意識せざるを得ない時代に帝都復興祭は行われていたのだ。それゆえに、東京の側としては単なる祝祭で終わらせるわけにはいかなかったのである。復興事業という内外に誇れる成果は、関西遷都論を浮上させた震災の克服でもある。ゆらいだ〈帝都〉の地位を再度確立するためにも、盛大なお祭りとする必要があったのだ。[112]

大阪からのまなざし

では、大阪から帝都復興祭はどのように見られていたのだろうか。[113]

『大阪朝日』は『東京朝日』から約二カ月遅れて帝都復興祭関連の報道を開始する。初出は一九三〇年二月二八日の「ぶり〳〵の復活　帝都復興祭を機会に」という記事で、一般玩具、郷土玩具の権威である有坂與太郎が、かつて存在した「ぶり〳〵」という男の子の遊びを紹介するものだった[114]。この後、『東京朝日』のように巡幸順路の検分や議論の過程、催しの告知を頻繁に掲載することはなく、決定事項を報じる程度であった。『大阪朝日』の事前報道は『東京朝日』と比べて明らかに劣っている。

とはいえ、『東京朝日』と同様に連載特集が組まれており、『大阪朝日』でしか掲載されない独自のものもあった。対象期間における帝都復興祭関連の連載特集は、「復興帝都の展望」（一九三〇年三月七日付朝刊〜、全八回）、上司小剣「復興の東京　廣重の色」（一九三〇年三月一六日付朝刊〜、全五回）、川端康成「新興東京名所」（一九三〇年三月二一日付朝刊〜、全五回）の三つである。上司小剣の「復興の東京」は『東京朝日』にも掲載されているので、その他二つの連載特集を確認していこう。

まず、連載特集「復興帝都の展望」は、先述した『東京朝日』掲載の連載特集「御巡幸の市街を見る」と類似した復興都市を取り上げるもので、理由は定かでないが東京市を「彼女」と呼称している。全七回を通じて巡幸ルートを紹介していく『東京朝日』に対し、『大阪朝日』の特集は二回でルートの紹介を終え、その後は復興都市の名所を取り上げていた。このことから、『東京朝日』と比べ巡幸への関心が薄いこと、巡幸よりも復興建築への関心が高いことがわかる。そしてその復興建築に、「大阪系統の新進建築家たちが没すべからざる貢献をなしてゐることを記して[115]」特集を終えていた。大阪系統の建築家と関わりがあるから、復興建築に関心を示していたのだろう。あくまで大阪の文脈から論じられている。

川端康成の連載「新興東京名所[116]」は『大阪朝日』限定の連載で、全五回のすべてが一面に掲載されていた。「浅草」、「隅田公園と震災記念塔」、「隅田川の橋」、「濱町公園と昭和通」、「一号幹線に沿うて」と、各回の副題に掲げられた場所を川端が訪問する見聞記となっている（図1-5）。

この連載で、川端は復興事業に批判的な見解を示していた。例えば、「隅田公園は復興局の自慢だ」

図 1-5　川端康成「新興東京名所　浅草」（大阪朝日）

と書き起こす第二回では、「隅田川の流れは決して清くはない。日が射せば黄色く、日がかげれば泥色だ。大阪の新淀川とは較べものにならない」。「少し河下の震災記念堂は、何といふ愚作であらう」などと述べている(117)。第四回では、昭和通りを歩いた感想として、復興事業の不調和を以下のように記した。

東京の傷ましさを見ましたよ。復興の雄々しい門出だと思へないこともないが、東京のなま〳〵しい傷痕、蔽ひ隠せない疲労、無理やりの空元気、そんな感じの方が今のところまだ目につくのです(118)。

こうした復興事業への態度は一九二九年一二月一二日から『東京朝日』で連載され、一九三〇年一二月に単行本として刊行された『浅草紅団』（先進社、一九三〇年）でも垣間見えるものであった(119)。佐藤秀明によれば、『浅草紅団』における帝都復興祭への言及は、「だがしかし、昭和五年の春は、東京の花々しい復興祭だ。新しい東京はあの地震が振り出しだ。もちろん浅草も、あれから新しく生まれたのだ」という記述のみだという。帝都復興祭を「ほとんど無視したと言ってよい」もので、「復興祭を描かず、したがって社会的な落差を強調することもなく、都市の秘密を暴露的に描くこともしなかったことで、『浅草紅団』は、メディアが作り出す通俗性から免れることになった」[120]。「新興東京名所」にもこの復興に対する態度が貫かれていたのかもしれない。復興の成果に批判的であるという点で、『浅草紅団』と同様に「メディアが作り出す通俗性から免れる」作品と評価できるだろう。

しかし、注意しなければならないのは、「新興東京名所」が『大阪朝日』でのみ掲載されたという事実だ。「通俗性」は東京の言論空間でつくられていたものであり、東京ほど復興祭が紙面を覆うことのなかった大阪では、そもそも「通俗性」と呼べるようなものは存在していなかったかもしれない。その前に連載されていた上司小剣の「復興の東京」は、時期のずれこそあるものの東西両紙に掲載されていた[121]。すでに川端は著名な作家であったし、上司の作品と同じく東京と復興がテーマである。川端が大阪出身ということも影響したかもしれないが、『大阪朝日』が一面に掲載するほどのものである。にもかかわらず『東京朝日』に掲載がなかったのは、復興事業に批判的な態度がより顕著であったからではないだろうか。祝祭の空気に水を差すことを避けようとする『東京朝日』の意図がうかがえる。

大阪の帝都復興祭

復興帝都の巡幸当日、『東京朝日』は一面最上段に社説を掲げていたが、『大阪朝日』でそういった紙面構成は確認できない。それでも、帝都復興祭は大きく伝えられていた。

一面トップに「復興成れる晴の帝都　聖上けふ御巡行」という見出しの「東京電話」記事[122]を掲載し、巡幸の予定を詳述している。他に、「国家経済を紊《みだ》らず　威容ある大帝都へ」という記事では、震災直後、首相に就任した山本権兵衛の談話が掲載されていた。また、二本組ではあるが、「帝都復興祭」と題した社説を掲載し、「帝都は全国民の帝都である。その復興費総額八億円の七割七分までは、全国民の負担するところである。帝都復興祭には全国的意義がなければならぬ」と、全国民が負担した復興事業であるから、帝都復興祭は全国的な意義を持つものでなければならないとした[123]。二五日付の夕刊は、一面トップに「めざましい復興に　龍顔御喜びに輝く」という記事を掲げている。上野公園の展望台から天皇が復興ぶりを確認している様子の写真が併置された。その他にも「御巡幸の御道筋に万歳のどよめき」といった見出しの記事で復興祭の様子を伝えた(124)。

しかし、帝都復興祭と関連する大阪での催しや、全国に散らばり、大阪でも生活していたであろう被災体験者が歓喜に湧く様子については描かれていない(125)。帝都復興完成式典当日に発行された夕刊の一面トップは「けふ、帝都晴れの復興祭　聖上臨席、勅語を賜ふ」であり、帝都復興祭は大きく扱われているが(126)、朝刊の社説は『東京朝日』に掲載されていた「帝都復興完成」とは異なる「緊縮反対論の擡頭《たいとう》」だった。内閣の緊縮政策について論じている(127)。『東京朝日』が展開したメディア・イベントである「市民公徳運動」についても、二七日付夕刊と朝刊に電話による転送記事があるのみで(128)、『大阪朝日』の取り組みや、大阪への波及は確認できない。

これまでみてきたように、大阪でも巡幸と帝都復興祭はそれなりに大きく報道されていた。しかし、事前報道はほとんどなく、東京と比べると明らかに報道量が少なかった。『東京朝日』のように帝都復興祭で紙面を埋め尽くすことはなく、大阪も被害を受けた過去の地震（北丹後地震三周年(129)）や大阪を訪れていた皇族についての報道が行われている(130)。また、『東京朝日』が企画した「市民公徳運動」への直接的な参加・同調は見られなかった。復興行政に批判的な連載が掲載されていたように、帝都復興祭に『大阪朝日』が積極的に関与した形跡はない。東京と大阪の紙面には明らかな温度差があった(131)。うがった見方をすれば、巡幸当日の社説に記された「復興費総額八億円の七割七分までは、全国民の負担するところである」という指摘は、〝ほとんど東京の力ではない〟と言っているように読める。

ともかく、東京と大阪の紙面を比較する限り、帝都復興祭はあくまで東京のものなのであった。

放送と帝都復興祭

ナショナル・メディアとしてのラジオ

帝都復興祭の約一年半前、一九二八年一一月に昭和天皇即位の大礼が京都で行われた。ラジオ放送とこの催しの関連については、「日本の放送史上、特筆すべき事柄がいくつかあるが、最大のものは〔……〕このとき初めて、仙台、東京、名古屋、大阪、広島、熊本の各放送局で同一番組が同時に放送できるという全国中継網が完成したこと」である(132)。「瞬時にして全土をおおう電波網の活用によって、はじめて「全国」意識をつくり出し、ラジオは全国的「文化」形成の媒介機能を果たした」と評されている(133)。

こうした、国家的イベントのインパクトは送り手に留まるものではなかったという。山口誠によれば、昭和天皇の大礼に向けてラジオ契約者数が急増しただけでなく、聴取空間にも変容がもたらされた。当時は感度の悪い鉱石ラジオが一般的で、レシーバーを用いた個別聴取が基本だったが、これを機に交流式ラジオへの切り替えが進む。交流式ラジオは感度が良く、スピーカーでの聴取も可能となり、「家族全員でラジオ放送が聴ける聴取スタイルが定着した」。「昭和天皇即位のナショナル・イベントを聴取することで、「日本全国」で一律に体験できる珍しいお祭りに参加できるという動機」もこうした変化の一因であったという(134)。

帝都復興祭でも全国向けのラジオ中継放送が行われている。日本メディアの影響力が乏しい国外向けには、外交団招待会（二七日）、外国記者団を招待した午餐会（二二日）などで、実際に関係者を動員するイベントを企画していたが、国内向けにはメディア（ラジオ中継・講演、新聞広告・報道）を介しての共有が試みられていた。

つまり、帝都復興祭は(135)、ラジオを介したナショナル・イベントが試みられはじめた時代に挙行された祭典の一つでもあったのだ。

帝都復興完成記念番組

では、ラジオはいかに帝都復興祭を伝えたのだろうか[136]。各紙に掲載されたラジオプログラムを確認していこう[137]。

天皇巡幸がおこなわれた三月二四日に、午前一〇時四〇分から「復興帝都御巡幸御模様（上野御展望所付近より）」が全国に向けて中継放送されている。四五分の番組で、内容は「復興帝都御巡視の模様」を「上野公園正面石段の左手茶店前に設けたマイクロフォンによつて、その御模様の逐一を謹んで中継放送する[138]」ものであった。「赤子《せきし》をして上野御展望所付近に在らしめるが如き思ひをさせる、中継なる哉〳〵[139]」と予告している。午後六時からの「子どもの時間」にはＪＯＡＫ（東京放送局）オーケストラによる管弦楽の中で「帝都復興祝歌」の演奏があるが、これはＪＯＢＫ（大阪放送局）のプログラムに記載がない。午後八時四五分からの「長唄」では「復興行進曲」が予定されているが、これはＪＯＡＫ、ＪＯＢＫどちらのプログラムにも記載されていた。

三月二六日の放送は「帝都復興完成記念」と銘打たれた。ＪＯＡＫの「家庭講座」と「こどもの時間」は帝都復興と関係のないプログラムだが、それ以外の多くの番組が復興祭関連である[140]。午前一〇時二〇分から「帝都復興完成式式典の状況（宮城外苑廣場より中継）」が全国に中継される予定となっていた。その他、午後〇時五分からのＪＯＡＫオーケストラ管弦楽の中で「帝都復興祝歌」、「帝都復興行進曲」の演奏がＪＯＡＫ、ＪＯＢＫどちらのプログラムでも確認できる。午後七時二五分から予定されている、堀切善次郎（東京市長）「帝都復興に際して全国民に謝す」、中川望（復興局長官）「復興史記念を終わりて[141]」という記念講座、午後八時からの「東をどり」、午後八時五〇分からの「ラジオ風景　帝都復興」は、東京発行の紙面では全国向けの放送となっている[142]。しかし、「ラジオ風景　帝都復興」については、大阪発行の紙面に掲載されたＪＯＢＫのプログラムで確認できない。『東京日日』の「ラヂオ」欄で「ラジオ風景　帝都復興」は「中継・大、名、仙、札」と表記されているが、大阪のラジオプログラムでは同時刻にレオ・シロタのピアノ演奏が予定されている。このように、ＪＯＡＫとＪＯＢＫで多少の差異はあるものの、帝都復興祭関連の放送はＪＯＡＫから全国に向けて発信されていた[143]。

ロケ地完結の祝祭

ただし、全国中継網が整備され、全国で同じ番組が放送できるようになったことは、必ずしも全国の人びとがラジオに聴き入ったことを意味しない。当時の資料を確認してみると、放送局が設立されても全国的には聴取者を獲得できていなかったという事実が浮かび上がってくる。

一九三〇年三月末のラジオ全国普及率は五・四％に過ぎず、聴取契約数は全国で六五万程度だった。普及率の低さだけでなく、地域の偏差も明らかである。最も普及率が高いのは帝都復興祭の舞台である東京府で二二・八％。次点の大阪府は一五・七％だが、他の道府県で一〇％を超える地域は存在しない[144]。つまり、ラジオは都市のメディアだったのである。また、山口誠によればラジオ普及率の比較的高かった大阪市でさえ、電力事情が影響し、一九三二年でも「大半の家庭のラジオは日が暮れるまで鳴らなかった[145]」。人びとは「ラジオ商」の店先に置かれた街頭ラジオなどで昼の放送を聞くことができたが、ここまでに確認した『東京朝日』と『大阪朝日』の温度差をふまえると、帝都復興祭関連の番組が大阪で強い興味を惹いたとは考えにくい。紙面からラジオに聞き入る大阪市民の様子も確認できない。

ここで改めて、昭和大礼の全国中継放送に関するメディア史の成果を確認しておきたい。有山輝雄は、上記のようなラジオ聴取者の拡大が果たされていなかった事実を踏まえたうえで、地域の偏差を以下のように指摘している。

ラジオ受信機の普及も期待通りには伸びず、即位礼は放送メディア・イベントとしては大きな社会的広がりはもちえなかった。確かに公的行事は全国一律に大々的に行われたが、ものをいったのは

> 行政機関の動員力であった。東京など大都市では、放送メディア・イベントとしてインパクトがあったかもしれないが、地域によってかなりの差があったと考えられる。[146]（傍点引用者）

加えて、「国民の共時的体験を演出する上で、鉄道が大きな役割を果たしている」という原武史の指摘も重要だろう。「御召列車が走った沿線各駅では、あらかじめ列車が何時何分（何秒）にどの駅を通過ないし停車するかが知らされていた」。そして、「列車の通過する時間には、ホームの決められた位置に規律正しく整列して、天皇の姿を直接仰ぐことのできない列車に向かって敬礼した」という[147]。つまり、ラジオだけでなく、行政の動員力や天皇の身体が実際に移動するということが合わさって、この時代のナショナル・イベントは成立しえたのである。

これらのことを踏まえ、改めて帝都復興祭について考えてみる。

たしかに、巡幸、復興完成式典の中継や記念講演など、帝都復興祭の関連番組は全国向けに放送されていた。しかし、ラジオを介したナショナルなメディア・イベントを実現するうえで、メディア環境が不十分であったことは否めない。集団聴取はありえただろうが、そのような様子が紙面に掲載されることはなかった。後藤新平がラジオによる文化の均等化、同質化を喧伝していたが、「一九二〇年代、三〇年代の社会は、社会全体を同質化する大きな力が作用しながら、それが同時に都市と地方の格差、地域社会内部の格差を作りだし」ていた[148]。帝都復興祭はラジオ普及率の高い東京で行われた、東京（の聴取者）向けのメディア・イベントに過ぎなかったと見るべきなのだろう[149]。

また、天皇の身体がそれぞれの地域を通過していくからこそ、昭和大礼は各地で期待感を高めることができた。このことを踏まえれば、放送史において重要な意味を付与されている全国規模のメディア・イベントといえども、場に規定される側面が強かったと考えられる。これに対し、帝都復興祭は大規模な移動を伴わないイベントである。たしかに東京は歓喜に沸いた。東京の内部をめぐる巡幸に加え、市民が参加可能な催しも多数企画されている。東京においては、実際に天皇の身体が移動し、人びとが動員されるイベントだったのだ。だが、全国的規模での人びとの動員は仕掛けられていない。天皇の移動は東京内部に閉じたものであり、大阪まで来ることはなかった。帝都復興祭はロケ地・東京で完結する。ナショナル・イベントとしての昭和天皇大礼とは、明らかに性質が異なっていた。それゆえに、帝都復興祭はナショナルなものではなく、ローカルなイベントにとどまったといえる。ラジオ史的にみても、東京と大阪の間で温度差は生じざるを得ないのであった。[150]

可視化された帝都

一九三〇年の帝都復興祭は、「全国的意義」が求められ／語られるイベントだった。『東京朝日』は盛んに事前報道を行い、復興帝都の巡幸当日には特別な紙面構成で復興祭を盛り上げた。それだけでなく、発災時に発せられた「帝都復興の詔勅」を持ち出して東京が正統な帝都であることを強調した。紙面の外でも「市民公徳運動」という異質なメディア・イベントを展開することで、人びとの帝都意識を育もうとしていた。東京において、帝都復興祭とは帝都意識にかかわる重要なイベントであったといえる。

しかし、「全国的意義」を語っていても東京と大阪の紙面は明らかに様子が異なっていた。大阪でも巡幸と帝都復興祭はそれなりに大きく報道されていたが、東京のように事前報道は充実していない。帝都復興祭で紙面を埋め尽くすこともなければ、『東京朝日』が展開した「市民公徳運動」への積極的な関与も確認できない。大阪の紙面には復興事業に批判的な語りさえ登場する。

また、帝都復興祭関連のラジオ番組も用意されており、全国に向けて放送されていたが、大阪で帝都復興祭に湧く人びとの様子は報じられていなかった。大手新聞の一〇〇万部突破、全国中継放送網の完成といったメディア環境の拡充、昭和大礼というナショナル・イベントが示すように、マス・メディアを介したナショナル・イベントが可能になったように思えるが、当時のイベントは現代以上に「場」に規定される側面が強かったのだろう。それゆえ、「全国民的意義」を持たせるという要請は十分に果たすことはできなかったと考えられる。

もっとも、全国的な訴求力を持ち合わせていなかっただけでなく、東京でも永続的に記念されるものではなかった。翌年は「けふ復興記念祭」という見出しの記事が掲載されているが、復興事務局は「今月限り店終ひ」と報じられている。[151]翌日の読者投稿には「公徳心よ何処」の見出しを付し、「今日の帝都の公園道路車内は如何。依然として紙くづ、果皮、吸殻、マッチ棒だらけである」と、公徳意識の欠如を批判していた。[152]翌々年の紙面でも三月二六日に「有難いと思ふ心　東京市の復興記念日に……」[153]と、ラジオ第二放送の番組を確認できるが、帝都復興記念日が紙面上で大きく取り上げられた様子はない。

帝都復興祭は全国的な催しではなく、全国的な移動や動員も企図されなかった。東京で完結するイベントに過ぎないものである。東京のためのもの、といってもよい。東京の人びとが、震災後にやってきた労苦を忘れたいがための祝祭であった。

しかし、東京では単なる祝祭として終わらせるわけにはいかなかった。大阪の存在感が無視できなくなっていたからだ。それゆえに、帝都・東京の自意識を刺激するイベントが目指された。復興帝都の巡幸というイベントは、関東大震災の直後に出された「帝都復興の詔勅」に対する東京側からの応答という意味を持つ。「市民公徳運動」では帝都意識の涵養が図られた。たとえそれらが東京ローカルなイベントであったとしても、東京では、正統な帝都であることが上からも下からも再確認されているのだ。天皇の巡幸とそれに湧く人びとの姿である。原武史の『可視化された帝国』[154]に倣えば、ここに〝可視化された帝都〟を見ることもできるだろう。

さて、こうした認識の差異は九月一日の「震災記念日」においてもみられるものなのだろうか。また、時間の経過とともに東京と大阪の認識はどう変化していくのか。次章では、帝都復興祭を経た後の、記憶語りの変遷について検証していく。

注

(1) 村田辨次郎「東京よ焼野原となれ　自由労働者体験記」『中央公論』一九三〇年八月号、二三七頁。

(2) 村田のほか、齋藤貞次「施療患者業を叩き出される」／江藤三郎「小学教員の職業的廃疾」／首藤嘉子「町を彷徨する」／江崎秀夫「或る日のインテリ失業者」の計五本が入選として掲載されている。

(3) 前掲村田辨次郎「東京よ焼野原となれ」、二三五頁。村田はそれまで工事現場を転々としていたので、一時的な失職はいつものことだと気に留めていなかった。「然し、帝都は復興した。バラックとドブ道がビルヂングと三十間道路で都を飾つた時、都にはもうアスファルトの煙が労働者の汗と土と塵埃のにほひは必要としなく成つたのだ」（同、二三五頁）。

(4) 首藤嘉子「町を彷徨する」『中央公論』一九三〇年八月号、二四〇頁。

(5) 鈴木正幸「恐慌であける昭和」金原左門・竹前英治編『昭和史〔増補版〕』有斐閣、一九八九年、一七頁。

(6) 難波功士『「就活」の社会史　大学は出たけれど…』祥伝社新書、二〇一四年、三八-三九頁。「大学は出たけれど」は、「その後も今日に至るまで、不況（就職難）のたびごとに〔……〕マスコミに重宝されるフレーズとなっている」。

(7) 大門正克『全集　日本の歴史　第十五巻　戦争と戦後を生きる』小学館、二〇〇九年、二〇-二五頁。

(8) 文章のおわりに「一九三〇・七・四」とある（前掲村田辨次郎「東京よ焼野原となれ」、二三八頁）。一九三〇年七月号の『中央公論』に掲載された原稿募集は六月一〇日付のもので、締め切りは七月五日。四〇〇字詰め原稿用紙一〇枚で、掲載者には五〇円の薄謝が贈られた（「『失業体験記』原稿募集」『中央公論』一九三〇年七月号、三〇一頁）。

(9) Weisenfeld, Gennifer, 2012, *Imaging Disaster: Tokyo and the Visual Culture of Japan's Great Earthquake of 1923*, Berkeley: University of California Press.（篠儀直子訳『関東大震災の想像力　災害と復興の視覚文化論』青

土社、二〇一四年、三〇七頁)。
(10)「歓喜の乱舞の中に沸立つた全帝都　昨日の人出実に二百万」『東京朝日』一九三〇年三月二七日付朝刊。「七十余りの老人が「五十年このかたこんな人出は見たことがない……」と嘆息したのは全市民の感じだつたらう」など、人びとの驚きの様子が伝えられた。前日は水曜日、つまり平日だが、電気局乗務員など休業できない場合を除いて、東京市内は公立学校や市職員などは休日とされた。休日とすることで、東京内部では動員が促されていたとみることができる(「『復興祭の献立』で公衆食堂の萬歳　市営宿泊人には赤飯を振舞ふ」『東京朝日』一九三〇年三月二日付夕刊)。
(11)「全市の労働者に食券を配る」『東京朝日』一九三〇年三月二六日付夕刊。東京府は世帯を対象に、東京市は労働者を対象とした。労働紹介所などでも配布されたため、失業者の手にも食券が渡った可能性がある。
(12) 北原糸子『津波災害と近代日本』吉川弘文館、二〇一四年、三一頁。
(13) 王京「災害航空写真の登場と新聞社」『メディア史研究』第二五号、二〇〇九年、一四頁。Schenking, J. Charles, 2013, *The Great Kanto Earthquake and the Chimera of National Reconstruction in Japan*, Columbia University Press. では、関東大震災に対する地方メディアの強い関心が指摘されている。たしかに、発災直後は関東大震災をナショナルな災害として位置づけようとする動きが盛んだった。
(14) 都市計画については、越澤明の『東京の都市計画』(岩波新書、一九九一年)や『後藤新平　大震災と帝都復興』(ちくま新書、二〇一一年)といった整理が代表的。同時代の政局、社会意識を扱ったものとしては、筒井清忠『帝都復興の時代　関東大震災以後』(中公文庫、二〇一七年)がある。越澤明は後藤新平を好意的に評価するが、筒井清忠は批判的である。また、「通常想定されているのとは異なり、復興問題はもちろん重要ではあったが関東大震災以後の政治過程の主たる政治争点ではなく、事実上の主焦点は普選・政党問題の方にあった」という筒井の指摘は同時代の関東大震災認識を検討するうえで非常に重要である(同書、五八頁)。留意しておきたい。
　関東大震災から約三年間の復興過程を描いた北原糸子『関東大震災の社会史』(朝日選書、二〇一一年)も関東大震災研究として代表的である。この他、震災後における建築物再建過程の解明を目指した田中傑『帝都復興と生活空間　関東大震災後の市街地形成の論理』(東京大学出版会、二〇〇六年)や、不燃性の鉄筋コンクリートで復興・再建された「復興小学校」を建築学ではなく教育学的観点から検討した小林正泰『関東大震災と「復興小学校」　学校建築にみる新教育思想』（勁草書房、二〇一二年）など。源川真希『東京市政　首都の近現代史』（日本経済評論社、二〇〇七年）のように、通史を描く中で関東大震災とその復興に言及するものもある。

　英語圏でも関東大震災研究は行われている。近年のまとまったものに、関東大震災体験と東京、日本社会の関わりを多角的に検討したSchenking, J. Charles, *The Great Kanto Earthquake and the Chimera of National Reconstruction in Japan*（前掲）がある。Borlandは一連の研究で、『震災に関する教育資料』（文部省）に注目し、関東大震災後に「犠牲と英雄的行為の物語」がいかに利用されたかを議論している（Borland, Janet. 2005, "Stories of Ideal Japanese Subjects from the Great Kantō Earthquake of 1923." *Japanese Studies*, 25(1): 21-34.; Id., 2006, "Capitalising on Catastrophe: Reinvigorating the Japanese State with Moral Values through Education following the 1923 Great Kanto Earthquake." *Modern Asian Studies*, 40(04): 875-907.; Id., 2009, "Makeshift Schools and Education in the Ruins of Tokyo, 1923." *Japanese Studies*, 29(1): 131-143.）。もっとも、そうした「美談」は新聞などにも登場するもので、教育資料特有のものではない。日本の研究では、発災直後の美談を検討した、成田龍一「関東大震災のメタヒストリーのために　報道・哀話・美談」（『思想』一九九六年八月号、六一－九〇頁）がある。

（15）帝都復興祭を主たる研究対象に据えた数少ない研究の一つに、広告行列という催しに注目した吉岡三貴の論考がある（「帝都復興祭における行列および音について　広告行列に焦点を当てて」『大学院教育改革支援プログラム「日本文化研究の国際的情報伝達スキルの育成」活動報告書』二〇〇九年、三〇六－三一五頁；「帝都復興祭における広告行列について」『お茶の水音楽論集』第一四号、二〇一二年、五二－六三頁）。

　一九二九年四月に開催された横浜の復興祭については、横浜の「われわれ」意識を検討する中で復興祭を取り上げた阿部安成の研究（「横浜の震災復興と歴史意識（一九二三～三一年）」『日本史研究』第四二八号、一九九八年、一〇八－一三三頁；「横浜歴史という履歴の書法〈記念すること〉の歴史意識」阿部安成・小関隆・見市雅俊・光永雅明・森村敏己編『記憶のかたち　コメモレイションの文化史』柏書房、一九九九年、一二五－八〇頁）がある。このときの行幸については、吉田律人「横浜市の復興と昭和天皇の行幸　横浜市史資料室所蔵『昭和四

年　天皇行幸写真帖』を中心に」（宮内庁書陵部図書課宮内公文書館編『摂政宮と関東大震災　宮内庁の記録から　昭和天皇記念館・宮内庁宮内公文書館共催展示図録』宮内庁書陵部図書課宮内公文書館、二〇一三年、四八‐五一頁）。

(16) 前掲ワイゼンフェルド『関東大震災の想像力』。尾原宏之『大正大震災　忘却された断層』（白水社、二〇一二年）は、終章を「空虚な祭り」とし、帝都復興祭の盛り上がりを紹介している。

(17) 原武史「帝都復興祭と都市の再生」東京大学大学院人文社会系研究科21世紀COEプログラム「生命の文化・価値をめぐる『死生学』の構築」『シンポジウム報告論集　関東大震災と記録映画　都市の死と再生』東京大学大学院人文社会系研究科、二〇〇四年、七九‐八四頁。後述するように、この報告で原武史が述べている宮城前広場と帝都復興完成式典の関連は、本章との関わりでも重要である。原武史『「民都」大阪対「帝都」東京　思想としての関西私鉄』（講談社現代新書メチエ、一九九八年）、同『完本　皇居前広場』（文春学藝ライブラリー、二〇一四年）などでも関連する指摘はあるが、帝都復興祭との関連についてはこのシンポジウム報告での記述が最も厚い。

(18) 高橋重治編『帝都復興史　附横濱復興記念史』（第一～三巻）興文堂書院、一九三〇年。発行所は復興調査協会。同書の編纂意図については、第一巻の「凡例一言」に「本書は東京市、府、横浜市及神奈川県に於ける復興並復旧事業の全般に亘り細大洩さず之を録記し、加ふるに復興七年間に於ける政治経済其他社会萬般の変遷推移を以てし、復興事業記念史たると共に復興年鑑たらしむる方針の下に編纂せるもの」（第一巻、二五頁）とある。射程は発災から約七年間で、帝都復興祭を終着点としていた。松葉一清によれば、『帝都復興史』は「版元の興文堂書院の社主、高橋重治がほぼ全てを執筆し」たものである。この高橋重治は「明治二十五年、北海道・札幌に生まれ、小樽高商を中退後、東京に出て、新聞、雑誌の記者を経験したあと、政治経済情報の事務所を主催し、『帝都復興史』の版元となっている出版社「興文堂書院」を設立した」人物（『『帝都復興史』を読む』新潮選書、二〇一二年、五‐六頁）。なお、こうした公的な資料で描かれる復興事業の成果は「完成」されたものがほとんどで、「復興事業以外の再建活動」や「途中段階」にあまり紙面が割かれていないという問題が指摘されている（前掲田中傑『帝都復興と生活空間』、四頁）。

(19) 東京市役所編『帝都復興祭志』東京市、一九三二年、ノンブル無し。
(20) 東京百年史編集委員会編『東京百年史　第四巻』東京都、一九七二年。
(21) 東京百年史編集委員会編『東京百年史　第五巻』東京都、一九七二年、四〇頁。「帝都復興計画そのものが、東京という都市の性格、すなわち「帝都」としての東京の復興計画であるため、国ならびに議会のイニシャティブにより計画・実施され、東京市の自主性が著しく後退させられていた現実と全く同様のことが復興祭についてもみられるわけで、とくに、天皇の視察・式典への出席という行事が、宮内庁を中心とする政府の関与をさらに大きくし、その結果、東京市の立場をいっそう限られたものにした」とも記しており、東京市ではなく国家主導であることを強調している（同書、四〇頁）。しかしながら、ここでも誰が主導したかという議論であって、東京以外の都市にどのようなインパクトがあったかを検証したわけではない。あくまで東京の側からの指摘である。
(22) 縮刷版、マイクロフィルムを通読することで帝都復興祭関連の記事を収集し、得られた記事をもとに報道を整理した。
(23)「発行紙数＝百万突破」『大阪毎日』一九二四年一月一日付朝刊。
(24) 朝日新聞百年史編修委員会編『朝日新聞社史　大正・昭和戦前編』朝日新聞社、一九九一年、二四〇頁。
(25) 佐藤卓己『現代メディア史　新版』岩波書店、二〇一八年、九一頁。
(26)「偉業を記念する復興道路の命名　懸賞で名称を募る」『東京日日』一九二九年六月二七日付朝刊。
(27) 前掲『帝都復興祭志』五六六頁。『時事年鑑　昭和六年』（時事新報社、一九三〇年）には、選出された答礼使のプロフィールなど、詳しい記述がある（同書、一二頁）。
(28)「東京湾遊航　愛読者代表」『読売新聞』一九三〇年三月二四日付朝刊。読者一〇〇〇名と読売新聞関係者五〇〇名が対象。二八日午前八時半出航予定で、余興や昼食の用意があるという。
(29) 前掲東京市役所編『帝都復興祭志』、六八三－六八五頁。
(30) 高野宏康「関東大震災の公的な記念施設と復興期の社会意識」関東大震災九〇周年記念行事実行委員会編『関東大震災　記憶の継承　歴史・地域・運動から現在を問う』日本経済評論社、二〇一四年、七七頁。ワイゼンフェルドも、九月一日の「震災記念日」に対し、一九三〇年三月二六日が復興記念日となったことについて「九月一日はいまだ哀悼の日とされており、そうした日に祝賀を行なうのは禁じられていた〔……〕哀悼としての記念と、祝賀としての記念は分けられる必要があった」と述べている（前掲ワイゼンフェルド『関東大震災の想像力』、三二八頁）。

（31）一九二四年一月一五日に初版が刊行された高橋梵仙編『新撰　日本年中行事講話』（大東出版社）によれば、九月一日は「大震火災記念日」であり「酒なし日」でもあった。「酒なし日」は「関東地方の大震災火災記念日に当り、横死犠牲同胞の冥福を祈り、国民反省発奮の実を挙げんとのことより、財団法人日本国民禁酒同盟主唱により、大正十三年を第一回として毎年全国一斉に挙行せらるるもの」とされている（同書、三〇七頁）。「酒なし」を叫ぶ人びとが存在する「震災記念日」をお祝いムードに演出するのではなく、別の日付が採用されたことは自然な流れだっただろう。ただし、三月に開催しても、日本排酒連盟は「飲めや歌への復興祭に反対」し、声明を発表した（「飲めや歌への復興祭に反対」『婦女新聞』一九三〇年三月第五日曜号）。なお、記念日をまとめた同書に「帝都復興記念日」の紹介はない。

（32）前掲東京百年史編集委員会編『東京百年史　第五巻』、四五‐四六頁。式典はごく簡単なもので、式典の開始から参列者の退出までは三〇分もかからなかった。

（33）「けふの人出」『東京朝日』一九三〇年三月二五日付夕刊。

（34）「復興祭に現れた記録やぶりの乗客」『東京朝日』一九三〇年三月二八日付夕刊。

（35）前掲東京市役所編『帝都復興祭志』、二六五‐二六七、五四九、五五四‐五六六頁。こうした条件を確認すれば、東京と大阪の報道に差異が生じるのは当然のことといえる。

（36）「復興祭に続いて宮城前の大祝賀」『東京朝日』一九二九年一二月一八日付夕刊。

（37）「聖上の臨幸を仰いで　明春上野に大復興祭」『東京朝日』一九二九年六月二八日付夕刊。

（38）「惨禍後僅かに七年　堂々再現した盛観」『東京朝日』一九二九年六月二八日付夕刊。

（39）「偉業を記念する復興道路の命名」『東京日日』一九二九年六月二七日付朝刊。

（40）「社説　震災六周年　当時の覚悟を忘るゝな」『東京日日』一九二九年九月一日付朝刊。

（41）「帝都御巡幸の御日取発表さる」『東京朝日』一九二九年一二月二二日付夕刊。

(42)「復興帝都御巡幸の御道筋」『東京朝日』一九三〇年一月一四日付朝刊。
(43)「帝都御巡幸の御時間　午前九時宮城御出門と内定」『東京朝日』一九三〇年一月一五日付夕刊。
(44)「御巡幸御召車は速力十二マイルで」『東京朝日』一九三〇年二月二六日付夕刊。
(45)「市民よ、高らかに萬歳を叫べ」『東京朝日』一九三〇年三月二四日付朝刊。
(46)「栄ある御巡幸の奉拝取締を寛大に」『東京朝日』一九三〇年二月二八日付夕刊。
(47)「さアお許しが出た　思ふ存分浮かれろ」『東京朝日』一九三〇年三月八日付夕刊。ただし、「女の男装、男の女装は許さない」という。また、衛生面には相当の配慮がなされていた（「御巡幸を前に徹底的の衛生設備」『東京朝日』一九三〇年二月二七日付朝刊）。
(48)天皇の行幸や巡幸についての事前情報が提示されることは珍しくない。原武史によれば、分刻みの細かなタイムスケジュールが組まれるのは鉄道が本格的に導入されて以降のことであり、一八九〇年以降の行幸啓を特徴づけるものである（原武史『可視化された帝国　近代日本の行幸啓 増補版』みすず書房、二〇一一年、七八頁）。
(49)「市民よ、高らかに萬歳を叫べ」『東京朝日』一九三〇年三月二四日付朝刊。
(50)前掲原武史「帝都復興祭と都市の再生」、八一－八二頁。
(51)同前、八二頁。
(52)「今春の復興祭に大がかりの催物」『東京朝日』一九三〇年一月一八日付夕刊。
(53)「装ひを凝す御巡幸の日の復興帝都」『東京朝日』一九三〇年一月三一日付朝刊。
(54)「春立返る帝都に市民が復興の歓喜　前後八年間の努力を天覧に供する活気」『東京朝日』一九三〇年二月二五日付夕刊。
(55)「畏し帝都復興を祝はせ給ふ御言葉」『東京朝日』一九三〇年三月九日付夕刊。ラジオ放送のインパクトについては後述。
(56)「天覧に供へる花電車七台」『東京朝日』一九三〇年三月二日付夕刊。一面の左肩に写真が掲載され、音楽車、聖壽萬歳、天の岩戸、花咲の春、光輝、復活、復興踊の七台の解説が付されている。花電車の製作過程が写真付きで報じられることもあった（「花電車の製作　けふ市電浜松町工場にて」『東京朝日』一九三〇年三月一五日付夕刊)。
(57)「傾倒された人間の力　偉なるかな新東京!」一九三〇年一月五日付夕刊。
(58)「遂に世界第一にこね上げた「東京」」『東京朝日』一九三〇年二月一五日付朝刊。「表現派、分離派、ライト式、ロマネスクさては正統派、反動派、インターナショナル式のものスペイン風のものなど各種各様いづれもモダン・スタイルを競うて帝都の建築界は正に百鬼昼《ママ》行の有様だ」と雑多な様子を皮肉交じりに紹介している。小見出しには「誇か恥か大胆なモダーンぶり」とある。
(59)「御巡幸の市街を見る(二)宇田川町より和泉橋まで」『東京朝日』一九三〇年三月一六日付朝刊。
(60)「御巡幸の市街を見る(一)宮城前より宇田川町まで」『東京朝日』一九三〇年三月一五日付朝刊。
(61)「御巡幸の市街を見る(完)永代橋より馬場先門まで」『東京朝日』一九三〇年三月二一日付朝刊。
(62)「焦土より奮い起つ(一)投げ出した一万円」『東京朝日』一九三〇年二月二八日付朝刊。
(63)「焦土より奮い起つ(四)大正の世の一豊夫人　尊い妻の虎の子金」『東京朝日』一九三〇年三月三日付朝刊。
(64)「焦土より奮い起つ(九)猛火の中から持出した救ひの写真機一個」『東京朝日』一九三〇年三月八日付朝刊。
(65)成田龍一は、一九二三年九月の「関東大震災をめぐる言説」を用いた論考の中で、「「われわれ」の経験はメディアによって代位され、「経験」の不在はメディアによって補われ、共通体験が創出＝確認される」と指摘した(前掲成田龍一「関東大震災のメタヒストリーのために」、六一 - 九〇頁)。
(66)なお、『東京朝日』の一面全面広告はその後も続く。「輸出入品等に関する臨時措置に関する法律」によって新聞用紙制限が発動され、朝日新聞は一九三八年八月一日以降、「半ページ(全七段)以上の広告は掲載しないこと」とされた(前掲朝日新聞百年史編修委員会『朝日新聞社史　大正・昭和戦前編』、五一〇頁)。しかし、社史でのこの記述に反し、実際に一面の全面広告が見られなくなるのは一九四〇年九月一日付朝刊からである。また、これは東京の状況であって、この時期の『大阪朝日』は一面を全面広告としていない。
(67)「帝都復興に関する詔書」と表記される場合もある。『昭和天皇実録　第三』(東京書籍、二〇一五年)には、「災害救護帝都復興に関する詔書」と記されている。同書では、骨子を「臨機果断の救護措置をとるべきこと、遷都論を排するとともに、帝都の復興は旧態回復に止まらず将来の発展を図るべきとすることであった」と紹介していた（同書、九二九－九三二頁）。

(68)「復興帝都御巡幸」『東京朝日』一九三〇年三月二四日付朝刊。『読売新聞』も一九三〇年三月二四日付朝刊二面の最上段に掲げた「御巡幸を迎へ奉る」で「帝都復興の詔勅」に触れていた。

(69) 今井清一編『震災にゆらぐ　日本の百年（6）』ちくま学芸文庫、二〇〇八年、二〇七頁。

(70)「復興帝都御巡幸」『東京朝日』一九三〇年三月二四日付朝刊。

(71) 園田英弘『「みやこ」という宇宙　都会・郊外・田舎』NHKブックス、一九九四年、一〇七頁。

(72) 同前。園田に対し、吉見俊哉は明治期における巡幸に注目し、「帝都」としての東京が成立する過程を論じている（吉見俊哉「天皇巡幸と「帝都」としての東京」小木新造編『江戸東京を読む』筑摩書房、一九九一年、二四一－二五六頁）。しかし、このような明治期に注目した説を園田は否定している。この点については、明治初期の巡幸に研究が偏っていることを指摘した原武史の議論も参照されたい（前掲原武史『可視化された帝国』、五－一二頁）。

(73)「復興帝都御巡幸」『東京朝日』一九三〇年三月二四日付朝刊。「帝都復興の詔勅」については、ここでも同社説から引用している。

(74) 原武史『日本政治思想史』放送大学教育振興会、二〇一七年、一〇四頁。原は、一九二八年に京都御所で行われた大礼と、一九二九年の大阪・城東練兵場での親閲式を代表的な事例として挙げた上で、「厳密にいえば、昭和になった途端に、東京が完全な「国家の象徴的・儀礼的中心」になったわけではない」と指摘している（前掲原武史『可視化された帝国』、三三三頁）。具体的に、東京が帝都となったタイミングを指摘してはいないものの、この指摘は本章の議論と対応する。

(75)「市民公徳運動」については、災害教訓の継承に関する専門調査会の報告書『1923　関東大震災【第3編】』（二〇〇八年三月）の「コラム9」で、佐藤愛果が「東京朝日新聞社と市民公徳運動」を寄稿している。

(76) メディア・イベントについては、Dayan, Daniel, and Katz, Elihu, 1992, *Media Events: the Broadcasting of History*, Harvard University Press.（浅野克彦訳『メディア・イベント　歴史をつくるメディア・セレモニー』青弓社、一九九六年）。吉見俊哉はメディア・イベントの重層的意味を①新聞社、放送局などマス・メディア企業によって企画・演出されるイベント、②マス・メディアによって大規模に中継され、報道されるイベント、③マス・メディアによってイベント化された社会的事件＝出来事の三点に分類している（吉見俊哉「メディア・イベント概念の諸相」津金澤聰廣編『近代日本のメディア・イベント』同文館、一九九六年、四‐五頁）。日本のメディア研究は、①のメディア企業によって企画・演出されるイベントの研究に厚みがある。

(77)「復興帝都の整美へ　我社の市民公徳運動　新装の首都にふさはしく街頭作法をまもれ」『東京朝日』一九三〇年三月一九日付朝刊。

(78)「総括的標語」として、「復興にふさはしく帝都をきれいにしませう」、「交通の秩序を守りませう」。「具体的標語」として、「たんつばを吐き散らすな」、「紙くづを道に捨てるな」、「吸殻を道に捨てるな」、「公園をわが庭と思へ」、「樹木を愛護せよ」、「乗物は降りるを待つて乗れ」。「樹木を愛護せよ」は、後述する都市美協会の樹植祭《きうえまつり》とリンクする。

(79)「煙草の吸殻一本捨てるに困つた街」『東京朝日』一九三〇年三月二〇日付夕刊。堀切はこの記事で「私がアメリカにゐたときロサンゼルス市のパサデナ街を煙草をふかしながら歩いたことがあるが街路に紙くづ一つ、煙草の吸殻一つ落ちてゐないので吸殻を捨てるに困つたことがある」というエピソードを披露していた。こうした欧米の先進性が、近代的な都市に住む人びとのモデルとして想定されていた。

(80)「意義の深い事業　守らねばならぬ市民道徳」『東京朝日』一九三〇年三月二二日付朝刊。「どんな記念碑より有意義な公徳運動」『東京朝日』一九三〇年三月二三日付朝刊。

(81)「見ても胸が悪い紙くづかごの街路」『東京朝日』一九三〇年三月二〇日付夕刊。

(82)「掃除夫を尻目に朝から夜までひつきりなしに汚される東京駅」『東京朝日』一九三〇年三月二一日付夕刊。

(83)「公衆衛生の大敵！　たんつば吐きの悪風」『東京朝日』一九三〇年三月二一日付夕刊。

(84)「読者から激励の辞」一九三〇年三月二五日付朝刊。

(85)「市民公徳の旗高くけふの一大運動　青年団、学生、婦人団等が最高潮の活動展開」『東京朝日』一九三〇年三月二六日付朝刊。

(86)「歓びの復興街頭に華々しき大示威」『東京朝日』一九三〇年三月二七日付夕刊。

(87)「大行進の頭上を飾る五色のテープの雨」『東京朝日』一九三〇年三月二七日付朝刊。

(88)この他、新聞社が文化・社会事業に力を入れていたという背景もある。「大正末期から昭和初期にかけて朝日新聞社は多彩な分野で文化的・社会的な活動を展開した」とされている。災害に関連するものでは、北丹後地震(一九二七年三月七日)の後、一九二八年一月に社団法人朝日新聞社会事業団が設立されている(前掲朝日新聞百年史編集委員会編『朝日新聞社史　大正・昭和戦前編』、二九〇、二九三-二九四頁)。

(89)「内外時事　東京連合婦人会の帝都浄化運動　復興記念に数万の婦人を動員」『婦女新聞』一九三〇年三月第四日曜号。

(90)折井美耶子・女性の歴史研究会編『女たちが立ち上がった　関東大震災と東京連合婦人会』ドメス出版、二〇一七年、七四頁。同書は帝都復興祭での取り組みも「市民公徳運動」ではなく「帝都浄化運動」と記している。また、東京連合婦人会は関東大震災後に東京市から依頼されたミルク配りから始まった組織とされており、〝震災に由来する組織〟としての自意識があったかもしれない。

(91)「市民公徳運動」『東京朝日』一九三〇年三月二三日付朝刊。

(92)中島直人『都市美運動　シヴィックアートの都市計画史』東京大学出版会、二〇〇九年、九-一〇頁。以下、「都市美運動」や都市美協会の動向については、中島直人の著書に依拠している。

(93)前掲中島直人『都市美運動』、一二二頁。なお、都市美協会の代表者は復興完成式典にも招待されている(前掲『帝都復興祭志』、二六六頁)。

(94)前掲中島直人『都市美運動』、一六三-一六八頁。

(95)同前、一一〇、一二四-一二五、一二八、一三四頁。

(96)同前、九一-九三頁。

(97)鈴木文史郎の役職については、『新聞総覧　昭和五年版』(日本電報通信社、一九三〇年、二一頁)掲載の「東京朝日新聞昭和四年概況」で社会部部長。『新聞総覧　昭和六年版』(日本電報通信社、一九三一年、二一頁)掲載の「東京朝日新聞昭和五年概況」で論説委員兼整理部長となっている。どちらにしろ社内での序列は高かったと考えられる。なお、「鈴木文史郎」はペンネームで、本名は「鈴木文四郎」。

(98)「東京　今日の東京に対し」『都市美』創刊号、一九三一年、四 - 九頁。
(99)「これでも新興帝都か　醜悪極まるこの姿」『東京朝日』一九三〇年二月二四日付朝刊。
(100) 東京市政調査会は一九二二年二月に東京市長（当時）の後藤新平が創設した市政問題に関する調査機関である。その機関紙『都市問題』の一九三〇年五月号に掲載された「説苑　公徳もみくちゃ物語」は、「市民公徳運動」と対応する。「三月二十三日東京放送局に於て「市を愛する心」と題し放送せる原稿をもと、して加筆」したもので、寄稿者は下村海南であった（下村海南「公徳もみくちゃ物語」『都市問題』一九三〇年五月号、六一頁）。先述の通り、下村は朝日新聞社の人間で、当時は『東京朝日』、『大阪毎日』の副社長。
(101) 前掲中島直人『都市美運動』、一三五頁。
(102)「声も誇らかに　万歳の絶唱」『東京朝日』一九三〇年三月二七日付朝刊。
(103)「大新聞の自覚」『婦女新聞』一九三〇年三月第五日曜号。なお、前号では、「今回復興祭を機会に、市を清潔に保つ為の公徳標語が宣伝されてゐるが、今更、紙屑を無暗に捨てぬやうとか、樹木を愛護しようとか、尋一児童同様に教へられねばならぬ市民であるを思ふ時、聊《いささ》か心細くなる」と述べていた（『婦女新聞』一九三〇年三月第四日曜号）。帝都復興祭後の高い評価は、『東京朝日』のメディア・イベント（宣伝運動）が成功した証左だろう。
(104) 原武史は、帝都復興祭の記録映画を観て、「天皇を見せる最大の政治空間として宮城前広場が浮上してくることが、帝都復興完成式典を見てもいえるのではないか、という印象を非常に強く受けました」という所感を記していた（前掲原武史「帝都復興祭と都市の再生」、八三頁）。これに対し、本章では『東京朝日』の紙面から、帝都復興祭によって東京を「帝都」として確立しようとする意図を浮き彫りにし、宮城を起点／終点とする復興帝都巡幸が重要な意味を持っていたことを指摘した。日本の中の「帝都」東京の確立とともに、政治空間としての宮城前広場の浮上を紙面から読み込む余地は十分にあり、原の所感は妥当だと考えられる。なお、宮城とは現在の皇居で、関東大震災の直後には約三〇万人の罹災者が集まった。
(105)「論説　帝都復興と遷都論　国民多数の希望を容れよ」『大阪朝日』一九二三年九月九日付朝刊。
(106) 後藤新平「帝都復興に就いて」『改造』一九二三年一〇月号（大震災号）、七三頁。

(107) 前掲尾原宏之『大正大震災』、一八六頁。関西遷都論については、同書の第五章「大阪の輝き　帝都と「中立国」の構想」が詳しい。また、遷都論を熱心に検討したのは陸軍であったという指摘もある。災害そのものよりも、大地震と戦争が重なることを恐れたという（前掲今井清一編『震災にゆらぐ』、二〇五頁）。
(108) 新修大阪市史編纂委員会編『新修　大阪市史　第七巻』大阪市、一九九四年、八－一〇頁。
(109) 大宅壮一「大阪の東京化と東京の大阪化」『大阪朝日』一九三〇年三月二七日付朝刊。
(110) 〝幻〟に終わった一九四〇年の東京オリンピックも「次の目標」とされる場合がある（橋本一夫『幻の東京オリンピック　1940年大会　招致から返上まで』講談社学術文庫、二〇一四年）。
(111) 前掲原武史『「民都」大阪対「帝都」東京』、一八八頁。
(112) 原武史が指摘するように、「国にせよ地域にせよ、両者の間に非対称な関係が成立する場合、一方が他方を強く意識するのは、必ず「中心」ではなく「周縁」の側」である（前掲原武史『日本政治思想史』、八五頁）。東京に劣等感があったのかもしれない。
　東京と同じく甚大な被害を受けた横浜市との対比も重要だろう。横浜の場合は東京よりも早く、一九二九年四月二三日に復興祭が行われていた。ここでも天皇は市内を巡閲し、市民奉迎式に参加している。翌年四月一六日に市参事会は天皇の行幸を記念して四月二三日を「復興記念日」とした。横浜の復興祭も震災後に行われた「民衆統合の試み」の一つとされたように、横浜の人びとの「われわれ」意識を醸成するものであっただろう。これに対し、東京の独自性は、「われわれ」意識だけでなく「帝都」としての自意識が重要だったという点である。

　横浜市総務局市史編集室『横浜史Ⅱ　第一巻（上）』（横浜市、一九九三年）など、先行する記述では背景の説明なしで、一九三〇年の横浜復興祭における「市民公徳運動」に言及しているが、これは帝都復興祭で『東京朝日』が展開した「市民公徳運動」の余波と考えられる。紙面では、「市民公徳運動果然各地に拡がる」（『東京朝日』一九三〇年三月二三日付朝刊）、「地方都市への公徳運動波及」（『東京朝日』一九三〇年三月二六日付朝刊）といった見出しの記事で横浜を含めた他地域への拡がりが紹介されていた。

　また、成田龍一は、一九三〇年の復興祭（横浜）において、天皇が「お祭り騒ぎにならぬやう」といったために「粛正な一日」となったとしている（『近代都市空間の文化経験』岩波書店、二〇〇三年、二七一頁）。詳細は不明だが、天皇は、約一カ月前の帝都復興祭が「お祭り騒ぎ」であったことを不満に思ったのかもしれない。

(113)『大阪朝日新聞縮刷版　昭和五年三月号』の表紙は堀切善次郎、浜口雄幸首相、安達謙蔵内相が写った「帝都復興祝賀会」という写真である。この写真は、『大阪朝日』一九三〇年三月二七日付朝刊一面に掲載されたもの。『大阪朝日』の縮刷版は大阪朝日新聞発行所のものなので、表紙を飾る程度に帝都復興祭が重要なイベントだったといえなくもない。

(114)「ぶり〳〵の復活　帝都復興祭を機会に」『大阪朝日』一九三〇年二月二八日付朝刊。

(115)「復興都市の新展望　空高く地深く立体の尖端をゆく⑧」『大阪朝日』一九三〇年三月一四日付朝刊。

(116)川端康成『川端康成集』(改造社、一九三四年)に収められた時点で「新東京名所」と改題している。

(117)川端康成「新興東京名所2　隅田公園と震災記念塔」『大阪朝日』一九三〇年三月二三日付朝刊。

(118)川端康成「新興東京名所4　濱町公園と昭和通」『大阪朝日』一九三〇年三月二四日付朝刊。

(119)『浅草紅団』の連載は帝都復興祭よりも前に終了しているが、その後、『新潮』、『改造』で続編が掲載された。なお、川端は、「当時の朝日新聞の学芸部員時岡辨三郎氏は、「浅草紅団」といふ題名を朝日新聞の社会的立場から、いささかためらひ、不良少年の余りの背徳生活を描かぬようとの注文」を受けたと回想している(川端康成「「浅草紅団」続稿予告」『文藝』一九三四年七月号、一五一頁)。

(120)佐藤秀明「『浅草紅団』論　遊歩者の目と語りの目」田村充正・馬場重行・原善編『川端文学の世界1　その生成』勉誠出版、一九九九年、一九八、二〇〇頁)。

(121)一九三〇年三月一六日朝刊から『大阪朝日』で、三月二〇日から『東京朝日』で連載開始。『大阪朝日』は一面、『東京朝日』は内側の頁に掲載していた。

(122)『東京朝日』から電話で記事の提供を受けたもの。一九二四年七月一日に『大阪朝日』と『東京朝日』の専用電話が開通している。「両社の記事連絡にとって画期的なこと」で、通話量が格段に増え、「四六時中通話交換できるようになった」(前掲朝日新聞百年史編修委員会編『朝日新聞社史　大正・昭和戦前編』、二四一－二四二頁)。ただし、電話の内容をそのまま大阪紙面に掲載するわけではなかった。この点については、注131で取り上げる平川清風による指摘も参照。

(123)『大阪朝日』一九三〇年三月二四日付朝刊。言及した記事の見出しは、「復興成れる晴の帝都　聖上けふ御巡幸」、「震災記念堂に御成り遊ばされ痛ましき記念物を御覧」、「国家経済を紊《みだ》らず　威容ある大帝都へ」「社説　帝都復興祭」。

(124)『大阪朝日』一九三〇年三月二五日付夕刊。言及した記事の見出しは「聖上陛下帝都御巡幸　めざましい復興に龍顔御喜びに輝く」、「御巡幸の御道筋に万歳のどよめき」。

(125)大阪市長の関一は帝都復興祭に参加していたはずだが、大阪府知事の柴田善三郎は参加していない。東京市長の堀切善次郎から「謝電」を受け、祝電を内務大臣、東京市長宛てに送っている（「復興祭当日謝電　柴田知事宛に東京市長から」『大阪朝日』一九三〇年三月二七日付朝刊）。

(126)「けふ、帝都晴れの復興祭　聖上親臨、勅語を賜ふ」『大阪朝日』一九三〇年三月二七日付夕刊。

(127)「社説　緊縮反対論の台頭」『大阪朝日』一九三〇年三月二六日付朝刊。

(128)「「公徳運動」の市民大行進」『大阪朝日』一九三〇年三月二七日付夕刊、「「公徳運動の大行進」の壮観」『大阪朝日』一九三〇年三月二七日付朝刊。

(129)三月七日が一九二七年に発生した北丹後地震三周年にあたるため、その関連特集が組まれていた。『大阪朝日』主催の震災講演会で登壇した地震学者今村明恒の講演録が「地震の予知と震災の防止」（一九三〇年三月八日付朝刊〜、全六回）と題して連載されている。当時、今村は関東大震災を予知した科学者として注目を集めていた。ただし、科学的な根拠をもって予知したものではない。

(130)同時期に高松宮が婚儀後初めて大阪を訪れており、関連の報道がしばしば掲載されていた。「「大阪の道路は非常に奇麗だ」　高松宮様の御言葉に感激して語る柴田知事」（『大阪朝日』一九三〇年三月二五日付朝刊）という見出しの記事が掲載されたように、「市民公徳運動」が波及していたようにはみえない大阪だが、東京よりも道が奇麗だと評価され、喜んでいる。

(131)帝都復興祭についての記述ではないが、同時代に東京日日新聞の記者、平川清風が東京と大阪の熱量の差異を指摘していたことがある。「大阪はまた。事件の中心地でない故に、事件から隔離した態度を保つことが出来る。実際、一本の電話線といふものの魔力ほどは恐ろしいものはない。それは如何に灼熱したニュースでも奇麗に冷却させる。手もつけられないホツト・ニュースも、電話で受取られた上は、冷たいニュースとして編集者の机の上に置かれる。血眼で握んで馳せて来たニュースが、電話線の彼方において、鼻唄半分で取扱はれてゐないと、誰が断言されやう」（平川清風「東京の新聞・大阪の新聞」日本電報通信社編『新聞総覧　昭和六年版』日本電報通信社、一九三一年、三六頁）。『大阪朝日』に掲載された帝都復興祭も記事はほとんどが電話記事であった。東京からみれば「冷たいニュース」となっていたのだろう。

（132）竹山昭子『ラジオの時代　ラジオは茶の間の主役だった』世界思想社、二〇〇二年、一一六頁。

（133）津金澤聰廣『現代日本メディア史の研究』ミネルヴァ書房、一九九八年、一二八頁。

（134）山口誠『英語講座の誕生　メディアと教養が出会う近代日本』講談社選書メチエ、二〇〇一年、一七七頁。

（135）『昭和六年　ラヂオ年鑑』（日本放送協会、一九三一年）は、一九二八年一一月五日の畠山敏行（逓信省電務局長）による全国中継第一声記念講演「中継放送とラヂオの効用」から全国中継網の「偉力」を書き起こしている。帝都復興祭についても、「聖上陛下帝都復興状況御視察の為め帝都巡幸の御模様並に復興祭式典の親臨の状況等を全国に中継放送したことは、世人の熟知せるところである」と記していた（同書、一八五－一九四頁）。

（136）なお、大衆雑誌『キング』、総合雑誌『中央公論』、『改造』、『文藝春秋』あるいは農村部に読者を有した『家の光』で帝都復興祭特集号は刊行されていない。ただし、鈴木文史郎「帝都復興問答　復興の概況と寸評」（『改造』一九三〇年四月号、一四一－一五二頁）、長岡曠「漫文　復興の東京見物」（『家の光』一九三〇年三月号、五八－六三頁）など、論考やグラビアが掲載される場合はあった。他に、『文藝春秋』は、菊池寛（作家）、小林一三（事業家）や復興事業を担った笠原敏郎、佐藤功一など総勢一四名が参加した「復興大東京座談会」（一九三〇年三月号、五一－七四頁）を掲載している。この時期、東京論は少なくない。

（137）ラジオプログラムについては、三月二四日、二六日の『東京朝日』『大阪朝日』、『東京日日』、『大阪毎日』、『読売新聞』で確認した。『読売新聞』は「ラヂオ版」を設置しており、ラジオプログラムだけでなく番組紹介なども充実していた。読売新聞社のラヂオ部長・吉本光明は、「読売新聞のラヂオ版は日本一の自負を持つてゐる」と語る（「ラヂオ版」『ラヂオ年鑑　昭和七年』日本放送協会、一九三二年、七四頁）。

なお、ラジオ欄は不確定要素を含むため、史料として扱うことに問題がある。番組確定表を用いることが望ましい（米倉律「放送史関係資料のアーカイブ化をめぐる現状と課題」『歴史評論』二〇一三年一月号、七七頁）。しかし、既に告知がなされていた帝都復興祭を改めて〝緊急特番〟として放送することは考え難く、改変があったとしても本論の趣旨にはほとんど影響がない。ここで問題となるのは番組内容ではなく普及率、聴取実態である。

(138)「復興帝都御巡視の模様を上野公園御展望所より中継放送」『読売新聞』一九三〇年三月二四日付朝刊。

(139)「プロ打診」『読売新聞』一九三〇年三月二四日付朝刊。

(140)「プロ打診」『読売新聞』一九三〇年三月二六日付朝刊。なお、この時期は放送開始五周年の記念放送が行われていた。

(141)「東をどり」の第一部は復興に関係がなく、関係したのは第二部のみだった（「プロ打診」『読売新聞』一九三〇年三月二六日付朝刊）。

(142)『読売新聞』のラジオ版では、堀切と中川の講演について「復興を祝ふ」という記事で紹介し、それよりも紙幅を割いて「ラジオ風景　帝都復興」の内容紹介を行った。「ラジオ風景」はラジオドラマのようなもので、「第一景」から「第三景」までの内容や配役を細かく紹介されている（『読売新聞』一九三〇年三月二六日付朝刊）。

(143)復興祭の事前放送としては、ＪＯＡＫローカルで三月二二日に家庭講座「復興に省みて」（吉岡彌生）、三月二三日に「市を愛する心」（下村宏）、「帝都御巡幸に際して府民諸君に」（丸山鶴吉）といった講演などがある。吉岡彌生は東京連合婦人会の委員長を務めていた人物。下村宏は朝日新聞社の人間で下村海南のこと。ここでは「法学博士」とある。丸山鶴吉は警視総監。

(144)日本放送協會編『日本放送協會史』日本放送協會、一九三九年、三一一―三一八頁。また、全国普及率が一〇％を超えるのは一九三三年三月末の調査からで、一九三七年末の調査で二〇％を突破。それでも東京五八・九％、大阪四一・四％に対し、東北地方、九州地方では一桁台が目立つ。

(145)山口誠「「聴く習慣」、その条件　街頭ラジオとオーディエンスのふるまい」『マス・コミュニケーション研究』第六三号、二〇〇三年、一四七頁。当時、一般家庭ではメーターで測定した使用電気量に応じて料金を払う従量使用契約と、あらかじめ決められた電気利用料を払えば日没から日の出までの夜間に電気が使用できる定額使用契約の二種類から料金体系を選んで加入契約を結んでいた。定額使用契約の場合、昼間に電気の使用ができないため、電気を使ってラジオも聴くことはできないが、多くの家庭が定額使用契約であった。

(146) 有山輝雄『近代日本のメディアと地域社会』吉川弘文館、二〇〇九年、二九二―二九三頁。

(147) 前掲原武史『「民都」大阪対「帝都」東京』、八―九、一三頁。

(148) 前掲有山輝雄『近代日本のメディアと地域社会』、三〇一頁。

(149)『東京朝日』で地方の人びとの様子も確認できるが、かなりの落差がある。「帝都復興祭の賑はひの写真や記事を、毎日の新聞紙上で見ながらも、このあたり〔＝北国〕の人々はあまりそれを話題とはしない〔……〕この地方の人々はむしろ反対にそれに対してあまりに無関心である」。それは、地方都市の経済的な問題と「お上りさん」などと紙面上で「侮辱」されることに起因していた。ラジオ普及率に限らず、あらゆる面で都市と地方の格差が帝都復興祭の受容に影響していたと考えられる（相馬御風「復興東京と蘭の花」『東京朝日』一九三〇年三月三一日付朝刊）。

(150) 有山は地方での新聞普及率についても「これまで新聞普及率に関する研究が乏しいのだが、通説的に持たれているメディアの大衆化のイメージからすれば、ずっと緩慢な増加である」と指摘している（前掲有山輝雄『近代日本のメディアと地域社会』、三三六頁）。本稿は、東京と大阪という大都市間で紙面を比較したのみであるが、有山の指摘に従えば、地方では東京と大阪よりも差異が鮮明であったと考えられる。

(151)「けふ復興記念祭　名実ともに帝都更生」『東京朝日』一九三一年三月二六日付朝刊。

(152)「鉄箒　公徳心よ何処」『東京朝日』一九三一年三月二七日付朝刊。

(153)『東京朝日』一九三二年三月二六日付朝刊。先述の通り、前掲高橋梵仙編『新撰　日本年中行事講話』には記念日として記載されておらず、記念日として社会的に構築されていたとは思えない。

(154) 前掲原武史『可視化された帝国』。原は、ベネディクト・アンダーソンの『定本　想像の共同体　ナショナリズムの起源と流行』（白石隆・白石さや訳、書籍工房早山、二〇〇七年）に対し、「抽象的に〈想像する〉のではなく、具体的に〈見る〉という」体験の重要性を強調した。

第二章　戦時体制と「震災記念日」
——記憶の動員、解体

帝都復興祭は復興過程の「頂点」に位置するものであったが、東京と大阪ではその祝祭に対する認識が異なっていた。帝都復興祭とは〈東京〉のものであり、関東大震災のように避難者が全国に散らばったとされる巨大災害からの復興であっても、全国的に祝いの催しが展開されたわけではなかった。東京と大阪では報道のあり様が大きく異なっている。このように、前章では帝都復興祭の報道を通して浮かび上がる関東大震災認識の共時的な差異を確認した。

続く本章では、関東大震災の記憶語りに注目する。一九三〇年の三月末に復興過程は「頂点」を迎え、関東大震災が（名目上）過去のものとなった。その時点で関東大震災認識には東京と大阪で差異を確認できたが、その後に展開される記憶語りはいかなるものだったのか。戦前・戦中・戦後を含む時代、「防災の日」が設置される一九六〇年までを対象に追跡していく。

震災の記憶と空襲の想像力

ここでまず注意しておきたいのは、関東大震災の発生から一カ月も経たない一九二三年九月二八日、『東京朝日』が一面トップ（右肩）で火災を以下のように語っていることである。

荀くも東京市の焼跡を望見するものは、誰も大火災の悲惨極まる実例が展開せられて居ることを思はぬものはなからう、併し翻つて考ふると、此大禍災を発生せしむる原因は大地震以外にもあることを忘却してはならぬ。就中戦争発生の場合に於ける敵国飛行機の爆弾投下の如き、其機会を造るのも一つである。[1]

震災後、「東京市の焼跡を望見する」ことで空襲火災が予見された。「就中戦争発生の場合に於ける敵国飛行機の爆弾投下」は、「欧州戦争」（第一次世界大戦）を背景とする記述だが、二つの過去を重ね合わせ、「マッチ箱然たる住家充満せる上に空中防備が皆無に同じき程薄弱な」東京には、「空中防備発達の必要」があると主張していく。震災体験と戦争への想像力は重なり合うものだったのである。

このような関東大震災と空襲の関連については、土田宏成『近代日本の「国民防空」体制』（神田外語大学出版局、二〇一〇年）が詳しい。第一次世界大戦は軍関係者に防空の必要性を認識させるにとどまっていたが、震災による大火災を目の当たりにし、その認識は日本社会へと広まった。「関東大震災がなければ、一九二〇年代の軍縮時代における〈民間防衛〉態勢の構築や防空演習の実施は困難であったろう。陸軍は関東大震災の被害やそこから導き出された教訓を強調することにより、将来の総力戦に備えた施策に対して軍部外の指示を獲得しようとし、それにある程度成功した[2]」と指摘している。

しかしながら、「戦争とそれにともなう空襲に対する危機感の高まりによって、陸軍は震災の被害や教訓を強調する必要性をさほど感じなくなっていった〔……〕やがて対米戦争に突入し、空襲が現実のものとなると、とうとう防護団の起源すら空襲に基づいて説明され、理解されるようになってしまう[3]」とされており、関東大震災と空襲のかかわりについての議論は、満州事変勃発以前に集中している。[4]議論の軸に震災体験が設定されているわけでもない。それゆえ、戦中・戦後社会における関東大震災認識との関係は十分な検討が施されていない。震災の被害や教訓が強調されなくなる背景としては、記憶認識の変化を考慮する必要があるだろう。

前章で確認したように、発災から一〇年も経たない一九三〇年時点で、関東大震災からの復興を祝う帝都復興祭はナショナルなイベントとして成立していなかった。東京と大阪の間で関東大震災に対する認識は差異があったと考えられる。また、名目上とはいえ、復興がひと段落したことで、関東大震災は目の前の課題ではなくなる。だとすれば、街の整備とともにだんだんと災害の記憶が忘れられていってしまう可能性もあるだろう。日常において、震災の痕跡を目にする機会が少なくなっていくからだ。[5]「関東大震災と防空演習、防護団との密接な関係は忘却されていき、空襲と敗戦を経て、現在に至った」[6]という土田の指摘は興味深いが、関東大震災の記憶という視点からは検証の余地が残されている。

関東大震災の衝撃とその影響については研究が重ねられているが、[7]戦争を含むその後の社会、より長い時間軸における関東大震災認識の変遷については等閑視されてきた。震災の経験は、社会でどのような位置にあり、それは何に規定されているのだろうか。過去の災害と社会の関連をより正確に把握するための、基礎的な作業が残されたままとなっている。こうした背景を踏まえ、本章では発災直後の衝撃を問う従来の研究関心とは異なり、戦時体制が関東大震災の集合的な想起とどのようなかかわりを持ったかについて検討していく。[8]

対象と方法論

具体的には、毎年九月一日の報道、つまり、「震災記念日」(九月一日)の周年報道を跡付けていく。[9]

調査対象は同一系統の新聞社で地域の比較が可能な『東京朝日』、『大阪朝日』、『東京日日』、『大阪毎日』における九月一日前後の報道とした。[10]本文中では『東京朝日』、『大阪朝日』を中心に取り上げ、『東京日日』、『大阪毎日』については注で補足的に言及している。新聞の記念日報道を検討することのみによって描くことができる全体像には限りがあるが、ある程度長期の期間を設定し、その時代に支配的であったと考えられる媒体に絞って議論することは、集合的記憶の変遷を追跡するうえで不可欠な作業だと考えられる。こうした基礎作業を経ることで、特定の個人や集団が産出する震災語りの社会的な位置付けや、特異性が浮かび上がってくるからだ。これまでの関東大震災研究、あるいは災害の集合的記憶研究はこうした基礎作業を欠いていた。

対象とする期間は、帝都復興祭が挙行された一九三〇年から一九六〇年に「防災の日」が制定されるまでの三〇年間とした。関東大震災の復興を祝う帝都復興祭によって、名目上は復興が目の前の課題ではなくなり、復興というアジェンダが効力を失っていく。一九六〇年の「防災の日」制定は、第三章で確認するように関東大震災の記憶語りが大きく変化する時期にあたる。一九三〇年と一九六〇年は、言論空間が変質するという意味で時代の区分点となりうるだろう。

そして、この三〇年間を本章では三つの期間に分割している。「興亜奉公日」の制定（一九三九年八月八日）と、戦争終結を伝えた「玉音放送」（一九四五年八月一五日）を区切りとし、第一期「復興以後の「震災記念日」」、第二期「「興亜奉公日」と「震災記念日」」、第三期「戦後の「震災記念日」」という三つの時期に分けた。

第一期は、帝都復興祭が行われた一九三〇年から一九三八年の九月一日である。この期間は、「震災記念日」の催しとして大きく取り上げられていた慰霊祭と非常時を想定した演習に注目し、報道を跡付けていく。続いて、初の「興亜奉公日」（一九三九年九月一日）から一九四四年の九月一日を対象としたのが第二期である。後で詳しく確認するように、「興亜奉公日」とは国民精神総動員運動（以下、精動運動）のために設定された記念日だった。この期間では、「震災記念日」と「興亜奉公日」という二つの記念日のかかわりを中心に、戦争が激化していく過程で「震災記念日」がどのように報じられていたのかを確認する。最後の第三期は、一九四五年から一九五九年の九月一日を対象とする。「玉音放送」を経て、戦争への備えが不要となっていく時代に「震災記念日」がどのように報じられていたかを確認していく。

以上のように、東京、大阪という地域差を加味しつつ、新聞記事の経年変化を追うことで、関東大震災の集合的な想起を検証していく。戦時中に限らず戦後まで時間軸を拡張するのは、戦中・戦後という時代の比較によって、戦時体制が関東大震災の集合的な想起に及ぼした影響を明らかにするためである。

第一期　復興以後の「震災記念日」

一九三一年九月、満州事変が勃発した。一九三七年七月の盧溝橋事件からは日中間の全面戦争へと発展していく。第一期は、日本が戦争へと突入していく一九三〇年から一九三八年の「震災記念日」が対象である。復興完了を祝う帝都復興祭を経て、復興というアジェンダを語りづらくなったこの時代、過去に思いを馳せる慰霊祭と未来の非常時に備える演習が、「震災記念日」の催しとして注目を集めていた。

東京朝日新聞
夕刊
周り來てこゝに七年
大震災の思ひ出哀し
震災記念堂の落成式
けふ嚴かに擧行さる
輪塔の高きを仰ぎ
佛もこれて浮ぶ
朝來の參拜者幾十萬
落成式をあぐる震災記念堂
全市の假想火災に
大懸りの消防演習
消防部總出動で
十一時五十八分
新たに建設計畫
復興記念館
横濱の記念日
十五日黨大會までに
三大政策を成案
政友聯合會の申合
久保田委員も出席
けふの樞府審査會
住吉ヤ□投に
日本新記録
東京火災

図 2-1　1930 年の慰霊祭を報じる『東京朝日』の一面

東京―慰霊の「震災記念日」

一九三〇年の「震災記念日」には、震災記念堂の落成式が行われている。震災記念堂とは、震災の犠牲者を弔うために陸軍被服廠跡（現東京都墨田区）に建設された慰霊施設である。関東大震災の直後、被服廠跡には多くの人が家財などを持って逃げ込んだが、火災旋風に巻き込まれ命を落とした。犠牲者（一〇万五千人）のうち、約三万八千人がこの場所で亡くなったとされる[11]。

この落成式を、『東京朝日』は夕刊一面で以下のように報じた（図２－１）。

例年は、哀れなバラックの堂を見て参拝者がいかにも悲しさうに泣いてゐたものださうだが今年は「これで仏もほんとに成仏できると思つて安心できます」と高い輪塔を仰ぎみて悲しみのうちにも喜びの話をし合つてゐる者もある。(12)

例年と比べ、「震災記念日」の雰囲気が変化し、悲しみだけでなく、喜びの声も聞こえるようになったという。震災記念堂の落成を復興完了の象徴に見立てて喜ぶ人びとの様子は、前章で確認した帝都復興祭に湧く人びとの様子と地続きである。

同日、震災火災の発生を想定した警視庁消防部による第一回非常消防演習が行われている。その様子を伝えた「全市の仮想火災に大懸りの消防演習」という見出しの記事によれば、この演習は関東大震災の発生時刻である午前一一時五八分に東京を大地震が襲い、家屋の倒壊、火災、電信電話の不通、交通不能、水道破壊、風速一〇メートルという「大震災当時の状況そのまゝ」の想定で行われている。(13)第二の関東大震災が想定されていた。記事内容から、この訓練は消防部署の人員を中心として行われたものと考えられる。市民は一一時五八分に合わせて黙祷しており、記事には「全市民黙祷の情景」が広がっていたとあるが、(14)街には訓練の音が響き渡っていたかもしれない。

注意したいのはこの記事が置かれた状況である。消防演習を伝える記事は、震災記念堂の落成式を伝える記事の下段に位置していた。つまり、慰霊祭の記事と比べ、消防演習を伝える記事は下位に位置付けられていたといえる。翌年も、「哀しみのサイレン十一時五十八分！　追憶また新たなり」(15)の大見出しで慰霊の催しが一面トップを飾り、その枠内に「非常動員演習」や「常例の防火演習」といった小見出しの記事が配置されている。このように、「震災記念日」の紙面では慰霊祭の様子を伝える記事が最も重要な位置を占め、演習の様子を伝える記事はそれよりも下位に位置していた。(16)

一九三一年九月に満州事変、一九三二年一月に上海事変が勃発すると、日本国内でも空襲への関心が高まった。「日本軍機による中国空襲が、皮肉なことに日本人にもショックを与えたのである[17]」。「想ひ起す―九年前　けふ大震災記念日」という見出しの記事は、震災記念堂で行われる慰霊の催しを報じたものであるが、東京府市が「非常時だ、燃ゆる気力で奮ひ起て」というスローガンを打ち出し積極的な取り組みをみせていることも紹介している[18]。また、日本で最初の本格的な「国民防空」[19]団体である「帝都防空防護団」の発団式が関東大震災の記念日である九月一日に行われたこと[20]、防空演習が開催されたことについても言及された[21]。「東京非常変災要務規定」に基づく市民を巻き込んだ防空訓練の始まりである。前年までは大震災の発生を想定した演習のみだったが、この一九三二年から空襲を想定した「防空演習」を確認できるようになった。同日夕刊掲載の「内外多難の折柄　思出新し九年前」という見出しの記事は、震災記念堂で行われる追悼会の様子を伝え、その下段に「慰霊祭に続き防空演習」という記事を配置していた[22]。このように、「震災記念日」の紙面で空襲への関心を確認できるようになったが、ここでも慰霊祭が〝主〟であり、防空演習が〝従〟の紙面構成となっている。

発災から一〇周年を迎えた一九三三年には、数寄屋橋公園に震災記念塔が建てられ、除幕式が行われている[23]。震災記念塔は政治家の有馬頼寧が会長を務める震災共同募金会が一〇周年の記念事業として建設したもので、『東京朝日』は後援という形で関与していた。碑の台座には、「不意の地震に不断の用意」という標語が刻み込まれており、将来の地震に対する備えを徹底していくものとされた。一九三三年は一〇周年だけに報道も充実しており、「震災記念日」の朝刊には「関東大震災の十周年[24]」と題する社説が掲載され、地震とともに「世界情勢の変化進展」に対する備えを呼びかけている。同日夕刊の一面トップ「大震災十周年　非常時の秋空に高鳴る警笛の響」は、見出しで「非常時」を謳いつつも、「盛大な記念堂の法要」を伝える記事であった[25]。この記事のなかで、「非常時」が具体的に何を指すのかは言明されていない。単に「全市にはサイレン、汽笛一斉に非常時の秋空高く鳴り渡り〔……〕」と記されるだけであった。「非常時」という言葉は、一九三二年の秋ごろからジャーナリズムでも盛んに用いられた流行語で、「内外の危機的状況を総括的・象徴的にさししめす用語」として広まっていた。[26]具体的に言明せずとも、同時代の雰囲気を象徴できる言葉を用いた見出しだったのだろう。

東京―慰霊のゆらぎ

慰霊祭を最も重要な催しとして扱う紙面構成に明らかな変化を確認できるのは、一九三四年の紙面である。九月一日の朝刊に「帝都・空襲下にあり 護れ！我等の空」という見出しで東京・横浜・川崎三市連合防空演習が予告された。この演習は、各地で行われていた防空演習に刺激を受けた東京の防護団で演習実施を求める声が高まり、実施に至ったものである。そのため、「東京警備司令部（すなわち陸軍）が中心になって行った前年の関東防空演習とは異なり、防護団が自ら積極的に準備を進めたこと」が特徴の一つとして指摘されている。[27]市民には灯火管制の実施が課されるため、東京市連合防護本部と警視庁は、「夜間灯火管制中特に盗難等に注意」と呼びかけていた。[28]

また、この時期に陸軍科学研究所から焼夷弾への新しい対処法が発表されており、三市連合防空演習では「数戸が共同して防火する「所謂家庭消防」の研究が行われ」た地域もあった。それまでの訓練では市民が取り組むことは灯火管制が主であったが、今後は「新たな重点項目として市民による焼夷弾に対する消防訓練も加えられるようになる」。つまり、訓練への一般市民の動員が本格化していくのであった。[29]

もっとも、本章の関心との対応で重要なのは、三市連合防空演習を伝える記事の紙面構成である。防空演習が開始された日の夕刊は、一面トップに「サイレンは鳴り響く空襲下の帝都！」[30]の見出しを掲げ、三市連合防空演習の開始を伝えている。左肩に慰霊祭の様子を伝える写真を掲載しており、その写真は同じ面に掲載されていた、防空演習で敵機を偵察する「気球隊」の写真よりも大きい。しかし、トップ（右肩）の記事は三市連合防空演習を報じる記事であった。他の面でも防空演習は大々的に取り上げられている[31]。慰霊祭に関する「けふ震災十一周年　思ひ出は今胸打つ[32]」という記事は、防空演習の記事の下にある。前年までとは異なり、紙面における慰霊祭と防空演習の配置が入れ替わっていた。一九三四年の紙面は、それまでの「震災記念日」における周年報道とは異なり、三市防空演習を慰霊祭に優る重要な事象として報じていたのだ（図2-2）。

　ただし、防空演習が慰霊祭よりも優位なアジェンダとして扱われる、という紙面構成は翌年以降に継続するものではなかった。一九三五年から一九三八年は慰霊祭の模様を伝える記事が〝主〟であり、変災・防空演習がそれ以上に大きく報じられることはない[33]。日中戦争（一九三七年七月）が開始され[34]、「事変下の震災記念日　愈々《いよいよ》固し銃後の誓ひ」という見出しの記事が一面トップで掲載されることもあったが、市主催の防空防火展の開催に触れる程度である[35]。「あの日」を想起させたのは、「前夜半から突如襲来した台風」であった。一九三四年のように、「銃後」の営みとして「震災記念日」の防空演習が紙面に大きく登場することはない。震災記念堂へ「レインコートにゴム長、モンペといふ非常時姿の参拝者が続々とつめかけ」たため、事変下の雰囲気はたしかに漂っていたと思われる。しかし、そうであっても、事変下の銃後・東京の九月一日は、あくまで震災祈念の日であった。

東京朝日新聞
サイレンは鳴り響く
空襲下の帝都！
大空の護りに全市民は起つ
三都防空演習始る
けふ震災十一周年
思ひ出は今胸打つ
傘で埋つた香煙の記念堂
雨の記念堂に参詣の人々
列車襲撃の匪賊
日満軍に包囲さる
新通商協定締結の
日葡會商を提議

図2-2　三市連合防空演習の様子を報じる『東京朝日』の紙面。例年とは異なり一面トップが演習で、次点に慰霊祭の記事が掲載された

　これは、大規模な防空演習を「震災記念日」に行う必要がなくなったためだと考えられる。一九三五年、一九三六年の三市連合防空演習は七月に行われ、

一九三七年の関東防空演習、一九三八年の東北一府一五県大防空訓練は九月開催であっても、一日に行われるものではなかった[36]。つまり、「震災記念日」に開催することで注目を集めていた非常変災・防空演習は、一九三四年の三市連合防空演習を境に関東大震災との結びつきを解き、行事として独立していたのである[37]。

以上のように、この時代の九月一日は『東京朝日』にとって関東大震災の慰霊の日であった。非常時に備える訓練も注目されていたが、一九三四年の三市連合防空演習以来、「震災記念日」の催しとして大きく報じられることはなくなった。一九三四年のみが例外である。「震災記念日」の報道は戦時色を帯びつつも、慰霊祭を重要な行事として扱い続けていた。

大阪―備えの「震災記念日」

では、同時代の大阪の紙面はどのような様子だったのだろうか。

大阪は日本で初めて都市防空演習が行われた地域である[38]。開催は関東大震災から約五年後、一九二八年七月五日から七日にかけての三日間。初日の朝刊一面には、「大阪市民に警告!」の見出しで「防空演習の消灯時間」を知らせ[39]、社説では「我国における最初のもの」と記し、以下のように続けた。

こゝに吾人が官民協力して非常時に処する市民鍛錬の機会にせよといふは、単に戦争時における敵機の襲来に備ふる用意のみをいふのではない、戦時にあらずとも或は暴風時の火災や深夜の大地震などに大都市が萬々一襲はれることありと想像せよ[40]。

実施の背景には、敵機の襲来だけでなく自然災害への備えも含まれていた。「論より証拠」として、関東大震災による東京の被害を挙げている。また、関東大震災の後、一九二五年五月二三日に兵庫県北部で北但馬地震が発生し、一九二七年三月七日には京都府北部を北丹後地震が襲っていた。北丹後地震の死者・行方不明者は三〇〇〇人に近い。巨大地震が続発し、「地震の恐怖から解放されないままでいた」ことは、大阪が先んじて防空演習を開催した背景の一要因とされている。(41)

このように、都市防空への関心が高かったであろう大阪の「震災記念日」には、非常変災防備演習が大きく報じられている。「非常変災」とは関東大震災を契機に生まれたとされる危機概念であり、「大阪市非常変災要務規定」が一九二四年九月一日に制定・施行されている。ここでは震災に限らず、火災、洪水、海嘯《かいしょう》などの災害や事変が含まれた。先の社説に自然災害の想定が含まれているのはこのためである。そして、「非常変災」として空襲が具体的に想定されるようになるのが、この一九二八年の大阪防空演習後とされている。(42)

一九三〇年九月二日付夕刊の『大阪朝日』は、巨大地震発生を想定した「一大変災防備の初演習」を「スワ一大事！」のキャプションが付いた写真付きで報じ、(43)慰霊祭については、震災記念堂落成式と「三陸下御黙祷」の様子を「東京電話」記事で伝えた。(44)九月二日の朝刊一面に関連記事は見当たらないが、「大阪版」のトップに「目覚ましい大活動で壊滅の大阪市を救ふ」という見出しの記事を掲げ、「日本最初の「非常変災防備演習」」を伝えている。(45)東京で行われる慰霊祭よりも、「震災記念日」に大阪で行われる変災防備演習の方が優位な紙面構成であった（図2-3・4）。一九三一年、一九三二年の「震災記念日」にも同様の構図が維持されており、(46)一九三〇年の非常変災防備演習が初回であるために大きく報じられたというわけではなさそうである。(47)関東大震災の「震災記念日」には、大阪でも巨大地震を想定した演習が毎年行われていた。

発災一〇周年の一九三三年は、「関東大震災十周年　けふ！帝都で記念の催し数々」の見出しで東京の催しを紹介し、(48)九月二日付夕刊の一面トップには「御追憶畏し　三陸下黙祷」という慰霊に関する記事を掲げた。(49)一〇周年という区切りの良い年であるためか、例年と比べ、「震災記念日」の東京に注意

大阪朝日 大阪版

目覚しい大活動で 壊滅の大阪市を救ふ

無電やラヂオまで動員計畫

きのふ非常變災防備演習

一ケ年に平均 七萬人の増加

大阪市人口増加趨勢

けふ・大震災七周年記念日

一大變災 防備の初演習

府、市、師團が聯合して

大阪で色々な催し

悲しい追憶

井上織子女史 ドイツで奇禍

けふ挨拶廻り

左：図 2-3、右：図 2-4　非常変災演習の様子を報じる『大阪朝日』の紙面

が向けられている。しかしながら、『東京朝日』に掲載されていた「関東大震災の十周年」と題する社説を『大阪朝日』は掲載していなかった。大阪の様子としては「警報　大阪に大震災」（強調原文）、「即時配置へ！　鮮やかな救護陣」など、変災防備演習の様子を伝える記事に多くの紙幅が割かれている[50]。東京で行われる慰霊の営みについては例年以上の関心をうかがえるが、一〇周年であっても、大阪での慰霊の催しが注目を集めたわけではなく、備えの催しが重要なものとみなされていた。

『東京朝日』で三市連合防空演習が注目を集めた一九三四年、『大阪朝日』の紙面に大きな変化は見られない[51]。「帝都、横浜の防空演習」は、写真なしの東京転送記事で、二〇〇行程度の小さなものだった。三市連合防空演習への関心は薄く、慰霊祭関連の記事と一緒に掲載されるものでもなかった。慰霊祭関連の記事は、「けふ関東震災記念日」という東京からの転送記事で、大阪の様子を伝える「鳴り響くサイレンに一分間の黙祷〝大阪大地震〟の警備演習」とともに掲載されていた[52]。記事は、大阪でも慰霊の行為として、発災時刻に「黙祷」を捧げたと伝え、続けて、午前五時から行われた「警備演習」の様子を報じている。東京で防空演習が大きく報じられていた年の「震災記念日」に、大阪では依然として「大阪大地震」を想定した演習が行われていた。

一九三五年は十三回忌として取り上げられていた。「秋雨・冷ややかに　きのふ大震災記念日」という見出しの記事が、非常変災演習だけでなく、大阪佛教和衷会主催の「十三回忌追弔法要」を報じている(53)。しかし、一九三六年以降は東京からの転送記事を小さく報じる程度となっている。大阪での演習の様子は紙面に見当たらない。一九三六年九月二日の「記念堂に立ち昇る香煙に思出新た(54)」は写真付きの記事だが、翌年以降に掲載された「天皇陛下畏し御黙祷(55)」、「三陛下畏くも御黙祷(56)」という見出しの記事は、どちらも一五行に満たないものであった。大阪における「震災記念日」の催しが報じられなくなり、関東大震災関連の記事も一気に縮小している(57)。十三回忌がひとつの区切りとなったようだ。

大阪―黙祷による慰霊空間

ただし、この後にもラジオ放送に関する記事で一一時五八分の震災発生時刻に黙祷が捧げられていたことを確認できる。黙祷は、工場や船舶のサイレン、寺院の梵鐘《ぼんしょう》の他、ラジオの中継放送を合図に行われていた。例年、東京で行われている慰霊祭の様子をＪＯＡＫが中継放送しており、その後に「記念打鐘」として黙祷の合図も放送されることになっていた。一九三一年にＪＯＡＫで第二放送が開始されて以降、慰霊祭の中継も第二放送へと移ったが、ＪＯＢＫ（第一放送）のラジオプログラムには「記念打鐘」が残っている(58)。

満州事変の後、ラジオの普及は急速に広がっており、大阪は東京に次ぐ普及率を誇っていた。その影響力は他都市と比べて大きかったと考えられる。つまり、紙面から「震災記念日」の大阪の様子は消えてしまったが、ラジオから聴こえてくる「記念打鐘」を合図とした慰霊空間が現出していた可能性は否定できない。「震災記念日」の大阪の様子がほとんど報じられなくなる十三回忌の翌年にも、九月一日の朝刊で関東大震災関連の放送が予告されていた[59]。

このような放送を介した慰霊空間は、記憶認識にも影響を与えていた可能性がある。例えば、原武史は天皇による支配様式の一つとして、祝祭日や記念日などに、特定の時間があらかじめ告知され、その時間にラジオの時報やサイレンなどを合図に奉拝、黙祷、万歳などの儀礼的行為が行われることを「時間支配（Temporal Domination）」と呼んでいる。「時間支配」は明治期の鉄道を使った行幸啓でも局所的にみられたものだが、ラジオというナショナル・メディアの登場により、その規模が拡大したのであった。「震災記念日」にラジオを用いた「記念打鐘」が行われ、黙祷が要請されていたことは類似の試みといえ、ラジオの普及拡大とともに、「震災記念日」の慰霊空間は毎年拡大していった可能性がある[60]。

実際に、「BK（大阪放送局）の三点鐘を合図に街頭のセンターポール、サイドポールは一斉に点灯し、萬街をゆき交う人も車も一瞬ピタリと停つて黙祷追想し」たと報じられており、大阪の非常変災演習を伝える記事の中で、ラジオに基づく黙祷の様子を確認することができる[61]。「ゆき交う人も車も一瞬ピタリと停つて黙祷追想」という記述からは、聴取空間がある種の儀礼的空間となっていたことがわかるだろう。「それ〳〵の場所で遙に東の空を望み、一分間の黙祷」とも報じられていたように、静止するだけでなく、ある特定の方向を向くという身体的動作が求められ、その儀礼空間は一分間続いた[62]。コナトンは、集合的記憶の継承には身体規律の伴う儀礼が重要だと主張していたが[63]、まさに、そうした儀礼空間の拡張が、ラジオを介して果たされていたのである。

とはいえ、一九三七年からは東京、大阪ともにラジオ欄から慰霊祭の中継放送と「記念打鐘」が姿を消している[64]。東京ではサイレンを合図に黙祷が続けられていたようだが、大阪では途絶えてしまったのではないだろうか。少なくとも、紙面から事前の告知は確認できない。ラジオによる慰霊の営みが効力を発揮していたとしても、それは一九三七年頃までである。

もう一点注目しておきたいのは、雑節の一つとして台風の厄日を意味する「二百十日」のことである。この「二百十日」を見出しとする記事が毎年九月一日前後に掲載されており、「震災記念日」が強調されなくなる大阪の紙面では、「二百十日」と九月一日の結びつきが相対的には際立つことになっている。「あすは二百十日　今年ばかりは大恵日[65]」、「この分ならお米は豊作　けふの二百十日を前に[66]」といった厄日の天候、作況状況の他に、「台風シーズン来る！　家の中は隙間だらけそれを利用して避難[67]」や「これも銃後の守り　台風に備へよ[68]」、「台風来の警報に防空サイレンを利用せよ[69]」など、台風防災が論じられることもあった。大阪の場合は室戸台風（一九三四年）の経験があったため、台風や気象災害に対する認識が東京よりも高かった可能性がある[70]。

以上のように、『大阪朝日』では震災の慰霊行事以上に、非常時を想定した変災防備演習が「震災記念日」の催しとして大きく報じられていた。ただし、一九三五年の十三回忌以降は、「震災記念日」の大阪を伝える記事が掲載されなくなり、関東大震災の周年報道も縮小している。そのことで、毎年欠くことなく掲載される「二百十日」と九月一日の結びつきが相対的に際立つようになっていた。

慰霊祭と変災防備演習の布置

第一期における、『東京朝日』と『大阪朝日』の比較から明らかになるのは、慰霊祭と変災防備演習の位置付けの違いである。『東京朝日』は慰霊祭を「震災記念日」の最重要行事とみなして周年報道を行っていた。変災防備演習は一九三四年の三市連合防空演習のみが慰霊祭に勝るアジェンダとして報じられている。一方、『大阪朝日』の描く「震災記念日」は大阪で行われる変災防備演習の記事が中心にあり、慰霊祭は東京からの転送記事が用いられていた。東京では、「震災記念日」の東京で行われる慰霊祭が重要なものとみなされ、大阪の場合は大阪で行われる演習が重要なものとみなされていたことがわかる。内容は異なるが、「震災記念日」に合わせたそれぞれの地域の営みが主として報じられていたということだ。

また、一九三四年の三市連合防空演習を境に、『東京朝日』は変災防備演習や防空演習を大きく扱わなくなっている。防空演習の意義が社会に浸透し、「震災記念日」の催しとして注目を集める必要がなくなったのだろう。[71]「震災記念日」の報道は、戦時色を帯びつつも慰霊祭が中心であった。『大阪朝日』の場合は、十三回忌の一九三五年を区切りとして、大阪における「震災記念日」の様子がほとんど報じられなくなり、関東大震災の周年報道は一気に縮小していた。東京の様子としては、皇族の慰霊に関する報道が小さな記事で継続されていたが、大阪の「震災記念日」の営みが紙面から消えたのである。つまり、「震災記念日」についての報道が縮小したように見えるのは、大阪の営みが紙面から消えたためであった。このことから、大阪の「震災記念日」報道は、変災防備演習に依存するものであったと考えることができる。

第二期　「興亜奉公日」と「震災記念日」

一九三九年九月一日、ドイツ軍がポーランドへ侵攻。第二次世界大戦が始まった。同日、日本は初の「興亜奉公日」を迎えている。「興亜奉公日は精動運動に画期的な意義があり、諸運動の集中点となつたもの」であった。[72]第二期は、一九三九年から一九四四年の「震災記念日」が対象となる。九月一日の新たな記念日である「興亜奉公日」について設立経緯を確認した上で、戦時下の「震災記念日」報道を跡付けていく。

「興亜奉公日」の成立

一九三七年七月の日中戦争（支那事変）開始により、国民統合施策の実行、総力戦体制の樹立が喫緊の課題となった。翌月、一九三七年八月に「国民精神総動員実施要綱」が決定すると、九月には政府主催の国民精神総動員運動大演説会が東京日比谷公会堂で開催され、「挙国一致・尽忠報国・堅忍持久」をスローガンとした精動運動が展開されるようになった。さらに、中央の有力な外郭団体として国民精神総動員中央連盟が結成され、地方には地方長官を中心とした地方実行委員会が組織されている[73]。しかしながら、「上からの管制運動であるため、人民の自発的動員は容易に達成できず、発足半年後には早くも公然たる批判があらわれて」いた[74]。

内閣情報部は、「各方面に発した照会に対する回答のうち、代表的な意見」として、運動の「欠陥」をいくつも挙げているが、その中には「強調週間乱発の嫌ひあり」というものもあった。実際、「貯蓄報国強調週間」(六月二一日から一週間)、「経済戦強調週間」(七月下旬から八月にかけて)、「国民心身鍛錬運動」(八月一日〜二〇日)、「銃後後援強化週間」(十月五日〜一一日)、「国民精神作興週間」(一一月七日〜一三日)など、強調週間はまさに「乱発」状態にあり、これに加え、七月七日の支那事変周年行事も存在していた[75]。いったいいつが重要なのか、わからない。

このような批判に対応する強化方策の一つとして、政府は国民精神総動員委員会を設置(一九三九年三月二八日)。七月四日の総会において公私生活刷新に関する基本方針を決定した[76]。「具体的に実行せんとする事項」の第一に「国民生活日の設定」が挙げられ、強力な記念日が用意されることとなった。次のように紹介されている。

政府は毎月一定の日を以て国民生活日と定め、特に当日は全国民戦場の労苦を偲び、強力日本建設に向つて邁進し、厳粛闊達なる気分を以て、国民生活綱要に副《そ》ひ日本精神を如実に顕現して、自粛自省、之を実際生活の上に具現し、恒久実践の源泉となす日たらしめること[77]。

そして、八月八日に平沼騏一郎内閣の閣議決定「興亜奉公日設定に関する件」をもって、国民生活日は「興亜奉公日」として成立した。設立趣旨は以下の通りで、この時点では関東大震災との関連は記されていない。

当日全国民ハ挙ツテ戦場ノ労苦ヲ偲ビ、自粛自省之ヲ実際生活ノ上ニ具現スルト共ニ、興亜ノ大業ヲ翼賛シテ一億一心奉公ノ誠ヲ効シ、強力日本建設ニ向ツテ邁進シ以テ恒久実践ノ源泉タラシムル日トナスモノトス(78)

「興亜奉公日」が制定されるまでの議論については、『週報』に掲載された内閣情報部による「興亜奉公日設定さる」という報告でまとめられている。これによれば、記念日の名称については複数の候補が存在していた。「興亜日」、「戦場日」、「戦場を偲ぶ日」、「国民奉公日」、「国民反省日」、「興亜生活日」、「興亜報国日」などで、ここに、関東大震災を強力に意識した名称は確認できない(79)。

また、日付については一日のほか、七日が有力な候補とされていた(80)。七日は盧溝橋事件が発生した日付であり、当時であれば「支那事変」、現在であれば「日中戦争」開戦の日であった。鄒燦によれば、一九三八年から一九四二年まで、内閣情報部と陸軍省は毎年七月七日に向けて「支那事変周年記念要綱」を作成し、集中的な宣伝を試みようとしている。「軍部・政府機関だけでなく、新聞社をはじめとする民間団体も七月七日の前後に、多様な記念行事を行った(81)」。「興亜奉公日」を選定する時点で、すでに七月七日は記念日であったといえる。

「興亜奉公日」をめぐる議論においても、「今次事変との関連を考へ、特に戦場を偲んで自粛自省、これを生活の上に現はさうといふ趣旨からすると、これまた妥当な日と思はれる」と述べられたように、開戦記念日としての七日案は「妥当」なものだった。また、「現にこの日を選んで自粛自省克已修養の日として実施してきた地方もあつた」という。大阪府（「戦場を偲ぶ日」）や愛知県（「県民報告日」）などの府県では閣議決定を待たずに七日案を採用し、「興亜奉公日」が決まるよりも前の一九三九年八月七日に第一回を実行していた[82]。新聞で「「国民生活日」設定案について、その後種々の意見があつたため今日まで決定を見るに至らず遷延を重ねてゐた[83]」と報じられていたが、中央の決定が遅れていたのである[84]。

全国的には七日が支持されていたにもかかわらず、一日が採用された理由については以下のように述べられている。

一日といふ日は、わが国で古来祭祀を重んじ特に朝早く起きて神社にお参りするとか、家庭でも赤い御飯をたいて心を新たにするとか、或ひはその月の計を立てるとか、種々の意義のある日となつてをります。現に工場などで一日には国旗掲揚式を挙行したり、揃つて神社に参拝したりしてゐる所も少なくないのであります。従つて「興亜奉公日」の趣旨に照して一日といふものは極めて適切であると思はれるのであります[85]。

年に一度の開戦記念日よりも、伝統や慣習が重要視されたということだろうか。当然、年に一度の「震災記念日」も一日を採用した理由とはされない。ただし、「第一回興亜奉公日は来る九月一日であり、恰もこの日は関東大震災の日に當る」と、関東大震災との関連が指摘されている。

あの惨憺たる災禍の日を想ひ起し、またこの炎熱の中を前線で生命を的に働いて居られる将兵諸君の労苦を偲べば、それだけで大いに自粛自省しなければならないわけであります。あの大震災の灰燼の中からもり上がつた復興の努力が、今日の帝都を築き上げたやうに、今次事変の戦火の中から

　昂揚する国民精神が明日の強力日本を建設しなければならぬのであります[86]。

関東大震災との結びつきには自覚的だったはずだ。〝震災火災〟には〝戦火〟、〝帝都復興〟には〝強力日本の建設〟を対応させて、「興亜奉公日」の意図を説明している。明言こそされないが、中央が初の「興亜奉公日」を九月一日とした背景に、「震災記念日」は少なくない意味をもっていたと考えられる。というよりも、そうでなければ七日が採用されなかった理由がわからない。記念日の重複を避けたとも考えられるが、そもそも「興亜奉公日」には乱立した記念日をまとめる目的もあったはずだ。すでに指摘したように、精動運動の問題点の一つとして、「強調週間の乱発の嫌ひあり」という指摘があった。「強調週間」や記念日の乱発により、いつが重要なのか、日常との区分が曖昧になっていたのだろう。そのため、新たに記念日を設けるよりも、既に存在する重要な記念日に重複させた方が妥当なのであって、ここでの日付選定には矛盾が生じている。また、「興亜奉公日」が一日に決まったことを伝えた記事には、「大体七月七日の事変記念日の自粛行事に準じて行はれる模様[87]」とある。「事変記念日」と性質が同じであるにもかかわらず、七日は採用されなかったのだ。裏を返せば、それほどに、初回が「震災記念日」と重なることは、重要な意味を持つと考えられたのだろう。

　その後、趣旨に変更[88]が加えられた「興亜奉公日」は、対米戦争の開始にともない、「大詔奉戴日」へと発展的に統合されている[89]。ここで「大詔奉戴日」として採用されたのは毎月八日。真珠湾攻撃の日であった。

東京―連繫する二つの記念日

　初の「興亜奉公日」を迎える一九三九年の『東京朝日』には、「あすは大震災十六周年[90]」や「あす興亜奉公日　閣議も禁煙と一汁一菜[91]」といった見出しを確認できる。九月一日は、それまで通り「震災記念日」として意味付けられた一方で、初の「興亜奉公日」であることも提示されていた。

　注意したいのは、「震災記念日」と「興亜奉公日」という二つの意味付けが、対立するものではなく協調し合うものだったということである。初の「興亜奉公日」は、「震災十六周年に當るので正午を期して行はれる奉公日の国威伸張、皇軍将士の武運長久、英霊への感謝の黙祷に先立つて午前十一時五十八分から一分間の黙祷」が捧げられた。(92)「午前十一時五十八分」は関東大震災の発生時刻である。二つの記念日はわずか二分の差で、連続していた。

「関東大震災の十六周年記念、国民精神総動員大講演会」(93)も開催されている。「覚悟も新しく迎へる〝けふ〟」という見出しの記事では、「あの年生まれの震災ツ児が何時の間にか時局下「青春日本」の第一線に躍り出す頃」となったと記し、「災禍にもめげず決起した非常時克服の意義」と「国際非常時局に一億一心、奮起する興亜奉公日」を重ね合わせている。(94)東京市役所で「〝あの時〟を回顧して握り飯の午餐会」(95)が開かれたように、「興亜奉公日」の倹約志向も震災の想起と親和的だったのだろう。昭和天皇も以前から九月一日を「慎みの日」としていたが、(96)「興亜奉公日」との対応で、「この日より毎月一日は朝・昼・夕を通じて一菜程度の極めて簡素な御食事とすること」(97)を決めている。一般食堂や家庭でも、一汁一菜とするか料理品献立に制限が課された。「勿論酒は一滴も要らぬ」(98)とされ、「享楽のない自粛の街」(99)が実現されたと報じている。翌年も「香煙に還る十七年の夢　奉公日一周年自粛の衣替え」の見出しで、二つの記念日が重なった九月一日の帝都を伝えている。(100)東京の紙面においては、「震災記念日」と「興亜奉公日」という二つの記念日が共存していた。

　また、一九四〇年からは「震災記念日」を意義づける催しとして、再び防空訓練が取り上げられるようになっている。九月一日には「震災記念国民防空講演会」が行われ、「市の第二次防空訓練も此日火蓋を切つた」という。(101)翌年の「猛爆に揺がぬ帝都　防空演習・布く完璧の防衛陣」(102)という記事には、「第十八回震災記念日を意義づける大防空演習は多大の効果を収めて終了」(傍点引用者)したとある[103]。ここにも、「震災記念日」と「興亜奉公日」の一体化が窺えるだろう。「防空訓練問答　用意はよいか　発揮せよ〝隣組精神〟[104]」の見出しで報じられたように、防空演習は精動運動の中で整備がすすめられた隣組とも接続するものでもあった。東京において、従来の「家庭防火群」から「隣組防空群[105]」へと改組が実施されたのは一九三九年一〇月である。東京市に対しては九月一八日に通牒があった。初の「興亜奉公日」から一カ月以内のことである。

「興亜奉公日」が[106]「大詔奉戴日」へと発展的に統合された後も、「防空防火に必勝陣　実戦宛らの大演習　あす震災記念日[107]」、「震災記念に都の消防演習」といった見出しで、「震災記念日」を意義付ける防空訓練は報じられ続けていた[108]。一九四二年の「けふ震災記念日　〝警鐘〟に偲ぶ十九年前[109]」という記事では慰霊祭も大きく扱われていたが、これ以降、防空演習や消防演習が「震災記念日」の主たる記事になっている。

一九四二年三月五日午前八時八分に、東京で初めて本物の空襲警報が出された。この時、実際の空襲はなかったが、四月一八日に東京で初の空襲があり[110]、六月のミッドウェー海戦における日本海軍の敗北は、戦局の転換点として知られている[111]。

慰霊の要素が後景化していったのは、「興亜奉公日」の制定によって防空訓練が再び取り上げられるようになっていたことに加え、こうした前線の動向が影響していたのだろう。関東大震災二〇周年には、「戦下の震災記念日」と題する社説が掲載され、「近く必ず来るものと覚悟すべき敵国の空襲に備ふるための物心両面、攻防両様の武装を全国的に遺漏なからしむるは一億同胞の重大責務なることを痛感せしめられるのである」と、空襲への備えを呼びかけていた[112]。この時点で震災の記憶と空襲が強く結びつけられるのは、関東大震災から二〇年という節目であっただけでなく、それ以前に「興亜奉公日」制定によって防空演習との結びつきを取り戻していたことが重要である。

以上のように、この期間は初の「興亜奉公日」という新たな意味が九月一日に付与されたことで、

「震災記念日」が精動運動へと組み込まれていく時代だった。この傾向は「興亜奉公日」が廃止された後にも引き継がれている。連載特集「難関を突破する」（全一八回）において、震災当時の東京市長・永田秀次郎が「大震災に罹災と復興の想出」(113)を語ったように、震災の記憶すらも「総動員」されていた(114)。

大阪―せめぎ合う記念日

第一期の終盤において、『大阪朝日』の周年報道はすでに低調なものとなっていた。十三回忌の後、大阪での変災演習が大々的に報じられなくなったからである。しかしながら、初の「興亜奉公日」を迎えた一九三九年には、「興亜奉公日　早起きの阿部さん　五時半に一家揃って皇居遙拝　玄米と梅干・震災の思出話」(115)という見出しの記事が掲載された。東京からの転送記事ではあったが写真付きのもので、「興亜奉公日」と関東大震災を結びつけている。阿部信行首相が「興亜奉公日」の所感、「震災の思出」を語る記事だった。

他にも、「興亜奉公日」のラジオ放送で関東大震災の被災体験が言及され、その要旨が紙面に掲載されるなど(116)、『大阪朝日』でも「興亜奉公日」と関東大震災が併せて語られる様子を確認することは可能である。このことから、東京と同じように「震災記念日」としての意味付けが強まった、と指摘できなくもない。

しかし、『東京朝日』でみられたような、防空演習を伝える記事が浮上する様子などを『大阪朝日』の紙面で確認することはできない。東京の紙面では関東大震災と結びつけられていた「「生活の無駄」を衝く」ような試みも、大阪では震災に言及されることなく紹介された(117)。「あの時」を思い起こすと質素な生活が脳裏に浮かぶ東京に対し、被災体験のない大阪では同じような「あの時」を思い描けないからだろう。

「興亜奉公日」以外では、欧州戦争の開戦も九月一日の出来事として注目を集めた(118)。「大戦一周年　戦時生活を見る[119]」という連載が一面に掲載され、「欧戦二周年と独ソ戦局[120]」、「欧洲大戦茲《ここ》に三年[121]」という『東京朝日』と同じ社説が掲載されている。第一期で指摘した「二百十日[122]」を含め、九月一日と結びつけられる事象がいくつも存在していた。「震災記念日」が『東京朝日』ほど強調されない『大阪朝日』の場合、欧州戦争開戦記念日という新たな意味付けは、相対的に「震災記念日」の意味付けを弱めたと考えるべきである。

一九四二年の「記念堂で慰霊祭」という記事は、大阪の様子についても、「この日大阪では市民はあの試練の日を想起し、護国神社はじめ各神社に参拝、大東亜戦争の下の新しい覚悟を誓つた」と伝えている[123]。想起を求められた「あの試練の日」とは、おそらく関東大震災が発生した一九二三年九月一日のことであるが、大阪の紙面では、他の年にこのような記事は見られない。そのため、この年の一二月八日に真珠湾を攻撃し、対米戦争が開始されたことの影響を受けた、例外的な事例だと考えられる。しかし、「震災記念日」の報道が充実していた東京とは異なり、「あの試練の日」に揺れや火災を体験していない大阪で、「総動員」をかけられる記憶はほとんどなかったのではないだろうか。記事も東京について一一行、大阪について四行の小さなものだった。

震災二〇周年の一九四三年は、一面に「人口の疎散は緊要　注意せよ待避壕、砲弾の破片　けふ震災二十周年　佐野防衛総参謀長語る[124]」という記事を掲載。「戦下の震災記念日[125]」と題する社説も掲載されるなど、例年と比べ「震災記念日」関連の記事が充実していた。ただし、見出しに「震災二十周年」とあっても、佐野防衛総参謀長は「南方戦線における体験談を交へて空襲時における用意と覚悟」を語るだけで、関東大震災の体験を回想するようなものではない。また、『東京朝日』が同名の社説を二本組の一番手に位置付けていたのに対し、『大阪朝日』は二番手扱いとした。このことからも東京―大阪における認識の差異をうかがえる。

大阪毎日系の『東京日日』と『大阪毎日』も同様の傾向を示しているが、象徴的な事例があるので確認しておこう。注目したいのは『東京日日』と『大阪毎日』の両方に掲載された一九三九年九月一日の社説「最初の興亜奉公日」である。その冒頭を『東京日日』は以下のように書き出している。

けふは東京市民および関東一帯の地方にとつて、容易に忘れ得ない大震災の記念日である。しかしてこの記念日がたま〳〵「興亜奉公日」実行の最初の日に当つたことは極めて意義深い偶然であるといはねばならぬ。興亜記念日については、平沼前首相が〔……〕[126]

「震災記念日」が「東京市民および関東一帯の地方」の人びとにとって、「容易に忘れ得ない」ものであることを指摘したうえで、「興亜奉公日」と「震災記念日」が同日であることを「意義深い偶然」だと述べた。二つの記念日を重ね合わせる語りである。

これに対し、『大阪毎日』は次のように書き起こしていた。

今日は「興亜奉公日」実行の最初の日である。平沼前首相がその告諭において「是ノ日即チ全国民ガ特ニ戦場ノ労苦ヲ想ヒ、自粛自省、的確ニ之ヲ実際生活ノ上ニ具現シ、億兆一心、興亜ノ大業ヲ翼賛シ、以テ国力ノ増強ヲ計リ、強国日本ノ建設ニ邁進スルノ日タリ」と訓へた日である。[127]

『大阪毎日』も同名のタイトルを掲げ、同内容の社説を掲載していたが、『東京日日』が記述した関東大震災の位置づけ、「震災記念日」との関連は削除され、「今日は「興亜奉公日」実行の最初の日である」という一文に置き換わっていた。「興亜奉公日」と「震災記念日」が同日であることには触れられていない。『東京日日』にとっては「意義深い偶然」であっても、「震災記念日」の位置づけが低い大阪では、意義が見出し難かったのだと考えられる。ここでも東京と大阪では関東大震災認識に明らかな差がみられた。

「興亜奉公日」の二面性

九月一日に「興亜奉公日」という新たな意味が付与されたのが第二期である。「興亜奉公日」とは、精動運動のための記念日であったが、初回が「震災記念日」である九月一日とされ、そのことにメディアも自覚的であった。『東京朝日』、『大阪朝日』はどちらも「興亜奉公日」を喧伝しているが、「震災記念日」の報道に与えた影響はそれぞれ異なっていた。

『東京朝日』の紙面では、「震災記念日」と「興亜奉公日」は一体となり精動運動の中に組み込まれていった。「震災記念日」を意義付ける防空演習の報道が復活していることからもその様子を窺える。震災の記憶をも「総動員」する体制は、周年報道にも少なくない影響を与えていた。「興亜奉公日」が廃止され、「大詔奉戴日」となって以降も、「震災記念日」と防空は結びつけて報じられるようになっていた。このようにして、「震災記念日」の報道は持続している。

一方で、第一期の終盤から「震災記念日」の報道が低調だった『大阪朝日』も、「興亜奉公日」により関東大震災が再び浮上したかのように見えた。しかし、『東京朝日』でみられるような防空演習の浮上は確認できず、「震災記念日」が精動運動へと組み込まれた様子はほとんどなかったといっていい。つまり、「興亜奉公日」との関連で「震災記念日」が浮上し、定着したとはいえない。この場合、「興亜奉公日」を含め、欧州戦争開戦記念日や「二百十日」といった他の記念日への注目が、「震災記念日」の意義を相対的に希薄化してしまうものであったと考えられる。この時期に、「震災記念日」は東京ローカルな記念日となりつつあった。

そもそも、「興亜奉公日」が九月一日と決まる以前、各都市が「国民生活日」として日清戦争勃発の七日を採用していたことを鑑みれば、大阪だけでなく、その他の地域における関東大震災認識も東京とかなり違っていたはずだ。裏を返せば、そのような認識の違いが存在していたからこそ、国民の記憶として関東大震災を想起、均質化する必要があったといえる。九月一日を最初の「興亜奉公日」に採用した目的は、全国的な運動として震災の記憶を持ち出すことにあったはずだ。「興亜奉公日」の設置は、「国民的物語」として関東大震災を位置付けようとする、国民統合に向けた動きの一つとみることも可能なのだ。ただし、大阪の紙面をみる限りこの試みが成功したとは言い難い。

第三期　戦後の「震災記念日」

一九四五年八月一五日、「玉音放送」で日本の降伏が伝えられた。九月二日には戦艦ミズーリ号上で降伏文書の調印式が行われた。日本は一九五二年四月のサンフランシスコ講和条約発効まで、連合国軍の占領下に入る。第三期は、戦後の「震災記念日」が対象となる。防空を叫ぶ必要がなくなり、「興亜奉公日」や欧州戦争の開戦を記念することもなくなったこの時代、「震災記念日」の報道は量的にも質的にも変化が生じていた。

東京――〝風化〟する震災

戦争が終わり、「震災記念日」は精動運動との連関を解かれた。同時に、九月一日と関東大震災の結びつきも以前と比べて希薄なものとなっている。その証拠に『東京朝日』では、一九四五年、一九四八年、一九四九年、一九五一年、一九五八年に「震災記念日」関連の記事が掲載されていない(128)。東京の紙面でさえも、関東大震災の周年記事が毎年掲載されるわけでない、ということが戦後の特徴である。

これには一九四五年から一九五二年の期間、新聞が二～四頁の少ない頁数で発行されていたという紙幅の問題も考慮されるべきだが、言い方を変えれば、紙幅の制約によって削られてしまう程度の事象でしかなかった、ということになる。また、九月二日は日本の降伏記念日となり、一九四六年から一九五〇年は一面トップで周年記事が掲載されていた。[129] 一九五一年は講和条約締結のため、サンフランシスコへ向かう吉田茂首相の動向に多くの紙面が割かれている。この時期に関東大震災の周年記事が登場しない理由としては、占領という時代背景や、戦争をめぐるアジェンダが九月一日付近に存在していた影響などがあるのだろう。

東京では、空襲犠牲者の遺体を仮埋葬地から発掘・火葬する「改葬事業」が一九四八年一二月に着手され、一九五一年三月に終了している。遺骨は震災記念堂に合祀されており、一九五一年九月一日、「震災記念日」に合わせて戦災殉難者の慰霊法要が行われたことを契機に、「震災記念堂」は「東京都慰霊堂」へと改称された。[130] しかしながら、震災記念堂から東京都慰霊堂への転換点である一九五一年の慰霊法要は、『東京朝日』、『東京日日』の紙面で全く取り上げられていなかった。同日に行われていた「平和国民大会」（平和推進国民会議主催）に関する記事の中で震災記念堂への言及があり、九月一日の紙面と九月二日の紙面で「震災記念堂」から「都慰霊堂」へと表記が変化していることは確認できる。[131] そのため、慰霊法要の存在や内容は記者たちに把握されていたと考えられるが、関連記事の掲載はなかった。「震災記念堂」の名称変更が取り上げられないほどに、「震災記念日」や関東大震災は意義を見いだしにくくなっていたのかもしれない。[132]

日本の主権が回復し、新聞の頁数も増えると、再び「震災記念日」の報道を確認できるようになるが、大きく取り上げているのは主に「東京版」（地域面）の頁である。その他の頁に関連記事が掲載される場合もあったが、[133] 「東京版」に掲載される記事が充実している。[134] 「きょう関東大震災三十一周年　燃えやすき東京」[135]、「33年前・大震災の日　この写真に見覚えは……」[136] といった震災に関連する比較的大きな記事が「東京版」の頁に掲載されていた。

一九五三年には「燃えない東京建設は百年の夢　あすは関東大震災三〇周年」という大見出しの記事

に「耐火建築　都心で九％　焼石に水の予算では…」という小見出しで耐火建築の必要性を語ったほか、「荒れ果てた記念堂　参拝者なく修理維持も困難」という小見出しで東京都慰霊堂（旧震災記念堂）の現状を伝えている。「窓ガラスは破れ、周囲はハトのふんだらけ、参拝者もなく荒れるにまかせている」状態にあった[137]。文字通り、〝風化〟した様子が指摘されている（図２－５）。

こうした状況を見かねてか、一九五六年には境内にある復興記念館の復旧手入れなどが行われ、一〇年ぶりに特別開場された。慰霊堂内も、戦後初めて壁が塗りかえられ、「堂外のよごれも取り払われるなど、さっぱりした表情で記念日」を迎えることができたという[138]。ただし、特別開場は関東大震災の記憶を重視して行われたものではなかったことが、関連の記事から読み取れる。

図 2-5 「寂しい」記念堂の様子を伝えた記事（東京朝日）

> しかし、「いまさら震災記念品ばかり並べてもはじまらない」という意見が強く、一方では東京都内に戦災の跡がほとんどなくなり、そのため「ノド元すぎれば熱さを忘れる。二度と東京を戦争のまきぞえにしないために、いまのうちに戦災の記念品を集めておいて、当時の東京の姿を子孫に伝えよう」と日下内部を改変している[139]。

同記事で、東京都慰霊協会の常務理事を務めていた井下清は「大震災もこんどの戦災も、主な被害は火災だ」というコメントを寄せているが、「震災記念品」は支持を得ていない。特別開場は震災の記憶というよりも、戦災の記憶に後押しされたものだったと考えられる。

東京――「忘れられた」震災

記事がどの面に掲載されるかという問題に加えて興味深いのは、関東大震災の認識が変化していることである。一九五二年八月三一日の「天声人語」は次のように書き出している。

実はわたしも忘れていて人から注意されたのだが、九月一日は関東大震災の記念日である。〔……〕三十年も前のことだと記憶の薄れるのも無理がなく、また三十歳前後から以下の青壮年は全くあの惨害を知らぬわけである。(140)

人から注意されなければ思い出せず、記憶が薄れることも無理のないことだという。一九五六年の「天声人語」も冒頭で、「もうよほど〝忘れられた〟ものに関東大震災がある」と記し、関東大震災が「忘れられた」ものであるという認識を提示していた。(141)

これら、「忘れられた」という認識は有識者による寄稿でも確認できる。東京大学地震研究所所長の那須信治による寄稿「関東大震災を顧みて」は、「今日では若い人は当時を知らず、また一般には当時の記憶がうすらいでいるのではなかろうか」とし、(142) 随筆家の宮川曼魚は、「あれから卅一年」と題した寄稿で「今では、大正の震災などといっても、多くの人はほとんど知らない。当時のことがおぼろげにも記憶にのこっているのは、東京で生れたものでも既に四十を過ぎている」と記していた。(143) 一九五九年に那須は再び「関東大震災の日を迎えて」を寄稿しているが、震災記念碑の碑文にある「不意の地震に不断の用意」という標語を読んでも、「大部分の人には何のことやら、一体どんな用意が必要なのか、頭をひねるであろう」と述べている。(144) このように、戦後になると、東京でも関東大震災の記憶は忘却されたものとして語られるようになっていた。(145)

また、震災の記憶が忘却されたという認識の浮上と対応するかのように、台風認識の変化が指摘されている。例えば、「今日の問題　震災廿七周年」という見出しの記事は、「地震と台風とは天災の多いわが国でも横綱格」と記し、「恐いものといえば、昔は地震、雷、火事、おやじと相場がきまっていたが〔……〕戦後の恐いものは地震、台風、火事、税金」に置き換わったと興味深い指摘をしている[146]。ここでみられるような台風認識の転換については、直接的な要因として関東地方を襲ったキティ台風（一九四九年）を挙げられる。終戦から一九五〇年代にかけての日本は、台風をはじめとする水害対策が重要な課題となっていた。戦争に伴う国土の荒廃もあり、枕崎台風（一九四五年）、カスリン台風（一九四七年）、北九州大水害（一九五三年）、和歌山地方大水害（一九五三年）、洞爺丸台風（一九五四年）、狩野川台風（一九五八年）、伊勢湾台風（一九五九年）など、一〇〇〇人以上の死者を記録した台風・水害が続発している。終戦から伊勢湾台風までの日本は、「戦後大水害の時代」であったのだ[147]。紙面でも、台風防災への関心は高く、「科学　台風の足音？ナゾの微震[148]」、「台風十の戒め[149]」、「台風は一掃されたか……予報担当者は苦い思い[150]」といった記事が掲載されていた。

もっとも、戦中から台風や水害への恐怖は低くなかったと考えられる。太平洋戦争がはじまったことで、新聞やラジオの天気予報が廃止となっていたからだ。この処置は、灯火管制同様、敵に攻撃の手がかりを与えないことを目指したものであるが、このことで、銃後の人びとも台風の手がかりを失った。事前に災害への備えをすることができなくなる。気象管制中も防災上の見地から特例で暴風警報が実施されることになっていたが、そうした特例の暴風警報は「一般の人びとにとって遠い存在であった」という。戦中の台風は、突然やってくるものであり、十分な対策がとれないために被害が大きくなっていた[151]。なお、「玉音放送」から一週間後の八月二二日の夜、ラジオによる天気予報が東京で再開していたが、全国向けのラジオ天気予報放送の再開は一二月一日まで待たなければならなかった[152]。『東京朝日』における天気予報の復活は一九四五年八月二三日の朝刊である。「台風警戒の赤信号」として台風への警戒を呼びかけていた[153]。

以上のように、第三期の『東京朝日』では、「震災記念日」の周年記事を掲載しない年が存在し、関東大震災が忘却されたものとして語られるようになっている。また、この変化と対応するかのように、東京でも台風・水害が怖いものとして浮上し、より関心が示されるようになっていた。

大阪―浮上する台風

関東大震災の忘却と台風の浮上、という図式は『大阪朝日』でより顕著に表れている。先述の通り、紙幅の影響なども考慮されるべきだが、「震災記念日」や「関東大震災」が見出しに登場する記事が掲載されたのは一九四六年、一九五三年、一九五九年のみだった[154]。たった三年である。『東京朝日』と比べ、周年記事が掲載される頻度は明らかに低い。

一九四六年は「朝鮮人連盟の関東震災追悼式」の見出しで、在日朝鮮人連盟大阪本部による「震災以来はじめての公式の式典」開催を予告し[155]、一九五三年はコラム「今日の問題」に「震災記念日に想う」という小見出しを付している[156]。一九五九年は、前日に『東京朝日』で掲載された那須信治の寄稿「関東大震災を顧みて」がそのまま掲載されていた[157]。また、見出しには登場しないものの、一九五一年の「今日の問題」[158]や一九五二年から一九五六年の「天声人語」で関東大震災への言及がある。「天声人語」は『東京朝日』とほとんど同内容のものであり、大阪の紙面に関東大震災への言及が全くないわけではない。

しかし、当然のことながら、『大阪朝日』には「東京版」の頁が存在しない。そのため、「東京版」で関東大震災関連の記事を確認することができた『東京朝日』に対し、『大阪朝日』の報道は明らかに低調なものとなる。

むしろ、「二百十日」(雑節)や台風・水害については、『東京朝日』よりも充実した報道がなされている。一九四七年、一九四九年を除くすべての年で、「二百十日」が見出しに登場する記事を掲載している。

いた[159]。また、この二つの年についても、一九四七年は「文化ゼミナール」という特集で台風関連の記事が掲載され[160]、一九四九年は関東地方を襲ったキティ台風の影響で報道が充実している。台風や「二百十日」への意識が低いために、「二百十日」が見出しに登場しなかったというわけではないのだ。「ことしの台風　大阪管区気象台に聞く[161]」という全面特集記事が掲載されるなど、関東大震災の周年記事がほとんど登場しない戦後の『大阪朝日』では、「二百十日」や台風・水害への関心が「震災記念日」を上回っていたといえる。

記憶の忘却と台風の浮上

周年記事が掲載されない年が存在する唯一の時期が第三期である。『大阪朝日』では、関東大震災が見出しに登場する年の方が珍しくなっていた。

『大阪朝日』よりは充実した周年報道を展開していた『東京朝日』においても、関東大震災が〝忘れられたもの〟として語られるなど、記憶認識に明らかな変化がみられる。戦時体制の解体とともに、「震災記念日」の周年報道は量的にも質的にも忘却へと向かっていたといえるだろう。

このような終戦後にみられる変化は、『東京朝日』、『大阪朝日』の両紙が共に有する特徴ではあったが、より顕著な傾向を示したのは『大阪朝日』であった。周年報道が稀になった大阪において、九月一日が「震災記念日」として重要な意味を持っていたようにはみえない。『東京朝日』が「東京版」の頁で関東大震災を比較的大きく扱っていたことを併せて考えれば、「震災記念日」はもはや東京ローカルなものでしかなかったと考えられる。そして、関東大震災の忘却と対応するかのように、実際に多くの被害がもたらされていた台風・水害関連の報道が充実するようにもなっていた。

台風・水害関連の報道が充実する背景は、巨大災害によって多くの人命が奪われたというだけではない。敗戦以来、多くの国民にとって最も切実な問題の一つが食糧危機による飢餓との戦いだったということもあるだろう。「食糧危機の最大の原因は、食糧生産の絶対量の不足」だった。戦時中から兵力動員に伴う農業労働力の減少や肥料不足によって生産量は低下していたが、「敗戦後の天候不順がこれに拍車をかけた」[162]。水害は、直接的に生命を脅かすだけでなく、間接的にも実生活に影響するものだったのだ。それゆえに、農家の厄日である「二百十日」はこの時代に重要な意味を持ったと考えられる。

慰霊、動員、解体

本章では、帝都復興祭（一九三〇年）から「防災の日」制定（一九六〇年）までの期間、「震災記念日」の周年報道について、東京と大阪の報道を三つの期間に分けて検討してきた。各期間の特徴については既に述べた通りであるが、最後に関東大震災認識の変動を再整理し、戦時体制が関東大震災の集合的な想起とどのようなかかわりを持ったのかについて指摘しておきたい。

第三期で確認したように、終戦を経て関東大震災認識には明らかな変化がみられた。震災の記憶が忘却とともに語られるようになっている。「震災記念日」の報道が主に「東京版」の頁で担われるようになり、『大阪朝日』でほとんど取り上げられなくなっていた。このような紙面状況を踏まえれば、戦後に関東大震災は薄れゆくローカルな記憶となっていたことを指摘できる。

こうした記憶認識の変化に、続発した台風・水害も少なくない影響を与えたのではないだろうか。以前から、台風の厄日である「二百十日」は九月一日前後に取り上げられていたが、戦後に台風は地震と並ぶ「横綱格」へと昇進したと記事で述べられている。第三期の『大阪朝日』では、「二百十日」への関心が関東大震災を圧倒していた。関東大震災の忘却と台風の浮上という対応関係は、戦後の紙面が示す特徴の一つである。

なお、関東大震災がローカルな記憶であることは第一期、第二期からも窺える。慰霊祭を重要視した

『東京朝日』に対し、『大阪朝日』の「震災記念日」は変災防備演習や防空演習が中心だった。第一期の終盤時点で『大阪朝日』の周年報道が低調になったのは、「震災記念日」が防空演習に支えられていたことを示している。第二期において、精動運動へと組み込まれていく様子も『大阪朝日』では確認できない。むしろ、他の記念日の影響で、「震災記念日」の意義が相対的に希薄化したと考えられる。「震災記念日」が精動運動の中に組み込まれた『東京朝日』の場合は、「興亜奉公日」が廃止された後も、「震災記念日」を意義付ける防空訓練の様子が報じられていた。二〜四頁という少ない紙幅で発行されていたにもかかわらず、である。だとすれば、終戦直後にみられた量的、質的な変化は、二〜四頁での発行という紙幅の問題以前に精動運動が廃止され、防空訓練も行われなくなったことに起因する。戦時体制の解体とともに、「震災記念日」の周年報道も消失へと向かっていた。つまり、あくまで東京に限っての話だが、戦時体制が関東大震災の記憶を下支えしていたのである。

以上、第Ⅰ部では一九三〇年から一九六〇年までの関東大震災認識について整理した。それは、関東大震災が忘れ去られていく過程である。より細かくみれば、東京と大阪で関東大震災に対する認識が異なり、東京の場合は戦後に忘却が指摘されるようになっていた。関東大震災が薄れゆくローカルな記憶であるという認識は、現代とは異なるものだろう。

だとすれば、現代的な関東大震災認識はどのように成立したのか。第Ⅱ部では、一九六〇年以降、伊勢湾台風に基づく新たな〈災後〉が積み重なった時代の記憶認識を検討し、関東大震災が薄れゆくローカルな記憶から、ナショナルな記憶として成立していく過程を検討する。

注

（1）「空中防備の要」『東京朝日』一九二三年九月二八日付朝刊。「戦後軍備縮小に傾いて居る各強国も空軍のみは経費を増加し、設備を完全にす可《べ》く力《つと》めて居る」ため、東京付近にも「空軍根拠地を造る可《べ》きである」と論じた。

（2）土田宏成『近代日本の「国民防空」体制』神田外語大学出版局、二〇一〇年、三一〇頁。

（3）同前、三一〇‐三一一頁。

（4）土田宏成『帝都防衛　戦争・災害・テロ』（吉川弘文館、二〇一七年）では、一九四一年、一九四二年、一九四三年などの「震災記念日」報道を取り上げている。一九四三年の二〇周年について、「前年に増して、震災は空襲と強く結びつけられて振り返られた」。「人びとが経験したことのない本格的な空襲をイメージさせるのに、東京が実際に受けた一九四二年四月の空襲よりも、震災の経験が利用されたのである」（同書、一四七頁）と指摘している。この年がどの程度特異なのかを明らかにするためには、二〇周年という区切りに注目するだけでなく、「震災記念日」の通時的な変容の中で把握する必要がある。

（5）この点については、コナトンが、「構造的忘却（structural forgetting）」と指摘するものを想定している（Connerton, Paul. 2009, *How Modernity Forgets*, Cambridge University Press.）。また、福間良明は、痕跡を残す過程においても「風化の事実の隠蔽」が促進されるという問題を指摘している。「原爆ドーム」が「保存」され、「体験の継承」が謳われるなかで、本来、進行しているはずの「体験の風化」が見えなくなり、また、その事実を直視して思考を紡ぐことも困難になる」。このことは、「惨事を思出したくない」といった体験の重さを強調する語りを見えにくくする（福間良明「遺構の発明と固有性の喪失　原爆ドームをめぐるメディアと空間の力学」『思想』二〇一五年八月号、一四六頁）。

（6）前掲土田宏成『近代日本の「国民防空」体制』、三一一頁。

（7）関東大震災前後の社会変動を取り上げたものに、原田勝正・塩崎文雄編『東京・関東大震災前後』（日本経済評論社、一九九七年）がある。宮地忠彦『震災と治安秩序構想　大正デモクラシー期の「善導」主義をめぐって』（クレイン、二〇一二年）は、関東大震災における虐殺事件の背景を地震発生以前の社会状況に遡って検討した。都市民衆の生活文化を人びとの暴力行使に注目し、検討を行った藤野裕子『都市と暴動の民衆史　東京・一九〇五‐一九二三』（有志舎、二〇一五年）も、朝鮮人虐殺事件を扱っている。吉田律人『軍隊の対内的機能と関東大震災　明治・大正期の災害出動』（日本経済評論社、二〇一六年）は、関東大震災を中心に据え、明治・大正期における軍隊の対内機能を検討している。震災以前の防災体制についての整理としても重要な成果である。この他、序章、第一章で挙げた文献や鈴木淳『関東大震災　消防・医療・ボランティアから検証する』（講談社学術文庫、二〇一六年）などがある。なお、日本の地震への関心は英語圏の歴史研究でもみられるもので、関東大震災の他にも安政地震の災後を対象とした研究などが存在する（Smits, Gregory, 2013, *Seismic Japan: The Long History and Continuing Legacy of the Ansei Edo Earthquake*, University of Hawaii Press.）。

（8）戦時体制あるいは総力戦体制については多くの蓄積が存在する。一九九〇年代には、戦時動員を現代化へのつながりとして捉え、戦中・戦後の連続性を強調した山之内靖／ヴィクター・コシュマン／成田龍一編『総力戦と現代化』（柏書房、一九九五年）が注目を集め、論争を招いた。『総力戦と現代化』への批判としては、『年報日本現代史　第3号』（「年報日本現代史」編集委員会編、一九九七年）所収の特集「総力戦・ファシズムと現代史」における議論がある。また、戦前から戦中の時期を単なる「暗い谷間」の時代ではなく、さまざまな領域で文化の創造、成熟が見られたことに注目した赤澤史朗・北河賢三編『文化とファシズム　戦時期日本における文化の光芒』（日本経済評論社、一九九三年）、戦時下の都市住民の生活を描いた秋元律郎『戦争と民衆　太平洋戦争下の都市生活』（学陽選書、一九七四年）、本稿の対象期間を含む東京研究である源川真希『東京市政　首都の近現代史』（日本経済評論社、二〇〇七年）なども重要である。

吉田裕が指摘するように、現在では総力戦遂行の過程が社会の平準化を一方的に進行させるわけではなく、「新たな差異や格差を不断に生み出す矛盾と軋轢に満ちた過程でもあるという側面への慎重な目配りが必要」となっている（吉田裕「近現代史への招待」『岩波講座日本歴史　第15巻　近現代1』岩波書店、二〇一四年、一〇頁）。戦時体制下での動員が指摘されてきた震災の記憶についても、東京中心の一面的な理解ではなく、大阪など他地域との対比や時代ごとの変化を検証しなければならない。

（9）周年記念日のメディア研究については序章も参照。記念日とは社会的に構築されるものであり、それを報じる記事の形式や性質は同時代における社会の認識とある程度対応していたと考えられる。そのため、記事の内容だけでなく、どのような記事がどのような形式や位置で登場するのかについても細かく把握していく。この方法の性質上、大小さまざまな記事を一記事と単位設定して数値化することは適当であるといえず、数量データは示さない。可能な限り記事の性質や形式を追えるように記述した。これは、第四章においても同様である。また、第三章は、社説に限定しているため記事量の変化を追うことが可能である。本章、及び第四章については、周年記事が掲載されるかどうか、という基準においてのみ周年記事の多寡を指摘できる。

(10) データベースによるキーワード検索ではなく、対象期間の紙面を通覧することで紙面構成を確認し、その上で、関連する報道に質的な検討を加えた。「関連する報道」とは、関東大震災に言及する記事に加え、地震、台風、防災、変災防備演習、空襲演習、「興亜奉公日」などに言及する記事である。

(11) 武村雅之『関東大震災を歩く　現代に生きる災害の記憶』吉川弘文館、二〇一二年、一七‐一九頁。関東大震災の被害については、武村雅之『未曽有の大災害と地震学　関東大震災』(古今書院、二〇〇九年)が詳しい。

(12)「輪塔の高きを仰ぎ「仏もこれで浮ぶ」朝来の参拝者幾十万」『東京朝日』一九三〇年九月二日付夕刊。一面トップは「周り来てこゝに七年大震災の思ひ出哀し　震災記念堂の落成式」で、これも慰霊祭関連の記事である。

(13)「全市の仮想火災に大懸りの消防演習」『東京朝日』一九三〇年九月二日付夕刊。『東京日日』も「七度返る「涙の日」を新装の記念堂に迎ふ」(一九三〇年九月二日付夕刊)を一面トップとし、変災防備演習については「突如大震災　四十ヶ所に火の手」の見出しの記事を第二頁に掲載した。

(14)「十一時五十八分!」『東京朝日』一九三〇年九月二日付夕刊。

(15)「哀しみのサイレン十一時五十八分!　追憶また新たなり」『東京朝日』一九三一年九月二日付夕刊。一日付朝刊に掲載された「大震火災八周年　あす記念日!本所記念堂で大法要　非常警防演習も行ふ」という予告記事は、見出しからも明らかなように「大法要」に付加する形で「非常警防演習」が取り上げられている(『東京朝日』一九三一年九月一日付朝刊)。

(16) なお、一九三〇年はJOAK・JOBK、一九三一年から一九三六年は第二放送で東京内外に向けた慰霊祭の中継放送がラジオプログラムから確認できる。この点については、本章の注58も参照。

(17) 前掲土田宏成『近代日本の「国民防空」体制』、一五九頁。

(18)「想ひ起す!九年前　けふ大震災記念日」『東京朝日』一九三二年九月一日付朝刊。

(19) 前掲土田宏成『近代日本の「国民防空」体制』、一六三‐一六五頁。

（20）「帝都空の護り実戦宛らの演習　昨日の防護団発団式」『東京朝日』一九三二年九月二日付朝刊。
（21）「想ひ起す！九年前　けふ大震災記念日」『東京朝日』一九三二年九月一日付朝刊。
（22）「あゝけふ九月一日　内外多難の折柄」、「慰霊祭に続き防空演習」（『東京朝日』一九三二年九月二日付夕刊）。
（23）関連する『東京朝日』の記事としては、「震災記念塔あす除幕式　数寄屋橋公園（本社向側）で」（一九三三年八月三一日付朝刊）、「市民黙祷の一瞬すら〳〵除幕」（一九三三年九月二日付夕刊）、「記念塔にこの光栄　六宮殿下御立寄り」（一九三三年九月二日付朝刊）。震災記念塔については、本章の注133も参照。
（24）「関東大震災の十周年」『東京朝日』一九三三年九月一日付朝刊。
（25）「大震災十周年　非常時の秋空に高鳴る警笛の響」『東京朝日』一九三三年九月二日付夕刊。この紙面の左肩には、飛行機から撮影した銀座通りと震災記念堂の写真、記念堂で金をつく東京市長牛塚虎太郎の写真が大きく掲載されている。
（26）安田浩によれば、「非常時」は一九三二年の五・一五事件のあとに一般化し、広まっていた言葉で、軍部を中心とする政治支配層が用いた「官製流行語」ともいえるものであった（安田浩「「非常時」と国民」金原左門・竹前栄治編『昭和史 増補版』有斐閣、一九八九年、八六頁）。
（27）前掲土田宏成『近代日本の「国民防空」体制』、一七九頁。東京・横浜・川崎三市連合防空演習については同書を参照。
（28）「帝都・空襲下にあり　護れ！我等の空」、「市民への御注意」（『東京朝日』一九三四年九月一日付朝刊）。
（29）前掲土田宏成『近代日本の「国民防空」体制』、一八一‐一八二頁。
（30）「サイレンは鳴り響く空襲下の帝都！」『東京朝日』一九三四年九月二日付夕刊。
（31）「五十万の防護団員濡れ鼠で馳駆　防空演習スナップ」（『東京朝日』一九三四年九月二日付夕刊）、「帝都は黒の一色　雨中の防空演習」（『東京朝日』一九三四年九月二日付朝刊）など、例年になく防空演習の記事が充実していた。
（32）「忘るなあの時備へよこの時　けふ震災十一周年　思ひ出は今胸打つ」『東京朝日』一九三四年九月二日付夕刊。
（33）『東京日日』も同様の傾向を示す。一九三四年は夕刊一面「帝都・空の護り　敵機だ！空襲だ！宛ら戦時状態三都連合防空演習開幕」(『東京日日』一九三四年九月二日付夕刊)で防空演習を伝え、第二面に慰霊祭関連の記事を掲載した(「冷雨に這ふ香煙　悲しき追憶の日」)。翌年以降は、「黙祷せよ！　十四年前のけふ午前十一時五十八分！　涙の大震災記念日」(『東京日日』一九三六年九月一日付朝刊)、「あの日から十五年　あす震災記念日記念堂に悲しき盛儀」(『東京日日』一九三八年九月一日付夕刊)といった見出しで慰霊祭を中心に報じている。

(34) 一年後の施行を予定して一九三七年四月に公布された防空法は、日中戦争の勃発により同年一〇月に施行が早まった。防空法の成立については、前掲土田宏成『近代日本の「国民防空」体制』(二三一-二四三頁)を参照。

(35) 「事変下の震災記念日　愈々固し銃後の誓ひ」『東京朝日』一九三八年九月二日付夕刊。

(36) この点については『東京朝日』の報道の他、防衛局「自治防空十年表」『市政週報』(一九四二年一〇月二四日号、四-五頁)、同『帝都防衛十年誌』(一九四二年＝『都市資料集成　第12巻』東京都、二〇一二年所収)、前掲土田宏成『近代日本の「国民防空」体制』で確認した。

(37) 空襲と関東大震災の結びつきが完全に失われたわけではない。「焼夷弾の脅威」を周知する一九三八年の資料(ポスター)には、「関東大震災僅か百ヶ所の火元で帝都は焼野原、敵機一台でも焼夷弾五千箇」とある(「防空関係資料・防空図解第三輯・防火」一九三八年(国立公文書館デジタルアーカイブ))。

(38) 前掲土田宏成『近代日本の「国民防空」体制』、一〇五頁。

(39) 「大阪市民に警告！」『大阪朝日』一九二八年七月五日付朝刊。

(40) 「社説　都市防空」『大阪朝日』一九二八年七月五日付朝刊。

(41) 前掲土田宏成『近代日本の「国民防空」体制』、一〇〇-一〇五頁。

(42) 同前、七五、一二〇頁。

(43) 「けふ・大震災七周年記念日　一大変災防備の初演習」『大阪朝日』一九三〇年九月二日付夕刊。ここで「非常」として「想定」されたのは大地震。なお、一面トップは「二百十日も無事に」というキャプションの写真であった。

(44) 「悲しい追憶　被服廠跡で厳かに記念堂落成式を挙ぐ」『大阪朝日』一九三〇年九月二日付夕刊。

(45) 「目覚しい大活動で壊滅の大阪市を救ふ」『大阪朝日』一九三〇年九月二日付朝刊。

(46)一九三一年は、「震災八周年　震災記念堂でおごそかに法要」という「東京電話」記事と、「大地震の想定で警備大演習」という見出しの記事がどちらも写真付きで併置されている（『大阪朝日』一九三一年九月二日付夕刊）。拮抗しているようにも見えるが、一九三二年になると大阪の催しを伝えた「けふ震災記念日　「非常時に処する体験を」と緊張した大阪の催し」という記事が明らかに大きい。その下段、半分以下の紙幅で「帝都の黙祷」という「東京電話」記事が掲載されている（『大阪朝日』一九三二年九月二日付夕刊）。なお、一九三一年までは関東大震災と同じ午前一一時五八分発生の大地震が想定されていたが、一九三二年の大阪府警察部では早朝の大地震を想定して訓練が行われた。時間の拘束が解かれている。

(47)『大阪毎日』は一九三〇年九月二日付夕刊一面で慰霊祭の様子を伝え（「けふ・関東大震災七周年　涙新たな追悼会と記念堂の落成式」一九三〇年九月二日付夕刊）、二頁に非常変災防備演習の記事を配置した（「大震災来に備へて　全市に亘る大防備」）。この後は、『大阪朝日』と同様に変災防備演習を主として報じている。

(48)「関東大震災十周年　けふ！帝都で記念の催し数々」『大阪朝日』一九三三年九月一日付朝刊。

(49)「関東大震災けふ十周年　御追憶畏し三陛下黙祷」『大阪朝日』一九三三年九月二日付夕刊。

(50)「警報　大阪に大震災」、「即時配置へ！　鮮やかな救護陣」（『大阪朝日』一九三三年九月二日付夕刊）。見出しからも明らかだが、この時期に非常時として想定されているのは大震災である。

(51)「帝都、横浜の防空演習」『大阪朝日』一九三四年九月二日付朝刊。

(52)「けふ関東震災記念日」、「鳴り響くサイレンに一分間の黙祷　〝大阪大地震〟の警備演習」『大阪朝日』一九三四年九月二日付夕刊。

(53)「秋雨・冷ややかに　きのふ大震災記念日」『大阪朝日』一九三五年九月二日付朝刊。同年、非常演習については他に「けふ震災記念日　全員非常招集府下の警官と消防」（一九三五年九月一日付朝刊）という記事がある。二つの記事には時刻の記載に違いがみられ、また、「非常事変突発す」というだけで、大地震や空襲が想定されたという記述がない。

(54)「記念堂に立ち昇る香煙に思出新た」『大阪朝日』一九三六年九月二日付夕刊。写真付きとはいえ、『東京朝日』の紙面と比べれば扱いは小さい。

(55)「天皇陛下畏し御黙祷　けふ大震災記念日」『大阪朝日』一九三七年九月二日付夕刊。
(56)「三陛下畏くも御黙祷」『大阪朝日』一九三八年九月二日付夕刊。
(57)『大阪毎日』も同様の傾向である。
(58)大阪の場合、第二放送が開始された一九三三年まで第一放送で慰霊祭の中継を行っていた。その後、慰霊祭は第二放送、「記念打鐘」は第一放送で続けられた。後述の通り、一九三七年にこれらの放送はなくなる。なお、大阪と名古屋で第二放送が開始されたのは一九三三年で、その他の地域は戦後まで二重放送が実現していない。第二放送は、東京でも一九四一年一二月八日に中止となっている(山口誠『英語講座の誕生　メディアと教養が出会う近代日本』講談社選書メチエ、二〇〇一年、一一四頁)。
(59)「けふは関東大震災記念日」『大阪朝日』一九三六年九月一日付朝刊。
(60)原武史『可視化された帝国　近代日本の行幸啓 増補版』みすず書房、二〇一一年、四一五頁。
(61)「けふ・大震災七周年記念日　一大変災防備の初演習」『大阪朝日』一九三〇年九月二日付夕刊。
(62)「鳴り響くサイレンに一分間の黙祷　〝大阪大地震〟の警備演習」『大阪朝日』一九三四年九月二日付夕刊。
(63)Connerton, Paul, 1909, *How Societies Remember: Themes in the Social Sciences*, Cambridge University Press.(芦刈美紀子訳『社会はいかに記憶するか　個人と社会の関係』新曜社、六九頁)。コナトンがこだわっていたのは「記念式典と身体の実践」である。
(64)例えば、「事変下の震災記念日　愈々固し銃後の誓ひ」『東京朝日』一九三八年九月二日付夕刊。
(65)「あすは二百十日　今年ばかりは大恵日」『大阪朝日』一九三四年九月一日付夕刊。
(66)「この分ならお米は豊作　けふの二百十日を前に」『大阪朝日』一九三七年九月一日付朝刊。
(67)「台風シーズン來る!　家の中は隙間だらけ」『大阪朝日』一九三六年九月一日付朝刊。
(68)「これも銃後の守り　台風に備へよ」『大阪朝日』一九三七年八月三一日付朝刊。同記事は、防災科学研究所の和達清夫による「お話し」。
(69)「台風来の警報に防空サイレンを利用せよ」『大阪朝日』一九三五年八月三一日付朝刊。
(70)室戸台風は気象情報・気象予報への関心を一時的に高めた。『大阪朝日』の一九三四年一〇月三日付朝刊には

「誰にも判る気象のお話し」という一頁全体を使った特集が掲載されており、「なによりの指針は天気図と警報」という見出しを付けている。その後、一〇月一〇日付朝刊には「〝新聞天気図〟けふから本紙に連載します」という見出しで、天気図の継続的な掲載決定を伝えている。となりの記事は、「お天気の放送をもっと判り易くする」という見出しで、放送メディア（ＪＯＢＫ）での工夫を紹介した。同日、『大阪毎日』にも同様の記事が掲載されており、この動きが在阪メディアと大阪測候所との協力によるものであることがわかる。裏を返せば、大阪ローカルな取り組みであり、東京での天気図掲載はこれよりも遅い。また、対米戦の開始による気象管制によって天気図を含め気象予報の掲載は紙面から消えてしまうことになった。

(71) つまり、この時期には、「戦争とそれにともなう空襲に対する危機感の高まりによって、陸軍は震災の被害や教訓を強調する必要性をさほど感じなくなっていった」という土田の指摘と同様のことが、周年記事からも確認できる（前掲土田宏成『近代日本の「国民防空」体制』、三一〇 - 三一一頁）。

(72) 下中彌三郎編『翼賛国民運動史』翼賛運動史刊行会、一九五四年、三四頁。

(73) 内閣情報部「事変二周年と精動の新段階　運動の回顧と今後の目標」『週報』一九三九年七月五日号、二一 - 四頁。

(74) 木坂順一郎「日本ファシズムと人民支配の特質」歴史学研究会編『歴史における国家権力と人民闘争　1970年度歴史学研究会大会報告』（別冊特集）青木書店、一九七〇年、一一九頁。木坂が批判の対象として紹介しているのは、「運動の天下り的官僚主義や形式主義にたいするもの」と、「下部組織の弱体さを解消するために部落会・町内会を整備して利用せよというもの」（同書、一一九頁）。

(75) 内閣情報部「事変二周年と精動の新段階　運動の回顧と今後の目標」『週報』一九三九年七月五日号、四 - 六頁。

(76) 内閣情報部「公私生活を刷新し戦時体制化するの基本方策」『週報』一九三九年七月一二日号、四一頁。

(77) 同前、四二頁。なお。「国民生活日の設定」の他に「国民生活要綱の提唱」が具体的に実行するものとして挙げられている。

(78) 内閣情報部「興亜奉公日設定さる」『週報』一九三九年八月一六日号、三七頁。

(79) 同前、三八頁。

(80) 「その頃月給を貰ふから」という理由で、ある県の実行委員会には二一日説もあったという（前掲内閣情報部

「興亜奉公日設定さる」、三八頁)。
(81)鄒燦『「盧溝橋事件記念日」をめぐる日本と中国　政治的語りに見る日中戦争像の比較研究』大阪大学出版会、二〇一八年、四二－四六、五二頁。
(82)前掲内閣情報部「興亜奉公日設定さる」、三九頁。
(83)「朔日を〝興亜奉公日〟に」『東京朝日』一九三九年八月九日付夕刊。
(84)国民精神総動員中央連盟は、一九三九年七月二一日の第一五回理事会において「国民生活日」制定を決めている。その後、「興亜奉公日」として毎月一日が採用されたのは八月一五日の第一七回理事会(臨時)。八月二日の第一六回の理事会では、「精動委員会決定事項ニ関スル件」についての報告があったが、「興亜奉公日」の制定には至らなかったようである(「昭和十四年度　国民精神総動員中央連盟事業概要」長浜功編『国民精神総動員運動　民衆教化動員史料集成　第二巻　国民精神総動員中央連盟『国民精神総動員運動』』明石書店、一九八八年、六六－六八頁)。
(85)前掲内閣情報部「興亜奉公日設定さる」、三八－三九頁。
(86)同前、四二－四三頁。
(87)「朔日を〝興亜奉公日〟に」『東京朝日』一九三九年八月九日付夕刊。
(88)当初は「勤労と増産の日」とされていたが、一九四一年に生活新体制の建議が決定し、趣旨に変更が加えられている。「生活の協同化、集団化」を狙いとした新実施要綱が示され、「合理化された生活新体制を、生活御奉公の目標に帰一させ、生産動員に代る生活動員を実現して、一億国民ことごとくその志気を昂揚し、時艱の克服に邁進しなければならない」とされた(大政翼賛会「再出発の興亜奉公日　生活を通しての御奉公」『週報』一九四一年六月二五日号、一二頁)。
(89)閣議決定「大詔奉戴日設定ニ関スル件」一九四二年一月二日(国立公文書館デジタルアーカイブ)。
(90)「あすは大震災十六周年」『東京朝日』一九三九年八月三一日付朝刊。
(91)「あす興亜奉公日　閣議も禁煙と一汁一菜」『東京朝日』一九三九年九月一日付夕刊。
(92)同前。

(93)「あすは大震災十六周年」『東京朝日』一九三九年八月三一日付朝刊。
(94)「覚悟も新しく迎へる〝けふ〟」『東京朝日』一九三九年九月一日付朝刊。
(95)「あすは大震災十六周年 催の数々」『東京朝日』一九三九年八月三一日付朝刊。
(96) 原武史『「昭和天皇実録」を読む』岩波新書、二〇一五年、七五頁。
(97) 宮内庁編『昭和天皇実録 第七』東京書籍、二〇一六年、八三一頁。
(98)「あす興亜奉公日 閣議も禁煙と一汁一菜」『東京朝日』一九三九年九月一日付夕刊。第一章でも触れたように、そもそも「震災記念日」は「酒なし日」でもあった(高橋梵仙編『新撰 日本年中行事講話』大東出版社、一九三四年)。
(99)「奉公日自粛の街視察」『東京朝日』一九三九年九月二日付朝刊。
(100)「香煙に還る十七年の夢 奉公日一周年自粛の衣替へ」『東京朝日』一九四〇年九月二日付朝刊。
(101) 同前。
(102)「猛爆に揺がぬ帝都 防空演習・布く完璧の防衛陣」『東京朝日』一九四一年九月二日付夕刊。
(103)『東京日日』も「忘るなあの時、備へよこの時 空の護り・地の祈り 街に自粛の色」(『東京日日』一九四〇年九月二日付朝刊)の見出しで、空襲への備え(空の護り)と震災への祈り(地の祈り)を接続した。ほかにも、「臨戦下けふ迎へる〝震災記念日〟いまぞ備へも鉄壁に 強き決意に代へて偲ぶ〝惨禍〟」という見出しの記事で「防空の意義深い行事」を紹介している(『東京日日』一九四一年九月二日付夕刊)。
(104)「防空訓練問答 用意はよいか 発揮せよ〝隣組精神〟」『東京朝日』一九四〇年九月三日付夕刊。
(105)「防火群を「隣組防空群」に改組」『市政週報』一九三九年九月三〇日号、三〇頁。初の「興亜奉公日」から一カ月後のことである。土田宏成の指摘に従えば、これは「防火」が「防空」に転換し「国民防空」組織の整備・強化が一層進んだだけでなく、「隣組」であることが重要だった。「「隣組」が冠されていることから明らかなように、「国民防空」組織が、より広範な戦時業務を担う地域住民組織である隣組下部組織とされたのである。ここに、それまで別々に進められてきた「国民防空」組織の整備と町会組織の整備が合流し、一体化したのであった」(前掲土田宏成『近代日本の「国民防空」体制』、二九七頁)。

(106)「防空防火に必勝陣　実戦宛らの大演習　あす震災記念日」『東京朝日』一九四二年九月一日付夕刊。
(107)「震災記念に都の消防演習」『東京朝日』一九四四年九月二日付朝刊。
(108)『東京日日』には、「猛火を防いだ神田っ子　震災と空襲構へは同じだ」(一九四二年九月一日付朝刊)、「忘れるな震災の経験　帝都で抜打の防火演習」(一九四三年八月三一日付朝刊)、「空襲への覚悟はよいか　あす関東大震災廿周年を迎ふ」(一九四三年九月一日付夕刊)など。
(109)「けふ震災記念日〝警鐘〟に偲ぶ十九年前　大東亜戦下に感激も一しほ」『東京朝日』一九四二年九月二日付夕刊。同記事によれば、日比谷公会堂で「記念国民防空大講演会」、復興記念館で「防空防火資料展」、本所高等国民校で「帝都死守市民防空展」などが開催された。明らかに防空関連の催しが多い。
(110)東京都編『戦時下「都庁」の広報活動』東京都、一九九五年、九八頁。
(111)遠山茂樹・今井清一・藤原彰『昭和史　新版』岩波新書、一九五九年、二一三―二一四頁。
(112)「社説　戦下の震災記念日」『東京朝日』一九四三年九月一日付朝刊。他に、二〇周年には「空襲に繰返すなあの惨害　あす震災記念日　体当りで火を消せ」(九月一日付夕刊)、「帝都護り抜く必勝消防戦　けふ震災記念日」(九月二日付朝刊)などの記事で、「慰霊」よりも「備え」のために震災の記憶を呼び戻そうとしていた。通時的な関心を持たない先行研究は、「興亜奉公日」によって、震災と空襲が再び接近したことを考慮できていない。
(113)永田秀次郎「難関を突破する　大震災に罹災と復興の想出」『東京朝日』一九四一年九月一日付朝刊。同特集は八月二七日から九月一四日まで。全十八回。
(114)東京における記憶の動員は『市政週報』でも如実に表れていた。この点については前掲東京都『戦時下「都庁」の広報活動』(一〇〇―一〇一頁)で簡潔にまとめられている。当初は震災の記憶から学べというものだったが、戦局が熾烈さを増すと、空襲への恐怖を和らげるために震災時に生き延びた体験が持ち出されたり、震災と復興の苦労を乗り越えた経験を自信とするよう呼び掛けたという。内容はどうあれ、新聞だけでなく、行政レベルでも東京内部では震災の記憶が積極的に持ち出される状況にあった。
(115)「興亜奉公日　早起きの阿部さん」『大阪朝日』一九三九年九月二日付夕刊。
(116)「いぢけるな一億　「前途は明るい」田邊さん常会放送」『大阪朝日』一九四一年九月二日付朝刊。なお、放送はＪＯＡＫで、記事は東京本社からの伝送である。

この時期には東京でも大阪でも慰霊祭の中継放送や震災記念日の黙祷はラジオ欄で予告されていない。「興亜奉公日」については、どちらも一二時に「黙祷」とあり、毎年予告されていた。「興亜奉公日」が廃止された一九四二年からは一二時の「黙祷」もなくなっている。

(117)「「のらくら者」は敵だッ　あす奉公日「生活の無駄」を衝く」(『大阪朝日』一九四〇年九月一日付夕刊)、「頼もしや「街の新体制」　興亜奉公日一周年……消えた贅沢」(『大阪朝日』一九四〇年九月二日付朝刊)など。
(118)『大阪毎日』でも、「欧州開戦けふ一周年」(一九四〇年九月一日付朝刊)や「欧州戦争満二年　独・英はかく戦ふ」(一九四一年九月一日付朝刊)「社説　世界戦局の現勢　欧州戦満三年」(一九四二年九月一日付朝刊)といった見出しの記事が一面に掲載された。
(119)「大戦一周年　戦時生活を見る　頭の上が戦場　身を以て戦争を体験」『大阪朝日』一九四〇年九月二日付朝刊。連載は九月六日までの全五回で、一面に掲載されていた。
(120)「社説　欧戦二周年と独ソ戦局」『大阪朝日』一九四一年九月一日付朝刊。
(121)「社説　欧洲大戦茲に三年」『大阪朝日』一九四二年九月一日付朝刊。
(122)「明後日は二百十日　颱風の家庭防衛」(『大阪朝日』一九三九年八月三一日付朝刊)、「米の作況大体順調　期待される一層の努力　けふ二百十日」(『大阪朝日』一九四三年九月三日付夕刊)など。
(123)「記念堂で慰霊祭　けふ関東大震災十九周年」『大阪朝日』一九四三年九月二日付夕刊。
(124)「人口の疎散は緊要　注意せよ待避壕、砲弾の破片　けふ震災二十周年　佐野防衛総参謀長語る」『大阪朝日』一九四三年九月二日付夕刊。
(125)「社説　戦下の震災記念日」『大阪朝日』一九四三年九月一日付朝刊。
(126)「社説　最初の興亜奉公日」『東京日日』一九三九年九月一日付朝刊。
(127)「社説　最初の興亜奉公日」『大阪毎日』一九三九年九月一日付朝刊。
(128)『東京日日』では、一九四五年、一九四六年、一九四九年、一九五〇年、一九五一年に掲載がない。ラジオ欄だけでは不明な点も多いが、関東大震災や「二百十日」の関連番組を確認できる年は存在する。東京では、一九五五年に例年よりも多くの番組を確認できるが、この時期に慰霊祭の中継放送や黙祷についての記載はラジオ欄にない。特集キャンペーンなどは確認できず、震災関連の放送が盛んに行われていたようにはみえない。

(129) 一九四六年、一九四七年は九月三日付朝刊、一九四八年から一九五〇年は九月二日付朝刊に掲載。

(130) 山本唯人「「分断の政治」を超えて　東京大空襲・慰霊堂・靖国」『現代思想』二〇〇五年八月号、二〇二頁。

(131) 「「平和大会」許可さる」『東京朝日』一九五一年九月一日付夕刊。「戦争反対を決議」『東京朝日』一九五一年九月二日付夕刊。

(132) なお、関東大震災の被災者と空襲犠牲者合祀の背景については、GHQの意向、あるいはGHQと日本政府の「合作」が示唆されている（長志珠絵「追悼の政治と占領期〈戦争の死者〉をめぐる言説とその布置」『季刊日本思想史』第七一号、二〇〇七年、六二－六三頁）。松浦総三『占領下の言論弾圧』（現代ジャーナリズム出版会、一九六九年）が展開するような、占領期に空襲被害の実態を伝える「戦災報道」が避けられていたという主張に従えば、戦災と結びつけられたがゆえに、「震災記念堂」の改称については報道がなかったとも考えられるが、詳細は明らかでない。

(133) 例えば、ボーイスカウトが震災記念塔の掃除をする様子を一九五二年、一九五三年、一九五六年に掲載している（一九五五年は「東京版」の頁）。先述の通り、震災記念塔とは震災一〇周年の一九三三年に震災共同基金会が建てたものだが、後援を担ったのが『東京朝日』だった。こうした直接的な結びつきゆえに、震災記念塔の報道は掲載されやすかったものと考えられる。一九五六年には「近く地下鉄工事の犠牲となって消える運命」とあり（「きょう大震災の三三年記念日」『東京朝日』一九五六年九月一日付朝刊）、五七年には地下鉄工事の影響で掃除が中止となったと報じた。代わりに朝日新聞社講堂で記念会が開催されている（「地震恐るべし　きょう震災基金会で訴える」『東京朝日』一九五七年九月一日付朝刊）。なお、震災記念塔は現在も中央区銀座四丁目の数寄屋橋交番後ろに建っている（前掲武村雅之『関東大震災を歩く』、一八二－一八四頁）。

(134) 『東京日日』も「都内中央版」の頁に掲載される記事の方が充実していた。

(135) 「きょう関東大震災三十一周年　〝燃えやすき東京〟」『東京朝日』一九五四年九月一日付朝刊。

(136) 「33年前・大震災の日　この写真に見覚えは　焼野の大川端に落ちていた袋のあて名は「藤川様」」『東京朝日』

一九五六年九月一日付朝刊。
(137)「〝燃えない東京〟建設は百年の夢　あすは関東大震災三〇周年」『東京朝日』一九五三年八月三一日付朝刊。
(138)「すっかりお化粧　大震災の慰霊堂と記念館」『東京朝日』一九五六年八月三一日付朝刊。
(139)「復活する震災記念堂の記念館　震災と火災の博物館に」『東京朝日』一九五六年八月五日付朝刊。
(140)「天声人語」『東京朝日』一九五二年八月三一日付朝刊。
(141)「天声人語」『東京朝日』一九五六年九月一日付朝刊。『東京日日』には「忘れたころの〝震災慰霊祭〟」(『東京日日』一九五七年九月一日付夕刊)という見出しの記事が掲載されている。また、一九五二年は二九周年だが「大震災三〇周年　けさ両国で慰霊祭」(『東京日日』一九五二年九月一日付夕刊)という見出しのベタ記事を掲載した。何周年であるかさえもあやふやになっている。
(142)那須信治「関東大震災を顧みて　地盤に適した建築を」『東京朝日』一九五三年八月三一日付朝刊。
(143)宮川曼魚「あれから卅一年「九月ついたち、命は惜しし」」『東京朝日』一九五四年九月一日付朝刊。
(144)那須信治「関東大震災の日を迎えて　苦い経験を忘れるな」『東京朝日』一九五九年九月一日付朝刊。
(145)忘却されたものとして語る背後には、記憶を留めようとする意思が透けている。戦後も自然災害は発生し続けるため、記憶の動員には正当性があったのだろう。また、発災から約三〇年で語りが転換することには世代の変化という問題がある。記事の中では「青壮年」や「若い人」といった世代を示す単語が用いられていた。ただし、「一般」や「多くの人」とも記述されていたように、若年層の忘却のみが想定されていたわけではない。次章で検討するように、関東大震災の記憶認識は忘却へ向かいながらも一九七〇年代に「自明な記憶」へと逆転している。だとすれば、七〇年代以降の変化を考慮したうえで、世代の問題を勘案する必要がある。
(146)「今日の問題　震災廿七周年」『東京朝日』一九五〇年九月二日付夕刊。
(147)篠原修『河川工学者三代は川をどう見てきたのか　安藝皎一、高橋裕、大熊孝と近代河川行政一五〇年』農文協、二〇一八年、一〇〇‐一一六頁。
(148)「科学　台風の足音?·ナゾの微震」『東京朝日』一九五三年八月三一日付朝刊。
(149)「台風十の戒め　コースは気まぐれ予報も常に変わる」『東京朝日』一九五八年九月二日付朝刊。

(150)「台風は一掃されたか　予報担当者は苦い思い」『東京朝日』一九五九年八月三一日付朝刊。
(151)饒村曜『台風物語　記録の側面から』クライム気象図書出版部、一九八六年、一四二－一四三頁。
(152)気象庁編『気象百年史』日本気象学会、一九七五年、二二七頁。
(153)「台風警戒の赤信号　天気予報復活の第一報」一九四五年八月二三日付朝刊。記事には「戦争気象に直結して永い間管制中であつたお馴染みの天気予報の復活第一報で台風警戒の赤信号が出た」とある。
(154)『大阪毎日』は一九五二年のみ掲載がある。
(155)「朝鮮人連盟の関東震災追悼式」『大阪朝日』一九四六年九月一日付朝刊。なお、『東京朝日』も「けふ大震災犠牲者追悼会」（『東京朝日』一九四六年九月一日付朝刊）、「震災犠牲者追悼大会」（『東京朝日』一九四六年九月二日付朝刊）といった記事で朝鮮人犠牲者の追悼会を知らせている。
(156)「今日の問題」『大阪朝日』一九五三年九月一日付夕刊。
(157)那須信治「関東大震災の日を迎えて　苦い経験を忘れるな」『大阪朝日』一九五九年九月一日付朝刊。
(158)「今日の問題　震災記念日に想う」『大阪朝日』一九五一年九月二日付夕刊。ただし、「中共の防砂林」との二本組。
(159)『大阪毎日』は一九五〇年、一九五七年を除くすべての年に記事の掲載がある。
(160)「文化ゼミナール　台風」『大阪朝日』一九四七年九月一日付朝刊。同記事は、「二日は二百十日、農村も、〇〇にあえぐ都市も、挙げて心配の種は台風にある、豊作のうれしい便りも風向き一つで吹つ飛んでしまうが〔……〕」（〇〇は、判読不能）と、「心配の種」である台風を取り上げ、「二百十日」に言及している。
(161)「ことしの台風　大阪管区気象台に聞く」『大阪朝日』一九五七年九月一日付朝刊。九月一日が「二百十日」で、台風シーズンに入るため、大阪管区気象台に今年の台風の見通しをたずねている。
(162)吉田裕「戦後改革と逆コース」吉田裕編『戦後改革と逆コース　日本の時代史26』吉川弘文館、二〇〇四年、五四頁。敗戦によって朝鮮や台湾からの移入米も途絶し、さらに、農民の拠出意欲が低下していたことも深刻な問題だったと指摘されている。

第Ⅱ部

第三章　「震災記念日」から「防災の日」へ

――関東大震災の再構築

第Ⅰ部では、帝都復興祭が行われた一九三〇年から「防災の日」が制定される一九六〇年までの期間を対象とし、関東大震災認識が時代の経過とともにどのように変化してきたのかと、各時代における地域ごとの位置付けを東京と大阪の比較によって検討してきた。関東大震災の復興語りが記憶語りへと転換する帝都復興祭が挙行されたのは発災から一〇年も経過していない時期だったが、全国的なイベントにはならなかった。その後、大阪では徐々に「震災記念日」の意義が薄まっていき、戦後はほとんど記事の見出しに登場していない。東京の場合は戦時体制に震災の記憶が動員されることで一定の地位を保っている。しかし、それ故に、戦争が終わって戦時体制が解体されると、記事の量、質ともに忘却へと向かうこととなった。一九六〇年までに、関東大震災の記憶は東京ローカルなものとなり、東京でさえも忘却が指摘されるようになっている。

これに対し、第Ⅱ部は「防災の日」制定以後の記憶認識を中心に扱う。

本章では、関東大震災が現代的な認識に至る過程を跡づけていく。重要な転換点は、一九六〇年の「防災の日」創設だ。それまで「震災記念日」であった九月一日に「防災の日」という新たな意味が付与された。こうした記念日の創設は、関東大震災の記憶語りにどのような影響を与えたのだろうか。「震災記念日」であり、「防災の日」となった九月一日の社説を跡づけることで、この問題を解き明かしていく。

関東大震災の現在形

まずはじめに、関東大震災についての現代的な認識を確認しておきたい。哲学者で評論家の鶴見俊輔は、「朝ドラ」（NHK朝の連続テレビ小説）について、以下のように指摘している。

これらの連続放送劇のほとんどすべてが、その初めのころに一九二三年の関東大震災をおき、あとのほうの大事件として、一九三一年から四五年にかけての戦争をおきます。そのそれぞれが主人公の性格を形づくる上で大切な役割を果します。というのは、二〇世紀の日本で育った人にとっては、これら二つの経験を放っておくというわけにはいかないからです。[1]

「朝ドラ」では関東大震災と戦争が描かれることが多いだけでなく、この二つの経験が、主人公の性格を形成する重要な役割を果たしているという。そしてそれは、「二〇世紀の日本で育った人にとっては、これら二つの経験を放っておくというわけにはいかないから」だとした。[2]

近年の「朝ドラ」でも、『ごちそうさん』（二〇一三年秋）、『花子とアン』（二〇一四年春）などで関東大震災の描写がある。『わろてんか』（二〇一七年秋）の舞台は大阪だが、ヒロインの夫が大阪から東京へ向かったタイミングで関東大震災を発生させている。[3] また、こうした関東大震災の描写は「朝ドラ」に限るものではない。二〇一九年度のNHK大河ドラマ『いだてん　東京オリムピック噺』でも、関東大震災が東京を襲う。[4] ドラマとして再構成された状況描写に加え、震災を記録した活動写真の映像、美濃部孝蔵（古今亭志ん生の若い時代）を演じる森山未來の語りによる解説を組み合わせている。この他、二〇一〇年代であれば、宮崎駿監督の映画『風立ちぬ』（二〇一三年）や、TBSテレビ六〇周年特別企画として二〇一五年に放送されたドラマ『天皇の料理番』[5]などで、関東大震災が描かれている。鶴見俊輔が述べるように、関東大震災は現代でも日本人にとって「放っておくというわけにはいかない」ようだ。

実際、関東大震災は日本現代史における災害の中でも特殊な位置を占めている。

例えば、高等学校地理歴史科「日本史B」の教科書八冊、「日本史A」の教科書七冊をもとに編纂された『日本史用語集　A・B共用』（山川出版、二〇一四年）によれば、「関東大震災」という用語は「日本史B」、「日本史A」ともにすべての教科書で掲載されている。このことから、高等学校で用いられる日本史教科書の「歴史」用語として定着していることは明らかだ。ちなみに、近年の地震災害については、「阪神・淡路大震災」（一九九五年）が「日本史B」で七冊、「日本史A」で六冊、「東日本大震災」（二〇一一年）が「日本史B・A」ともに七冊の教科書で掲載がある。これに対し、第四章で扱う「伊勢湾台風」（一九五九年）は、戦後最悪の被害をもたらした台風であるにもかかわらず『日本史用語集A・B共用』に語句として収録すらされていなかった[6]。高校で習う日本史は、地震に重きが置かれているようにみえる。

しかしながら、このような関東大震災の位置付けは、第I部で確認した記憶認識とはかけ離れている。東京ローカルな記憶であり、東京でも忘却が指摘されていた関東大震災は、どのようにして「放っておくというわけにはいかない」ナショナルな記憶となったのだろうか?

先行研究との差異・方法論

集合的記憶におけるメディアの役割についてはこれまでも多数の議論が存在しているように、過去を再構築する過程においてメディアは重要な役割を果たしてきた。しかし、災害の集合的記憶を担うメディアの役割についてはほとんど論じられていない。災害を扱うメディア研究は、災害情報研究が主流である。一応は、災害の周年報道に注目した研究も存在し、長期的な対象期間が設定されるようにもなってきたが、時間軸が十分に引き延ばされたわけではなかった。

そのために、どのような記憶が構築されうるのか、といった可能性を議論することはできるが、過去の災害語りが時間の経過とともにどのように変化してきたのか、どのように災害が記憶され、忘却されるのかというプロセスを明らかにできていない。こうした先行研究の課題を乗り越えるためには、時間軸を引き延ばし、いかに語られ続けたか／語られてこなかったかを議論する必要があるだろう。

ここまでは序章などで確認した通りであるが、もう一点留意しておきたいことがある。それは、本章は長期的な時間軸を設定する試みであるが、特定の世代が有する記憶内容を検証するわけではないということである。あらゆる世代を含む社会における、集合的想起のあり様が対象である。〝世代〟というよりも〝時代〟に注目した。[7]記憶が集合的に想起される水準に関心を置くもので、問題とするのは被災者世代が共有する記憶内容だけではない。各時代において、集合的記憶がどのような水準で想起されるのか、というメディア体験の次元に関心があり、被災していない世代を含めた社会の中で構築される集合的記憶の布置を問題としている。このようにして、日本社会の災害認識にアプローチしていく。[8]

そこで本章は、一九二四年から二〇一八年の九月一日に掲載された災害関連社説を検討する。対象期間が第Ⅰ部と重なっているが、これは同じ方法による調査から「防災の日」制定以前と以後を比較検討するためである。本章で確認するように、「防災の日」が設置されて以降の九月一日には災害関連の社説が多数掲載されるようになった。この象徴的な変化を明確にしたうえで、一九六〇年以降に展開された周年社説の内容を把握していく。第Ⅰ部のように九月一日に社説で災害を取り上げない時代には、社説だけでなく紙面全体を資料としなければ議論ができないが、一九六〇年以降は社説に限定することが可能であり、この変化そのものが「防災の日」とメディアの関係においては重要だろう。[9]「防災の日」が創設されたことで、災害は九月一日に掲載される社説のアジェンダになったのだ。

また、第Ⅰ部は朝日新聞社が発行する『東京朝日』と『大阪朝日』を中心に議論を進めたが、本章では『東京日日』、『大阪毎日』、『読売新聞』、『中日新聞』も対象に加えている。「防災の日」制定以前の「震災記念日」は、『東京朝日』、『大阪朝日』、『東京日日』、『大阪毎日』、『読売新聞』が対象である。この期間に『大阪朝日』と『大阪毎日』を対象とするのは、同一新聞社であっても、東京紙面と大阪紙面では異なる社説が掲載される場合が多かったからである。朝日新聞社が主筆一人体制へ移行し、東西朝日の社説が統一されるのは一九三六年五月二一日で、[10] 毎日新聞社は一九四三年一月一日から社名を「毎日新聞」に統一している。[11] どちらの新聞社も一九五九年まで調査した。

「防災の日」制定以降は、『中日新聞』名古屋本社版と全国紙である『朝日新聞』、『毎日新聞』、『読売新聞』の東京本社版を対象とした。『中日新聞』は、「防災の日」制定の契機である伊勢湾台風の被害が甚大であった名古屋を基盤とする新聞社であり、「防災の日」と伊勢湾台風の関係を色濃く反映する可能性があるため、調査対象に加えている。

なお、本書は朝日新聞社が東京で発行する新聞を『東京朝日』と表記してきた。しかしながら、先述したように、朝日新聞社は本社間で社説の統一を行い、全国各地で同じ社説が読まれるようになっている。[12] 本社ごとに異なる社説を掲載する場合が全くないわけではないが、それは希な事例である。そのため、本章で扱う「防災の日」創設以後の社説は、東京ローカルであることを示す『東京朝日』よりも、全国紙として『朝日新聞』と表記する方が適切だといえる。こうした理由から、全国的な傾向であることと強調する意味でも、本章に限っては『朝日新聞』という表記を用いた。毎日新聞社についても同様の理由で『毎日新聞』と表記している。

「防災の日」の創設

議論の前提として、「防災の日」の創設経緯についても詳しくみておこう。

現在、関東大震災の「震災記念日」であり、「防災の日」でもある九月一日には、大規模な地震災害を想定した訓練が毎年のように行われている(13)。興味深いのは、「防災の日」が一九六〇年六月一七日の閣議了解「「防災の日」の創設について」に基づく記念日であるということだ。関東大震災の記念日が採用されてはいるものの、発災直後ではなく、三七年後という中途半端な時期に創られている。

閣議の内容は、次の通り。

政府、地方公共団体等関係諸機関をはじめ、広く国民が台風高潮、津波、地震等の災害についての認識を深め、これに対処する心構えを準備するため、「防災の日」を創設する。

「防災の日」は、毎年九月一日とし、この日を中心として、防災思想の普及、功労者の表彰、防災訓練等これにふさわしい行事を実情に即して実施する。

上記の行事は、地方公共団体その他関係団体の緊密な協力を得て行なうものとする(14)。

災害に対する認識を深めることを目的に、毎年九月一日は「防災思想の普及、功労者の表彰、防災訓練等これにふさわしい行事」に取り組むこととなった。「台風高潮、津波、地震等の災害」を対象としているように、必ずしも地震災害のみを想定しているわけではないが、「毎年九月一日」という関東大震災の「震災記念日」が選ばれた。

注意しておきたいのは、関東大震災の記念日が選ばれたものの、「防災の日」設置の過程においては台風が重要視されていた、ということである。『科学技術庁年報5（昭和36年版）』（科学技術庁編、一九六一年）は、「防災の日設置」として以下のように記している。

わが国は、毎年のように台風、地震、津波、高潮などの天災に見舞はれ、近くは伊勢湾台風、チリ津波による大被害をうけ、災害対策の必要性が増大している。科学技術庁では、「臨時台風科学対策委員会」を設置し、台風の科学対策の検討を行ったが、さらに国民全般が災害についての知識を深め、災害に対する心構えを常に準備することが必要であるため、中曽根〔康弘〕長官が六月初めの閣議で防災の日の創設について提案し、これによって内閣審議室の主宰により関係各省の連絡会議においてとりまとめられた上、次の閣議了解によって「防災の日」が設置された。[15]

「次の閣議了解」というのは先述の閣議「「防災の日」の創設について」を指している。ここで言及される「臨時台風科学対策委員会」[16]とは、一九五九年九月二六日の伊勢湾台風をきっかけに設置された組織のこと。一〇月九日の閣議了解に基づき、一一月一六日に正式に発足した。[17]委員長は当時科学技術庁長官だった中曽根康弘が務めている。

一九六〇年三月三一日までという期間限定の組織ではあったが、台風の科学対策について調査検討することを目的とし、伊勢湾台風の調査や台風科学対策資料の作成、[18]緊急を要する科学技術関係施設整備などの経費検討を行った。一九五九年一二月二一日に中間報告を、一九六〇年三月三一日に最終報告として『臨時台風科学対策委員会報告』[19]をとりまとめている。

「防災の日」との関連で重要なのは、『臨時台風科学対策委員会報告』の中で記述されている「人命保護を中心とした防災基本体制の整備」の内容である。[20]被害を最小限にくい止めるための措置のひとつとして「防災知識の普及」を挙げ、以下のように指摘した。

防災諸活動の成果の向上を図るには、究極的に、防災科学知識の普及によつて民衆の理解を高めて、その協力を得ることが必要である。
このため、簡易な気象および水象計測器の市町村への普及と非常時における個人の防災心得の周知徹底などを図る必要がある。[21]

民衆、個人レベルでの「防災科学知識の普及」、「防災心得の周知徹底」を求めている。これは先述の『科学技術庁年報5』でみられた、「国民全般が災害についての知識を深め、災害に対する心構えを常に準備することが必要である」という記述と対応し、「防災の日」の必要性を指摘したものだろう。中間報告でも同様の記述がみられるため、かなり早い段階から議論されていたことがわかる。[22] このように、伊勢湾台風後の防災に対する意識の高まり、「臨時台風科学対策委員会」での議論が「防災の日」創設に繋がった。[23]

興味深いのは、「防災の日」が関東大震災の記念日である九月一日に定められているものの、あくまで伊勢湾台風による国民防災意識の向上が契機ということである。「防災の日」に九月一日が選ばれた理由として関東大震災を挙げることはできるが、「防災の日」が設置された直接的な要因として関東大震災を挙げることはできないのだ。

なぜ九月一日が採用されたかを記した資料は見当たらないが、手がかりとして「臨時台風科学対策委員会」の委員長を務めた中曽根康弘のコメントを確認しておきたい。中曽根は一九六〇年六月七日の閣議で「九月一日を防災デーときめたい」と発言し、閣議で了承されたが、これを報じた新聞記事には以下のコメントが紹介されている。

「日本は台風、地震、津波、洪水などの天災が多く毎年貴重な人命や財産が失われる。天災の恐ろしさを日ごろから一般の人たちに啓発し、機材の整備や訓練を行っておく必要がある。このため関東大震災の記念日であり毎年台風に荒らされる九月一日を防災デーときめたい」[24]（傍点引用者）

「毎年台風に荒らされる九月一日」というのは、台風の厄日であることを示す「二百十日」（雑節）を意識したものと考えられる。[25]この発言に従えば、関東大震災の記念日というだけでなく、台風の厄日でもあるために九月一日が採用されたといえる。伊勢湾台風をきっかけとしていたために、台風も理由のひとつとする必要があったのだろう。台風と地震に関する日付、というのはもっともらしくもあった。[26]

このようにして、「防災の日」には関東大震災の記念日である九月一日が採用されることとなる。「防災の日」には、「災害に対する科学的知識及び防災心得の普及徹底並びに国土愛護精神の昂揚を目途」とした広報活動を行うため、「新聞、ラジオ、テレビ、機関誌等による広報」が「実施事項」の一つとなっている。[27]また、「防災の日」が制定された一九六〇年の「昭和35年度防災総合演習実施要領」では、「水防を中心とする演習」と「消防演習」が行われることとなっている。[28]「防災の日」制定当時に行われる行事は、現在行われているような地震防災を主とした訓練ではなかったのだ。

全国的な地震防災訓練が行われるようになるのは一九七一年の「総合防災訓練」からとされており、『防災白書（昭和57年度）』（国土庁編、一九八二年）によれば、「国の機関、地方公共団体が多数参加した大規模な総合防災訓練は、昭和四六年以降毎年、主に九月一日の「防災の日」に行われている」。そして、「大規模地震対策特別措置法が成立した昭和五四年度以降の訓練においては、東海地震に備えた実践的な訓練」が行われるようになった。[29]

なお、一九八二年五月一一日の閣議了解「「防災の日」及び「防災週間」について」[30]をもとに、毎年九月一日の「防災の日」だけでなく、「防災の日」を含む一週間を「防災週間」とすることが決まった。「「防災の日」及び「防災週間」設定の理由書」では、「防災の日」が九月一日であることについて、「九月一日は、大正一二年に関東大震災が発生した日であり、また、台風シーズンの中心でいわゆる二百十日にあたる日である」と記し、関東大震災だけでなく「二百十日」も理由として明言していた。[31]

表 3-1 「震災記念日」における災害関連社説の内訳（1924 年〜 1959 年）

	東京朝日		大阪朝日		東京日日		大阪毎日		読売新聞	
分類	災	関	災	関	災	関	災	関	災	関
復興期	6	6	2	1	4	3	3	3	2	2
復興祭以後	6	3	5	1	6	4	1	1	3	1
合計	12	9	7	2	10	7	4	4	5	3

災＝災害関連、関＝関東大震災　（筆者作成）

社説が描く「震災記念日」（〜一九五九年）

「防災の日」創設に対応し、新聞報道はどのように展開していくのか。

ここからは、九月一日の社説について検討していくが、まずは「防災の日」制定以前、「震災記念日」に掲載された社説を確認していく。便宜的に帝都復興祭前後で時代を区分した。すなわち、一九二九年の「震災記念日」までを「復興期」、それ以後、一九三〇年から一九五九年までを「復興祭以後」とした。表３－１は、災害関連社説と関東大震災に言及した社説件数を示している。なお、年によっては九月一日に社説とみなされる記事が掲載されない場合もあった。

表３－１を確認すると、「復興期」よりも「復興祭以後」の期間が長いにもかかわらず、関東大震災に言及した社説の件数に大きな変化がみられないことがわかる。むしろ、『東京日日』以外は言及した社説の数が減っていた。つまり、関東大震災に言及する頻度は明らかに減少傾向だったといえる。

では、どのような社説が掲載されていたのか、その内容を確認していこう。

復興期──目前の課題

「復興期」における『東京朝日』は、すべての年で関東大震災の周年社説を掲載している。発災から一周年の一九二四年は、特別な紙面構成で一面の最上段に「回顧して　更に日本国民の責任を痛感せよ」と題する社説を掲載した。その他にも、「復興」と題する岡本一平の絵画、発災時刻である一一時五八分四五秒で停止した中央気象台の大時計の写真が掲載されている。当時の朝刊一面は基本的に全面広告であったが(32)、この日は全面広告をとりやめ、一面を使って関東大震災一周年特集とした。『東京日日』と『読売新聞』はこの日の一面も全面広告であり、『東京朝日』独自の試みであった（図3－1）。

最上段に掲げられた社説は、「一年前の九月一日！吾人はこの呪ふべき日を過去の悪夢として回顧すべく、その印象は尚あまりに生々しく且深酷である。否吾人は今尚この災害の長き過程の上を魘《うな》されつゝ歩んでゐる」と書き起こしている。復興の途上、「災害の長き過程」での一周年記念だった。その上で、「日本国民の進むべき道は問う迄もない。／復興である。／新たなる文化の建設である」と、現状復帰を意味する復旧ではなく、新たなる文化建設としての復興を求めた(33)。

図3-1　関東大震災一周年の『東京朝日』朝刊一面

東京の場合は六カ年継続事業として関東大震災の復興計画が練られていたため、一九二四年以降の社説においても復興の進捗具合や復興をめぐる問題が論じられていた。復興は、目の前の課題である。帝都復興祭を約半年後に控えた一九二九年の社説では、復興事業が完成に近づいたと述べつつも、それは「単に物質的一側面だけの事」で、人びとの精神復興がなされていないことを問題視している(34)。「真の復興」には物心両面の充実が条件とされており、第一章で確認したように、この約半年後、『東京朝日』は帝都復興祭のイベントとして「市民公徳運動」を展開した。人びとの精神復興を目指す運動である。

『東京日日』は、一九二七年～一九二九年の三回、『読売新聞』は一九二四年、一九二五年の二回関東大震災に言及している。在京の新聞社であるこの二紙も、『東京朝日』と同様に復興過程が孕む問題などを記していた。『読売新聞』は失業問題を取り上げ[35]、『東京日日』は『東京朝日』と同様に物的復興のみでなく、精神的復興が必要であると度々論じた[36]。「真の復興は明治維新のそれと同様、国家の建直しに在ることを銘記し発奮努力しなければならない。それが本当の記念である」（強調原文）と[37]、震災復興を明治維新とならぶ国家的な事業に位置付けて論じるものもある。関東大震災とそれに連なる問題は未だに多く存在し、復興がいかに重要な課題と考えられていたかが伝わってくる。

一方、大阪発行の紙面でも関東大震災の周年社説は掲載されていた。『大阪朝日』で一回、『大阪毎日』で三回確認できる。

一九二四年の『大阪朝日』は一面最上段に「大震災一周年　過去の教訓、戒むべき将来」と題する社説を掲げた。地震による揺れではなく、地震後に発生した火災が大きかったことを問題視し、さらに、「地震は天災だが、火災は天災でないのである。されば東京、横浜等の壊滅を全部これを天災とする訳に行かぬ」と論じた。その上で、「人災」である火災をいかに防ぐかを論じている。「吾人は本日の関東震災一周年に際して、特に将来に対し警むるところがなくてはならぬ」と述べたように[38]、復興ではなく、東京を襲った悲劇から、自分たちがいかに教訓を学ぶかがテーマであった。

『大阪毎日』も復興の進捗や発災時の様子をふり返るが、興味深いのは記念日の性質について語っていることである。一周年の副題は「記念の意義」だった。「記念はその記念の効果を永久的に保つ所に価値を持つ」のだから、「記念日のための記念の如きは大禁物」であると指摘している[39]。記念のための行事も良いが、「これをして精神あらしめて、永続的の効果を期する」とし、記念日に限らず日頃から意識を改善し、緊張感を持つことを求めている[40]。「喉もと過ぎて熱さを忘れ平然たる者」たちに警鐘を鳴らしていた[41]。

このように、「復興期」における在京新聞社の社説は、災後の社会や復興という議題を中心に位置付けて論じつつ、関東大震災に言及していた。復興という課題が現在進行形のものであった東京においては、その起点である九月一日が記念日として意味を持ち、当然、語るべき対象となったのだろう。一方、直接的には被災していない在阪新聞社は、『大阪朝日』のように必ずしも東京の復興を中心的な議題に据えるわけではなかった。東京の悲劇から学ぶべき教訓が主題である。『大阪毎日』の社説において、人びとの意識が継続しないことが問題視されていたことからは、復興が目の前の課題ではない大阪だからこそ、意識の継続を呼びかけなければならなかったという事情がうかがえる。しかしながら、『大阪朝日』は翌年、『大阪毎日』は三年目までしか社説を掲載しておらず、自らが「喉もと過ぎて熱さを忘れ平然たる者」になっていた。周年社説の持続性からみても、「復興期」における東京と大阪の差は歴然としている[42]。

復興祭以後―薄れゆく「震災記念日」

復興の完了を祝った帝都復興祭の後には、どのような社説が掲載されていたのだろうか。

まず、『東京朝日』は帝都復興祭が行われた一九三〇年に関東大震災関連の社説を掲載していなかった。理由は不明だが、九月一日には社説そのものが掲載されていない。八周年にあたる一九三一年の社説は「震災記念日を迎へて」と題したものである。「警視庁は非常警防演習を行つて、市民不断の緊張心を養ひ、都会生活における統制の訓練に資しようとする」と記しており、ここでも第二章でみたような「非常警防演習」と「震災記念日」の関連を確認できる。その上で、「復興計画は、一応その業を終わつた」とはいうものの、「更に深く彼等の精神生活を観察すると」必ずしも「進展向上」していないとみなし、経済上の問題が存在していると指摘した(43)。

このような復興にかかわる問題を指摘する形式は、一九三三年の社説からみられなくなる。「よくもかくまで復興し〔た〕」と述べる程度で、代わりに起こりうる戦争の予感を、以下のように記した。

> 「不意の地震に不断の用意」といふ標語は新たに選定されたのであるが、不断の用意はたゞ不意の地震のみに限らない。地震は不意に起るかも知れないが、世界情勢の変化進展は、むしろ地表の上に、歴然とあらはれつゝある。これに対しては不断の用意と共に、国民的な不屈の意気込みを必要とする(44)。

地震への備えが、戦争への備えへと読み替えられている。一九三一年九月の満州事変を経て排外主義が高まっていたが、「世界情勢の変化進展」の象徴的な事例は一九三三年三月の国際連盟脱退だろう。リットン調査団の報告に基づく国際連盟の勧告により、「事実上満州事変は侵略戦争、日本は侵略国家」と国際的に認定された。日本は勧告を拒否して脱退。「国際紛争を話し合いで解決するために生まれた連盟は、結局アジアの重大事態に対して有効に機能することができなかった」。日本は国際協調路線をほぼ放棄することとなる。常任理事国である日本の脱退は、国際連盟にも痛手となり、国際関係は急速に不安定なものとなっていった(45)。この社説はそのような世相を反映している。

次に関東大震災への言及があったのは一〇年後の一九四三年だった。震災から二〇周年にあたる。「戦下の震災記念日」というタイトルで、ここでも戦争への備えを呼びかけていた(46)。敵国による「猛空襲」は、震災当時の比ではないかもしれないが、「軍官民一体」で冷静に立ち向かうことができれば、「空前の大敵と雖《いえど》も毫《ごう》も恐るゝに足らない」という。第二章で指摘した通り、東京では震災の記憶が国民精神総動員運動の中に組み込まれていた。また、『大阪朝日』がこの期間に掲載した唯一の周年社説はこれと同一のものだが、『東京朝日』が二本組の一番手で扱ったのに対し、『大阪朝日』は二番手の社説として掲載していた。[47] 些細なことではあるが、このような位置付けの違いは、東京と大阪で関東大震災に対する認識が異なっていたことを示している。

『東京日日』は、一九三三年、一九三四年、一九三八年、一九三九年に関東大震災への言及があり、この期間で最も関東大震災への言及回数が多かった。とはいえ、関東大震災を主題とする周年社説は一九三三年の「関東震災十周年」[48] のみである。一九三四年は東京市の市電が経営難である原因の一つとして関東大震災による損害を挙げ[49]、一九三九年は第二章で扱った「興亜奉公日」との関連で言及するものであった。[50] 一九三八年は「大震災の記念日たる二百十日の朝に、関東地方を席巻した台風は、稀に見る猛烈なものであつた」[51] と、台風をとりあげる中で「震災記念日」に言及している。このように、「震災記念日」の社説で関東大震災への言及は確認できるが、それらは必ずしも関東大震災について論じるものではなかった。なお、『大阪毎日』が掲載した唯一の周年社説は、震災一〇周年に『東京日日』が掲載したものと同じものである。[52]

『読売新聞』の場合、この期間に関東大震災への言及が確認できたのは、一九三八年掲載の「転禍為福の災害対策」[53] と題する社説のみである。この社説では、「今年は災害の多い年であつた」と書き出し、「火山国であり地震国」でもある日本は、台風、水害も多いと述べた。続けて、防空防護の訓練や国民精神総動員運動と関連させて、防災対策の充実に向けた取り組みを呼びかけている。「大震火災の記念日」であることには触れているが、関東大震災から一五周年であることには触れられていない。一五周年という区切り以上に、災害の多発、防災・防空防護が意識されていた。ちなみに、阪神大水害があったのはこの年の七月で、社説でも「神戸市付近を最とし、関東平野の水害激甚を極めてゐる」と言及されている。

ここまでみてきたように、この期間の特徴は、復興に関わる問題をテーマに設定できなくなったことである。そのため、関東大震災の周年社説はほとんど掲載されなくなっている。背景には、帝都復興祭を経て、（名目上は）復興が目の前の課題ではなくなったことがあるだろう。

復興というアジェンダを失った「震災記念日」は、社説の主題に据えるほどの記念日ではなくなった。最も言及回数が多いのは『東京日日』だが、関東大震災を主題に据えた社説を掲載していたわけではない。周縁的な事柄として言及していただけである。『東京朝日』の場合は復興に潜む問題から戦争へとテーマを移行させていたが、継続的に周年社説を掲載したわけではなかった。区切りの良い一〇周年と二〇周年を除けば、九月一日の「震災記念日」が社説で取り上げられることは滅多になかった。在阪の新聞社はこの期間にそれぞれ一度しか周年社説を掲載していない。

さらに重要なのは、戦後はどの新聞社も関東大震災を社説で取り上げていないということである。関東大震災の「震災記念日」は、三〇周年のような区切りの良い年であっても社説で取り上げられる記念日ではなくなっていたのだ。想起の機会が逓減したことで、関東大震災の記憶も薄らいでいく。

「震災記念日」の周年社説

これまで「震災記念日」の周年社説を、「復興期」と「復興祭以後」に分けて検討してきた。甚大な被害を受けた東京の「復興期」では、継続中の課題として復興の問題が取り上げられ、関東大震災の周年社説が維持されていた。この時代は、関東大震災の「震災記念日」が重要な意味を持っていたと考えられる。『東京日日』や『読売新聞』の周年社説が少なくみえるのは、社説自体が掲載されていないためだ。

これに対し、在阪新聞社である『大阪朝日』と『大阪毎日』は、社説が掲載されていても関東大震災と関連するものは少なかった。これは、大阪が直接的な被災体験を有しておらず、東京のように復興問題に直面していなかったからだろう。

「復興祭以後」の期間になると、在京新聞社であっても関東大震災への言及回数が明らかに減少する。これは、帝都復興祭を経て、復興が目の前の課題ではなくなった影響と考えられる。復興をめぐる問題

表 3-2　中日新聞における「防災の日」の災害関連社説の内訳（1960 年〜2018 年）

	災害関連	防災の日	関東大震災	伊勢湾台風	阪神大震災
中日新聞	51	47	29	9	11

（筆者作成）

表 3-3　全国紙における「防災の日」の災害関連社説の内訳（1960 年〜2018 年）

	朝日新聞					毎日新聞					読売新聞				
分類	災	防	関	伊	阪	災	防	関	伊	阪	災	防	関	伊	阪
風化懸念期	7	4	4	0		6	6	5	0		10	5	10	0	
定着期	20	17	13	4		21	15	15	0		21	15	15	0	
一・一七以後	20	12	8	1	10	19	15	7	2	6	20	11	3	1	8
合計	47	33	25	5	10	46	36	27	2	6	51	31	28	1	8

災＝災害関連、防＝「防災の日」、関＝関東大震災、伊＝伊勢湾台風、
阪＝阪神・淡路大震災

（筆者作成）

は一〇周年の一九三三年以降、取り上げられなくなり、「震災記念日」を扱う社説も掲載されなくなる。区切りの良い二〇周年でさえも、『東京朝日』と『大阪朝日』以外は周年社説を掲載していない。戦後になると、どの新聞社も「震災記念日」の社説を掲載しなかった。もちろん、一九五三年の三〇周年も社説で取り上げられていない。第一回の「興亜奉公日」を迎えた一九三九年、『東京日日』の社説には「けふは東京市民および関東一帯の地方にとつて、容易に忘れ得ない大震災の記念日である」[54]とあるが、戦後は「東京市民および関東一帯の地方」における位置付けも下がっていたと考えられる。「容易」ではなかったにしろ、忘れられつつあったのだ。東京でさえも、「防災の日」が設置される一九六〇年までに「震災記念日」は社説で取り上げられるような記念日ではなくなっていた。

社説が描く「防災の日」（一九六〇年〜）

では、「防災の日」が九月一日に定められたことで、「震災記念日」の社説にはどのような変化がみ

られるのだろうか。一九六〇年以降に掲載された「防災の日」の社説を検討していこう。

表3-2は『中日新聞』、表3-3は全国紙である『朝日新聞』、『毎日新聞』、『読売新聞』に掲載された災害関連社説の件数と、「防災の日」、関東大震災、伊勢湾台風、阪神・淡路大震災に言及した社説件数を示している。『朝日新聞』、『毎日新聞』、『読売新聞』については、関東大震災語りや周辺状況の変化を基に、一九六〇年〜一九七〇年代前半を「風化懸念期」、「風化懸念期」から一九九五年の阪神・淡路大震災までを「定着期」、阪神・淡路大震災以降を「一・一七以後」の三つの期間に分けて整理した。

中日新聞―伊勢湾台風と「防災の日」

はじめに、『中日新聞』の社説から検討していきたい。『中日新聞』は伊勢湾台風の被害が甚大だった名古屋を基盤としているため、「防災の日」と伊勢湾台風の関係を色濃く反映する可能性がある。実際、他紙とは異なる傾向を示したため、時期区分はあえて示さなかった。ただし、一九六〇年から二〇一八年という全期間を対象とすれば、表3-2が示す通り、伊勢湾台風に言及した社説の数が他紙と比べてさほど多いわけではない。また、その回数は阪神・淡路大震災よりも少なく、最も言及の多い災害は関東大震災だった。量的には、九月一日の「防災の日」が伊勢湾台風と強力に結びついていたようにはみえない。

社説の内容を確認していこう。まず、「防災の日」が制定された一九六〇年に『中日新聞』は、「「防災の日」の反省」と題した社説を掲載している。冒頭で、「きょう一日は初の「防災の日」である」と述べ、日本を台風、地震、津波、火災、交通事故などの多い「災害国」であると紹介した。そして、「災害国」の問題を以下のように述べている。

それなのに、これまでは防災についての考え方は、国民の側でも、政府や地方自治体の側でも、決

> して十分なものだったとはいえない。とくに台風による風水害は毎年きまって受けるのに、政府が治山治水対策について、一文惜しみの百失いとさえいえる態度をながく改めなかったことが、災害の傷跡を深くしてきたといってよい。[55]（傍点引用者）

「災害国」であり、毎年台風に襲われるにも関わらず、防災対策は不十分だった。目先のことに心を奪われるあまり、災害の傷跡が深くなってしまっていたことを問題視している。

この問題の対応策の一つとして、社説では「防災の日」を取り上げているのだが、『中日新聞』は創設の背景について、「「防災の日」が決められたのも、昨秋の伊勢湾台風の苦い経験に基づいたものである」と指摘している。「防災の日」は、「不幸な伊勢湾台風がもたらした貴重な収穫といえるが、これからも、この教訓を生かして防災に努めるとともに、災害を受けても、これを最小限度にとどめるよう万全を期さなければならない」と記している。この時点では、伊勢湾台風の悲惨な経験に基づいて、「防災の日」が設置されたと考えられていた。[56]先述の通り、この認識は正しい。この時代、「防災の日」にまず「反省」すべきは、伊勢湾台風なのである。

一九六三年に掲載された「「防災の日」に思う」でも同様の指摘をしている。「きょうは二百十日で関東大震災の四十周年記念日、そして「防災の日」である」と冒頭に記し、以下のように述べた。

> つい近年までは防災ということが真剣に考えられていたとはいえない。その証拠に「防災の日」が設けられたのは三十五年であり、災害対策基本法ができたのも三十六年秋に過ぎない。それも四年前の伊勢湾台風の大惨害がようやく防災の大切なことを改めて教えてくれたからである。[57]

「防災の日」や災害対策基本法の制定といった防災対策の推進は、「伊勢湾台風の大惨害がようやく防災の大切なことを改めて教えてくれた」ことによるものだという。このように、『中日新聞』は、「防災の日」が制定されたその年から、伊勢湾台風との関連で社説を掲載している。「防災の日」の契機に伊勢湾台風を位置付けていた。これは、後述する全国紙には見られない、『中日新聞』の特徴である。

中日新聞――〝地震防災の日〟

しかしながら、一九六三年を最後に『中日新聞』はしばらく伊勢湾台風と「防災の日」を関連づけて言及しなくなる。次に「防災の日」の社説で伊勢湾台風が登場したのは一九八一年に掲載された「大震災訓練に参加しよう」というタイトルの社説であり、かなりの期間があいてしまっていた。期間があいただけでなく、この社説では伊勢湾台風を境にして自然災害による死者が激減したと述べるのみで、「防災の日」創設の契機であることには触れられない(58)。その後、一九九一年、一九九六年、二〇〇九年、二〇一五年、二〇一七年、二〇一八年でも伊勢湾台風は登場するが、「防災の日」との関連は指摘されなかった。

「防災の日」と伊勢湾台風の結びつきが弱まっていくのと対応するかのように、関連を強めていったのが関東大震災である(59)。『中日新聞』では一九六六年から伊勢湾台風を退け、「防災の日」を関東大震災の記念日として意味づけていた。例えば一九六六年の社説には、「きょうは「防災の日」である。九月一日といえば、関東大震災を思い出す人も多かろう(60)」、翌々年の一九六八年では、「われわれはきょう一日、関東大震災を記念する「防災の日」を迎えて〔……〕(61)」（傍点引用者）と記している。どちらの社説にも伊勢湾台風は登場していない。関東大震災の記念日であることだけが言及された。

このように、伊勢湾台風の被害が甚大であった名古屋を基盤とする『中日新聞』でさえも、〝伊勢湾台風をきっかけに創設された「防災の日」〟から、〝関東大震災を記念する「防災の日」〟へと意味づけが変化していた。そのために、「防災の日」の社説では、関東大震災が最も言及される災害となったのである。なお、一九九五年の阪神・淡路大震災は二〇年間で一一回登場し、二〇一一年からは東日本大震災への言及もみられるが、毎年というわけではなかった(62)。

もう一点、留意しておきたいのは、いわゆる「東海地震」についての言及である。東海地震とは、地震学者の石橋克彦が一九七六年に提唱した「駿河湾地震説」に基づく地震語りだが(63)、本書執筆時点（二〇一九年七月）で未だ発生していないこの地震を、『中日新聞』は一九七七年から「防災の日」の社説で取り上げている。

初めて登場した一九七七年から二〇一八年までの四二年間で、「防災の日」関連の社説が三八回掲載されているが、東海地震はこのうち二五回登場した。同期間に、関東大震災は二一回、伊勢湾台風は七回の登場であるから、最も言及回数の多い災害は東海地震だったということになる。未来の地震に名称が付され、社説で繰り返し言及されるという事象は興味深いようにも思えるが、「防災」という目的において、過去よりも未来が重要視されるのは当然のことでもある。

図3-2　東海地震の風化を憂う『中日新聞』の社説

東海地震への関心は、人びとの災害認識にも少なくない影響を与えていただろう。「「M7」といっても、中日ドラゴンズの優勝マジックのことではない」と書き起こす一九八八年の社説は、「東海地震の風化防げ」という題名を付けていた(64)（図3－2）。およそ一〇年間警戒を続けているが未だに発生しないため、「風化」を憂いたのである。このことは、ただ漠然と体験したことのない地震が共有されていたというだけでなく、「風化」を懸念できるほどに「東海地震」が普及していたことを示してもいる。「防災の日」で繰り返し言及されたのは、未来の地震に記念日を用意することが難しいからだろう。地震はいつ起こるかわからないのだ。しかし、地震発生の日付は特定できずとも、予知されたものとして論じられていた。

このように、『中日新聞』は当初、伊勢湾台風をきっかけに創設されたものとして「防災の日」を語っていたが、一九六〇年代半ばを過ぎると「関東大震災を記念する「防災の日」」へと語りは変化していた。東海地震にも盛んに言及しており、想定される災害としてある種の地震認識が構築されていたことがわかる。『中日新聞』の「防災の日」は伊勢湾台風との結びつきを解き、関東大震災の記念日へと意味づけが変容しただけでなく、過去と未来の地震を語る日となっていた。

風化懸念期──忘れそうな記憶

伊勢湾台風の被害が深刻だった名古屋を拠点とする『中日新聞』に対し、全国紙の社説は「防災の日」創設にどのような影響を受けていたのだろうか。

先述の通り、全国紙については「防災の日」制定の一九六〇年から、記憶の風化や断絶を憂う社説が最後に掲載される時点までを「風化懸念期」に設定した。語りの形式が変化するのは一九七〇年頃のことである[65]。

『朝日新聞』はこの時期に、一九六六年〜一九六八年、一九七〇年の計四回関東大震災と「防災の日」に言及している。「防災の日」制定後、初めて関東大震災に言及したのは一九六六年の社説で、「九月一日は「防災の日」である。むかし流にいえば「震災記念日」である」と書き出し、かつては「震災記念日」であった九月一日が「防災の日」となったことを伝えている。そのうえで、「あれから四十三年たつ。東京はふくれ上がり、形も装いも変った。そこに住む人びとは、世代もすでにほとんど交代した。関東大地震の悲惨な体験もまた、むかし語りとなってしまった」と述べ、社会の変化との対応で、関東大震災が「むかし語り」となったことを指摘していた[66]。

その後も、「「防災の日」がまたやってきた。九月一日は、昔流にいえば関東大地震の「震災記念日」である[67]」というように、「防災の日」と関東大震災を重ね合わせている。だが、「あの日を体験した人々は、年とともに減り、体験者の記憶も日ごと薄れている[68]」や、「地震の恐怖は、それだけ実感のうすいものになったといえるだろう[69]」など、関東大震災の記憶は薄れつつあるものだとされた。『毎日新聞』の場合は、一九六七年～一九七二年まで「防災の日」関連の社説を掲載し、そのうち一九七一年以外は関東大震災に言及している。

初めて「防災の日」に言及した一九六七年の社説では、冒頭で「あす九月一日は、関東大震災記念日―「防災の日」である」と記し、「防災の日」と関東大震災を結びつけた。しかしながら、『毎日新聞』も「国民一般の脳裏からは、ともすれば忘却の彼方に消え去ろうとしている」といったように、関東大震災の記憶は消えつつあるものとした[70]。翌年以降に掲載された「防災の日」の社説でも、「当時の被害者たちが、その恐ろしい体験を語っても、ぴーんとこないのも、無理がないかもしれない[71]」や、「大震災の恐ろしさを、生々しく思い起こすことのできる人は、ごく少なくなっている[72]」と記している。『朝日新聞』と同様に、関東大震災の記憶が消えつつあるという認識が示されていた。

『読売新聞』は、災害関連社説を一九六二年、一九六三年、一九六五年～一九七二年の計一〇回掲載し、すべてで関東大震災に言及した。「防災の日」については一九六二年、一九六八年、一九七〇年～一九七二年の五回取り上げている。「防災の日」よりも関東大震災に言及する年が多いというのは、他紙にない傾向であった。

調査した全国紙のうち、関東大震災と「防災の日」、どちらについても最初に言及したのは『読売新聞』である。関東大震災に初めて言及したのは一九六二年八月三一日の社説で、九月一日が「防災の日」や「震災記念日」であることについては触れず、三宅島での噴火と結びつけて「関東大震災が再発するかもしれぬという風聞もある」[73]とし、対策を訴えていた。

「防災の日」と関東大震災が初めて結びつけられたのは、一九六三年、震災から四〇年の節目に掲載された社説である。冒頭で、「九月一日は関東大震災の四十周年にあたる。東京消防庁では本日を〝防災の日〟として大がかりな警防演習をする予定である」と述べていた。ただし、四〇年も前の関東大震災を知る人は「国民の二割程度を占めるにすぎず、大災害にたいする実感はないかもしれない」と、認識の薄さも指摘している[74]。その後に掲載された周年社説でも、「関東大震災といっても、実は多くの人々にとっては忘却のかなたにある単なる一つの大事件に過ぎないかもしれない[75]」、「この災厄の恐怖も人々の記憶の中で次第にうすれ、多忙な現代人にとって、忘却のかなたにあるだろう[76]」など、他の全国紙と同様に、『読売新聞』も関東大震災の記憶は薄れているものとした。

このように、「防災の日」が設置された一九六〇年以降、九月一日に災害関連の社説が掲載されるようになった。それだけでなく、「防災の日」は関東大震災と結びつけられている。つまり、戦後、「震災記念日」の社説が掲載されることは一度もなかったが、「防災の日」という新たな記念日の創設により、九月一日の社説には関東大震災が取り上げられるようになっていたのである。『中日新聞』との比較で重要なのは、「防災の日」創設の契機である伊勢湾台風がこの時期に一度も登場しないことだ。全国紙にとって、「防災の日」と結びつく災害は伊勢湾台風でなく、一九二三年九月一日に発生した関東大震災なのである。「防災の日」創設の経緯よりも、九月一日という日付に意味が読み込まれていた。

ただし、関東大震災の語られ方にも注意が必要である。社説に登場するからといって、誰もが共有している記憶として扱われていたわけではなかった。「人々の脳裏から、あの痛撃は忘れ去られようとしている[77]」、「昭和生まれが多くなったいま、関東大震災の恐怖を語ってみたところで、果たして、どれだけの実感を呼ぶであろうか」[78]といったようなものである。関東大震災は「もはや遠い過去のでき事」[79]として捉えられており、記憶の風化、実感のうすさ、世代間の断絶が嘆かれていた。これは、一九五〇年代に東京ローカルでみられた語りと連続している（第二章参照）。「防災の日」が設置されたことで、たしかに関東大震災の周年社説は再開されている。これは、全国紙の社説であるから、東京ローカルなものにとどまる動向ではない。ナショナルな状況である。ただし、「防災の日」の社説で関東大震災に言及するという形式が整備されても、その記憶認識は、一九六〇年以前と変わらない。「忘れそうな記憶」のままであった。

定着期―自明な記憶

「風化懸念期」のあと、一九七〇年頃から一九九五年の阪神・淡路大震災までを「定着期」とした[80]。この期間、『朝日新聞』は二〇回、『読売新聞』と『毎日新聞』は二一回、災害関連社説を掲載し、そのうち『朝日新聞』が一三回、『読売新聞』と『毎日新聞』が一五回関東大震災に言及している。

最大の特徴は、「風化懸念期」と異なり、「自明な記憶」として関東大震災が言及されることである。象徴的なのは、「防災の日のきょう各地で、関東大地震（マグニチュード七・九）当時を想起しながら、防災訓練が行われる」[81]や、「地震被害というと、約十五万人の犠牲、行方不明者を出し、空前の大惨事となった関東大震災を思い浮かべる」[82]といった言及のされ方である。「風化懸念期」では「忘却の彼方に消え去ろうとして」いたとされる震災の記憶が、地震被害といえば「思い浮かべる」ものとなっている。もはや、風化を懸念せずとも言及可能な記憶であった。

「忘れそうな記憶」は忘却へと進むのが自然だ。しかし、ここではむしろ「自明な記憶」へと逆転している。このような認識の転換は、「忘れそうな記憶」として風化を憂い続けることによって、〝「防災の日」の社説で関東大震災に言及する〟という形式が定着したためだろう。「忘れそうな記憶」を置き去りにし、形式を内面化することで、むしろ「自明な記憶」として語ることが可能になったと考えられる。形式が定着したことで、「忘れそう」であったことを忘れ、当然語るべきものになったのだ。それゆえに、「自明な記憶」として仮構された。この時期に、薄れゆくローカルな記憶という段階を脱し、社会で共有されるナショナルな記憶として関東大震災は再構築されたのである。[83]

また、「最近は、地震に対する国民の関心が、とみに高まっている。むしろ、過熱気味ですらある」[84]や、「きょう一日は防災の日。毎年、この日が近づくと、各方面から盛んに地震対策の重要性が叫ばれる」[85]、「毎年この日がくると防災への関心が高まるが、今年はとくに、大規模地震対策特別措置法が施行され、防災対策強化地域が指定された直後だけに、地震に対する関心はひときは高いようだ」[86]といったように、「防災の日」における地震防災意識の高まりも指摘されている。一九七八年に東海地震の科学的予知を前提として制定された大規模地震対策特別措置法への言及が示すように、地震防災意識が高まる背景には記憶を語る形式の定着だけでなく、科学的地震予知への注目もあった。例えば、一九七九年の『毎日新聞』の社説は「「地震対策元年」のいましめ」と題し、「あすは「防災の日」だが、今年は例年になく、世間の関心が高まっている」と述べ、その理由を「地震の予知と防災を直結した、世界で初の法制度が実行に移された記念すべき年、つまり「地震対策元年」だからである」とした。[87]地震予知の科学に基づく大規模地震対策特別措置法は、「地震対策元年」に位置付けられるほどのインパクトを持ったのである。

しかしながら、東海地震がなかなか発生しないために、一九八六年には「人々の大地震への関心、心構えは年ごとに低下、希薄になってきている」と指摘されている。[88]先述したように、『中日新聞』も風化を懸念していたが、全国紙でも「最近では、「こないじゃないか」と、警戒心が薄れ、備蓄品の更新などを怠る傾向が出てきたことを防災関係者は心配している」と伝えた。[89]関東大震災の記憶を想起する一方で、起こりうる地震にも名称が付され、その忘却に注意が促されるようになっている。

また、全国紙に「防災の日」と伊勢湾台風を結びつけた社説が初めて登場するのはこの期間である。『朝日新聞』が一九八二年、一九八六年、一九八九年、一九九一年の四回伊勢湾台風に言及していた。このうち、一九八六年の社説のみ「防災の日」創設と伊勢湾台風を結びつけ、「「防災の日」がはじまったのは、昭和三十五年からである。その前年の伊勢湾台風がきっかけだった」[90]と冒頭に記している。「防災の日」制定からは既に二〇年以上経過していた。一九八九年は「死者五千人の災害にいま学ぶ」という題名で、伊勢湾台風から三〇年目であることにも触れていたが、「きょう「防災の日」に、私たちもあの水害をいま一度思い起こしたい」と述べるのみで、「防災の日」と伊勢湾台風の関係については触れなかった。[91] 一九九一年の社説も伊勢湾台風ほどの人命を奪う自然災害が近年発生していないことを指摘するのみである。[92] 伊勢湾台風と「防災の日」の創設を関連させた一九八六年の社説はあくまで例外的な事例であり、ほとんど結びつけられるものではなかったといえる。

期間が異なる二〇〇六年の事例だが、伊勢湾台風との関連を指摘した『読売新聞』の社説をここで確認しておきたい。[93]

> きょう「防災の日」といえば、地震防災が真っ先に思い浮かぶ。各地で地震を想定した訓練が行われる。
>
> 同時に、水害への備えも見直しておきたい。防災の日は元来、五〇〇〇人以上の犠牲者が出た一九五九年の伊勢湾台風を契機に、定められたものだ。[94]（傍点引用者）

ここまで確認してきた通り、全国紙の社説において、「防災の日」は関東大震災と結びつけて語られ、伊勢湾台風との関連はほとんど指摘されてこなかった。「契機」として伊勢湾台風に言及することは珍しく、この社説は貴重な事例だ。しかし、そうした記述以上に目を向けるべきは、「「防災の日」といえば、地震防災が真っ先に思い浮かぶ」という指摘だろう。先述の通り、『中日新聞』でさえも伊勢湾台風が「防災の日」の契機であることを語ったのは一九六〇年代前半に限られる。伊勢湾台風の被災地含め、全国的に関東大震災と「防災の日」の結びつきは強固なものとなっていたのだ。「防災の日」創設の経緯ではなく、九月一日という日付に意味が読み込まれたこと、そして、「防災の日」に関東大震災を語るという形式の定着が、〝「防災の日」＝地震防災〟という認識を構築したのである。

一・一七以後―新たな記憶

一九九五年に阪神・淡路大震災が発生してからの期間は、「一・一七以後」とした。「一・一七」とは、阪神・淡路大震災が発生した一月一七日のことである。『朝日新聞』は二〇回、『毎日新聞』は一九回、『読売新聞』は二〇回災害関連社説を掲載しており、『朝日新聞』は八回、『毎日新聞』は七回、『読売新聞』は三回関東大震災に言及している。「防災の日」には『朝日新聞』が一二回、『毎日新聞』が一五回、『読売新聞』が一一回言及した。

『朝日新聞』と『読売新聞』は、この期間に最も言及した災害が阪神・淡路大震災だった。以下のように持ち出されている。

東京都内で十四万三千棟が全半壊、八百二十四件の火災が発生して三十八万棟が焼失する。死者七千百五十九人、負傷者十五万八千人……。

阪神大震災と同規模の、マグニチュード七・二の直下型地震が東京を直撃したと仮定して、コンピューターがはじき出した想定被害である。(95)

被害想定のモデルケースとして、阪神・淡路大震災が採用されている。他にも、「私たちの防災への取り組みは、一月十七日の神戸を思い起こすことから始めたい」[96]や、「阪神大震災の教訓をもう一度思い起こし、防災対策に生かすいい機会だ」[97]などのように、想起の対象を関東大震災ではなく、阪神・淡路大震災とする場合がみられた。七〇年以上も前の関東大震災よりも、阪神・淡路大震災の方が現代の災害として意義が見出しやすかったのだろう。

しかしながら、「「防災の日」は関東大震災の教訓を忘れず、災害全般への備えを固めるために一九六〇年に制定された」[98]、「一日は、関東大震災の日に合わせて「防災の日」と定められている」[99]、「きょう九月一日は「防災の日」だ。八八年前のこの日、関東大震災が起き一〇万人を超える犠牲者が出たことにちなむ」[100]など、関東大震災と「防災の日」の関連を忘れたわけではない。『毎日新聞』についてはこの期間も、関東大震災に言及する回数が最も多い。「新たな記憶」が登場しても、九月一日であるがゆえに、「防災の日」は関東大震災と結びつけて言及されるものであった。

注意しておきたいのは、阪神・淡路大震災も毎年「防災の日」の社説に登場したわけではないということである。最も言及した社説が多い『朝日新聞』であっても一〇件で、全体の半分にも及ばない。関東大震災への言及はたしかに減っていたが、全く言及されなくなったわけではなく、「防災の日」が阪神・淡路大震災を想起する日に変わったというわけでもなかった[101]。

「防災の日」の周年社説

本章では、「震災記念日」と「防災の日」の社説を検討することで、九〇年に及ぶ関東大震災語りを跡づけてきた。このことで、忘却へと向かっていた関東大震災が、「放っておくというわけにはいかない」ナショナルな記憶へと変化するプロセスを浮き彫りにした。

関東大震災の「震災記念日」が社説で言及されるほど重要視されていたのは発災から一〇年程度であ

る。復興が完了したとされれば、周年的に社説で取り上げるようなことはほとんどなくなる。また、被災体験のない大阪では、復興の完了よりもはやく姿を消していた。戦争が終わってからは、「防災の日」が設置されるまで一度も周年社説の掲載はなかった。区切りの良い年に記念日が注目されることをわれわれは経験則として知っているが[102]、三〇年を記念する社説は存在しない。

しかし、一九六〇年から九月一日が「防災の日」になると、関東大震災への言及が増え、一九七〇年代前半には「自明な記憶」として語られるようになっている。こうした語りの変化から、「防災の日」が創設された一九六〇年と記憶認識が転換する一九七〇年代前半が、関東大震災の集合的記憶を検討するうえで極めて重要な時期であるということが明らかだろう。伊勢湾台風を経た新しい〈災後〉に、災害の記憶の位置づけは、大きく変化している。

この章の締めくくりに、本章で展開した議論を改めて整理しつつ、「防災の日」と関東大震災についてまとめておこう。

全国紙にとっての「防災の日」

一九六〇年に「防災の日」が設置されたことで、九月一日の社説は、区切りの良い年でなくとも関東大震災に言及するようになった。「震災記念日」だった一九六〇年までの社説よりも、「防災の日」となった一九六〇年以降の社説で関東大震災の言及頻度が高くなっている。「震災記念日」であるよりも「防災の日」であることの方が重要で、「防災の日」の創設は、九月一日の社説に明らかな変化をもたらした。

ただし、この理由を「防災の日」における「防災思想の普及」という目的に、新聞社が賛同したとするのは早計である。たしかに、「防災の日」には「新聞、ラジオ、テレビ、機関紙等による広報[103]」が行われることとなった。伊勢湾台風後、ＮＨＫ報道局が今後に生かす教訓として挙げたとされる事項のひとつには、「日頃から、人々の防災知識を高めるための啓発報道と関係機関に防災対策の強化を求めるキャンペーン放送を行うことが必要」とある。[104]「防災の日」の趣旨とＮＨＫの意向は合致していた。同じような意識が新聞社になかったとは考えにくい。しかし、全国紙の社説で「防災の日」が取り上げられるようになるためには、報道機関が意欲的になるだけでは不十分だった。きっかけである伊勢湾台風ではなく、関東大震災と結びつくことが重要だったのである。

初めて「防災の日」の社説が掲載されるまで、『朝日新聞』は六年、『毎日新聞』は七年、『読売新聞』は三年を要した。一方、『中日新聞』は、初の「防災の日」である一九六〇年の九月一日に伊勢湾台風と「防災の日」を結びつけた社説を掲載している。

全国紙と『中日新聞』の間に生じたこの差異は重要だ。なぜなら、「防災の日」と伊勢湾台風の結びつきが強い時代に、全国紙が「防災の日」を社説で取り上げていないことを示しているからである。言い換えれば、伊勢湾台風と結びついた「防災の日」は、『中日新聞』が取り上げるローカルなアジェンダでしかなかったのである。全国紙からすれば、取るに足らないものだったのかもしれない。一・一七や三・一一といった災害の記念日が存在する現代的な「災後」の感覚からすれば、「防災の日」創設のきっかけにもなった戦後最大の自然災害（当時）が取り上げられないのは奇異に映るが、実際に報じられていなかった。

全国紙では、一九六三年の関東大震災四〇周年以降に「防災の日」と関東大震災が接続し、社説で取り上げるようになった。「忘れそうな記憶」としての言及ではあったが、「防災の日」の社説で関東大震災に言及するという形式が出来上がる。このように、「防災の日」がナショナルなアジェンダとして浮上するためには、伊勢湾台風ではなく関東大震災と結びつく必要があったのだ。

また、本章で、『中日新聞』のみ時期区分を示さなかったのは、全国紙と異なり、関東大震災の記憶認識について記すことがほとんどなかったからである。全国紙のように忘却を指摘することで語ろうとはしていない。では、なぜ『中日新聞』は関東大震災を「忘れそうな記憶」として登場させる必要がなかったのか。それは、「防災の日」を伊勢湾台風と結びつけて取り上げることのできた『中日新聞』には、そもそも関東大震災を思い出す必要がなかったからだといえる。

一方、全国紙は、「防災の日」を取り上げるために関東大震災を思い出すことから始めなければならなかった。新聞社が拠点を置く東京では、戦後に記憶の風化が指摘されはじめていたし、東京以上に、全国では忘却が進んでいたと考えられるからだ。「防災の日」の社説において、伊勢湾台風ではなく関東大震災が取り上げられていたのは、〝伊勢湾台風が一地方の災害に過ぎなかった〟というよりも、九月一日の「震災記念日」に「防災の日」が制定されたことで、〝関東大震災をナショナルな記憶として思い出す〟という意義が見出されたことによるのだろう。想起の重要性と困難さを自覚するからこそ、全国紙は記憶の風化をくり返し懸念していたと考えられる。そして、忘却を演出することで、むしろ語りの形式が定着していく。

こうしてみると、「防災の日」が伊勢湾台風の記念日ではなく、関東大震災の「震災記念日」に制定された意味は大きい。九月一日であることは、全国紙が社説のアジェンダとして「防災の日」を採用するためにも、関東大震災をナショナルな記憶として再構築していくためにも重要な要素であったと考えられるからだ。

語られない台風、語られる地震

こうして、関東大震災は「防災の日」の社説で登場するようになった。一九六〇年代を中心とした「風化懸念期」では記憶の風化が懸念されていたが、忘却を憂いながらも関東大震災に言及する報道姿勢は、むしろ語りの形式を定着させることとなった。「防災の日」の社説で関東大震災に言及するというフォーマットが定着すると、「忘れそうな記憶」から「自明な記憶」へと認識が転換している。これは、東京ローカルな記事ではなく、全国紙の社説でみられる変化である。関東大震災の再構築は、東京ローカルな現象ではなく全国紙レベルで進行した。

一九九五年以降は、阪神・淡路大震災も想起される災害として用いられるようになり、その分関東大震災への言及回数は減少しているようにもみえる。この理由として、日付にかかわらず、阪神・淡路大震災の方が発災から間がない地震災害であり、同時代の社会に反映しやすい現代的な災害であったことが影響していると考えられる。単純に記憶が鮮明だったのだ。

しかし、このことは「防災の日」制定直後ですら伊勢湾台風が九月一日の社説で言及されなかった状況とは全く異なっている。一〇〇〇人規模の犠牲者を出す風水害が一九五〇年代に多発しており、伊勢湾台風は五〇〇〇人以上の死者・行方不明者を記録した巨大災害である。台風に対する恐怖心を人びとが抱かなかったとは考えにくく、世論調査でも地震と台風の恐怖は拮抗している[105]。地震だけが怖がられていたわけではなかった。

図3-3　伊勢湾台風を念頭に置いた『大阪毎日』の特集。「大阪湾台風」が想定されている

例えば、一九六〇年に掲載された『大阪毎日』の連載特集「天災？人災？」（全一三回）は、前年の伊勢湾台風を念頭に置いたものである。その第一回には、「「大阪湾台風」が上陸したら」という小見出しを付け、伊勢湾台風をもじっていた[106]（図3－3）。伊勢湾台風から三年後の一九六二年には、『中央公論』九月号と一〇月号の二回連載で、作家の有馬頼義が「誰が東京を台風から護るか」と題した論考を寄せている。第一回のリード文で「伊勢湾級の台風が襲来したらひとたまりもないという絶望的な状態を放置しておいてよいものだろうか[107]」と記していたように、台風防災対策が不十分であるこ

とを指摘するものだった。第一回の論考に対する反響は大きく、各紙の論壇時評でとり上げられ、第二回の冒頭ではそうした批評に応答している[108]。

つまり、少なくとも一九六〇年代前半は、台風災害に対する意識が高かった。しかし、そうであるにもかかわらず、全国紙は「防災の日」の社説で伊勢湾台風を取り上げていない。発災から間もないこと、災害に対する恐怖心や社会の関心が高いことなどは、全国紙が「防災の日」の社説で伊勢湾台風を取り上げる理由とはならなかったのである。

「防災の日」が九月一日であること

では、いったいなぜ伊勢湾台風は取り上げられず、関東大震災や阪神・淡路大震災といった地震災害が言及されていたのだろうか。

「防災の日」を九月一日に制定することで、伊勢湾台風と「防災の日」の結びつきは希薄なものとなっている。しかし、毎年九月一日前後が「二百十日」という台風の厄日であったため、「防災の日」は台風との結びつきを失うことなく「震災記念日」として地震防災を主張することができる絶好の日付であった。先述の通り、中曽根康弘は「防災の日」が制定される直前に、「関東大震災の記念日であり毎年台風に荒らされる九月一日を防災デーときめたい[109]」と語り、関東大震災と台風に言及していた。

こうした配慮があったにもかかわらず、全国紙は伊勢湾台風を「防災の日」の社説で取り上げなかった。

代わりに関東大震災へ言及することは、「防災の日」が「震災記念日」に定められた通り、地震防災意識の向上を狙ったものであったはずだ。そしてそれは、全国紙の社説で展開されていたように、全国規模で進行したものだろう。阪神・淡路大震災が発生するまでには、「防災の日」の社説で地震を語る土壌が出来上がっていたと考えられる。

また、「防災の日」制定当時には記憶が鮮明だった伊勢湾台風に対し、関東大震災が「忘れそうな記憶」であったことを見過ごすべきではない。「忘れそうな記憶」であるからこそ想起する必要があり、そのことが「防災の日」の社説で関東大震災に言及する意義になりえたと考えられるからだ。伊勢湾台風の鮮明な記憶に基づく台風防災に対し、地震防災対策の推進には「忘れそうな記憶」の想起が求められたのだろう。

かくして、九月一日の「防災の日」に関東大震災が前景化し、「自明な記憶」として再構築された。

転換点としての一九六〇年

台風防災だけでなく地震防災も重要であったから、「防災の日」は九月一日の「震災記念日」に設定された。全国紙は「防災の日」を社説のアジェンダとするために、関東大震災を思い出すことからはじめている。このことは、一度忘れかけていた関東大震災がナショナルな記憶として再構築されることにつながった。つまり、関東大震災の記憶をナショナルなレベルで再構築する過程において、「防災の日」は非常に重要であったといえる。結果として、「「防災の日」といえば、地震防災が真っ先に思い浮かぶ」[110]と語られるほどに、地震は支配的なイメージとなった。関東大震災が日本人にとって「放っておくというわけにはいかない」ものになるまでには、このような経緯があったのだ。なお、鶴見俊輔が取り上げていた「朝ドラ」は、第一作目『娘と私』の放送が一九六一年に開始されている。つまり、「朝ドラ」は「防災の日」が創設されて以降のメディア文化なのである。

そして、改めて注意したいのは、「防災の日」は関東大震災の記憶を再構築する機能を有していたが、その契機が伊勢湾台風だったということである。関東大震災の記憶が再構成される一方で、「防災の日」の社説で顧みられることのない伊勢湾台風は集合的に忘却されている。いわば、再構築された関東大震災というナショナルな記憶は、伊勢湾台風の忘却の上に成り立っているのだ。

しかしながら、伊勢湾台風が忘却されたことを指摘するためには、伊勢湾台風の記念日報道を追跡する必要があるだろう。例えば、一九九五年一月一七日に発生した阪神・淡路大震災は「防災の日」の社説にも登場しているが、一月一七日の周年社説が充実している。『朝日新聞』は一年も欠くことなく周年社説を掲載し続けていた。『毎日新聞』は二回、『読売新聞』は五回掲載のない年があったが、関東大震災の場合は一〇周年以降ほとんど周年社説の掲載がなかったことを踏まえれば、かなりの頻度で周年社説を掲載し続けているといえる[11]。

だとすれば、伊勢湾台風もその記念日に集合的な想起が促されているのではないだろうか。「防災の日」だけでなく、九月二六日という特定の日付がある。この日付は日本社会の中でどのように位置付けられているのか。次章で検討しよう。

注
（1）鶴見俊輔『戦後日本の大衆文化史　1945〜1980年』岩波書店、一九八四年、一二四頁。
（2）鶴見俊輔が戦争だけでなく関東大震災も重要だと指摘した背景には、清水幾太郎の影響があるかもしれない。かつてのインタビューで、鶴見は清水に「大震災のことをよく書かれましたけれど、あのときと似たような、何か自分の中に入ってくるようなものが、やはり空襲にもありましたか」と問いかけ、「ありませんね。ぼくにとっては大震災の方がずっと……まあ若かったせいもあるでしょうがね」という応答を得ていた（清水幾太郎「政治との距離　語りつぐ戦後史　第二十回」『思想の科学』一九六八年八月号、一一〇頁）。清水とのやりとりから、関東大震災の被災体験が性格形成に大きく作用すると考えるようになったとしても不思議ではない。ちなみに鶴見は一九二二年生まれなので、関東大震災を実体験としてはほとんど記憶していないはずである。

（3）二〇一八年一月八日放送の第八〇話。ドラマ内では、「立秋をとうに過ぎたにしては蒸し暑い日が続いていた」というナレーションが冒頭で入り、「なんや今日はネズミがネズミ捕りにようけかかっていたな」という会話で異変が示唆され、地震が発生する。被災当時に撮影された映像が映し出され、震災について解説するナレーションが挿入された。結局、上京していたヒロインの夫は被災せずに帰阪している。次回（第八一話）は登場人物が号外で震災を知るシーンからはじまり、大阪から救護物資を運ぶこととなった。主人公と関わりのある人物が上京することにより、被災後の東京もドラマ内で描かれている。なお、作中では地震発生前にネズミの奇行や気候の異常が示唆されているが、こうした現象はこれまでに科学的根拠があると証明されたことはない。ロバート・ゲラーは「地震後知」と批判している（ロバート・ゲラー「揺らがない「地震予知村」」『學鐙』二〇一六年秋号、一四頁）。

（4）六月一六日放送の第一三回「大地」。関東大震災を描いた理由としては、東日本大震災と二〇二〇年に控える東京オリンピック・パラリンピックの存在もあるだろう。次回以降に展開された復興の描写とスポーツの関連がそのことを強く印象付ける。

（5）原作は、杉森久英『天皇の料理番』（読売新聞社、一九七九年）。二〇一五年の放送でドラマ化は三回目。

（6）全国歴史教育研究協議会編『日本史用語　A・B共用』山川出版、二〇一四年、二九七、三七〇頁。同書は二〇一四年度に使用されている教科書から、「学習に必要と思われる用語を選んで収録した」もので、日本史で大学受験をする人にとっては必須のハンドブックといえる（同書、ⅱ頁）。古市憲寿は、「日本列島では有史以来、幾度もの大災害に見舞われてきたはずなのに、正統派の日本史は、そうした出来事をさして重視してこなかった」と指摘し、「関東大震災や東日本大震災など近代以降の地震に関しては、ほとんどの歴史教科書が丁寧に説明している」のに対し、「過去の気候変動については、それほど熱心に説明されていない」と述べている（古市憲寿「ニッポン全史第1回　人はなぜ日本史に挫折するのか」『新潮45』二〇一八年一月号、一八八頁）。実際には、近代以降の台風・水害も重要視されてこなかった。伊勢湾台風とともに昭和三大台風と呼ばれる室戸台風（一九三四年）、枕崎台風（一九四五年）も『日本史用語集　A・B共用』に用語として収録されていない。

（7）世代概念については、村上宏昭『世代の歴史社会学　近代ドイツの教養・福祉・戦争』（昭和堂、二〇一二年）

を参照。村上が指摘しているように、「これこれの出生年に包摂される人間であれば、しかじかの共通経験（あるいは行動様式）を持つ蓋然性が高い、というのが今日における世代についての思考法」（強調原文）であり、集合的記憶の仮定においても「まさしくこうした蓋然性が暗黙裡にその裏づけとなっている」。ある世代の集合的記憶が論じられる場合に、「そこには多かれ少なかれ、個人レベルでの違和感ないし「いかがわしさ」が付きまとうのも事実である」。世代で輪切りにしても、集合的記憶と個人の記憶内容は必ずしも一致するものではなく、記憶内容は多様なのだ（同書、五、二八八‐二八九頁）。もっとも、本章は個別の記憶内容に踏み入るものではない。この他、世代を用いた議論としては、成田龍一『「戦後」はいかに語られるか』（河出書房新社、二〇一六年）やCorning, Amy. and Schuman, Howard, 2015, *Generations and Collective Memory*, University of Chicago Press など。

また、世代の問題との関連でいえば、本書が家族内で行われる親から子への継承（世代間継承）を見落としているという批判もありうる。だが、家族内での継承を、〝新聞やテレビでのメディア体験と全く無関係だ〟と言い切ることはできないだろう。震災特集を目にするなどのメディア体験が、親から子に震災体験を語る契機となり得るからだ。マス・メディアの集合的な想起がきっかけとなり個人の記憶が想起されることは少なくなく、マス・メディアを介してどのように集合的想起が促されていたかを検証することは、家族内での継承を考えるための基礎作業として重要である。

（8）まず、災害関連社説の数と「防災の日」や特定の災害に言及する社説の数をカウントした。「災害関連」の社説としてカウントしたものは、「防災の日」や「二百十日」という自然災害に関する用語、「台風」「地震」「土砂崩れ」などの自然災害を示す単語、「関東大震災」などの固有名詞が用いられる社説である。ただし、コレラ、赤痢、公害、戦争、核実験、労働災害、事故については対象から外した。「台風の目」や「情報の洪水」などの比喩表現も対象としていない。固有名詞ではなく「あの震災」といった表現が用いられる場合もある。その場合、指示される災害が文脈から明らかに断定できる事例のみカウントした。また、特定の災害後に生じた不況や復興をめぐる問題などを取り上げている場合も数に含めている。九月一日に災害関連の社説が掲載されない場合は、その前後、八月三一日と九月二日の社説も確認した。

(9)社説を分析対象として用いた研究としては、伊藤宏の一連の研究がある(「原子力開発・利用をめぐるメディア議題　朝日新聞社説の分析(上・中・下)」『プール学院大学研究紀要』第四四・四五・四九号、二〇〇四・二〇〇五・二〇〇九年)。伊藤が指摘するように、社説が「言わば「社論」であることを考えれば、それを「新聞社が提示しようとしている「メディア議題」」として捉えることが可能で、それが紙面全体を通して提起される本来の「メディア議題」の重要な基盤を成していることは間違いない」。それゆえ、「防災の日」に新聞社が設定した議題、及び報道姿勢を明らかにするために、社説は充分な検討対象だろう。

(10)朝日新聞百年史編集委員会編『朝日新聞社史　大正・昭和戦前編』朝日新聞社、一九九一年、四六四-四六六頁。

(11)毎日新聞百年史刊行委員会『毎日新聞百年史』毎日新聞社、一九七二年、三九三頁。

(12)加藤秀俊は、ラジオが登場する以前のマス・メディアの代表は新聞だったが、「新聞は「物」であるがゆえに、新聞にのった情報が読者の手もとにとどくためには「交通」手段を必要とし、そのことは、必然的に、情報のひろがる地理的範囲を決定した。つまり、新聞というものは、その媒体としての性質上、局地的なものであるように宿命づけられていたのである」(強調原文)と述べている。そして、「本格的な「全国紙」の形成は、ファクシミリのような電子的通信が新聞と結合した一九五〇年代以降のことだ」と補足的に記している(「交通・通信網の発達　世界における同時性」『思想』一九七六年六月号、二五九-二六〇頁)。本書で明らかにする関東大震災のナショナルな枠での再構築は、「防災の日」が創設された時点で成立していたナショナルなメディア環境による部分が少なくない。

(13)たとえば、二〇一七年には、最大震度七の首都直下地震を想定した緊急災害対策本部の運営訓練が実施された(「災害対策本部、首相らが訓練　首都直下地震想定」『東京朝日』二〇一七年九月二日付朝刊)。二〇一八年は、首都直下地震を想定し、警視庁と神奈川県が合同訓練を行っている。国道二四六号を六・五キロの区間通行止めにし、対応手順を確認した(「首都直下地震想定した訓練、国道二四六号通行止め」『東京朝日』二〇一八年九月一日付夕刊)。

(14)「「防災の日」の創設について」一九六〇年六月一六日(国立公文書館デジタルアーカイブ)。「閣議了解案」の時点では、「津波等の」という印字箇所に「地震」が手書きで書き加えられている。単なるミスか、地震を後から付け足したかは定かでない。

(15) 科学技術庁編『科学技術庁年報5(昭和36年版)』科学技術庁、一九六一年、一七二頁。

(16) 閣議了解「臨時台風科学対策委員会の設置について」一九五九年一〇月九日(国立公文書館デジタルアーカイブ)。

(17) 科学技術庁編『科学技術庁年報4(昭和35年版)』科学技術庁、一九六〇年、四〇頁。

(18) 臨時台風科学対策委員会『臨時台風科学対策委員会中間報告』一九五九年一二月二一日(国立公文書館デジタルアーカイブ)。

(19) 臨時台風科学対策委員会『臨時台風科学対策委員会報告』一九六〇年四月五日(国立公文書館デジタルアーカイブ)。

(20) 他には、「台風研究の推進と国際協力体制の確立」、「台風予警報に関する観測施設、予報組織などの整備」、「台風防災技術に関する調査研究の強化」、「防災的総合開発計画などの推進強化」という項目がある(前掲臨時台風科学対策委員会『臨時台風科学対策委員会報告』、一二-一三頁)。

(21) 前掲臨時台風科学対策委員会『臨時台風科学対策委員会報告』、一二頁。

(22) 中間報告においては、「人命保護を中心とした防災基本体制を確立すること」という項目で、「平素の啓蒙および訓練を行うことは勿論」とある(前掲臨時台風科学対策委員会『臨時台風科学対策委員会中間報告』、三-四頁)。また、中間報告に付属していた「伊勢湾台風災害についての考察」では、災害に関する知識を「一般に周知させることが必要であると痛感するものであります」と記していた(臨時台風科学対策委員会「伊勢湾台風災害についての考察(総合実態調査中間報告)」、七頁)。それまでに普及の必要性が考えられなかったわけではないだろうが、伊勢湾台風後の議論で具体化していった。

(23) 一九六〇年五月にはチリ地震津波の惨事があるものの、起点は伊勢湾台風後の「臨時台風科学対策委員会」とされている。チリ地震津波が〝後押し〟となった可能性は否定できないが、『科学技術庁年報5』の記述の通り、創設のきっかけとしては伊勢湾台風が適当だと考えられる。災害に関する評論を多数執筆している饒村曜も『続・

台風物語』（日本気象学会、一九九三年）で同様の見解を示している。
(24)「九月一日を防災デー　閣議で認める」『読売新聞』一九六〇年六月七日付夕刊。朝日新聞系列では、『名古屋朝日』のみが「九月一日を防災デー　閣議了承」（一九六〇年六月七日付夕刊）の記事を一面に掲載した。
(25)後述の通り、「防災週間」制定時の文章では、九月一日が「二百十日」であることを明記している。
(26)九月一日が選ばれた理由としては、小中学校で二学期の始業日にあたるということも考えられる（ただし、週五日制の導入で学年暦が変更され、ズレが生じるようになった）。この点について、『文部時報』を確認したが、「重要通達一覧」では「昭和35年「防災の日」実施要項について」を確認できる程度である。また、一九六一年三月号には「昭和35年度　文教行政の回顧」が掲載されているが、文化財防火デーの実施や日本学校安全会施行政令の公布、チリ地震津波への言及はあるが、「防災の日」創設経緯や、第一回の「防災の日」実施についての言及はなかった。
(27)「「防災の日」の行事について」一九六〇年八月四日（国立公文書館デジタルアーカイブ）。引用した資料は「「防災の日」の功労者表彰実施及び行事」（一九六〇年七月二二日）。なお、一九六一年の「災害対策基本法」により、NHKは日本銀行、日本赤十字社などとともに総理大臣の指定公共機関となった（日本放送協会編『20世紀放送史　上』日本放送出版協会、二〇〇一年、三四八頁）。
(28)前掲「「防災の日」の行事について」。「その他」として、「演習については、ラジオその他の報道機関の協力を得るものとする」と記している。

なお、震災との兼ね合いで火災は非常に重要な問題である。この点については、第二章で取り上げた空襲との関連を考慮すべきだが、「火災予防運動」についても触れておきたい。東京消防庁監修『新　消防雑学辞典　二訂版』（東京連合防火協会、二〇〇一年）によれば、一九二七年の北丹後地震の後、一九三〇年三月七日に大日本消防協会が近畿地方で防火運動を行い、これに刺激を受けた、関東地方を中心とする一府六県（東京、神奈川、千葉、埼玉、長野、群馬、福島）が一二月一日を「防火デー」と定め、防火運動を行うようになった。この動きは他の地域にも波及している。戦後には、自治体消防制度が発足（一九四八年）した後、春・秋の年二回開催となった。秋は一九五三年から、春は一九五五年から全国統一となり、毎年一一月と三月に一週間の火災予防運動が実施される。ただし、北海道などは気候の関係で時期がずれる場合があるという。関東大震災における火災との対応で言えば、一九三〇年の「非常時火災警防規定」（一九五〇年に「非常時災害警防規定」に改正）が重要である。しかし、震災対策について科学的検討がなされるようになったのは、戦後とされている。一九五五年に消防総監の諮問機関として、火災予防および特殊災害に関する重要事項を審議する「火災予防対策委員会」（昭和四七年一一月・火災予防審議会となる）を設置。一九五九年には、この委員会のもとに大震火災対策に関する事項を調査研究するための「地震小委員会」が設置された（同書、一五七-一五九、一八六頁）。

(29) 国土庁編『防災白書（昭和57年版）』大蔵省印刷局、一九八二年、七五頁。

(30) 「「防災の日」及び「防災週間」について」一九八二年五月一一日（国立公文書館デジタルアーカイブ）。この閣議により、一九六〇年の閣議「「防災の日」の創設について」は廃止となった。

(31) 「「防災の日」及び「防災週間」設定の理由書」には、「東海地震を始めとする大規模地震や台風、豪雨等による災害の未然防止と被害の軽減を図るためには、防災関係機関はもとより国民一人一人が災害に対し十分の備えをすることがとくに肝要である」と記されている。「東海地震」に言及していることからも、「防災週間」の設置には、一九七八年に制定された大規模地震対策特別措置法の影響が少なくないと思われる。

(32) この点については、第一章注66も参照。

(33) 「回顧して　更に日本国民の責任を痛感せよ」『東京朝日』一九二四年九月一日付朝刊。

(34) 「精神復興の前駆として」『東京朝日』一九二九年九月一日付朝刊。このように、ハードだけでなくソフトの復興が語られる背景には、震災後に支配的となった天譴論の影響があるかもしれない。震災を天譴と考えた場合、頽廃的な文化は一掃されるべきであるからだ。

(35) 「我等の主張　震災死と失業飢餓」『読売新聞』一九二五年九月一日付朝刊。「我等の主張」は論説欄だが、データベースでは社説として表示されていたため、ここでは社説として扱った。

(36) 「震災四周年」『東京日日』一九二七年九月一日付朝刊、「震災五周年」『東京日日』一九二八年九月一日付朝刊、「震災六周年」『東京日日』一九二九年九月一日付朝刊。

(37) 「回顧と待望」『読売新聞』一九二四年九月一日付朝刊。

(38)「大震災一周年　過去の教訓、戒むべき将来」『大阪朝日』一九二四年九月一日付朝刊。
(39)「社説　大震災一周年」『大阪毎日』一九二四年九月一日付朝刊。
(40)「社説　大震災二周年」『大阪毎日』一九二五年九月一日付朝刊。
(41)「社説　復興遅々」『大阪毎日』一九二六年九月一日付朝刊。
(42)なお、表3－1の通り『東京日日』と『大阪毎日』の周年社説は同数だが、これは一九二四年から一九二六年にかけて『東京日日』には社説の掲載自体がないためである。その後、『東京日日』は一九二七年から一九二九年まで周年社説を掲載した。『大阪毎日』は一九二四年から一九二六年のみで、一九二七年からの掲載がない。永久の記念を求めていたわりには、継続性がなかった。『読売新聞』についても同様で、この時期は社説が掲載されない場合があるため周年社説の掲載数は少なくなる。
(43)「震災記念日を迎へて」『東京朝日』一九三一年九月一日付朝刊。
(44)「関東大震災の十周年」『東京朝日』一九三三年九月一日付朝刊。
(45)古川隆久『昭和史』ちくま新書、二〇一六年、一〇九－一一一頁。なお、この時点で日本の経済問題が解消されていたわけではない。昭和恐慌の只中にあり、不況故に「満州ブーム」が登場している。安田浩によれば、「満州こそ男の働き場所、新天地とする宣伝が、長くつづく経済不況のなかで生活破綻にあえぐ人びとに、唯一の「希望」としてうけとめられたのである。職をもとめて、あるいは一獲千金を夢みて失業者などがぞくぞくと満州に渡っていった」（安田浩「「非常時」と国民」金原左門・竹前英治編『昭和史 増補版』有斐閣、一九八九年、九五頁）。国際連盟脱退という対外路線が支持されていた状況もあり、経済問題よりも国際問題がウケるネタだったのかもしれない。
(46)「社説　戦下の震災記念日」『東京朝日』一九四三年九月一日付朝刊。
(47)「社説　戰下の震災記念日」『大阪朝日』一九四三年九月一日付朝刊。
(48)「社説　関東震災十周年」『東京日日』一九三三年九月一日付朝刊。
(49)「社説　市電の赤字」『東京日日』一九三四年九月二日付朝刊。
(50)「社説　最初の興亜奉公日」『東京日日』一九三九年九月一日付朝刊。この社説における『東京日日』と『大阪毎日』の差異については、第二章を参照。
(51)「社説　国民生活上の一問題」『東京日日』一九三八年九月二日付朝刊。
(52)「社説　関東震災十周年」『大阪毎日』一九三三年九月一日付朝刊。
(53)「社説　転禍為福の災害対策」『読売新聞』一九三八年九月一日付朝刊。
(54)「社説　最初の興亜奉公日」『東京日日』一九三九年九月一日付朝刊。
(55)「社説「防災の日」の反省」『中部日本新聞』一九六〇年九月一日付朝刊。
(56)同前。
(57)「社説「防災の日」に思う」『中部日本新聞』一九六三年九月一日付朝刊。
(58)「社説　大震災訓練に参加しよう」『中日新聞』一九八一年八月三一日付朝刊。
(59)『中日新聞』では、一九六六年に「関東大震災を思い出す人も多かろう」(「社説「防災の日」に寄せる」一九六六年九月一日付朝刊)、一九六九年に「あの大震災を覚えている人もようやく少なくなりつつある」(「社説　過密化時代の都市防災」一九六九年九月一日付朝刊)といった記述を確認できるが、他紙ほど関東大震災の記憶認識について言及することがなく、変化を示すことが難しい。そのこともあって、他紙のような時代区分をあてはめなかった。ここでは伊勢湾台風と関東大震災の比較によって議論を進めていく。
(60)「社説「防災の日」に寄せる」『中日新聞』一九六六年九月一日付朝刊。
(61)「社説「防災の日」に思う」『中日新聞』一九六八年九月一日付朝刊。
(62)二〇一八年の「防災の日」まで確認したところ、東日本大震災は二〇一五年までは毎年言及されていた。
(63)地震予知の科学史については、泊次郎『地震予知研究130年史　明治期から東日本大震災まで』(東京大学出版会、二〇一五年)を参照。石橋克彦の「駿河湾地震説」を地震予知連絡会が大筋認める統一見解を出したのは一九七六年一一月二九日である(同書、三一九頁)。『中日新聞』が「防災の日」の社説で「東海地震」を取り上げるのはこの翌年からであり、科学者による有力な見解と認識したとみられる。これ以前から観測強化地域が東海地方だったことも見逃せない。
(64)「社説　東海地震の風化を防げ」『中日新聞』一九八八年九月一日付朝刊。この年、中日ドラゴンズは六年ぶりのリーグ優勝を果たした。この社説が掲載された九月一日の朝刊時点で二位広島に六・五ゲーム差をつけ、マジック二五が点灯している。

(65)『朝日新聞』は一九七〇年、『毎日新聞』と『読売新聞』は一九七二年までの期間である。『読売新聞』は、一九七一年に「関東大震災の経験を思い出せばそのことはよくわかる」(「社説　大震災の危険にそなえよう」『読売新聞』一九七一年九月一日付朝刊)と述べ、関東大震災を想起可能なものと捉えているが、記憶の風化を懸念した記述は一九七二年にも確認できる。各社一斉に認識の変化が生じたわけではないため、ここでは一九七〇年頃と表記した(表は一九七〇年と一九七二年で区分している)。

(66)「社説　大地震に備えよう」『朝日新聞』一九六六年九月一日付朝刊。

(67)「社説　大地震に備えて」『朝日新聞』一九六八年九月一日付朝刊。引用した部分に続いて「それに、二百十日、台風シーズンを象徴する日でもある。この日をえらんで閣議が「防災の日」ときめたのは昭和三十五年だった」と、台風との関連を指摘している。しかし、あくまで関東大震災の「震災記念日」が主で、台風は従である。伊勢湾台風への言及もなかった。

(68)「社説　震災のこわさは火事にある」『朝日新聞』一九六七年九月一日付朝刊。

(69)「社説　大地震の襲来にそなえよ」『朝日新聞』一九七〇年九月一日付朝刊。

(70)「社説　〝ゆるむ心のネジを巻け〟」『毎日新聞』一九六七年八月三一日付朝刊。

(71)「社説　「防災の日」を考える」『毎日新聞』一九七〇年九月一日付朝刊。

(72)「社説　関東大震災五十周年に寄せて」『毎日新聞』一九七二年九月一日付朝刊。なお、この年は関東大震災四九周年であり、見出しは誤り。翌年の社説の見出しも「社説　関東大震災五十年と地震対策」(『毎日新聞』一九七三年九月一日付朝刊)と、五十周年を謳った。

(73)「社説　災害予知の機構を拡充せよ」『読売新聞』一九六二年八月三一日付朝刊。

(74)「社説　不時の災害に備えよ」『読売新聞』一九六三年九月一日付朝刊。

(75)「社説　大都市の震災に備えよ」『読売新聞』一九六七年九月一日付朝刊。

(76)「社説　大地震にどう備えるか」『読売新聞』一九六八年九月一日付朝刊。

(77)「社説 「防災の日」に考えよう」『毎日新聞』一九六八年九月一日付朝刊。
(78)「社説 「防災の日」に考えよう」『毎日新聞』一九六九年九月一日付朝刊。
(79)「社説 震災への用意はよいか」『読売新聞』一九六六年九月一日付朝刊。
(80)より正確にいえば、『朝日新聞』は一九七一年から一九九四年、『毎日新聞』と『読売新聞』は一九七三年から一九九四年が「定着期」となる。
(81)「社説 災害の新型化にどう備えるか」『毎日新聞』一九七八年九月一日付朝刊。
(82)「社説 情報伝達網の整備を急げ」『朝日新聞』一九八四年九月一日付朝刊。
(83)風化懸念期は記憶を忘れそうなものとして想起を呼びかける段階であり、定着期は呼びかけによって記憶が定着したとみなされた段階である。現代のわれわれの認識は、このように再構築された記憶に基づいている。認識の転換は、ある意味、語りのレベルで「歴史」化されたと指摘できる事態かもしれない。
しかし、「自明な記憶」と「歴史」化の区分は非常に曖昧である。まず、「言語論的転回」以降、言語による認識の支配が強調されるようになった。言語（＝ことば）によって、「もの」の認識が規定される。対象が存在しても、「ことば」がなければ認識することはできない。事実の認識を言語が支配している。本書もこのような、構築主義的な立場に立つ記憶研究だが、日高勝之が指摘するように、記憶研究は、「歴史による過去の独占」に「揺さぶりをかけ」、「記憶と歴史の境界はほとんどと言ってよいくらい消失してしまった感がある」。さらに、本書で主たる分析対象としたメディアは新聞だ。新聞は、広く流通した公的なメディアといえる。歴史を、ある社会の公的なものだと考える立場からすれば、資料の性質自体が歴史との近さを孕んでいることになる（日高勝之『昭和ノスタルジアとは何か　記憶とラディカルデモクラシーのメディア学』世界思想社、二〇一四年、五〇‐五一：佐藤卓己『ヒューマニティーズ　歴史学』岩波書店、二〇〇九年、一六‐一八頁）。

こうした問題が存在することには自覚的だが、本書はあくまで新聞が関東大震災をどのような水準に位置付けて語るかを追跡することで、日本社会における記憶認識の変化を跡づけるという立場をとる。
(84)「社説 関東大震災五十周年と地震対策」『毎日新聞』一九七三年九月一日付朝刊。
(85)「社説 防災避難広場まで歩いてみよう」『読売新聞』一九七六年九月一日付朝刊。

(86)「社説　大地震は必ず起こる」『朝日新聞』一九七九年九月一日付朝刊。
(87)「社説「地震対策元年」のいましめ」『毎日新聞』一九七九年八月三一日付朝刊。
(88)「社説　大地震はイソップ物語か」『毎日新聞』一九八六年九月一日付朝刊。
(89)「社説　災害に強い住人になろう」『朝日新聞』一九八八年八月三一日付朝刊。
(90)「社説　現代社会の防災とは」『朝日新聞』一九八六年九月一日付朝刊。
(91)「社説　死者五千人の災害にいま学ぶ」『朝日新聞』一九八九年九月一日付朝刊。
(92)「社説　防災は詰めが肝心だ」『朝日新聞』一九九一年九月一日付朝刊。一九八二年の伊勢湾台風への言及はこの社説と同種のものである（「社説「防災の日」に考える」『東京朝日』一九八二年九月一日付朝刊）。また、時期は異なるが、二〇〇八年の「社説　防災の日　災害弱者を助ける道は」では、「大きな災害を目の当たりにして防災体制を整えようとの声が高まった。二年後には災害対策基本法ができ、政府や自治体が力を入れて取り組み始めた」と、人びとの防災意識が向上するきっかけとして伊勢湾台風に言及している（『朝日新聞』二〇〇八年九月一日付朝刊）。
(93)『毎日新聞』は一九九九年、二〇〇五年に伊勢湾台風への言及があるものの、「防災の日」との結びつきは指摘されなかった。
(94)「社説　防災の日　その前日に戻れたら何をする?」『読売新聞』二〇〇六年九月一日付朝刊。
(95)「社説　災害に備える生きたハイテク」『読売新聞』一九九七年九月一日付朝刊。
(96)「社説　わが家から地域の防災へ」『朝日新聞』一九九五年九月一日付朝刊。
(97)「社説　自らの身は自らが守りたい」『読売新聞』一九九五年八月三一日付朝刊。
(98)「社説　防災の日　身近な減災策から確実に」『毎日新聞』二〇〇六年九月二付日朝刊。
(99)「社説　防災の日　災害弱者を助ける道は」『朝日新聞』二〇〇八年九月一日付朝刊。
(100)「社説「想定外」の被害をなくそう」『読売新聞』二〇一一年九月一日付朝刊。
(101)なお、二〇一一年三月一一日の東日本大震災については二〇一八年の「防災の日」まで調査したが、こちらも毎年登場するものではなかった。

(102) Forrest, Thomas, R, 1993, "Disaster Anniversary: A Social Reconstruction of Time," *Sociological Inquiry*, 63 (4): 444-456.

(103) 前掲「「防災の日」の行事について」(国立公文書館デジタルアーカイブ)。

(104) 日本放送協会編『20世紀放送史　上』日本放送出版会、二〇〇一年、三四六頁。

(105) 内閣総理大臣官房審議室『風水害に関する世論調査』(一九六〇年六月)では、一番怖いと思う災害についても聞いており、「地震」の一四%に対し、台風は一九%(風害一〇%、水害九%)となっている(同書、五頁)。

(106) 「天災?　人災?・①」『大阪毎日』一九六〇年九月二日付朝刊。

(107) 有馬頼義「誰が東京を台風から護るか」『中央公論』一九六二年九月号、一五七頁。

(108) 有馬頼義「誰が東京を台風から護るか(完)」『中央公論』一九六二年一〇月号、五六－六六頁。

(109) 「九月一日を防災デー　閣議で認める」『読売新聞』一九六〇年六月七日付夕刊。

(110) 「社説　防災の日　その前日に戻れたら何をする?」『読売新聞』二〇〇六年九月一日付朝刊。

(111) 阪神・淡路大震災の周年社説については二〇一九年まで調査した。関東大震災と阪神・淡路大震災の差異からも明らかなように、地震災害の記憶に対する人びとの認識は大きく変化している。本書の通時的な検証は、この認識の変化を追跡する作業でもある。

第四章　平凡な「魔の九月二十六日」
——伊勢湾台風の忘却

二〇一四年九月、名古屋市南区の回覧板には、「伊勢湾台風から55年　昭和34年に〔名古屋市立〕白水小学校に在籍していた方々へ」という見出しのちらしが挟まれていた（図4-1）。白水学区区政協力委員会と名古屋市博物館からのお知らせで、一九五九年一一月～一二月頃に伊勢湾台風についての作文を書いた人を捜しているという。作者を捜すきっかけは、二〇一三年九月二五日に『中日新聞』が掲載した「取り残された記憶　伊勢湾台風　児童一七〇〇人の作文」という見出しの記事である。(1)

同記事は、蔭山美穂子校長（当時）が名古屋市立白水小学校に着任した際、前任校長との引継ぎで伊勢湾台風の被災体験を綴った一七〇〇人分の作文が原本のまま保管されていることを知り、個人情報の保護や原稿用紙の劣化を含め、その保存活用のあり方に悩んでいるというものだった。このことを『中日新聞』の「報道で知った〔名古屋市〕博物館が受け入れを提案し」、二〇一四年一月三一日に学芸員らが白水小学校の校長室から作文集を運び出した。博物館は作文を保管しながら、企画展などで活用する方針であり、また、すべての作文の画像データを白水小学校へ寄贈する計画だという。蔭山校長は「最適な場所に預かってもらえてホッとしている。今後、画像データから印刷した作文を、行事や授業で役立てることができる」とコメントした。(2) 同年八月から名古屋市博物館で公開されることとなるが、「展示されるのは本人の了承が得られた十五人分。同館は今後も書いた本人捜しを続け、了承が得られれば

名古屋市博物館　常設展　話題のコーナー

伊勢湾台風55年　白水小学校の記録から

平成26年8月27日（水）～9月28日（日）

今から55年前、昭和34年（1959）9月26日にこの地域を襲った台風15号は、死者・行方不明者5,098名という大災害を引き起こし、「伊勢湾台風」として人々の記憶に刻まれています。

台風の被害が激しかった南区白水小学校では、その様子を、児童や教師が作文と絵にまとめました。作文は、台風時の様子や被害の実態、被災後の生活などが、原稿用紙に鉛筆で書かれています。絵は、台風の被害の様子を6年2組の児童たちが描いた力作です。

これまで白水小学校で保管されてきましたが、今年博物館に寄贈されました。今回、作文の一部と絵を展示することで、小学生からみた災害を伝えます。

小さな目がみた、当時の記録・・・

作文を書いた方々探しています

博物館ではこれらの作文を書いた方々を探しています。昭和34年（1959）当時、白水小学校の在校生だった人は、自分が書いた作文があるかもしれません。これらの作文は、災害の恐ろしさを伝える重要な資料です。これを後世に伝えるため、情報をお寄せください。

作文の有無を確認しますので、まずは博物館にご連絡ください。

名古屋市博物館

〒467-0806 名古屋市瑞穂区瑞穂通1-27-1
電話:052-853-2655 FAX:052-853-3636
ホームページ:http://www.museum.city.nagoya.jp
おでかけは公共交通機関で。名古屋駅から17分
地下鉄桜通線「桜山」下車、4番出口から徒歩5分

白水学区区政協力委員会
名古屋市博物館

伊勢湾台風から55年

昭和34年に白水小学校に在籍していた方々へ

当時、小学校1年生から6年生までの、白水小学校に在籍していた児童がその年の11月~12月頃に書いた、伊勢湾台風についての作文が、今名古屋市博物館に保管されております。

白水学区、名古屋市博物館との共同で、その作文を書いた人を捜しております。

自分の作文を読んで見たい方また、回覧を読んで自分の兄弟が、その年に該当していましたら、連絡をお願い致したいと思います。

当時の氏名、学年、組を申し出て

名古屋市博物館　電話（052-853-2655）　担当 瀬川まで連絡をして下さい。

博物館では、まず作文の有無を確認し、あわせて、公開の許可もお願い致しております。（非公開作文も郵送でお送り致します。）

9月28日（日）までに博物館では、許可がえられた作文の一部（20点）が展示、公開されています。

図4-1　伊勢湾台風の被災体験者に呼びかけるチラシ

展示したい考え」だ。[3]少しでも多くの了承を得るために、回覧板での呼びかけが行われていたのである。二〇一八年九月の記事は、約二〇〇人の同意が得られたことを伝えていた。[4]五〇年以上前の災害と社会の関わりで、『中日新聞』[5]という地方紙が重要な役割を担っている。災害とメディアの関わりは、発災直前・直後の災害情報に限定されるものではないのだ。

災害史の中の伊勢湾台風

話題の中心にある伊勢湾台風とは、一九五九年九月二六日に東海地方を直撃した台風で、愛知県・三重県を中心に五〇〇〇人以上の死者・行方不明者を記録したものである。室戸台風（一九三四年）、枕崎台風（一九四五年）とともに「昭和の三大台風」に数えられ、阪神・淡路大震災（一九九五年）が発生するまでは戦後最大の自然災害であった。

発災当時の注目度は全国的に高く、『読売新聞』が読者調査に基づいて作成した一九五九年の一〇大ニュースでは、一位の皇太子ご成婚（得票率九九％）に次ぐ二位で、得票率は九七％だった。三位の東京オリンピック招致成功（七八％）に大きな差をつけている。[6]内閣総理大臣官房審議室の調査では、「伊勢湾台風によって大災害が起こったことは、九七％のものが知っていて、六一％は「あの災害について

のニュースは特に気をつけて読んだり、聞いたりした」と答えている[7]。

さらに、伊勢湾台風をきっかけとして今日の防災体制の基礎である災害対策基本法が成立し（一九六一年）、防災思想の普及や防災訓練を行う記念日として「防災の日」も創設された（一九六〇年）。被害規模の大きさだけでなく、日本の防災体制に与えた影響も小さくない。日本災害史において重要な位置を占めている。しかし、「防災の日」として採用されたのは伊勢湾台風の日（九月二六日）ではなく、一九二三年に発生した関東大震災の「震災記念日」（九月一日）であった。「防災の日」の社説で関東大震災に言及するという形式が定着したことで、それまで東京ローカルかつ「薄れゆく」記憶でしかなかった関東大震災は、ナショナルな記憶として再構築されていく。他方、「防災の日」制定のきっかけである伊勢湾台風は、九月一日の社説で取上げられる機会がほとんどなかった。このように、「防災の日」制定の経緯ではなく、日付に意味が読み込まれ、関東大震災が語られるようになったことは、すでに第三章で確認した。

では、「防災の日」に対し、伊勢湾台風の記念日には、どのような報道が展開されてきたのだろうか。本章は、全国紙と地方紙における伊勢湾台風の周年報道を調査し、一九六〇年から二〇一八年の期間、各新聞社が伊勢湾台風をどのように扱ってきたのかについて整理を行う。このことで、ナショナルな記憶として再構築された関東大震災に対し、戦後最悪の台風災害である伊勢湾台風が、日本社会の中でどのように位置付けられてきたのかを明らかにする。

伊勢湾台風研究の状況

自然科学系の伊勢湾台風研究には一定の蓄積があるが、社会科学系の伊勢湾台風研究はほとんど存在しない。発災直後、災害と教育というテーマで伊勢湾台風を取り上げた小川太郎編『災害と教育』（新評論、一九六〇年）は例外的な成果であるといえる[8]。

また、被害状況や、その後の防災対策などについては、愛知県や名古屋市から発行されている県史、市史にまとまった記述がある[9]。愛知県史編さん委員会編『愛知県史　資料編36　現代』では、第二編に一章を設けて伊勢湾台風の資料を収録しており[10]、同書の付録『愛知県史のしおり』の中で、大門正克はこの部分を「関心を持った資料」のひとつに挙げた。「阪神・淡路大震災と東日本大震災以降、歴史学では災害史への関心の高まりがみられることもふまえれば、一章を設けたことは貴重な貢献といえる」と評価している。そして、「阪神・淡路大震災以降の経験も参照しつつ、伊勢湾台風という大きな災害に直面したとき、愛知県や市町村、企業や人びとは、災害をどのように認識して対策を講じたのか、通史編では一九五九年段階における災害像をぜひ明らかにしていただきたい」と、通史編への期待も寄せた[11]。

もっとも、本章が検討を試みる伊勢湾台風の集合的記憶については、くつ塚と呼ばれる記念碑の報道に注目した大野道邦の研究が存在している。「くつ塚」とは、伊勢湾台風の高潮で流された〝くつ〟を積み上げ、子どもを含む多くの犠牲者の死を悼んだ〝塚〟のことである。伊勢湾台風の翌年、このくつ塚に「伊勢湾台風殉難者慰霊之碑」が建てられ、九月二六日には慰霊行事（くつ塚慰霊祭）が行われるようになった。大野は発災から一九九〇年代まで『中日新聞』の報道を調査し、「災害当初においては、伊勢湾台風の特定地域犠牲者の霊を慰めるという単なる慰霊碑的観念枠にすぎず、悲哀のイメージ（思い出）を含んでいただけであった」くつ塚が、「伊勢湾台風そのものの集合的記憶の豊かさ・深さを再構成する具体的なイメージで充たされた「社会的枠」となってゆく」（強調原文）ことを指摘した。この過程で重要な役割を果たしていたのがメディアである。「「くつ塚」を単なる慰霊碑から伊勢湾台風のシンボルへ転換させたのはジャーナリズムの言説におけるディナミークであった」（強調原文）と述べている[12]。ジャーナリズムによる注目度の度合いが、数ある慰霊碑のひとつでしかなかったくつ塚を、「伊勢湾台風のシンボル」にまで押し上げたのだという。

日本のメディア研究者が災害の記憶研究にほとんど取り組んでいない時点で発表された大野の成果は重要である[13]。しかし、問題がないわけではない。それは、発災から三〇数年間の記事しか取り上げられていないということだ。世代をまたぐような、長期的な時間軸の中で変化する記憶の布置については、検討の余地が残されている。

大野の研究では、伊勢湾台風の記憶が風化しているという懸念を表明した一九九一年の記事が引用されているものの、風化の問題には触れないまま、くつ塚がシンボルとして扱われていることを強調した。そのため一九九一年以降に生じた紙面の変化については議論が展開されない。また、大野の研究からはナショナル／ローカルといった地域の差異についての関心がうかがえない。『中日新聞』という地方紙のみの検討では、伊勢湾台風の記憶が日本社会でどのような位置を占めているのかは明らかにできない。災害の記憶とメディアの関係をより立体的に把握するためには、全国紙と地方紙との比較が必要不可欠だろう[14]。

対象と方法論

これまで本書では、関東大震災という中央の災害を議論の中心に据えていた。この方法により、中央の論理に地方が取り込まれたり、取り込まれなかったりする様子を解明することができる。関東大震災がナショナルなものに位置付けられるようになるのは、まさにそのようなものだ。しかし、地方の巨大災害が日本社会でどのような位置を占めたか、という問題については明らかにできていなかった。そこで、本章は伊勢湾台風という地方の巨大災害を対象とし、現在まで（二〇一八年）に掲載された周年報道を検討する[15]。

対象は、全国紙である朝日新聞社の東京本社版と名古屋本社版、及び、伊勢湾台風の被害が甚大だった愛知県・三重県で高いシェアを誇る『中日新聞』（名古屋版）の三紙とした。全国紙の中でも朝日新聞社を対象とするのは、伊勢湾台風当時から名古屋に大きな拠点を有し[16]、現在も愛知県では『中日新聞』[17]に次ぐ発行部数を誇っているためである。また、『朝日新聞名古屋本社五十年史』（朝日新聞名古屋本社、一九八五年）には、「朝日新聞が命名した〝クツ塚〟の名は、その後も語り継がれ、〔昭和〕三十五年九月二十六日には慰霊碑もたてられた。毎年、伊勢湾台風の記念日には、この〝クツ塚〟の記事が必ずといってよいほど載る」と記されている[18]（図4－2）。

市内版
泥水に散ったあのクツこのクツ
臨時航路は大繁盛
手向けの菊も悲し
香煙絶えぬ〝クツ塚〟
悲しいときは歌を
生野さんの返事着く
巷でひろった話

図4-2　〝くつ塚〟の呼称を初めて用いた記事（名古屋朝日）

大野が注目したくつ塚を命名したことからも、伊勢湾台風が『名古屋朝日』にとって重要な出来事であり、充実した報道を検証することが可能だと考えられる。

なお、『中日新聞』の社史でも伊勢湾台風に関する記述は厚い。「わが社全体が〝被災者〟でもあった」[19]という『中日新聞』は、被災者への情報提供にとどまらず、救援隊の派遣や義援金の呼びかけなどで活躍した。巨額の義援金が集まった理由について、被害が大きかったことのほか、「わが社が他に先んじていち早く救援を呼びかけたことと、中部日本新聞の力によるものといっても、いいすぎではあるまい」と自己分析している。被災者からは「まず感激したのが中部日本新聞で、見直したのは自衛隊であり、つぎは学生だ」のように好意的に評価する声が聞かれたという[20]。伊勢湾台風の経験がどの程度関与するものかは不明だが、阪神・淡路大震災と東日本大震災の両方で、『中日新聞』は最も多くの義援金を集めた新聞社である[21]。

「飛躍のためのジャンプ台」[22]という見出しの節で伊勢湾台風への言及があるように、被害を乗り越えたことは部数拡大の契機と位置付けられている。「かつて例をみない〝輝かしい一大増紙〟の花を咲かせた」出来事と記していた[23]。この「一大増紙」（＝部数拡大）について、『中日新聞社の110年』（中日新聞社、一九九六年）は「全社あげての被災地へのこうした活動が、本社に対する地域の人達の理解と、信頼を生んだ結果といえよう」と、まとめている[24]。また、台風シリーズ広告企画「伊勢湾台風被災者救援企画」で一九六〇年に新聞社広告企画賞を受賞したほか、「伊勢湾台風災害復旧の堤防工事の不正を摘発し、一般災害復旧工事に警告を与えた一連のキャンペーン」報道によって、一九六一年度の新聞協会賞も獲得した[25]。地域とのかかわり、新聞社としてのプレゼンスを発揮するという点においても、『中日新聞』にとって伊勢湾台風は重要な出来事であったといえる[26]。

それでは、東京で発行される『東京朝日』と、在名古屋新聞社である『名古屋朝日』、『中日新聞』は、伊勢湾台風後の毎年九月二六日にどのような報道を展開していたのか。次節以降で確認していく。

『東京朝日』――取るに足らない日

まず、東京本社が発行する『東京朝日』における伊勢湾台風の周年報道を確認していく。発災翌年から二〇一八年までの期間、見出しや社説、「天声人語」で「伊勢湾台風」が登場したのは、一九六〇年、一九六六年、一九七三年、一九七九年、一九八〇年、一九八九年、一九九二年、一九九九年、二〇〇九年の計九回であった。登場し<u>ない</u>年の方が明らかに多く、後述の『名古屋朝日』、『中日新聞』と比べれば、九月二六日は伊勢湾台風の記念日として重要視されていないことがわかる。

『東京朝日』における一周年

具体的な報道を追跡していこう。一九六〇年は発災一周年ということもあり、最も扱いが大きい年であった。九月二七日の「天声人語」は、冒頭でくつ塚を紹介している。

〝クツ塚〟というのが名古屋の海に近い浜田町にある。伊勢湾台風の折り、二《メートル》を越す高潮の濁流に追いかけられ、約二百人の生命が奪い去られた。そのあとに残された〝主なきハキ物〟(27)が山と積まれ、自然にツカをなした。ゴム長に花がさされたり、ボログツに線香がたてられたりして

このくつ塚の紹介に続けて、前日に伊勢湾台風の一周年行事が「惨禍の思い出も生々しい東海地方で」行われたと記し、防災対策を呼びかけていた。また、九月二六日の朝刊に掲載された「伊勢湾台風から一年」という見出しの記事は、「あの時の〝のろわしい記憶〟は、決して人々の胸から消えることはないだろう。あらためてそれを思い起こし、一年後の復興ぶりを見るために、主な被災地を回ってみた」と記し、復興の度合いを確認している。被災直後に撮影された水に浸かった道路の写真と、復旧が進んだ現在の写真を対比するように併置していた(28)。「天声人語」だけでなく、同記事の見出しにも「惨禍の跡に〝クツ塚〟」とあるようにくつ塚は象徴的なものとして扱われている。

このように、一九六〇年は慰霊祭などの行事や復興の度合いに関心が寄せられ、伊勢湾台風を主題とする記事が複数掲載されていた。ただし、最も注目された一周年であっても、五〇〇〇人以上の人命を奪った伊勢湾台風は、一周年の記念日に社説で取り上げられるような話題ではなかった。九月二六日の社説は「日本の農村の未来」と題し、池田勇人首相の「農村就労人口四割論」を取り上げている(29)。

『東京朝日』の伊勢湾台風語り

次に伊勢湾台風が登場したのは一九六六年である。九月二五日の「天声人語」と、二七日に掲載された「台風二六号からの教訓」と題する社説で言及があった。五年の期間が空いている。

「天声人語」は、「以前は「二百十日」といったものだが、このごろでは、台風は「二百三十五日」に移ったようだ」と書き出し、かつて「二百三十五日」（九月二六日前後）に襲来した洞爺丸台風（一九五四年）、狩野川台風（一九五八年）とともに伊勢湾台風にも言及している[30]。一方の社説は、この年発生し、三〇〇人を越える死者・行方不明者を記録した台風二六号から教訓を引き出そうとするものであった。その中で、伊勢湾台風の教訓を活かし「人口密集地帯や一級河川の防災工事が進んでいる」が、「その陰で、中小河川や僻地の災害予防対策がなおざなりにされていることはないだろうか」と、災害対策に格差が生じないよう警鐘を鳴らしている[31]。

どちらの記事も伊勢湾台風を主題とするものではなかったが、この二つの記事は、『東京朝日』が伊勢湾台風を取り上げる場合の基本形として位置付けることができる。以降、『東京朝日』で伊勢湾台風が登場するほとんどのパターンは、「天声人語」のように台風の厄日として九月二六日に注目するか、社説のように同時代の災害を取り上げる中で言及するかのどちらかであった。

例えば、一九七三年九月二六日の社説「台風シーズンは終わったが」は、冒頭で「毎年九月は、台風の季節だ。とくに、二十六、二十七日前後は、時々、大型の台風が襲って、大被害をもたらすので、最近では、二百十日や二百二十日より恐れられている」と記し、洞爺丸台風、狩野川台風、伊勢湾台風に言及した[32]。また、一九九二年九月二五日の「お天気衛生」というコラムでも、「魔の9月26日」に襲った台風として、洞爺丸台風、狩野川台風、伊勢湾台風を挙げている[33]。このように、台風とのかかわりで九月二六日に特別な意味が付与されているが、伊勢湾台風はあくまで洞爺丸台風と狩野川台風とともに登場するものである。〝伊勢湾台風の記念日〟という単独のテーマで記事が成立していたわけではない。

むしろ、その他の台風と一緒くたにされたことで、伊勢湾台風の記念日であるという意味づけは相対的に薄まってしまっている。それゆえ、「魔の9月26日」が取り上げられていても、伊勢湾台風の記念日に関心が寄せられていたとはいえない。「魔の9月26日」は、戦後最大の被害をもたらした伊勢湾台風だけでなく、洞爺丸台風と狩野川台風が重なることで、意味が成立するのである。

また、一九七九年九月二六日の「天声人語」は、同年の秋分の日に各地を襲った集中豪雨を取り上げる中で二〇年前の伊勢湾台風に言及し[34]、一九九九年九月二五日の「天声人語」は、熊本県宇土郡不知火町の松合集落を襲った台風一八号による高潮を語る中で、「四十年前の伊勢湾台風では、主として高潮で約四千七百人もの死者が出た。以後、防潮堤などの対策が進み、近年は高潮による犠牲をあまり聞かなくなっていた」と述べている[35]。これらは二〇年、四〇年という区切りの良い年に掲載されたものであったが、同時代に発生した災害に付随させて言及するもので、伊勢湾台風を主題に据えて詳しく論じたり、被災の惨状を回想するような記事ではなかった。

この他、一九八九年九月二六日の「惨事30周年の慰霊祭[36]」と、二〇〇九年九月二六日の「伊勢湾台風から50年、追悼式[37]」が、記念日に行われる慰霊祭を伝えているが、どちらも二〇行に満たないベタ記事である。一九六〇年以降の周年報道において、くつ塚慰霊祭が大きく取り上げられた形跡もない。

五〇周年の二〇〇九年に掲載された「天声人語」は、伊勢湾台風を主題とする希少な事例で、縮刷版の索引では「伊勢湾台風から半世紀」という見出しが付されていた[38]。また、同年には名古屋大学などの研究グループが「今世紀後半、風速八〇メートルに達する「スーパー台風」が日本を襲う」という予測結果をまとめたことを報じる中で、伊勢湾台風に言及していた[39]。しかしながら、これらはあくまで例外的な事例であり、単発の伊勢湾台風報道である。『東京朝日』の紙面をみるかぎり、九月二六日が伊勢湾台風の記念日として重要視されてきたようには見えない。

以上のように、『東京朝日』の紙面において伊勢湾台風の周年報道は毎年繰り返されるものではなく、九月二六日が伊勢湾台風の記念日として大きく取り上げられたのは発災一周年のみだった。伊勢湾台風が登場するのは、「魔の9月26日」に襲来した洞爺丸台風、狩野川台風とともに言及される場合か、同時代の災害に付随して参照される場合がほとんどで、独立したアジェンダとはみなされていなかった。つまり、九月二六日は、伊勢湾台風の記念日という意味をほとんど有していなかったといえる。伊勢湾台風から五〇周年の二〇〇九年には、「伊勢湾台風50年　警戒心が緩んでないか」という社説が掲載されているが、掲載日は九月二六日ではなく九月二二日だった。[40]

『名古屋朝日』――地方支社の独自報道

九月二六日を記念日として意味づけていない『東京朝日』に対し、朝日新聞名古屋本社が発行する『名古屋朝日』は、量的にも質的にも充実した周年報道を行っている。見出しや社説、「天声人語」に「伊勢湾台風」が登場しなかったのは、一九九五年、一九九七年、二〇〇一年〜二〇〇三年、二〇〇七年、二〇一〇年、二〇一二年、二〇一五年、二〇一六年の一〇回だった。一九九五年以降に記事が減少傾向を示す背景として、同年一月一七日に発生した阪神・淡路大震災の影響を推察できるが、『東京朝日』との対比で重要なのは、一九九五年まで伊勢湾台風の周年記事を欠かすことなく毎年掲載し続けていたということだろう。同一新聞社であっても、本社ごと、販売地域ごとの差異が顕著にあらわれている。

さらに『東京朝日』との比較で注目されるのは、一面記事や特集ページ、連載特集記事、社説といった位置付けの高い重要記事[41]で伊勢湾台風を取り上げていることである。一九六〇年、一九六一年、一九六四年〜一九六六年、一九六九年、一九七三年〜一九七五年、一九七九年、一九八四年、一九八九年、一九九三年、一九九四年、二〇〇九年の計一五年で、伊勢湾台風に言及する重要記事が掲載された。このうち、一九六六年と一九七三年に掲載された社説は『東京朝日』と同一のもので[42]、伊勢湾台風を主題としていたわけではないが、その他は『名古屋朝日』独自の記事で、内容においても伊勢湾台風をメインテーマに据えている。記事の量、性質ともに『名古屋朝日』は『東京朝日』と明らかに異なっていた。

『名古屋朝日』における一周年

一九六〇年九月二六日、『名古屋朝日』には社説「伊勢湾台風一周年を迎えて」が掲載された。これは、『東京朝日』には掲載されない『名古屋朝日』独自の社説であり、東京本社版に限らず、大阪本社版、西部本社版にも掲載されていなかった。社説の掲載自体に『名古屋朝日』の伊勢湾台風に対する思い入れがうかがえる。

同社説は、「きょうは伊勢湾台風の一周年である。あの荒れ狂った魔の土曜日の記憶は、やっと生き残ることの出来た人々にとって、恐らく一生忘れることが出来ない恐怖のツメあとであろう」と書き出し、被害の痛ましさを描写している。そのうえで、復興の姿を「人間の営みの目ざましい現われとして、驚嘆されてよかろう」と称賛しつつ、「手放しの楽観は許されない。復興のかげには、あの片すみ、この裏通りと、不備、不満がかなり目立つのが現状である」と、復興が孕む格差の問題を指摘した。国に対しては、「災害も時が過ぎると忘れられやすい。伊勢湾台風一周年にあたり、特に自然災害防衛の総合対策を重視することを要望」している(43)。

社説の他にも、一面には「伊勢湾台風あれから一年　〝忘られぬあの夜〟」という見出しの記事が掲載され、各地で行われる慰霊祭を紹介した(44)。三頁にわたる特集「伊勢湾台風きょう一周年」では、朝日新聞論説副主幹・団野信夫が、「いかせ災害の教訓　問題は長期計画の推進」と題した論説を寄稿している(45)。他の記事では孤児、住宅、道路、橋、田畑などの復興状況が図版と写真を使って伝えられた。夕刊一面トップも「〝あすの建設〟をちかう伊勢湾台風犠牲者の慰霊祭」という見出しの記事で、愛知文化講堂で行われた合同慰霊祭の写真を併置している(46)。伊勢湾台風をめぐる名古屋の問題、名古屋での営みが大々的に報じられた。

このように、発災一周年には、『名古屋朝日』独自の紙面構成で社説や特集を設置し、伊勢湾台風が取り上げられていた。社説で取り上げることのなかった『東京朝日』とは紙面構成が明らかに異なっている。発災翌年の時点ですでに、伊勢湾台風認識には地域間でかなり大きな隔たりが生じていた様子がみえてくる。

『名古屋朝日』の伊勢湾台風語り

二周年目以降は復興というアジェンダが後景化している。重要記事として登場することが多いのは、慰霊祭の様子と読者や記者の被災体験談である。

一九六一年は一面に「犠牲者に手向けの花　伊勢湾台風二周年」[47]という見出しの記事が登場し、「美しい花で囲まれたクツ塚にお参りする葵幼稚園児」というキャプションの写真が併置されていた。くつ塚が重要な位置を占めている。

その後は五、二〇、二五、三〇、五〇周年の一面に、写真付きで慰霊祭の様子が掲載された[48]。区切りの良い年に慰霊の日という意味づけが強調されている。九月二六日が記念日として浮上したともいえる。五〇周年にあたる二〇〇九年は、被害の大きかった名古屋市南区で、地元の人びとが祈りをささげる様子の写真を掲載していたが[49]、この他はすべて、市が主催する平和公園（名古屋市千種区）における慰霊祭の写真であった。なお、くつ塚は名古屋市南区にある慰霊碑だが、五〇周年の一面に掲載された写真はくつ塚のものではない。

読者や記者などの被災体験談も大きく扱われた。一九六五年には、「小さな目　伊勢湾台風六周年特集」と題し、小学生の被災体験談が集められている。内容は多岐にわたり、「台風のバカ！」と、生活を破壊されたことにいら立ちを示すものや、「台風がくるたびに　こわかったあの日のことを　思いだ

図4-3　発災当時の作文を用いた白水小学校の授業風景（名古屋朝日）

す」といったように、台風の恐怖を記述したものが多い[50]。一九七四年には「伊勢湾台風あの日あの時」として、『名古屋朝日』の記者八名が当時の体験を語る座談会形式の記事が掲載された。「南区の「くつ塚」で毎年行われている慰霊祭もT君の原稿がきっかけだ。〔……〕涙ながらに書いた「泥水に散ったあのクツこのクツ」の原稿から名づけられた」と[51]、くつ塚命名のエピソードを披露している。この点については、社史でも「名古屋市南部の被災地を根気強く回った遠山が雑感風にまとめた記事が長い間デスクの引き出しに眠ったままで、十一月二日市内版トップを飾った。「泥水に散ったあのクツこのクツ」の横カットに「手向けの菊も悲し　香煙絶えぬ〝クツ塚〟の見出し」が付されたと、経緯が説明されている[52]。くつ塚にまつわるエピソードは、『名古屋朝日』と伊勢湾台風の関連を物語る重要なエピソードとして用いられていた。

一九八九年の「伊勢湾台風30年 白水小の子らは」は、発災当時、名古屋市立白水小学校の児童が記した作文集「伊勢湾台風誌[53]」をもとに、「白水小の子どもたち、関係者らのその時、その後の三十周年を追った」連載企画である。第一〇回は「全員の作文、生きた教材」の見出しを付し、九月二六日の授業風景として、白水小学校の児童が作文を読む様子が紹介されている[54]（図4-3）。また、最終回の第一八回には連載当時白水小学校に在籍していた子どもたちが「いま思うことを書きつづった」作文が掲載されている。伊勢湾台風の恐怖に思いを馳せ、同様の災害が発生しないことを願うものが多く、中には父親の作文をみつけた生徒もいた[55]。

この特集で「伊勢湾台風誌」と呼ばれているのは、本章の冒頭で取り上げた作文集と同じものである。一九八九年当時に白水小学校の授業で活用されており、原本と思われる資料を生徒が読む姿も掲載された写真で確認できる。使用にあたっては、かなり自由度が高かったようだ。また、各回で作文が復刻されていたように、『名古屋朝日』は取材資料として「伊勢湾台風誌」を活用していた。伊勢湾台風の記録は重要な教育メディアであり、かつ、地域メディアにとっては重要な報道資源となっていたことがわかる。取材対象や資料が掘り起こすことのできる範囲に存在し、記者が問題意識をもって取り上げようと企画しなければ、記事は成立しない。『東京朝日』と比べれば、『名古屋朝日』にはこうした物理的な条件が整っていた。

また、伊勢湾台風以外の事柄をテーマとした連載特集も、九月二六日前後になると伊勢湾台風の特集回を組む場合があった。伊勢湾の歴史を辿る一九六九年の連載特集「伊勢湾物語[56]」では、九月二六日から六回にわたって「猛台風襲う」という小見出しを付し、伊勢湾台風を取り上げている。被災体験、当時の状況、被害増大要因などについて記された。他にも、名古屋港の歴史を辿った一九九三年の「みなとに吹く風」では、伊勢湾台風を上・中・下と三回連続で取り上げており、「上」では当時CMに出演するなど〝きんさんぎんさんブーム〟で話題となっていた長寿双子姉妹のひとり、〝ぎんさん〟が伊勢湾台風を回想している[57]。戦後五〇年に向けた一九九四年の声欄特集企画「戦後五〇年[58]」でも伊勢湾台風をテーマに設定し、読者の投書を掲載した。このように、伊勢湾台風は名古屋の歴史を語る特集において重要な出来事として登場している。

防災を主題とする重要記事としては、発災一周年の社説のほか、一九七四年と二〇〇九年に掲載されていたものを挙げられる。一九七四年の連載特集「ゼロメートルの恐怖　伊勢湾台風から15年」は、題名の通り、海抜ゼロメートル地帯における台風被害を論じ、その対策を呼び掛けるものである[59]。二〇〇九年には、朝日新聞社広告局が企画・制作を担当した広告特集「風化させてはならない伊勢湾台風の記憶」が掲載されている。「防災学検定」と題したクイズと「東海の防災力」主催のシンポジウム「伊勢湾台風50年」の模様を取り上げていた。このシンポジウムでは、河田惠昭（当時、関西大学教授）の基調講演「伊勢湾台風から学ぶ」のあと、河田、神山征二郎（映画監督）、沢田亜矢子（女優）によるトークセッション「伊勢湾台風の絆」が行われ、その内容の要旨が紹介されている[60]。また、同日には特集「第二の伊勢湾台風に備えて」が掲載され、伊勢湾台風の特性を紹介しつつ、現代の防災技術の水準が示された[61]。

もっとも、慰霊祭の様子や体験談を掲載する意図として、教訓の継承も当然含まれていたと考えられる。また、連載特集の中で防災が論じられる場合もあった。そのため何をもってして「防災を主題とする記事」と定義するかは難しい。ただ、後述の『中日新聞』との比較においてという留保付きであれば、『名古屋朝日』で防災を前面に打ち出した重要記事は多くない。『中日新聞』の方が、防災を論じることに積極的だった。

以上のように、『名古屋朝日』は『東京朝日』と比べ、伊勢湾台風の周年報道が量的にも質的にも充実していた。発災翌年だけでなく、区切りの良い年には慰霊祭の様子が一面に掲載され、被災体験を語る連載記事も複数回存在する。他テーマの連載は記念日が近づくと、伊勢湾台風を特集する回を用意していた。これらは『東京朝日』に掲載されない『名古屋朝日』独自のものであり、一九九四年までは周年記事が毎年掲載されていた。『名古屋朝日』の紙面において、九月二六日は伊勢湾台風の記念日である。『名古屋朝日』と『東京朝日』の差異は、朝日新聞社が本社ごとに販売地域の特性に合わせた紙面づくりを展開している結果だと考えられるが、このことは、伊勢湾台風がナショナルなアジェンダではなく、ローカルなアジェンダとして認識されていることを示してもいる。言い換えれば、伊勢湾台風は一九九五年に阪神・淡路大震災が発生するまで戦後最悪の自然災害であったにもかかわらず、周年的に全国紙で取り上げられるような出来事とは捉えられていなかった。

地方の災害だから地方でのみ取り上げられる、というのは当然なのかもしれない。しかし、くり返しになるが、伊勢湾台風は一九九五年までは戦後日本が最も人命を奪われた自然災害である。日本災害史において重要な位置を占めていたはずだ。阪神・淡路大震災の周年記事を毎年目にする「災後」の感覚をもってすれば、地方の災害として片づけられるような事例とは考えにくい。だが、『東京朝日』と『名古屋朝日』では紙面に大きな差がみられるのだ。

このことに、「防災の日」が関東大震災の「震災記念日」に設置されたことがどの程度影響しているかは定かでないが、影響が全くなかったとはいえないだろう。とはいえ、少なくとも明らかなのは、朝日新聞社において、被害の甚大さや奪われた人命の多さは、想起すべき災害であるかどうかの選択に決定的な影響を及ぼしていないと考えられる、ということだ。

『中日新聞』――重要な記念日

名古屋に拠点を置く地方紙『中日新聞』は、『東京朝日』、『名古屋朝日』よりもさらに充実した周年報道を展開している。見出しに「伊勢湾台風」と付す記事は毎年登場し、一九八二年、二〇〇三年、二〇一〇年、二〇一一年をのぞくすべての年で写真付きの記事が掲載されていた。また、一面記事や特集ページ、連載特集記事、社説といった重要記事は、一九六〇年〜一九六二年、一九六四年、一九六八年、一九六九年、一九七一年、一九七二年、一九七四年、一九七九年、一九八四年、一九八九年、一九九八年〜二〇〇〇年、二〇〇九年、二〇一三年、二〇一四年の計一八年掲載されていた。こうした報道傾向から、同じ名古屋に拠点を置く『名古屋朝日』以上に、伊勢湾台風との関連で九月二六日を重要なものとみなしていることがわかる。

悲劇を繰り返さぬために
災害地の声・本社世論調査
再起へ半数が借金
返済には四年以上
寝具、衣類に大被害
防止策まだ不足
工事計画できあがっても
66%が“安心できぬ”
もっとお役に立ちたい

除塩効果は水次第
防潮林に黒松がよい
土壌の鉄分が問題
災害科学の立場から
旧海岸線までが危険
心配な原形復旧の堤防
傾動運動など原因
あれから一年です….

左：図4-4、右：図4-5　伊勢湾台風一周年特集の紙面（中日新聞）

『中日新聞』における一周年

当然のことながら、『東京朝日』、『名古屋朝日』と同様に、一周年の報道は充実していた。二五日夕刊「あす伊勢湾台風一周年慰霊の地蔵尊二万体[62]」、二六日朝刊「伊勢湾台風　あの日から一年目[63]」、二六日夕刊「伊勢湾台風決意新たに一周忌　遺族ら再起を誓う[64]」と、三回連続で慰霊祭関連の記事を一面トップで大きく掲載した。「伊勢湾台風の一周年を迎えて[65]」と題する社説が掲載され、全五回の連載特集「一年がたった　伊勢湾台風の跡」も掲載されている。同連載は「一年目を機会に再び〝台風被災〟にスポットをあて、一年後の姿をのぞいてみた[66]」もので、被災みなし子、文化財、被災地の農民などに注目している。九月二六日に掲載された「伊勢湾台風一周年特集」は八頁にわたるもので、復興の経過を追った「復興日誌」、台風災害に科学的アプローチを試みる伊勢湾台風科学調査会の座談会、「災害地の声」をまとめた被災地での世論調査などが収められている[67]（図4－4・5）。記事によると、伊勢湾台風科学調査会とは「この台風の被害を科学的に分析し原因を追究し、そこから対策を考えようという目的で、台風直後名大〔＝名古屋大学〕を中心として本社や愛知県、名古屋市、名古屋商工会議所などが後援し結成され」た組織のことである。総合計画の中間報告を話題とした座談会であり、名古屋大学のほか、名古屋工業大学、名古屋地方気象台長、中日新聞社の編集局長などが出席している。第三章で取り上げた「臨時台風科学対策委員会」とは別物の、在名古屋のメンバーで構成された調査会である。

伊勢湾台風に割く紙幅の多さ、記事の位置付けだけでなく、科学者との座談会や世論調査を掲載することなどから、記者の問題意識の高さ、『中日新聞』の伊勢湾台風に対する思い入れの強さがうかがえる。[68]

複数頁にまたがる特集は、一面で「防災を合い言葉に」と呼びかけた一九六一年にも設置された。[68]「伊勢湾台風あれから二年」という六頁にわたる特集で、「防災　国民あげての努力を」と題する気象庁長官・和達清夫の寄稿、台風の進路、被災の惨状、浸水域などを書き込んだ名古屋市周辺の地図、二年が経過した被災地の復興状況などが紹介されている。前年に引きつづき、この年も伊勢湾台風科学調査委員会の報告が座談会形式で掲載された。[69]一面の記事で「わたしたちは〝防災〟に立ち上がらねばならない」と記していたように、『中日新聞』は、九月一日の「防災の日」だけでなく、九月二六日の伊勢湾台風記念日にも防災を重要なテーマとして紙面を組んでいた。

『中日新聞』の伊勢湾台風語り

区切りの良い年の一面に慰霊祭関連の記事が確認できることと、被災体験を綴る特集が掲載されることは、『名古屋朝日』と同様の特徴である。

慰霊祭関連の記事については、三、一〇、二〇、三〇、四〇、五〇、五五周年に一面での掲載があった。[70]『名古屋朝日』よりも頻繁であり、その分『中日新聞』の方が伊勢湾台風の記念日を重要視していたといえなくもない。いずれにせよ、こうした記事の存在から、伊勢湾台風の慰霊祭という地域の営みが、在名古屋新聞社にとっては目を向けるべき重要なイベントとみなされていることがわかる。

連載特集が多数存在することも『名古屋朝日』と同じだ。長期連載「あすへの座標　愛知の百年」は、題名の通り愛知県の歴史を辿るもので、毎月テーマが設定されていた。一九七二年九月のテーマは自然災害であり、一〇回の掲載がある。濃尾地震、関東大震災、地震予知といった地震関連の話題を取り上げた後、九月二五日から風水害を取り上げ、二六日からは伊勢湾台風を特集。被害のあり様や被災体験を紹介した「その惨状」[71]、クツ塚や孤児など災後の被災者に注目した「遺族たち」[72]、高潮対策、災害情報体制について記した「その教訓」[73]と、三日連続で伊勢湾台風を取り上げた。

二五周年の一九八四年に掲載された「あれから四半世紀　伊勢湾台風忘れまじ」は、「四半世紀前の地獄絵さながらのおもかげを見つけるのは難しい。この台風を知らない若い世代も市民の三割を占めている」、「被災体験者は高齢化を迎え、次第に消えゆく」などと、世代の入れ替わりによる記憶の風化を憂い、被災体験の継承が必要であるとしていた[74]。このような記事が登場する背景には、発災から二五年が経過し、伊勢湾台風当時は子どもだった世代が新しい家庭を築きはじめる時期にさしかかっていたことがある。連載の第二回はそうした世代をテーマとし、伊勢湾台風の襲来当日に生まれた女性が、被災体験を持つ親から伊勢湾台風当時の話を聞く様子を取り上げている。この女性は同年結婚しており、「次はわが子へ台風の教訓を語り継ぐ役を担っていく」ものとされた[75]。親から子へ、子から孫への継承が描かれている。

一九八九年の「伊勢湾台風忘れまい30年前の悪夢」は被災体験者による座談会の記録である。くつ塚で行われる慰霊祭の主催者である下村栄完（伊勢湾台風くつ塚遺族会会長）、同年に公開されたアニメ映画『伊勢湾台風物語』のモデルの一人とされる加古美恵子（主婦）などが出席している[76]。

ローカルアニメ映画『伊勢湾台風物語』

『伊勢湾台風物語』とは、伊勢湾台風から三〇周年に合わせて公開されたもので、岐阜市で高校三年生のときに伊勢湾台風を体験した神山征二郎が監督・脚本を務めた[77]。伊勢湾台風物語製作委員会の公式パンフレットには、以下のように記されている。

「悪夢の夜」から三〇年
今、あの日の記憶が、アニメとなってよみがえる。

刻一刻と迫ってくる怪物のような大型台風。その自然を相手に、命を守るために必死で戦う人間たち。

「自然がひとたび怒れば、人間のことなどお構いなしの、情け容赦ない存在になる。」

大自然のいたずらを前にした時の人間のはかなさを、この台風の犠牲をもって見つめなおし、また、犠牲になった方々への鎮魂歌（レクイエム）として、捧げたい。

この30年という歳月の流れとともに、人々の記憶もうすれ、風化し、伊勢湾台風を知らない世代も多くなった。

今ここに、三〇年を記念するとともに、より多くの人々に語り継いでいきたい。

そんな願いのもとに完成された愛と感動のドキュメンタリー・アニメーション。「伊勢湾台風物語[78]」

図 4-6 『伊勢湾台風物語』のパンフレット

同作は、「何から何まで伊勢湾ずくめ」で、「当時の小学生が書いた作文などからエピソードを拾い集めたノンフィクションが基になっている[79]」。加古美恵子の母校は名古屋市立白水小学校であるから[80]、ここでも冒頭で取り上げた作文集が参照されたと思われる。「監督はじめスタッフが台風体験者」であり、声優も「皆、愛知県出身者であるということもあって、名古屋地方の地域色が言葉によって、よりうまく表現」された。主人公ひかりの同級生の声を担当した名古屋市出身の戸田恵子は、「中学生まで名古屋にいて、よく大人たちから伊勢湾台風のすさまじかった話を聞いて育ちました」とコメントしている。

後援団体には、愛知県、名古屋市といった行政組織、名古屋市教育委員会、小中学校校長会、小中学校PTA協議会など、教育関連の組織団体も名を連ねている。当然、中日新聞社、朝日新聞社といった新聞社、中部日本放送、東海テレビ放送、名古屋テレビ放送、中京テレビ放送、テレビ愛知放送、東海ラジオ放送などの在名古屋放送メディアも加わっていた[81]。

一九八九年七月二二日から愛知、岐阜、三重の「〝地元〟三県」で公開され、九月一日には、「今夏公開の映画としては、スピルバーグ監督のヒットシリーズ『インディ・ジョーンズ／最後の聖戦』に次ぎ第二位。邦画では全国的ヒットのアニメ『魔女の宅急便』（宮崎駿監督）を上回る好調ぶりで、東京、大阪などから映画館や製作会社へ、上映の問い合わせが続いている」と報じられた[82]。「〝地元〟三県」では、かなりヒットしたようだ。

しかしながら、全国的なヒットはほとんど期待されていない。全国公開を前にして、「名古屋での大ヒットの余勢をかって、東京でも上映されることになったそうだが、関東大震災物語ならともかく、この「台風物語」、東京でも一暴れできるだろうか[83]」、「テーマが地震だったら大入りうたがいなし、なんだけどね[84]」（ともに傍点引用者）といった厳しい見解が寄せられていた。関東大震災ではなく伊勢湾台風であること、地震ではなく台風であることが否定的な評価の原因となっている。

そして、この見立ては結果的に正しかった。『伊勢湾台風物語』が全国的にヒットした様子を確認することはできない。一九八九年の日本映画興行トップは『魔女の宅急便』で、トップ一〇にも『伊勢湾台風物語』はランクインしていなかった[85]。逆に言えば、「大ヒット」した「〝地元〟三県」にのみ、『伊勢湾台風物語』を受容する土壌があったのである。『キネマ旬報』が紹介した「愛読者のベスト・テン」では、岐阜県大垣市に住む工員の男性が七位にランクインさせたのみだった[86]。これも「〝地元〟三県」の読者である。なお、『伊勢湾台風物語』は名古屋市内の小学校などで教材として活用されており、少

なくとも、一九九〇年名古屋市生まれの筆者は、小学生の頃に『伊勢湾台風物語』を何度も学校で見た記憶がある。(87)

記憶の採掘

さらに五〇周年を迎えた二〇〇九年は、全三部の連載特集「濁流の記憶」が企画され、当時を知る人びとの証言が数多く集められている。第一部「あの夜」（全八回）は被災当夜の記憶を辿るもので、同年刊行の中日新聞社出版部編『忘れない　伊勢湾台風50年』（中日新聞社、二〇〇九年）に収められた。第二部「その実像」（全七回）は、「巨大台風」の実像に迫ることを目的に、伊勢湾台風の高潮や暴風、貯木場から街に流れ込み多くの人命を奪った流木、被災地における感染症の問題を扱い(88)、続く第三部「語り継ぐ」（全六回）は、「惨禍から何を学び、未来へどう語り継ぐのかを考える(89)」ものである。さらに、被災者の体験談を募った「愛知の証言」は三〇回以上の掲載があり、投書形式、特集記事で取り上げられた被災体験者はこの年だけでも約七〇名に上る(90)。この年は連載小説も名古屋市出身の作家、清水義範が伊勢湾台風の体験を基に書いた「川のある街　伊勢湾台風物語」であり、紙面は伊勢湾台風づくめだった。この連載小説も、中日新聞社から書籍として刊行されている(91)。

県内版
私の記憶9・26
地獄思わせた夕焼けと黒雲
避難中も学級新聞

図4-7　40周年の連載特集「私の記憶」（中日新聞）

こうした特集は、地域の記憶を掘り起こす営みといえるだろう。そしてそれは、単なる掘り起こしにとどまらず、新聞社の販売エリアに普及していく。また、見方をかえれば、体験記の募集は読者の紙面参加でもある。一九九九年の「私の記憶9・26」と題した連載は、伊勢湾台風の惨状や人間ドラマを伝える写真とその模様を説明する文章を読者から募るものだったが、被災当時の様子を伝える写真だけでなく、寄稿者の顔写真も掲載されていた[92]（図4－7）。寄稿という形式での紙面参加は、〝記憶を残す〟という目的を共有した読者と新聞社のコミュニケーションである。そして、その投稿が顔写真付きで掲載されることに、寄稿者が満足感を得たであろうことは想像に難くない。『伊勢湾台風物語』の〝地元〟でのヒットを支えた背景として、このような『中日新聞』の取り組みは見過ごせない。

『中日新聞』で大規模な特集が組まれていた五〇周年の二〇〇九年には、東海テレビ制作の昼ドラ『嵐がくれたもの』が放送されている。同作は、伊勢湾台風によって生き別れとなった母子の物語で、伊勢湾台風当時の映像も挿入される。子どもが入れ替わり、別の親に育てられる設定は、一九七六年放送の伊勢湾台風を題材としたドラマ『赤い運命』（TBS系）と同様である。このドラマは山口百恵の「赤いシリーズ」第三弾で、二〇〇五年に「ホリプロ45周年・TBSテレビ放送50周年記念作品」としてリメイク版が放送された。山口百恵が演じた役は、綾瀬はるかが演じている。興味深いのは二〇〇五年のリメイク版ではオリジナル作品よりも伊勢湾台風が後景に退き、太平洋戦争、満州の記憶が前景化していることである。戦後六〇年というタイミングが影響したものと考えられるが、そうでなくとも二〇〇五年に全国放送のドラマで伊勢湾台風を主題にすることは難しかったはずだ。『伊勢湾台風物語』のヒットが〝地元〟に限られたことをみれば明らかである。

ただ、東日本大震災を経た新たな「災後」では、少しばかり状況が異なっているようだ。伊勢湾台風六〇周年にあたる二〇一九年に、新たな伊勢湾台風作品が登場した。『YAWARA!』や『20世紀少年』を代表作に持つ浦沢直樹の漫画『あさドラ!』（週刊ビッグコミックスピリッツ／小学館）である。本作は、物語の冒頭で伊勢湾台風を取り上げている。連載開始は二〇一八年の一〇月からだったが、『中日新聞』は二〇一九年四月二八日の朝刊一面で浦沢のインタビューを大きく取り上げた[93]（図4－8・9）。

インタビューの中で浦沢は、「ドラマの冒頭の舞台を一九五〇年代末に探すうち、伊勢湾台風の被災

中日新聞
2019年4月28日
災害生き抜く強さ 次代へ
伊勢湾台風描く漫画「あさドラ！」
浦沢直樹さんインタビュー
名古屋弁のせりふ 明るく前向きな力

図 4-8　浦沢直樹の『あさドラ！』を取り上げた一面（中日新聞）

図 4-9 『あさドラ！』第 1 巻

地を取り上げると決めました」と語り、「僕らの世代は、子どものころから、親世代からことあるごとに伊勢湾台風という言葉を聞いていました。最大の災害があったということで。伊勢湾台風という言葉は一つのアイコンだった。ニュース報道でもことあるごとに出ていました」と述べている。しかし、「一つのアイコン」だっただけで、「台風の三カ月後に生まれた僕ら世代にすら、これほどまでの災害だったことは伝わっていなかった」という。浦沢は一九六〇年一月、東京都府中市生まれ。「調べていけばいくほど、伊勢湾台風の被害が想像していたものよりも甚大なもので驚きましたね」という感想は、偽りのないものだろう。

今後、『あさドラ！』が全国規模でどれほどヒットするかはわからないが、浦沢の戦略は興味深い。「伊勢湾台風の惨状をみなさんにお知らせするための作品」とすると、見る人を限定してしまう」（傍点引用者）と述べるように、伊勢湾台風がローカルなもの（あるいは被災体験者のもの）であることを承知している。だからこそ、被害の実態ではなく、当時の「空気感」をどう描くかに力点が置かれた。そしてリアルな描写のために持ち出されたのが東日本大震災の経験である。「あの時の体験を基にすると、六〇年前の伊勢湾台風の描写もリアルにできるのではないかと思いました」と述べている。

そして、浦沢によればこの戦略はある程度の成果を残しているという。

> 連載を始めてみて読者からの反応で気づいたことなんですが、伊勢湾台風というものを描いた時に、東日本大震災を体験していることで、現代人にあの六〇年前の風景を「解る」という感覚があるのだなと。大多数の読者が知らない状況のはずなのに、漫画の中の災害を実感しているような反応を示したんです。一巻で心つかまれたと言ってくれる読者は多いんですが、おそらく読者が東日本大震災を経験したことで、作品に描かれた風景を理解できているんだと思います。六〇年の時をへて、今こそこの漫画を描くべき時だったのだな、と思いました。[94]

東日本大震災という現代の共通体験を下敷きにすることで、同時代の反応を引き出すことに成功している。つまり、東日本大震災という新たな「災後」だからこそ、浦沢にとって「今こそこの漫画を描くべき時」となったのだ。同じ伊勢湾台風を扱った作品であっても、ローカルな物語を提示した『伊勢湾台風物語』とは明らかに性質が異なっている。

持続する周年報道

ここまで見た通り、『中日新聞』は名古屋に拠点を置く『名古屋朝日』と同じような形式で伊勢湾台風関連の重要記事を多数掲載していた。区切りの良い年に伊勢湾台風の記念日であるという意味づけを強調する報道姿勢がうかがえるが、それだけでなく、『伊勢湾台風物語』のヒットが「〝地元〟三県」であったことにも目を向けるべきである。地域限定的に同作を受容する土壌が存在していたと考えられるからだ。そこで在名古屋新聞社が果たした役割は小さくない。裏を返せば、〝地元〟には報道のための資源が存在しており、だからこそ、在名古屋新聞社では読者投稿による連載特集企画を組むなどの手厚い報道が可能だったといえる。

しかしながら、『名古屋朝日』と『中日新聞』の差異も存在する。

阪神・淡路大震災が発生した一九九五年以降、『名古屋朝日』には伊勢湾台風が登場しない年があり、周年報道は減少傾向にあったといえる。一方、『中日新聞』の周年報道は持続しており、伊勢湾台風の記念日は、その重要性を必ずしも失っていない。ただし、大野道邦が取り上げたくつ塚慰霊祭に関する記事に変化が生じていた。

大野も言及している一九九一年掲載の「シンボルくつ塚で最後の慰霊祭」という見出しの記事は、同慰霊祭を主催してきたくつ塚遺族会会長・下村栄冠が高齢となり、くつ塚の管理と慰霊祭の存続が問題となっていることを取り上げたものである。記事の中で、下村は「遺骨を寺に移す考えがあることを示し」、「来年は納骨のための慰霊祭になるだろう。碑の管理も、遺族会から市に移行せざるを得ないだろう」とコメントしていた。「節目の年を迎えた慰霊祭の〝けじめ〟が宣言され、「被災のシンボル的存在だったくつ塚遺《ママ》霊祭も今回で最後になりそうだ」と伝えている(95)。この問題については、『名古屋朝日』も「南区の「くつ塚」最後の慰霊祭」の見出しで報じていた。下村が高齢で引退することのほか、「来年の九月二十六日までに、納骨された骨をどうするか、今後も慰霊祭を続けるかなどを遺族が話し合う場を、下村さんがつくることを提案した」などと伝えている(96)。

翌年の一九九二年の記事では「質素に」恒例の供養が営まれたことが報じられているが(97)、一九九三年には下村が脳梗塞で倒れ、「慰霊碑「くつ塚」に三十四年間で初めてお参りすることができない無念を味わった」と報じられた(98)。結局、三五周年の一九九四年にくつ塚に納められていた納骨が名古屋市千種区の日泰寺に移され(99)、一九九九年には「風化進む悲劇の記憶「くつ塚」慰霊祭もなく……」の見出しで「慰霊祭も営まれず、風化を心配する声も聞かれた」と報じられている(100)（図4‐10）。かつて、伊

図4-10　伊勢湾台風の風化を憂う記事（中日新聞）

勢湾台風の集合的記憶を象徴するものとして扱われたくつ塚は、慰霊祭が営まれないことによって、今度は風化の象徴として言及されるようになった。

大野は「三〇年後には、ジャーナリズムそのものも、「くつ塚」を、「シンボルくつ塚」、「被災のシンボル的存在」とまで呼ぶようになった(101)」と指摘しているが、一九九一年の三十三回忌を区切りとして慰霊祭そのものが縮小し、報道されなくなっていく様子に目を向けていない。三〇年という節目の年に掲載された記事に意味を読み込みすぎてしまっていたといえる。その後の紙面を確認すれば、一九九〇年代以降にくつ塚が社会的枠として機能していないことは明らかである。つまり、くつ塚は世代を越えて継承されるものではなかったのだ。社史でくつ塚を命名したと語る『名古屋朝日』の周年報道が一九九五年以降減少することには、戦後最大の自然災害という位置付けが阪神・淡路大震災によって塗りかえられたことと、くつ塚慰霊祭の縮小が影響していたと考えられる。

なお、名古屋市が主催する慰霊祭は同市千種区の平和公園で行われるものであり、二〇一八年も慰霊祭の様子が写真付きで報じられた。発災当時小学五年生だった河村たかし市長は、「ものすごい風で怖く、食卓の下に隠れた。（被害を）忘れんようにせないかんわね」とコメントしている(102)。くつ塚は下村栄冠という個人を中心とする有志の営みであったため、限界があったのだろう。その意味で、行政という組織による公式の営みは、継続性をある程度担保可能だという点で重要である。

『中日新聞』の周年社説

一九九五年以降も周年報道が維持されることに加えて、『中日新聞』は、一、三、五、一〇、二〇、三〇、四〇、五〇周年という区切りの良い年に関連する社説を掲載し、伊勢湾台風の教訓をもとに防災を論じていた[103]。こうした周年社説の掲載も、他紙にない『中日新聞』独自の特徴である。

「伊勢湾台風の一周年を迎えて」と題した一九六〇年の社説では、「あの災害以後、防災についての関心が高まったことも、いまさらのこととはいえ、喜んでいいことである」とした。その上で、「災害基本法の制定」を望み、「世界有数の「災害国」に住むわれわれには、それなりの心構えが当然必要である。きょうを機として、防災への努力を倍加したいものである」と述べている[104]。『中日新聞』のみが当初から「防災の日」のきっかけとして伊勢湾台風に言及していたことはすでに指摘したが、伊勢湾台風の記念日も防災と強く結びついていた。全国紙で伊勢湾台風の記念日に関連する社説が用意されないのは、伊勢湾台風の記念日が社会的に構築されなかったことに加え、防災を語る日が九月一日の「防災の日」に収斂したためだろう。

これに対し、『中日新聞』は、はじめのうちのみ伊勢湾台風と「防災の日」の関連を指摘していたが、次第に台風との関連を解き、関東大震災や東海地震に多く言及するようになっていく。こうした経緯を踏まえると、『中日新聞』にとっては九月一日が地震防災について語る日であり、九月二六日が台風防災を語る日になった、という大まかな整理をすることができる。

「伊勢湾台風三周年を迎えて」と題する社説では、「このごろは国土開発に大いに力が入れられている。これは、もちろんいいことなのだが、そのために国土保全がおろそかになっては困るのである」とし、国土開発に関連させて、「地域の総合開発についても、防災を忘れないことが肝心である」と説いた[105]。

地域全体の開発によって地域間格差の是正をめざした「全国総合開発計画」の策定は、この社説が掲載された翌月である。一九六九年の「伊勢湾台風十年に思う」では、かつての被災地が「伊勢湾時代」といわれるほど復興・発展し、「海岸堤防は城壁のように堅固に張りめぐらされ、臨海地帯には産業道路が走り、巨大な工場群が立ち並ぶ」ようになったが、そうした「臨海工業地帯の煙突から出る大気汚染や河川、海水の汚濁、あるいは地盤沈下による公害」が「新たな災害」として存在していることを指摘。「これらを含めて災害のない住みよい地域社会の建設に努力することが、伊勢湾台風犠牲者の霊に報いる道であり、これからのわれわれの責務だと考える」と述べていた[106]。一九八九年には「ウォーターフロントの土地利用、海岸部リゾート開発の動き」が盛んであることに触れつつ台風や降雨の危険性との関連を記している[107]。

このように、周年社説では〝開発〟や〝公害〟など、同時代の社会状況を踏まえる形で防災が論じられていた。社会の構造的な変化との対応で、周年社説の内容が規定されている。もっとも、「四〇年前の悲劇に学ぶものは[108]」、「「悪夢」の再現はないか[109]」といった見出しからも明らかなように、伊勢湾台風の教訓が基本となるため主題は台風、水害の防災であったが、そこに、同時代の社会的変化との対応で、防災・地域づくりが論じられているのだ。二〇周年の社説「伊勢湾台風の〝教訓〟を見直せ」は、地域社会における伊勢湾台風の記憶の位置付けについて以下のように記している。

あれから二十年がたったが、この悲劇を経験した中部の人たちにとっては、いまも記憶に生々しいものがあろう。そして、中部地方の地域づくりはこの貴い教訓をもとに進められてきたはずである[110]。

「二十年前の痛ましい犠牲者たちが遺した教訓は、中部地域のあすを考え、その足もとを見つめるとき、忘れてはならない安全への指標」だという。言い換えれば、中部地方の地域づくりは、伊勢湾台風の生々しい記憶をもとに進められてきた。だからこそ、伊勢湾台風の記念日を『中日新聞』は教訓を生かす「総点検の日」と位置付け、周年報道を毎年欠かさず行ってきたのだろう。

以上のように、『中日新聞』における伊勢湾台風の周年報道は量的にも質的にも他紙を圧倒していた。欠かすことなく毎年周年記事が掲載され、区切りの良い年に社説が設置されていた。(三)『名古屋朝日』と比べて大きく異なるのは、一九九五年以降にも周年報道が継続していることと、周年社説の存在である。『中日新聞』にとって、九月二六日は伊勢湾台風の重要な記念日であり、地域づくりと台風防災体制を見直す日でもあった。

伊勢湾台風の集合的記憶

本章では、『東京朝日』、『名古屋朝日』、『中日新聞』を対象に伊勢湾台風の周年報道のあり様を確認した。『名古屋朝日』と『中日新聞』については、一面記事や特集ページ、連載特集記事、社説といった記事の形式に注目することで、全国紙と比べ、地方紙が伊勢湾台風を重要なものと位置付けている様子を跡づけた。これに対し、『東京朝日』には周年記事がほとんど掲載されていない。戦後、もっとも人命が奪われた自然災害である伊勢湾台風は、「防災の日」で取り上げられないだけでなく、九月二六日であっても全国紙においては周年的に想起すべき災害ではなかった。単なる地方の災害として片づけられてしまっている。これは、一月一七日に全国紙で周年報道が続けられている阪神・淡路大震災とは全く異なる状況だ。

『東京朝日』の周年報道は、発災一周年を除いて伊勢湾台風を主題とする記事がほとんどなく、他の二紙と比べて明らかに劣っていた。伊勢湾台風の記念日は取るに足らないものであり、九月二六日は伊勢湾台風の記念日として重要な意味を有していなかったといえる。一方、同じ新聞社でありながら、『名古屋朝日』の周年報道は充実していた。独自の紙面構成で特集記事などが掲載されており、九月二六日が伊勢湾台風の記念日として意味づけられていたことがわかる。ただし、一九九五年以降は減少傾向を示していた。この背景として、阪神・淡路大震災（一九九五年）の発生により戦後最大の自然災害が塗りかえられたことと、『名古屋朝日』が特別な関心を示していたくつ塚慰霊祭の縮小を挙げられる。社史や紙面でくつ塚を命名したエピソードを披露していたように、『名古屋朝日』にとってくつ塚は重要な報道資源だった。そのために、くつ塚慰霊祭の動向に規定される面が少なくなかったのだろう。

最も強力に周年報道を展開していたのは『中日新聞』である。伊勢湾台風関連の記事が掲載されない年は存在せず、区切りの良い年に社説で台風防災を論じるという他紙にない特徴を有していた。『名古屋朝日』が減少傾向を示した一九九五年以降も周年報道は持続している。『中日新聞』の紙面において、九月二六日は、伊勢湾台風の記念日として重要な意味を持っていた(112)。

こうした各紙の傾向を踏まえ、重要だと考えられるのは、『東京朝日』と在名古屋新聞社（『名古屋朝日』、『中日新聞』）の差異だろう。名古屋に拠点を置く新聞社が九月二六日を伊勢湾台風の記念日として意味づけ、周年報道を繰り返していたのに対し、『東京朝日』ではそのような様子をほとんどうかがえなかった。一九九五年以降、『名古屋朝日』の周年報道が減少傾向を示していたが、それでも『東京朝日』よりは充実している。これは、被災体験者の語りや地域の慰霊行事、祈念事業などを報道資源と見なすかどうか、あるいは、発掘することができたかどうかに基づく差異である。地域の営み、地域の人びととマス・メディアの相互作用によって、地域限定的に九月二六日は伊勢湾台風の記念日として構築されている。

問題は、朝日新聞社や中日新聞社が販売地域の特性を加味した報道を行っている、という事実にとどまらない。九月二六日を伊勢湾台風の記念日として構築できるかどうかは、社会の集合的な認識に大きくかかわる問題であるからだ。九月二六日を伊勢湾台風の記念日として位置付け、周年報道が行われる在名古屋新聞社の読者には、伊勢湾台風の集合的な想起が毎年促されるのに対し、全国紙の読者はそのような機会を得ることができない。このことは、伊勢湾台風の集合的記憶がナショナルな枠において忘却され、ローカルな枠においてのみでしか維持・喚起されていないことを示している。

かくして、戦後最大の被害をもたらした伊勢湾台風は、ローカルな記憶に押しとどめられたのだ。くり返すが、こうした状況は一九九五年に発生し、伊勢湾台風を塗りかえて戦後最大の自然災害となった阪神・淡路大震災以後の状況とは全く異なっている。そして、この差異は奪われた人命の多寡によるものではないし、首都であるかどうかも関係ない。阪神・淡路大震災が全国レベルで想起の対象となったのは、第三章で明らかにしたように、「防災の日」の制定によって、想起の対象となる自然災害が伊勢湾台風ではなく関東大震災となっていたからだろう。関東大震災の想起を促す「防災の日」創設以降、地震に対する意識が高められたことで、阪神・淡路大震災は無意識のうちに、毎年想起すべき対象に選ばれたのだと考えられる。台風ではなく、地震であるということが重要なのだ。伊勢湾台風の〈災後〉は、現代の災害認識をかなりの程度規定している。

それでは、伊勢湾台風の記憶がローカルな枠で周年的に想起され続けることは、社会においてどのような意義を持つのだろうか。災害の記憶、災害文化を継承することは、これまで防災・減災への寄与が目的とされてきた。しかし、木村周平が旧来の「災害下位文化」論における問題点の一つとして指摘するように、既存の研究では「災害に関する語りや伝承の存在がどの程度行動と結びついているか、両者の関係性について分析できていない[113]」。とすれば、災害の記憶を継承する営みについては別の面から考察することが必要となる。

そこで本章は、災害とメディアの長期的な関係に着目した。災害の周年報道を追跡することは、災害のメディア研究の主流である災害情報論と一線を画すものである。災害情報システムが重要であることは間違いないが、メディアの有用性はそのことに限らない。冒頭で取り上げた、記憶を掘り起こすきっかけとなるような報道や、特定地域で災害を語り続ける地方紙の役割にも目を向けるべきだ。

先行の地域メディア論では、地域メディアの発信する情報が地域住民の帰属意識やアイデンティティを醸成することが指摘されている(114)。また、大石裕によれば、中央のメディアが発信する情報に対し、「「周辺」としての地域社会の構成員は、社会的かつ心理的に動員されることはありながらも〔……〕さまざまなメディアを通じて入手する情報を独自の文化的情報装置を用いて解読する余地」が残されてきた。「そして、こうした解読の累積の結果が、「周辺」に存在する地方文化あるいは地域文化そのものであるという(115)。

本章で確認した通り、伊勢湾台風の周年報道は地域独自のものとして蓄積されてきたものである。地域の偏りに基づいてローカルな枠に押しとどめられた伊勢湾台風の記憶は、ローカルであるがゆえに「地方文化あるいは地域文化」としてその存在が際立っている。一九八九年公開のアニメ映画『伊勢湾台風物語』が名古屋を中心とした東海エリア限定でヒットしたことは、象徴的な事例だろう。周年的に災害の想起を促すという地方紙の営みによって、地域住民の帰属意識やアイデンティティが醸成されうるのだ(116)。

なお、新聞と読者共同体の関連については批判的な見解もある。「新聞が共同体を自覚できないのは一般化されているためである」と述べる河崎吉紀は、その理由として、「特定の新聞に愛着をもち、こだわりがあって、その気持ちを意識させるほど、新聞というメディアは個々に独自性をもっていない」と指摘した(117)。ここで河崎が想定していたのは全国紙だろう。しかし、本章で確認したように在名古屋新聞社は全国紙と比べて明らかな独自性を有していた。同じ系列の新聞社間においても、である。また、周年報道は、読者の投稿や地域の営み（慰霊祭をはじめとする記念事業）を報道資源としたものであり、在名古屋新聞社と読者の相互コミュニケーションに基づいて展開可能なものである。だからこそ、そのような回路を持たない『東京朝日』では特集が企画されなかった。その意味で、地方紙は「想像の読者共同体」(「想像の共同体」[118])が自覚されうる媒体といえるだろう。メディアが災害の記憶を残すという営みの意義は、防災や教訓にとどまるものではないのだ。

以上、第Ⅱ部では、災害の集合的記憶に焦点をあて、ナショナルなレベルでの関東大震災の再構築と伊勢湾台風の忘却について議論した。第Ⅲ部では、こうした災害の集合的記憶認識の問題に別の文脈から迫ることで、残りの課題を回収していく。一つは、記憶の想起に対する災害の想像力の問題である。第三章でも簡単に触れたが、災害の記憶を再構築する動きのなかで、予知された地震についての語りが確認されていた。第五章ではこの問題に焦点をあてたい。また、これまで新聞をもとに集合的記憶認識を検討してきたが、これに対し、個人の記憶認識はどう対応しているのか。第六章ではこの問題について検討する。記憶の想起に対する災害の想像力、集合的記憶に対する個人的記憶という二つの問題を第Ⅲ部の課題に設定し、議論を進めていく。

注

(1)「取り残された記憶　伊勢湾台風　児童一七〇〇人の作文」『中日新聞』二〇一三年九月二五日付朝刊。

(2)「「伊勢湾」記憶消さない　児童一七〇〇人の作文博物館に」『中日新聞』二〇一四年二月一日付朝刊。

(3)「伊勢湾台風記やっと公開」『中日新聞』二〇一四年八月一九日付朝刊。

(4)「被災者の見た、伊勢湾台風　名古屋市博物館で展示」『名古屋朝日』二〇一八年九月一四日付朝刊。

(5)『中日新聞』は販売エリアからみても「県紙」ではなく、「ブロック紙」に位置付けられるが、小松宜昭中日新聞社社長(当時)は「うちはあくまで田舎の地方新聞。誰がなんと言おうと、断固として地方新聞です。全国紙を目指そうなんて思わない」と述べており、また、本章の調査対象も名古屋版に限るため「地方紙」として扱う(無署名「「デジタルサービス「中日プラス」を開始へ　余裕？　中日新聞の新戦略」『週刊東洋経済』二〇一二年五月一六日号（臨増）、八七頁）。
（6）「59年の日本10大ニュース　読売新聞社選定」『読売新聞』一九五九年一二月二三日付朝刊。
（7）内閣総理大臣官房審議室『風水害に関する世論調査』一九六〇年六月、六頁。
（8）小川太郎らの成果は『名古屋大学教育学部紀要』（一九六一年）でも報告されている（塩田芳久「伊勢湾台風被災校児童の学力調査」、「伊勢湾台風被災児童生徒のもつ社会観について」、「危機における避難形態について伊勢湾台風に遭遇した生徒の避難行動」）。
（9）例えば、新修名古屋市史編集委員会編『新修名古屋市史　第七巻』（名古屋市、一九九八年）、同『新修名古屋市史　第八巻　自然編』（名古屋市、一九九七年）、名古屋市制一〇〇周年記念誌編集委員会編『なごや１００年』（名古屋市総務局、一九八九年）、愛知県編『愛知県昭和史　下巻』（愛知県、一九七三年）など。また、名古屋市南図書館は伊勢湾台風資料室を設け、貴重な資料を所蔵している。
（10）愛知県史編さん委員会編『愛知県史　資料編36　現代』愛知県、二〇一六年。
（11）大門正克「同時代史としての現代史編さんに期待する」『愛知県史のしおり』愛知県総務部法務文書課県史編さん室、二〇一六年、二―三頁。
（12）大野道邦『可能性としての文化社会学　カルチュラル・ターンとディシプリン』世界思想社、二〇一一年、一二八頁。
（13）大野の成果以前、メディア研究者は災害文化研究に関心を示し、災害の記憶の検討を試みていたが、新聞などのメディアに注目すること、あるいは、通時的に検討する試みはみられなかった。
（14）もっとも、大野の関心は災害の記憶とメディアの長期的な関係を明らかにすることではない。伊勢湾台風の集合的記憶を構成する「社会的枠」の析出に重点を置いていた。新聞報道のほかにも、教科書・教材の検討、被災者・関係者へのインタビューによって立体的な把握を試みている。こうした研究目的に即せば時間軸・空間軸の拡張は必須の条件とはいえない。大野の研究は、伊勢湾台風に限らず、災害の記憶研究として非常に重要な成果である。また、時間軸が発災後から三〇数年で区切られているのは初出が一九九七年、一九九九年だからだ（序章注56参照）。二〇一一年に単行本に収録されたとき、加筆されなかった。

(15) 毎年九月二五日〜二七日の紙面に目を通し、伊勢湾台風関連の記事をピックアップした。伊勢湾台風関連の記事とは、「伊勢湾台風」や「くつ塚」といった関連語句が見出しや本文に登場するものである。調査にはデータベースではなく縮刷版とマイクロフィルムを用いた。

(16) 『名古屋朝日』の名古屋本社昇格は一九五五年二月一日である。また、朝日新聞社では、日本の新聞紙上初めてとなる女性だけの投書欄「ひととき」を一九五一年一〇月に設置。当初は「知名人の随想」を掲載していたが、一九五二年から一般の投書を受け付けるようになった。このことで、各地で読者を中心とした女性グループが誕生する。『名古屋朝日』は一九五四年一〇月一日に「ひととき」欄新設の社告を出してスタートし、一九五五年一〇月二日に「いずみの会」が誕生した（朝日新聞名古屋本社五十年史編修委員会編『朝日新聞名古屋本社五十年史』朝日新聞名古屋本社、一九八五年、四二一 - 四二二頁）。伊勢湾台風当時、「いずみの会」は他地域の姉妹組織との横のつながりに支えられながら活躍し、二〇周年には『伊勢湾台風　その後二十年』（いずみの会、一九七九年）を刊行している。「いずみの会」を取り上げた論考に、山本唯人「伊勢湾台風といずみの会　再軍備下の大規模都市災害」（『現代思想』二〇〇六年一月号、一七〇 - 一八一頁）がある。

(17) 「読売新聞のメディアデータ　都道府県別上位三紙」（https://adv.yomiuri.co.jp/mediadata/）【二〇一九年一月三一日取得】。ここで紹介されているデータは二〇一八年のもの。

(18) 前掲朝日新聞名古屋本社五十年史編修委員会編『朝日新聞名古屋本社五十年史』、四三九頁。

(19) 中部日本新聞社史編さん委員会編『中部日本新聞二十年史』中部日本新聞社、一九六二年、六一頁。

(20) 同前、六二一 - 六二三頁。

(21) 業界専門誌「新聞情報」の調査結果をJ - CASTニュースが紹介している（https://www.j-cast.com/2012/03/1912596.html?p=all）【二〇一九年三月一日取得】。新聞社の義援金仲介については、澁澤重和の研究が先駆的である（「義援金仲介にみる新聞の信頼性」『新聞研究』一九九六年二月号、六五 - 六八頁；「阪神大震災の義援金仲介にみるマスメディアの役割」『学苑』一九九六年、第六七四号、一六 - 二五頁）；「阪神大震災の義援金仲介にみるマスメディアの役割（第2・3報）　山梨日日新聞の場合（上・下）」『学苑』一九六六年、第六七八・六八二号）。義援金は、今後も研究が深められるべきテーマといえる。

(22)中日新聞社史編さん委員会『中日新聞三十年史　創業85年の記録』中日新聞社、一九七二年、二七九頁。
(23)同前、二八四頁。部数拡大は『名古屋朝日』にもみられる現象だった(前掲朝日新聞名古屋本社五十年史編集委員会編『朝日新聞名古屋本社五十年史』、四四二‐四四三頁)。
(24)中日新聞社社史編さん室編『中日新聞社の110年』中日新聞社、一九九六年、五〇頁。
(25)日本新聞協会編『日本新聞年鑑　1961年版(昭和三十六年版)』電通、一九六一年、一三頁。同編『日本新聞年鑑　1962年版(昭和三十七年版)』電通、一九六二年、一一頁。また、伊勢湾台風から二カ月分(九月二六日~一一月二六日)の紙面を収めた縮刷版『伊勢湾台風記録』(中部日本新聞社、一九五九年)も刊行されている。この時期は、まだ中日新聞社から縮刷版が刊行されていなかった。
(26)もっとも、このような災害時の活躍を評価する記述は前掲『朝日新聞名古屋本社五十年史』(朝日新聞名古屋本社、一九八五年)でも確認できる。
(27)「天声人語」『東京朝日』一九六〇年九月二七日付朝刊。
(28)「伊勢湾台風から一年　惨禍の跡に〝クツ塚〟」『東京朝日』一九六〇年九月二六日付朝刊。この記事は『名古屋朝日』に掲載された特集を小さくまとめたもの。
(29)「日本の農村の未来」『東京朝日』一九六〇年九月二六日付朝刊。二五日の社説は「米ソの接触面をこそ広げよ」、二七日は「列国議会同盟会議に期待する」と「新潟会談の決裂」の二本組だった。
(30)「天声人語」『東京朝日』一九六六年九月二五日付朝刊。
(31)「社説　台風26号からの教訓」『東京朝日』一九六六年九月二七日付朝刊。この社説は「予報の科学性と人間性」という小見出しを付し、気象予報についても指摘している。当時は米軍飛行機による気象観測が行われていたが、『東京朝日』は以前から気象庁が自前の観測機をもつことを提案していた。また、「気象予報とくに台風予報は、あくまでも科学の問題である。災害予想のクイズゲームではない」ので、人びとに与える指示が多少大げさであっても命を守ることを重視すべきだと主張した。第五章で扱う地震予知報道のスタンスと通底している。
(32)「社説　台風シーズンは終わったが」『東京朝日』一九七三年九月二六日付朝刊。先に取上げた一九六六年九月二五日付朝刊の社説と同様に、この社説でも「襲われれば必ず大災害につながる日本としては、予報こそは防災の先決である。人知と科学技術の枠をつくして取りくむべきものだろう。そのために使われる税金なら、国民はだれ一人不服をいうものはあるまい」と予報の重要性を述べている。
(33)「お天気衛生　魔の9月26日」『東京朝日』一九九二年九月二五日付夕刊。
(34)「天声人語」『東京朝日』一九七九年九月二六日付朝刊。
(35)「天声人語」『東京朝日』一九九九年九月二五日付朝刊。
(36)「惨事30年の慰霊祭」『東京朝日』一九八九年九月二六日付夕刊。区が主催した名古屋市南区の合同追悼式に言及している。
(37)「伊勢湾台風から50年、追悼式　愛知・飛鳥村」『東京朝日』二〇〇九年九月二六日付夕刊。見出しの通り、愛知県飛鳥村の追悼式を伝えている。
(38)「天声人語」『東京朝日』二〇〇九年九月二五日付朝刊。
(39)「堤防ピンチ「対策を」　スーパー台風、今世紀後半にも」『東京朝日』二〇〇九年九月二五日付夕刊。
(40)「伊勢湾台風50年　警戒心が緩んでないか」『東京朝日』二〇〇九年九月二三日付朝刊。
(41)以後、本章では「一面記事や特集ページ、連載特集記事、社説といった位置付けの高い」記事を「重要記事」と呼ぶ。
(42)「社説　台風26号からの教訓」『名古屋朝日』一九六六年九月二七日付朝刊。「社説　台風シーズン終わったが」『名古屋朝日』一九七三年九月二六日付朝刊。内容については『東京朝日』についての記述を参照。
(43)「社説　伊勢湾台風一周年を迎えて」『名古屋朝日』一九六〇年九月二六日付朝刊。
(44)「伊勢湾台風あれから一年　〝忘られぬあの夜〟」『名古屋朝日』一九六〇年九月二六日付朝刊。
(45)「伊勢湾台風きょう一年」『名古屋朝日』一九六〇年九月二六日付朝刊。
(46)「〝あすの建設〟をちかう　伊勢湾台風犠牲者の慰霊祭」『名古屋朝日』一九六〇年九月二六日付夕刊。
(47)「犠牲者に手向けの花」『名古屋朝日』一九六一年九月二六日付夕刊。
(48)『名古屋朝日』の一面に写真付きで掲載された慰霊祭関連の記事には以下のようなものがある。「秋晴れの〝伊勢湾〟五周年」(一九六四年九月二六日付夕刊)、「忘れまじあの惨禍　伊勢湾台風20年各地で慰霊祭」(一九七九年九月二六日付夕刊）、「伊勢湾台風来襲から25年」（一九八四年九月二六日付夕刊）、「伊勢湾台風から30年　各地で慰霊祭」（一九八九年九月二六日付夕刊）、「嵐の夜、忘れない　伊勢湾台風から50年　１３３人死亡の鍋田干拓地」（二〇〇九年二六日付夕刊）。

(49)「濁流の教訓次世代へ」『名古屋朝日』二〇〇九年九月二七日付朝刊。

(50)「小さな目　伊勢湾台風六周年特集」『名古屋朝日』一九六五年九月二六日付朝刊。

(51)「伊勢湾台風あの日あの時」『名古屋朝日』一九七四年九月二六日付朝刊。

(52)前掲朝日新聞名古屋本社五十年史編修委員会編『朝日新聞名古屋本社五十年史』、四三九頁。

(53)「伊勢湾台風30年　白水小の子らは　1　兄妹の心の傷今も深く」『名古屋朝日』一九八九年九月一二日付朝刊。

(54)「伊勢湾台風30年　白水小の子らは　10　全員の作文生きた教材」『名古屋朝日』一九八九年九月二七日付朝刊。

(55)「伊勢湾台風30年　白水小の子らは　18　科学と教訓で防ぎたい」『名古屋朝日』一九八九年一〇月七日付朝刊。

(56)連載開始は一九六九年八月二〇日付朝刊。「流通企業の中堅サラリーマンであるQさん」の興味に応える特集とされるが、Qさんが伊勢湾の歴史に興味をもったのは伊勢湾台風から一〇年であることがきっかけだった。初回には、「「そういえばことしは伊勢湾台風からまる十年だな」と、こんどは過去をふりかえる。「あのときは百年前の海岸線にもどったんだっけ。百年前か」Qさんは、その百年間の伊勢湾物語に興味を持った」と記されている。この記述に従えば、この連載特集自体が伊勢湾台風をベースに成立したともいえる。連載終了は一九六九年一〇月一三日付朝刊。全五〇回。

(57)「みなとに吹く風⑧　伊勢湾台風　上」『名古屋朝日』一九九三年九月二五日付朝刊。「中」は九月二八日、「下」は九月二九日の朝刊に掲載。

(58)「戦後50年　特別編　伊勢湾台風上・下」『名古屋朝日』一九九四年九月二六・二七日付朝刊。伊勢湾台風から三五周年の企画。「声欄では毎週「戦後五〇年」特集を掲載していますが、名古屋本社ではその一環として、特別テーマ「伊勢湾台風」の投稿を募集します」とある（「伊勢湾台風「戦後50年」特別編 投稿募集」『名古屋朝日』一九九四年九月一日付朝刊）。

(59)「ゼロメートルの恐怖　伊勢湾台風から15年」『名古屋朝日』一九七四年九月二一～二六日付朝刊。全五回。

（60）「風化させてはならない伊勢湾台風の記憶　伊勢湾台風50年」『名古屋朝日』二〇〇九年九月二六日付朝刊。シンポジウムについて、朝日新聞社、中部建設協会、阪神・淡路大震災　人と防災未来センターが共同して「東海の防災力」という主催団体となっている。後援は伊勢湾台風五〇年事業実行委員会、国土交通省中部地方整備局。協賛は東海テレビ放送、トーエネック、サカエ。神山征二郎はアニメ映画『伊勢湾台風物語』の監督を務め、沢田亜矢子は同時期に放映されていた東海テレビ制作で伊勢湾台風を主題としたドラマ「嵐がくれたもの」に出演していた。『伊勢湾台風物語』についいては後述する。

（61）「第二の伊勢湾台風に備えて」『名古屋朝日』二〇〇九年九月二六日付朝刊。この他二〇〇九年の『名古屋朝日』は、「防潮壁外に市営住宅　名古屋早朝浸水の恐れ」（二〇〇九年九月二五日付夕刊）という記事でも高潮対策の必要を指摘している。また、「被災50年「今」を問う　伊勢湾台風　在名3局が特番競作」（『名古屋朝日』二〇〇九年九月二五日付夕刊）という記事で、CBC、東海テレビ、NHK名古屋の在名三局が伊勢湾台風の特集番組を放送することを知らせている。新聞だけでなく放送メディアを含め、在名古屋マス・メディアが九月二六日を伊勢湾台風の記念日としていた。

（62）「あす伊勢湾台風一周年　慰霊の地蔵尊二万体」『中日新聞』一九六〇年九月二五日付夕刊。

（63）「伊勢湾台風　あの日から一年目」『中日新聞』一九六〇年九月二六日付朝刊。

（64）「伊勢湾台風決意新たに一周忌　遺族ら再起を誓う」『中日新聞』一九六〇年九月二六日付夕刊。

（65）「社説　伊勢湾台風の一周年を迎えて」『中日新聞』一九六〇年九月二六日付朝刊。

（66）「一年がたった　伊勢湾台風の跡」『中日新聞』一九六〇年九月二〇日付朝刊。二五日までの全五回。

（67）「伊勢湾台風一周年特集」『中日新聞』一九六〇年九月二六日付朝刊。

（68）「防災を合い言葉に　きょう伊勢湾台風二周年」『中日新聞』一九六一年九月二六日付朝刊。

（69）「伊勢湾台風あれから二年」『中日新聞』一九六一年九月二六日付朝刊。

（70）「きょう伊勢湾台風三周年　平和公園などで慰霊」（一九六二年九月二六日付朝刊）、「〝あの日〟の思い新た防災への決意示す」（一九六九年九月二六日付夕刊）、「風化許すな伊勢湾台風」（一九七九年九月二六日付夕刊）、「伊勢湾台風30年　惨禍を心に刻み防災誓う」（一九八九年九月二六日付夕刊）、「鎮魂の百灯　伊勢湾台風40年」

（一九九九年九月二七日付朝刊）、「第一家妻子母子像に重ね　50年あすも祈る」（二〇〇九年九月二七日付朝刊）、「伊勢湾台風から55年　名古屋で慰霊祭防災の決意新た」（二〇一四年九月二六日付夕刊）など。この他にも「伊勢湾台風から39年…悲しみは時を越え　無縁仏今も三三体」（一九九八年九月二六日付夕刊）、「ブラザー・オートバイ　泥海に消えた夢」（一九九九年九月二五日付夕刊）、「堤防決壊つめ跡鮮明　被災直後カラー写真１００枚」（二〇〇九年九月二六日付朝刊）のように、慰霊祭以外の記事が一面に掲載される場合があった。

(71)「あすへの座標　愛知の百年　91　伊勢湾台風その惨状」『中日新聞』一九七二年九月二六日付朝刊。

(72)「あすへの座標　愛知の百年　92　伊勢湾台風遺族たち」『中日新聞』一九七二年九月二七日付朝刊。

(73)「あすへの座標　愛知の百年　93　伊勢湾台風その教訓」『中日新聞』一九七二年九月二八日付朝刊。

(74)「あれから四半世紀　伊勢湾台風忘れまじ　上　恐怖の再現　濁流に五千余人消えた」『中日新聞』一九八四年九月二三日付朝刊。

(75)「あれから四半世紀　伊勢湾台風忘れまじ　中　台風っ子　水没寸前やった〝産声〟」『中日新聞』一九八四年九月二四日付朝刊。

(76)「伊勢湾台風忘れまい30年前の悪夢」『中日新聞』一九八九年九月二六日付朝刊。

(77) 有限会社スペース映像・未来工業株式会社・虫プロダクション株式会社製作。ヘラルドコーポレーション、神山プロダクション製作協力。

(78) 有限会社スペース映像・未来工業株式会社・虫プロダクション株式会社『伊勢湾台風物語』（パンフレット）有限会社スペース映像・未来工業株式会社・虫プロダクション株式会社、一九八九年、ノンブル無し。

(79) 無署名「30年目につくられたアニメ「伊勢湾台風物語」の反響」『週刊新潮』一九八九年一〇月五日号、一二一－一二三頁。

(80)「伊勢湾台風の体験語る　南区・白水小」『名古屋朝日』二〇一八年九月二七日付朝刊。

(81) 前掲有限会社スペース映像・未来工業株式会社・虫プロダクション株式会社『伊勢湾台風物語』、ノンブル無し。

(82)「伊勢湾台風から30年　アニメ「伊勢湾台風物語」がヒット」『名古屋朝日』一九八九年九月一日付夕刊。翌年の『中日新聞』では、「今も各地で自主上映が続き、観客総数は百万人を超えた」。「公開の終わったことしからは上映地区以外にも評判が広がり、既に愛知県内の十五カ所で市民団体などが自主上映会を開催。来年五月までに、さらに十カ所で上映予定があるほか、名古屋市など十市町から「保存用に」と一六ミリフィルムの発注が舞い込んだ」などと報じられている（「悲劇風化させるな 「アニメ」が大ヒット」『中日新聞』一九九〇年九月二六日付朝刊）。

（83）前掲無署名「30年目につくられたアニメ「伊勢湾台風物語」の反響」二三頁。

（84）無署名「一体いまなぜアニメ版『伊勢湾台風』なのか?」」『週刊文春』一九八九年七月二七日号、三一頁。

（85）株式会社キネマ旬報社『戦後キネマ旬報ベスト・テン全史1964‐1992 キネマ旬報別冊』株式会社キネマ旬報社、一九九三年、三一六‐三一七頁。「読者選出ベスト・テン」、「文化映画ベスト・テン」、「興行ベスト・テン」のいずれにも『伊勢湾台風物語』は登場しなかった。なお、外国映画の興行トップは『インディ・ジョーンズ／最後の聖戦』である。

（86）「愛読者の選んだベスト・テン」『キネマ旬報』一九九〇年二月下旬号、一〇一頁。選考委員による「わたしの選んだベスト・テン作品」では誰も取り上げなかった。

（87）筆者が在学していたのは名古屋市立白水小学校である。体験者から伊勢湾台風当時の話を聞いた記憶まではないが、そのような授業はあったように思うし、伊勢湾台風をテーマに絵や作文を書いた記憶がある。今でも被災体験者からお話を聞く会は行われており、その様子は紙面でも確認できる（「伊勢湾台風の体験語る 南区・白水小」『名古屋朝日』二〇一八年九月二七日付朝刊）。

（88）「暴風津波、高潮の恐怖 濁流の記憶第二部 その実像（1）」『中日新聞』二〇〇九年七月三日付朝刊。

（89）「命つなぐ防災無線 第三部 語り継ぐ（1）」『中日新聞』二〇〇九年九月二二日付朝刊。

（90）期間的には二カ月にわたる連載だが、八月一七日から三一日までは衆院選の影響で休止となっていた。

（91）清水義範『川のある街 伊勢湾台風物語』中日新聞社、二〇〇九年。

（92）「私の記憶9・26 伊勢湾台風40年」『中日新聞』一九九九年九月一日付朝刊〜、全二四回。

（93）「災害を生き抜く強さ 時代へ 浦沢直樹さんインタビュー」『中日新聞』二〇一九年四月二八日付朝刊。なお、インタビューの詳細については、『中日新聞』のホームページ「浦沢直樹さんインタビュー詳報」も参照（https://www.chunichi.co.jp/article/feature/feature-general/CK2019050702100019.html）【二〇一九年五月一一日取得】。

(94) 前掲「浦沢直樹さんインタビュー詳報」（『中日新聞』のホームページ）。

(95)「シンボルくつ塚で最後の慰霊祭　伊勢湾台風から33年」『中日新聞』一九九一年九月二七日付朝刊。

(96)「南区の「くつ塚」最後の慰霊祭」『名古屋朝日』一九九一年九月二七日付朝刊。

(97)「くつ塚に悲しみ新た」『中日新聞』一九九二年九月二七日付朝刊。

(98)「80歳父無念の「9・26」」『中日新聞』一九九三年九月二七日付朝刊。

(99)「くつ塚遺骨、日泰寺で永眠」『中日新聞』一九九四年九月二六日付夕刊。なお、『名古屋朝日』では「「くつ塚」風化　慰霊祭は最後？」（『名古屋朝日』一九九四年九月二六日付夕刊）の見出しで報じたあと、伊勢湾台風の記念日にくつ塚関連の記事は掲載されていない。

(100)「風化進む悲劇の記憶「くつ塚」慰霊祭もなく……」『中日新聞』一九九九年九月二七日付朝刊。しかしながら、一九九八年九月二六日付夕刊の「こどもタイムズ」（『中日新聞』）がくつ塚を取り上げるなど、『中日新聞』では記事が全くなくなったわけではない。

(101) 前掲大野道邦『可能性としての文化社会学』、一一八頁。

(102)「伊勢湾台風　名古屋で慰霊祭」『中日新聞』二〇一八年九月二六日付夕刊。となりには、「激励文通59年支え合う」の記事で、被災以来五九年間手紙で交流を続けている人たちがいることを大きく紹介している。しかし、一面トップは二〇一四年に発生した御嶽山噴火の周年報道である。翌日の社説も「御嶽山規制解除　火山のリスク忘れるな」（二〇一八年九月二七日付朝刊）だった。御嶽山噴火の記念日は二七日だが、記念日が近くに存在することで伊勢湾台風の位置付けが低くなっているといえなくもない。今度の動向を注視すべきである。とはいえ、中京テレビが報じたところによれば、「市は来年「伊勢湾台風六〇年」の節目に向け、災害を風化させないための取り組みを関係機関と進めていく」意向だという（https://www2.ctv.co.jp/news/2018/09/26/23481/）【二〇一九年二月二一日取得】。二〇一九年は区切りが良いこともあり、報道は充実している。

(103) 社説の他にも「教訓生かせ　伊勢湾台風・十年」（『中日新聞』一九六九年九月二五日付夕刊〜、全四回）、「不安はいまも」（『中日新聞』一九七四年九月二三日付朝刊～、全三回）、「５０９８人の遺訓　伊勢湾台風40年　都市防災は今」（『中日新聞』一九九九年九月二四日付朝刊～、全三回）などの連載特集で防災を主題としていた。二〇〇九年九月二四日から三日連続で掲載された見開きの全面広告「伊勢湾台風50年　中日新聞　伊勢湾台風50年特集」も同様である（『中日新聞』二〇〇九年九月二四日付朝刊～、全三回）。

(104)「社説　伊勢湾台風の一周年を迎えて」『中日新聞』一九六〇年九月二六日付朝刊。

(105)「社説　伊勢湾台風三周年を迎えて」『中日新聞』一九六二年九月二六日付朝刊。

(106)「社説　伊勢湾台風十年に思う」『中日新聞』一九六九年九月二六日付朝刊。

(107)「社説　伊勢湾台風の教訓を忘れるな」『中日新聞』一九八九年九月二六日付朝刊。

(108)「社説　40年前の悲劇に学ぶものは」『中日新聞』一九九九年九月二五日付朝刊。

(109)「社説　「悪夢」の再現はないか」『中日新聞』二〇〇九年九月二六日付朝刊。

(110)「社説　伊勢湾台風の〝教訓〟を見直せ」『中日新聞』一九七九年九月二六日付朝刊。

(111) 区切りの良い年ではないが二〇一三年九月二六日にも「社説　「伊勢湾」に学んだこと」が掲載された（『中日新聞』二〇一三年九月二六日付朝刊）。これは、気象庁が運用をはじめた「大雨特別警報」に関するもので、その発表基準の一つが伊勢湾台風であることを紹介している。基準となる災害として伊勢湾台風が選ばれたため、今後は「大雨特別警報」が出されるタイミングで伊勢湾台風に言及されることが増えると思われる。

(112) とはいえ、社説だけで議論が可能な「防災の日」制定（一九六〇年）以降の関東大震災と比べれば、『中日新聞』における伊勢湾台風の位置付けは低いかもしれない。また、時代の経過とともに忘却が指摘され続けている。だが、少なくとも、全国紙や『名古屋朝日』と比べれば、伊勢湾台風を重要な経験に位置付け、想起を促していることは指摘可能である。

(113) 木村周平「災害の人類学的研究に向けて（研究ノート）」『文化人類学』第七〇巻第三号、二〇〇五年、四〇五頁。

(114) 例えば、船津衛『地域情報と地域メディア』（恒星社厚生閣、一九九四年）、林茂樹「地域情報化の過程」（船津衛編『地域情報と社会心理　シリーズ・情報環境と社会心理２』北樹出版、一九九九年、三〇‐五三頁）、浅岡隆裕「地域メディアの新しいかたち」(田村紀雄・白水繁彦編『現代地域メディア論』日本評論社、二〇〇七年、一七-三四頁)。

(115) 大石裕「「情報化と地域社会」をめぐる諸概念」大石裕・吉岡至・永井良和・柳澤伸司『情報化と地域社会』福村出版、一九九六年、四三頁。

(116) もっとも、異質な他者との接触がなければ、こうしたアイデンティティを自覚することはない。名古屋に住む友人に、法政大学や関西大学の友人が伊勢湾台風を知らないことを話すと、かなり驚かれる。

また、いかに伊勢湾台風が地域のアイデンティティとして象徴化されているかを検討するためには、『中日新聞』と『名古屋朝日』の紙面を検討するだけでなく、その文化事業にも目配せすることが求められる。あるいは、在名古屋放送局や行政刊行物、ポピュラーカルチャー、教育の場における伊勢湾台風語りを収集し、分析する必要があるだろう。伊勢湾台風がナショナルな記憶から排除されながらも残されてきたのは、名古屋一帯の情報環境によるものだと推察されるからだ。今後、検証されるべき課題である。

(117) 河崎吉紀「想像の読者共同体」『図書』二〇一六年二月号、四頁。

(118)「想像の共同体」については、Anderson, Benedict, 1983, *Imagined Communities: Reflections on the Origin and Spread of Nationalism*, Verso.(白石隆・白石さや訳『定本 想像の共同体 ナショナリズムの起源と流行』書籍工房早山、二〇〇七年)。『中日新聞』が共同体意識を語ることも珍しくはない。「創立40周年記念特集」では、「読者というより「家族」の一員といった付き合い方」であることを記し、その証左に「救援・最優先」の方針を展開した伊勢湾台風でのエピソードを挙げた(織田稔「深い信頼と連帯感」『中日新聞』一九八二年九月一日付朝刊)。

第Ⅲ部

第五章　「地震大国」と予知の夢

――記憶の想起／未来の想像

これまで本書は災害認識のなかでも主に記憶について論じてきた。第Ⅰ部では「防災の日」制定以前、第Ⅱ部では「防災の日」制定以後の関東大震災と伊勢湾台風の記憶語りを追跡している。しかしながら、過去の想起には未来への想像力が伴う場合も少なくない。第二章で確認したように、起こりうる空襲への想像力と関東大震災の想起は関連していた。また、第三章では未来の災害に対する備えを呼びかける「防災の日」がナショナルなアジェンダとして設定されるために、関東大震災の想起が求められていたことを指摘した。記憶の想起と未来への想像力は表裏一体のようである。

では、「防災の日」制定以降の時代において起こりうる災害はいかに語られていたのか、そしてそれは、関東大震災の想起とどのような関係があったのか。本章では、関東大震災の記憶に呼応する、未来の地震への想像力について検証を行う。そのために、科学的地震予知が『東京朝日』の紙面でいかに語られていたかを追跡していく。

かみさま教えて！

「かみさま教えて」とたくさんの人がやってきて、答えを聞くと満足して帰っていく。「隕石はいつ飛んできますか？」という問いに「二一〇〇年の二月」、「ハリケーンはいつ来ますか？」には「ハリケーンは見えるからわかるでしょ」と神様は答える。二〇〇五年頃に放送されていたセキスイハイム東海のローカルCMだ[1]。「東海地震はいつ起こりますか？」という問いへの対応が興味深い。「あーなんかお腹痛くなっちゃった……」と回答を拒否し、「地震に強い家　セキスイハイム」というナレーションが挿入される。「見える」ハリケーンに対し、見えない地震は神様でもいつ起こるかわからないようだ。このCMはシリーズ化されたもので、他には「地震研究36年　中村教授」と紹介される人物に「東海地震は何年の何月何日に起こるんですか？」と迫り「中村教授」が返答に窮するものなどがある。

神様ですらいつ地震が発生するのかわからないのに、科学者が東海地震を予知してしまった。CMでは、このことが皮肉的に描かれている。裏を返せば、このCMが成立するのは〝東海地震の科学的な予知を夢見た時代〟がそれ以前に存在したからだといえるだろう。皮肉の前提は、未だに発生していない東海地震である。科学的に地震を予知することが可能だ、という「夢」[2]の上に成立した東海地震が社会で一定程度定着しているからこそ、こうした皮肉を描くことができるのである[3]。

日本の地震予知研究史は多くの場合一九六二年に公表された『地震予知　現状とその推進計画』（以下、『ブループリント』[4]）、もしくは一九六五年の「第一次地震予知研究五カ年計画」[5]が始点とされる。このあたりの時代は「技術の進歩が目ざましく、災害はいずれ克服できると考えられていた[6]」。

地震を予知して克服するという思想の到達点として、一九七八年の大規模地震対策特別措置法（以下、大震法）を挙げることができるだろう。科学的な地震予知を前提とした世界で初めての法律である[7]。予知とは「いつ・どこで・どのぐらい」の地震が発生するのかをあらかじめ指定することだ[8]。風水害対策を中心とした災害対策基本法（一九六一年）の不十分さを批判しながら成立したこの法律を、社会学者の田中重好は「地震予知が可能となるという科学主義」（傍点引用者）に基づくもので、「従来型の防災パラダイムに立脚して整備されてきた防災対策の典型例」と指摘する[9]。こうした防災対策の動向や予知という科学知は、新聞や科学雑誌などのメディアを介して社会に伝達されており、両者の密接な関係をうかがうことができる。

では、メディアは科学的地震予知を社会へどのように伝えていたのだろうか。この問いを検討するために、本章では『東京朝日』を事例に、『ブループリント』の構想から大震法成立までの期間、すなわち、一九六〇年から一九七八年における『東京朝日』の科学的地震予知報道を跡づける。この作業を通じ、新聞を介してどのように地震予知という科学知が社会に流入したのかを明らかにする。さらに、台風防災を中心とした災害対策基本法と大震法の成立を含むこの期間における予知報道を検討することで、台風中心の防災パラダイムからどのように地震が選び取られ、特別な災害として位置付けられるようになるのか、その過程について、これまで議論した関東大震災の再構築と伊勢湾台風の忘却を踏まえながら検討していく。

一三〇年の地震予知研究史

まず確認すべきは科学史の膨大な研究蓄積だろう。地震予知研究に好意的であるのか、批判的であるのかという立場に違いはあるものの、研究開発の歴史が描かれる[10]。

近年の成果である泊次郎の大著『日本の地震予知研究１３０年史』（東京大学出版会、二〇一五年）は、「研究が進めども進めどもそのゴールに近付いたようには見えないにもかかわらず、国や研究者、それに一般の人々が地震予知に大きな夢や期待を抱き、巨額の研究費と情熱が注ぎ込まれるのはなぜなのか？」[11]という問いに、一三〇年にわたる日本地震予知研究の歴史を紐解くことで解の提示を試みた。研究開発の歴史に併せ、メディア報道、行政資料にも目配りしており、『地震ジャーナル』の書評では「予知研究と社会との関わりを克明に描く」成果とされている。評者の津村建四朗は、「大学、研究機関の図書室だけでなく、一般の大きい図書館にも備えてほしい本である」と述べつつも、「筆者のまとめだけを読むと、地震予知研究は無駄な試みの繰り返しで、将来に希望がないと受け取ってしまう読者もいるかもしれないという懸念」を示していた。
以下に記した津村による批判は、泊の成果と本章の試みの対応関係を考えるうえで重要である。

著者は、地震予知連絡会の一九七〇年代までの活動を紹介したうえ、「以上のように地震予知連絡会は、房総半島の隆起、東海地域の観測強化地域指定、川崎地区の隆起などの〝事件〟を通して、「地震に結びつくかもしれない」との不安をかき立て、地震予知への関心を高め、持続させることに成功した。〝オオカミ少年路線〟といってもよいかも知れない」と批判的な見解を記している。これは、当時の連絡会の真剣な議論や記者会見の様子を知る者には、理解しがたい偏見である。[12]

当時の様子を知る者として、津村は地震予知に携わる研究者が「真剣」だったと主張する。そして、泊が地震予知連絡会の動向を「オオカミ少年路線」と揶揄したことについて、「理解しがたい偏見」だと強く批判している。科学的地震予知に対するスタンスの違いもあるが、こうした批判は、科学界における研究史の議論と、新聞報道に基づく議論の両方が泊の著作に組み込まれており、両者の腑分けが必ずしもうまくいっていないことによるものと思われる。地震予知に携わる研究者の「真剣」な議論が社会の中で「オオカミ少年路線」として解釈されるようになっていたのだとすれば、その媒介項としてメディアが存在しているはずだ。科学史の動向と、科学の動向を伝えるメディア報道は、いったん分けて考える必要があるだろう。

もっとも、泊はあくまで研究史に比重を置いた成果であるが、これに対し、本章は新聞における地震予知報道の検証を進めていく。このことで、科学史の動向とメディア報道のズレを浮かび上がらせる。研究開発の歴史を評価しているわけではなく、あくまで、『東京朝日』が地震予知をどのように報道してきたのかを追跡した。報道のあり様を手がかりとして、科学知の動向ではなく科学的地震予知に対する社会認識の解明を試みている。
なお、泊は朝日新聞社の元記者で、地震予知関連の科学報道も担当していた。『日本の地震予知研究130年史』の冒頭に以下のような後悔を記していたことも付言しておきたい。

取材を進めてゆくうちに、地震の直前予知はそれほど容易でないことがわかってきた。それからは批判的な記事も書くようになった。直前予知ができることを前提にして大規模地震対策特別措置法（大震法）がつくられている東海地震でさえ、直前予知は覚束ないことを知り、予知を前提にした東海地震対策に疑問を投げかける連載記事を書いたりもした。しかし、無知故とはいえ、地震予知の実現は遠くないとの希望をもたせ、世間の期待・誤解をあおるような記事を書いたことは、自身の記者生活での大きな悔いとして残った。無知であることは、罪深いことである。[13]

「無知」を新聞記者として後悔し、地震予知研究史の再検証を志している。新聞社内部の空気を知る人間だからこそ可能な記述もあるだろう。しかし、「世間の期待・誤解をあおるような記事を書いた」というこの告白を踏まえると、研究開発の歴史に対し、地震予知報道の検証がメディア研究の重要な課題だと考えられる。[14]

社会科学の予知への関心

社会科学領域では一九七〇年代後半から八〇年代にかけて、予知に関わる研究成果が盛んに登場する。[15]社会心理学者、メディア研究者がその担い手だった。代表的な研究グループとしては、東京大学新聞研究所の「災害と情報」研究班があり、多数の成果を発表している。[16]日本新聞学会（現、日本マス・コミュニケーション学会）でも「地震予知情報をめぐる諸問題」というシンポジウムが一九七九年の秋季研究発表会で開催されていた[17]。「プロ野球隆盛のためにはスター選手の存在が欠かせない」ように、「地震予知はまさに世間の注目をひきつけるスター的役割を期待されて」いたのである[18]。

ＮＨＫでも一九七七年の一月に東海地震放送対策本部（後に、大規模地震放送対策本部と改称）が発足し、地震予知情報をどのように報道・伝達するかについての検討が始まった[19]。「地震予知情報や警戒宣言を活かすも殺すも、一般の人ひとりひとりが〝よく知る〟かどうかにかかっており、たとえ、行政機関や報道機関が地震予知についてパーフェクトの対応をしたとしても、一般の理解がなければ、地震予知のシステムはデメリット面をさらけ出すにちがいない」という認識のもと、ＮＨＫでは「執拗にキャンペーン番組をくり返し」放送していた[20]。一九八〇年版の『ＮＨＫ年鑑』（日本放送出版協会）には、「視聴者対策面では視聴者を対象とする各種パンフレットを刷成、地震予知に関するＰＲを積極的に行っているほか、予知情報が出された場合の問い合わせに対応する体制、方途を検討し必要な設備の整備を行っている」という記述を確認できる[21]。地震予知のＰＲは「積極的に」行われていたのだ。

指定公共機関として〝地震予知情報をどのように発信するか〟という課題を有していたＮＨＫが、視聴者に地震予知についての知識を提供しようとすることは自然な流れだったのだろう。東京大学新聞研究所の研究にはＮＨＫの試作番組も用いられており[22]、同時代的な地震予知への関心の高さがうかがえる。

この時期に社会科学領域の研究者が抱いた関心は、予知情報の伝達、予知警報の社会的影響などであり、地震予知が新聞でいかに語れていたかを検討する本章とは問題関心が異なっていた[23]。本章は、この時代における社会科学領域の災害研究がどのような認識の上に成り立っていたのか、その土壌を掘り起こすものとなるだろう。社会科学領域の研究者が地震予知をテーマとした成果を産出できる前段階において地震予知がいかに語られていたか、研究の前提がいかに構築されたかをみていきたい。

なお、東日本大震災の後にも、社会科学領域の研究者によって科学的地震予知と関連した議論がなされている。例えば、田中重好は東日本大震災でくり返し指摘された「想定外」という言葉に注目し、

「一般的な「想定」の問題ではなく、「想定」が社会の中でいかに決定されてゆき、それがどういった社会的帰結をもたらすのか」について、津波災害を題材に論じている[24]。また、木村周平は、日本において地震災害がいかに「リスク化」されてきたのかという問題を、災害の発生と政治・研究の動きから検討した[25]。

このように、東日本大震災後の研究では近接の問題関心が示されているが、政策決定の過程や研究動向の把握に比重が置かれており、「想定」を支える社会認識については十分な議論がなされていない。「想定する」とは、社会的行為であり、社会的（集合的）過程である。想定が社会のなかで決まってゆく過程は、純粋に想定が「科学的に決まってゆく」過程とは異なっている[26]。とすれば、科学知を社会に流入させたメディア報道の歴史についても議論がなされるべきである。

だが、科学知を社会へと媒介したメディアについての入念な検討が施されていないため、一般的な「想定」がどのような自明性の上に成り立っているのかが判然としない。この点からも社会で予知がいかに語られていたのか、科学的地震予知への期待感がいかに構築されたのかを改めて検証する必要がある。

科学報道としての地震予知

加えて、地震予知という科学に関するメディア研究を展開するのであれば、科学報道研究も先行研究群の一つとなるだろう。しかし、「核と宇宙の巨大科学を中軸にして成立した日本の科学ジャーナリズム[27]」、「七〇年代を科学報道という面でとらえると、公害・環境報道の一〇年になろう[28]」といった認識が提示される科学報道研究において、地震予知の科学は研究対象とされてこなかった。

ただし、科学記者が経験に基づいて報道の問題点を指摘している場合がある。例えば、共同通信社科学部（当時）の辻村達哉は「地震予知法を紹介する記事は、科学的裏付けに乏しい点を除けば、普通の科学記事の抱える「欠点」がない」と述べている。その理由は、シンプルな筋書きで、不思議なことをもっともらしく語れるからだという。「役立つことにかけては他のどんな研究にも負けない。予知が実現すれば、多くの人命が救われる」。そのため、「メディアの習性からすると、地震予知を持ち上げる記事は出るべくして出てしまう」と、構造的な問題を指摘していた。[29]

また、静岡放送で地震担当記者だった川端信正は、メディアが東海地震説を大きく報じた理由として、石橋克彦の駿河湾地震説が『共同通信』の特ダネ配信からスタートしたことを挙げている。「駿河湾巨大地震説は、各社とも事態が大きいと判断した。無視するわけにはいかない。捨て置けない。後追い取材しかない。各社とも、後追いの記事を書く、そして企画記事が続出する」と、メディアの内部事情について指摘している。[30]

こうした科学記者の経験に基づく指摘は考慮されるべきである。しかしながら、本書を通じて災害の記憶認識が一定でないことを確認してきたように、科学的地震予知が有用なものだという認識の度合いも一定ではなく、濃淡があったのではないだろうか。

泊次郎が一三〇年に渡る地震予知研究の歴史を描けたように、地震予知研究の歴史は長い。しかし、「第一次地震予知研究五カ年計画」として日本の地震予知研究計画が開始されるのは一九六五年のことである。『ブループリント』が一九六二年に公表されて注目を集めたが、これは一九四七年にGHQの指示によって地震予知研究連絡委員会がまとめた計画と類似のものだった。[31] 一九四七年の計画案は、戦後の経済状況との兼ね合いもあり、日の目を見ることがなかった。地震予知の科学に多額の研究費が投下されるようになるのは一九六〇年代以降、つまりは「防災の日」制定以降であり、研究開発の歴史だけでなく、日本社会における災害認識の変化との対応も考慮すべき時期である。『ブループリント』の世話人に名を連ねた萩原尊礼は、「〔計画〕実現の成否は何といっても政府の深い理解と国民の強い関心によらなくてはならない」と述べ、行政だけでなく、国民の支持を得ることにも力を入れていた。[32]

駿河湾地震説がメディア内部で「無視するわけにはいかない」と考えられたのは、科学的地震予知が重要なアジェンダとみなされるようになっていたからだろう。だとすれば、そうした認識はどのように構築されたのか。やはり、地震予知報道の変遷を追跡する必要がありそうだ。

方法論と対象の設定

科学知と社会を繋ぐメディアとして科学雑誌を挙げることもできるが、ここでは新聞を分析対象とする[33]。それは、科学雑誌の読者として想定される科学愛好家や学生にとどまらず、より広い層に科学知を媒介していたのは新聞であったと考えられるからだ。

例えば、内閣府大臣官房政府広報室のホームページで公開されている過去の世論調査には、科学に関するニュースや知識を普段どのメディアから得ているのか訊ねたものがある。一九六〇年の「科学技術に関する世論調査」で最も支持されたメディアは「新聞」(三二・二%)であり、以下、「ラジオ」(二二・八%)、「テレビ」(一四・九%)が続き、「雑誌」(五・五%)は「人の話」(九・〇%)、「週刊誌」(六・〇%)に次ぐ六番目に位置している。その後の調査で順位の変動を確認できるが、一九七六年の「科学技術及び原子力に関する世論調査」でも、「テレビ」(三九・四%)、「新聞」(三二・一%)に次ぐ三番手に「雑誌」(八・四%)は位置し、「雑誌」が「新聞」を上回ることはない。順位の差以上に支持率の差も著しい[34]。通時的な検証には、一定の支持を獲得し続けていた新聞が適していると考えられる。

対象はこれまでの章でも中心に据えてきた『東京朝日』に掲載された地震・地震予知に関する記事とした[35]。科学部を継続的に設置しており[36]、『地震列島』、『地震予知と防災』、『地震警報が出る日』など、連載特集を書籍化してもいる[37]。一九七七年には「大地震展　もしM8が起こったら」を主催していた[38]。こうした紙面の外での営みからも、地震予知に対する関心の高さがうかがえる。

縮刷版を用いて関連記事を悉皆的に収集することを試み、得られた記事すべてに目を通したうえで、質的な検討を施した[39]。なお、本文中では一面記事、社説や論説、特集など、比較的扱いが大きく重要な影響をもったと考えられる記事を中心に取り上げる。

時代設定

対象となる時期は、『ブループリント』の公表に向けた科学者の具体的な動きを紙面で確認できる一九六〇年から、大震法が成立する一九七八年までとする。本論を展開する前に、見取り図を描く意味でもこの時代の災害認識を改めて概観し、時代区分を提示しておきたい。

はじめに確認しておきたいことは、「地震大国」と呼ばれる日本においても、地震が常に対策すべき災害の中心に位置付けられてきたわけではないということである。例えば、作家の重松清は原武史との対談の中で「昭和三十年代、四十年代あたりまでは、今の感覚ではわからないぐらい、水が出るということに対する警戒感があったんじゃないのかという気がするんですよ[40]」と回想する。「今の感覚ではわからない」というのは、観測技術が高度化し、治水対策が進展したという意識の下、自然災害の中心に地震が位置付けられるためだろう。

また、初の「防災の日」である一九六〇年九月一日の「天声人語」は、「むしろ台風による洪水、高潮などの方が地震よりこわい、という人もある」と述べており、台風の恐怖を強調する人が一定程度存在していたであろうことをうかがわせる[41]。「あなたが一番こわいと思う災害」を聞いた一九六〇年当時の世論調査でも地震と台風は拮抗している[42]。一九六五年には和達清夫が「台風はたしかに、災害の多い日本においても災害の親玉である[43]」と述べていた。

和達が「親玉」と指摘するように、台風や風水害による死者数は地震よりも多かった。一九五九年に五〇〇〇名以上の死者・行方不明者をもたらした伊勢湾台風以降、「昭和三〇年代後半から、死者・行方不明者は著しく減少し、長期的にみれば逓減傾向にある[44]」が、一九六〇年から一九七八年に「特別名称のついた気象災害・地震等災害」で一〇〇名以上の死者を記録したのは、気象災害が一〇件中六件、地震等災害が一五件中一件である。[45] 死者・行方不明者という指標でいえば、風水害は完全に克服されたわけではなかった。人的被害としては気象災害の方が地震以上に脅威である。

しかし、「防災の日」に毎年行われる防災訓練の想定は、台風から地震へと対策すべき災害が移行している。「防災の日」が制定された一九六〇年に行われていたのは「水防を中心とする演習」と「消防演習」であった。[46] 全国的な地震防災訓練が行われるようになるのは一九七一年の「総合防災訓練」からで、大震法の成立以降、東海地震に備えた実践的な訓練が行われている。[47] こうした変化の背景として、本書では関東大震災の記憶がナショナルな記憶として再構築されることと、伊勢湾台風の記憶が全国的に忘却されていくことについて検討したが（第三・四章）、地震が浮上する背景については科学的地震予知の語られ方も検討すべきだと考えられる。一九六〇年から一九七八年は災害によって奪われる人命の多寡にかかわらず、対策すべき災害として地震が選び取られ、大震法に結実する期間であったのだ。[48]

そこで、この一八年間を便宜的に「日常の報道」、「非日常の報道」、「創られた非日常の報道」という三つの時期に区分した。[49] 第一期の「日常の報道」では一九六〇年から新潟地震（一九六四年）以前の記事を確認する。大きな注目を集める地震が発生しなかったこの期間では「日常の報道」の中で予知に向けた動きが注目され、地震や防災に対する関心が示された。

第二期の「非日常の報道」は、地震発生という非日常において予知がどのように語られていたのかを中心に検討する。対象は新潟地震、松代群発地震（一九六五年）、十勝沖地震（一九六八年）である。[50] この期間では一九六五年から「第一次地震予知研究五カ年計画」が、一九六九年には「地震予知推進計画」（「第二次地震予知計画」）が開始された。第一次計画が研究者主導だったのに対し、第二次計画は政治主導で策定されている。[51] また、一九六九年の四月には地震予知の実用化促進を目的とした地震予知連絡会[52]が発足し、一九七一年には「大都市震災対策推進要綱」によって大都市を襲う震災に対する基本的な考え方が提示された。

第三期の「創られた非日常」は一九七三年以降の記事が対象である。地震が発生していない日常であるにもかかわらず、地震が予知されることによって緊張感が高まり、非日常的な空気が創り出されていた期間である。一九七五年に中国の地震予知成功が報じられ、一九七六年には石橋克彦の駿河湾地震説が発表されている。予知への期待は最高潮に達していた。地震予知連絡会も石橋の説を認知し、政府は地震予知推進本部を設置。一九七七年には地震予知連絡会に「東海地域判定会」が設置され、一九七八年に大震法が国会で成立した。本章では一九七五年に盛り上がりをみせた京浜地震説の報道に照準を合わせる。

新聞は予知をいかに語ったか

日常の報道

(一)「死の役人」と予知語りの前提

一九五九年の伊勢湾台風による甚大な被害をきっかけとして、防災対策が加速する。一九六〇年には国民の防災意識を高めるために「防災の日」が設置され、戦後防災対策の転換点となる災害対策基本法も一九六一年に制定された。同年、「地震予知研究グループ」が誕生し、翌年には地震学会有志により『ブループリント』が公表されている。地震予知研究に向けた科学者の動向を伝える記事は顔写真が付されるなど扱いが大きく、地震の発生に関わらない「日常の報道」の中で確認することができる。

一九六〇年二月二一日の朝刊一面には「防災、有機的に統一　災害基本法　構想まとまる」という見出しで災害対策基本法に関する記事が掲載された。[53]「科学的に水防計画」という小見出しからは、台風水害への関心の高さをうかがえる。同紙一四面には「私は知りたい」という読者応答型の記事が掲載され、予知に向けた科学者の動向を初めて伝えた。「最近地震が多いようですが、どうでしょうか。また地震の予知はどうしても不可能なのですか」という読者投稿をもとに記者が専門家へインタビューを行い、回答が提示される形式で、気象庁長官で地震学会の委員長も務めていた和達清夫がインタビューを受けている。興味深いのは、この記事の冒頭で「これだけは、やはり最初にいっておきましょう」と、記者から読者に以下のような「前提」が提示されることだ。

これだけは、やはり最初にいっておきましょう。「地震は予知できるか」という問題について、何人かの地震学者や気象庁の役人に会ったときのことです。

ある係官がこともなげに、こういうのです。

「大震災が起こりゃあ、いいんですがね。すごいのがね。さもないと、地震の予知対策は進みませんよ」

「え」と思わずきき返すと、その人は皮肉に笑いながら

「しばらく大地震がないでしょう。人が死なないと、予算がとれないんです」

そういいました。

その係官を「死の役人」などと責めるつもりはありません。が、冗談にしては、ひどく不気味な冗談でした。

地震の予知をはばんでいるのは、地震学の水準が低いからではなく、むしろ、政府が本腰を入れて、予知対策のための予算をよこさないからだ、とその人はいいたかったのでしょう。関東大震災は忘れられている。そして何千人、何万人の生命を犠牲にしなければ、政府の目が地震対策に向かない。金が出ない、という政治の貧しさを訴えたかったようです。

多くの学者が「地震は予知できる」と信じています。問題はそれを実際に役立てるための施設と人をどうするか、というところにまで来ているようです。それを実行に移せぬ政治は悲劇です。

以上のことを前提として、和達気象庁長官、河野気象庁地震課長らに地震の予知、対策、心がまえについて尋ねてみました。(54)

共有が求められた「前提」とは、「地震予知をはばんでいるのは、地震学の水準が低いからではなく、むしろ、政府が本腰を入れて、予知対策のための予算をよこさないから」という「ある係官」＝「死の役人」の主張である。「何千人、何万人の生命を犠牲にしなければ、政府の目が地震対策に向かない」という発想の背景には、伊勢湾台風による甚大な被害が台風防災対策を加速させているという認識もあるのだろう。「関東大震災は忘れられている」のだ。

この記事に「見込みは十分ある　ただ予算と人が　今年こそ大計画の第一歩」という小見出しが付されているように、地震の予知が実現しない理由は地震学の水準によるものではなく、行政の取り組みが不十分であるからだと認識されていた。地震予知に向けた取り組みを実行に移せない政治は「悲劇」とも記されており、批判の矛先は行政に向けられている。

（二）科学者の動向

その後、「『地震予知研究グループ』誕生」という見出しの記事では、地震予知研究の効用や研究意義が述べられている（図5‐1）。「わが国地震学の「最高の頭脳」が予知、予報に成功すれば、私たちの生活におよぼす影響は、はかりしれない」と記し、大地震による被害の損失と比べれば研究のための資金は「『高価な代償』とはいえないのではないか」とした。(55) また、「地震予知へ第一歩」と題し、『ブループリント』の公表を予告した記事では、「『世界最高』の実力をもつといわれる日本の地震学者が総意を集めたもので、「地震予知に関して、日本の学者がもつ見解の総決算」であるともいう」と報じた。「地震予知は個人プレーではできない。国民の支持と国が「その気」になることが大切」という萩原尊礼のコメントも紹介されている[56]。研究の伸展のためには、科学者による個人プレーではなく、国民や国の協力が必要であり、新聞は国民に向けたアピールの場の一つと考えられていたのだろう。萩原は後に「政府・国民の理解を　地震予知計画の実現に」という文書を寄稿していた[57]。

　行政も動き始める。「地震予知を軌道に」という記事では、「文部省はこんごの学術行政上の重点施策のひとつとして、地震予知事業の計画、研究に着手する方針を固め、近く省内に準備委員会を設ける模様である」ことを伝えている。これは、『ブループリント』公表後一年が経過しても計画が実行されず、政府機関による検討も行われていない現状を鑑みた動きで、文部省の測地学審議会に『ブループリント』の検討を行う構想があるというものだった[58]。「地震予知部会」の常設決定についての続報[59]、部会新設の意義を解説する記事も掲載された。意義は大きく二つあり、「公的な機関ではじめて実用化の第一歩がふみ出されたこと」と、地震学者だけでなく幅の広い領野の専門家たちと議論が行われることを挙げている[60]。

図5-1　「地震予知研究グループ」の発足を伝える記事（東京朝日）

　このように、「日常の報道」の期間は大きな注目を集める地震が発生していないものの、科学的地震予知にまつわる科学界の動向に注意を向けることで、地震・防災に関連する事柄がアジェンダに設定されている。また、予知の科学に好意的な認識を「前提」として報じるなど、送り手が抱く日本地震学への期待や信奉をうかがうことができる。

非日常の報道――三つの地震と予知

（一）新潟地震　予知政策の始動

一九六四年六月一六日、新潟地震が発生した。東京オリンピックの約四カ月前である。地震の規模を示すマグニチュードは7・5、死者数は二六人と報告されている。都市における地震被害の惨状を社会に知らしめ、同時代の注目を集めた。一九六四年の新潟国体に合わせて完成したばかりの近代的な橋が破壊され、コンビナートの火災には完全消火まで約半月を要した。地盤の液状化によって鉄筋コンクリートの建物が横倒しとなり、ライフラインも途絶。経済成長や都市拡大による新たなリスクが新潟地震によって露見した(61)。

地震予知研究史では、「この地震が直接の契機となって、一九六五年からは地震予知研究計画が国家事業として始まることになった」とされている(62)。確かに、一九六四年七月一一日の朝刊一面は、「新潟地震の惨事を体験して、地震予知の必要性や都市耐震化の計画推進が改めて強く望まれている」と記したうえで、文部省測地学審議会による「地震予知研究の実施計画」について報じている。「このような計画は世界にも前例がなく、八十年の歴史をもつ日本地震学者の〝実力〟を示すものとして期待されて」おり、「この計画を順調に推し進めれば、十年後にはかならず地震予知の手がかりがつかめる、と地震学者は自信をもっている」と伝えた(63)。七月一八日の文部省測地学審議会による建議をもとに一九六五年度予算が要求され、日本の地震予知研究計画が国家事業として開始される(64)。たしかに、新潟地震は地震予知研究が国家事業として開始される契機といえそうだ。

地震予知計画への関心が盛り上がった傍証の一つとして、泊次郎の『日本の地震予知研究130年史』にもとりあげられているのが発災翌日の社説、「〝新潟地震〟に思う」である(65)。台風と地震を比較し、以下のように述べた。

　わが国を襲う災害はさまざまであるが、人災に類するものを除けば、台風は季節的に来襲がきまっており、また発生から襲来までに時間的な余裕があり、コースの予測もある程度まで捕捉が可能である。ところが断層、火山爆発などによって突発する地震は、日本の地震学および観測技術が世界の水準を抜くほどであるにもかかわらず、いまだに予知は不可能に近い、災害の中でいちばん「忘れたころにやってくる」のが、地震という厄介な自然異変なのである。[66]（傍点引用者）

日本を襲う自然災害のうち、季節的にやってきて、「コースの予測もある程度まで捕捉が可能」な台風に対し、「いまだに予知は不可能に近い」地震が災害の中で最も厄介であるという。予測不可能性が「いちばん」であることの根拠に挙げられていた。この引用部分に続けて、地震研究の歴史が他国と比べて長いにもかかわらず、予知技術が進展しないのは経費が不十分であるからだとした。被災地救援対策とともに「地震予知技術の長足の進歩」を願っている。

　このように、発災翌日、被害状況をまだ十分に把握できていない段階での社説では、科学的地震予知研究の重要性とその支援の必要性が指摘されていた。しかしながら、次の日（一八日）の社説では、「建造物の耐震構造の弱さで際立った特異性を示したこと」と、「石油製造工業の、ひいては今後の石油化学コンビナートの震災の一つの典型を示した」ことが新潟地震の特性であり、「残された問題」だと指摘している。[67]科学的地震予知の「問題」には触れられていない。[68]

　また、発災翌日の社説に限らずとも、地震学者の那須信治や、通産省地質調査所燃料部長の鶴田均二、[69]富士山気象レーダーの設置に尽力した気象庁の役人であり、小説家としても活躍した新田次郎などによる寄稿で予知への注目は確認できる。[70]全面特集「座談会　科学者のみた新潟地震」では、クイックサンドと呼ばれる「流砂現象」、地盤、耐震建築に関する議論とともに「〝予知〟に予算注げ」という小見出しで、思うように予算がとれない現状が嘆かれていた(71)。

これに対し、全面特集「本社記者座談会　身にしみた新潟地震の恐怖」は「〝新潟地震〟のすべてをふり返ってみた」（傍点引用者）としているが、地震予知の必要性などは語られていない。記者たちの「すべて」に地震予知は含まれていないようである。注目されたのは、石油タンクの爆発、地下水の噴出、鉄筋コンクリートの横倒しを引き起こした地盤の流砂現象（クイックサンド）などであった(72)。さらに、新潟地震が発生した月の読者投書を集計・分析した記事は「多い〝新潟震災人災論〟」という見出しを掲げ、「昭和石油タンクの火災、落ちた昭和大橋や倒れたアパートなどのもろさに焦点が向けられ、新潟震災はある意味で〝人災だ〟とする意見がかなりはっきり出ていたのが注目される」と指摘している(73)。発災から約一年後に掲載された回顧記事は、「大震災から一年　新潟の表情(74)」、「耐震工学へ貴重な教訓(75)」といった見出しを付け、クイックサンドや石油タンク火災、ゼロメートル地帯の浸水などについて述べている。科学的地震予知に関する記述は見当たらなかった。

たしかに、科学的地震予知は新潟地震発生直後の社説で言及されるアジェンダであった。被害の特質よりも、まず話題になったのが地震予知だったと言って良いかもしれない。先行研究が指摘するように科学者を勢いづかせ、地震予知研究計画が国家事業となる「直接の契機」として位置付けることができるだろう。科学者の座談会や有識者の論考でも科学的地震予知が取り上げられている。

しかし、読者投書でより強い関心を集めていたのは予知以外の話題だったという事実を見逃すわけにはいかない。また、一九六四年の末に掲載された「ことしの科学ニュースから」では、「富士山頂に気象用レーダー」が設置されたことを取り上げている。新潟地震のあとに地震予知への関心が高まった、という指摘はなされていない(76)。というよりも、併置された「略年表」にすら、新潟地震の発生は取り上げられていなかった。『日本新聞年鑑　1965年版』（日本新聞協会編）では、その年話題になった「科学」に関する事項がまとめられているが、地震予知の科学についてはここでも言及がない。「社会」の欄で暗いニュースの代表格として新潟地震を紹介し、各社の災害報道について簡単に紹介する程度であった[77]。地震予知研究が国家事業となる契機に位置付けられる地震だが、新潟地震の報道が人びとの科学的地震予知への認識に決定的な影響を与えるものであったようにはみえない。研究開発の歴史を軸にした動向と、新聞報道から把握できる動向は必ずしも一致していなかったことがわかる。

（二）松代群発地震　期待感の高揚

紙面で予知が一層注目を集めるのは、一九六五年の八月から二年あまり続いた松代群発地震での報道だと考えられる。『日本新聞年鑑　１９６６年版』（日本新聞協会編）は、一九六五年の「国内新聞の概況」として、以下のように記している。

災害関係の記事では長野県・松代地方の連続地震が科学、社会両部にまたがる問題として長期にわたって報道された。「松代地震は起こるか」といった主題を中心に、現地ルポ、科学解説などの形式で多数の社が取り上げた。しかし災害記事、とくに地震の予測などについては社会的影響が非常に大きいので、各紙とも松代地震関係の報道には当然のことながらこまかな点まで神経を使ったことがうかがえた[78]。

長期にわたる報道の主題は「松代地震は起こるか」というものであったという。すなわち「地震の予測」である。「こまかな点まで神経を使」いつつ、話題の中心とされた。先述の通り、新潟地震の場合はこのような記述がみられなかった[79]。科学的地震予知に対する関心の高まりを確認することができるのは、この時点である。

『東京朝日』に掲載された特集「松代群発地震〈下〉」（全二回）では、「松代は地震学の宝庫だ。地震研究にはまさに千載一遇の好機」という「小さいがきっぱりとした〔学者の〕声を聞く」と記していた[80]。最初に発生した地震から約二年のタイミングで掲載された記事は、松代群発地震で集めたデータは「〝日本で起る十年分の地震記録〟とさえいわれるもので、観測陣は「松代地震が地震予知の道のりをちぢめた」と一様にいう[81]。これこそ、後世への〝最大遺産〟だというのだ」などと、予知研究に光明を得たかのように報じている。

科学に対する楽観的な見通しの一方で、実際に揺れを体験する人びとは不安も感じていた。「ほしいものだらけだが、何より手に入れたいのは〝学問〟です」という中村兼治郎（松代町長）のコメントは、科学への期待と不安が同居したものとして、「現代の地震学はドンピシャリの解答を用意できない。この不安といら立ちを集約したのが中村町長のことばだ」と紹介された[82]。

このような松代群発地震の報道において、予知が初めて結びつけられたのは一九六五年一〇月九日の夕刊一面に掲載された「気象庁初の〝地震予報〟」と題する記事である。「気象庁観測部は九日、同地方の住民に対し「被害をおこすような地震がおこるかもしれない」と初の〝地震予報〟を発表した。正式には地震情報と呼ばれるもの」と報じている[83]。翌日の朝刊には「落ち着き払った松代町」の見出しで、地域住民が前日報じられた気象庁による予測に動じることがなく、地元の気象観測所の予測を信頼していることが伝えられた[84]。

「気象庁初の〝地震予報〟」と、地元の観測所の食い違いは『東京朝日』の科学コーナー「みんなの科学」でも取り上げられている。しかし、この食い違いはリード文で簡単に触れるのみだった。記事の本文では、「三十年後の地震予知」という小見出しを付して以下のように書き出している。

一九九五年×月×日、××県に「一、二年後、かなり大きな地震がおこる」予報が〝地震庁〟から出されたとき、住民はほとんど動揺しなかった。以前から、××県は地震の可能性が最も高い〝最重点地域〟になっていたし、これまで数回全国各地でおこった大地震から「予報によって準備しておけば、地震はこわいものではない」ことを十分知っていたからだ。[85]

これは第一の予報の描写である。続けて「あと二、三カ月」という第二の予報、「あと数日」という第三の予報、「あと三時間前後」という第四の予報が出され、「被害は全く軽微だった」という結末を迎える。こうしたシナリオを現実のものとするための研究には多額の費用を要するが、実際の地震被害と比べれば少額に収まるというのがこの記事の主張だった。数週間前の「予報」が食い違っていたという問題の検証は行われず、「二十年後にはピタリ」といった見出しで科学的地震予知の明るい展望が提示されている。

松代群発地震の報道が社会に科学的地震予知を強く意識させたと考えられるのは、研究についての明るい展望が語られていたからだけではない。[86] 観測に基づく見通しが度々報じられ、それらが「的中」と評される場合があったからである。

例えば、地下で大規模な変動が発生していることをもとに東京大学地震研究所が提出した総合所見を、「地震の警戒を松代周辺だけでなく北信一帯に範囲を広げたことは注目される」と報じた後、[87] 実際に長野県北部で強い地震が発生した。これについて、「東大地震研究所が今月二日発表した〔……〕前ぶれどおりとなった」（傍点引用者）と報じている。[88] たしかに見通しは当たったようだ。

これに対し、見通しがはずれた場合もある。「松代群発地震　一年ぶり警報を解除　当分は被害出まい」[89] という報道の六日後に、「〝安眠〟破る震度5」の地震が発生したという事例である。見通しがはずれたため、地元が「横面はられた驚き」だったと報じられた。ただし、気象庁の「警戒警報解除」は震度6、マグニチュード6以上の地震を対象にしたものだったとされ、「地元にとってはかなりのショッ

警報的中　また強い地震　北信地方
広い範囲の震源
7人けが　被害は最高
更埴市で参考震度5
幼い長男道連れ
父親が飛込
夏休み大詰

図5-2 「警報的中」の見出しを掲げる記事（東京朝日）

クを与えたようだ」としつつも、予報の見通しが甘かったことは大きな問題にされなかった。「「気象庁の予報もあてにならない」と、あきらめのまじった憤りの言葉も聞かれた」が、「地震にはすでになれっこ、あわてて混乱するようなこともなかった」という(90)。

再び「警戒警報」が出され(91)、震度4の地震が発生すると、「「活動期」の警報裏付け?」という見出しの記事で、地震の発生が「〝警報〟を裏付けた(92)」と報じている。数日後、さらに地震が発生すると「警報的中　また強い地震」という見出しを掲げ、長野気象台の「警報が全く的中した」と伝えた(93)（図5-2）。

ここで「的中」と報じられるものは、『ブループリント』で目指されていたような、「いつ・どこで・どのぐらい」の規模の地震が発生するかを事前に指定する「予知」ではない(94)。また、震度5の地震で「警報解除」への批判がなされないのに、震度4の地震で「警報裏付け」と報道されており、厳密な基準を持たないままに、当たりはずれが語られていた。にもかかわらず、「警報的中」という見出しを付けてしまっている。

実際に揺れを体験する人びととは、予報があてにならないことに不満を漏らしており、そのことは紙面でも確認できた。泊次郎も「気象庁と東京大学地震研究所などの研究機関が別々に、多少ニュアンスの異なる予測情報を出している事態に、地元からは不満の声が」上がっていたと指摘している(95)。しかし、『東京朝日』の多くの読者は、実際に揺れを体験することのない外部の人びとである。予報が外れたことで不満を抱くとは考えにくい。とすれば、予報が外れたことを紙面で論じる必要もない。不満を抱かない多くの読者は、予測が外れたことよりもむしろ、科学的地震予知実現への明るい見通しと「的中」報道によって予知実現への期待を高めていったのではないだろうか。

(三) 十勝沖地震 「69年周期説」の再発見

二年あまりも続いた松代群発地震のあと、一九六八年二月二一日に宮崎県えびの町を襲う地震が発生した。この地震について、『東京朝日』は「「えびの地震」に思うこと」と題する社説を掲載し、次のように記している。

自然科学の進歩がはたして人類に幸福をもたらしたかどうかは、大変な難問であろう。実際、宇宙はとびまわれても、すぐ足もとのナマズの暴動には手が出ないのである。この矛盾は永久に解決されないのだろうか。たとえば、ミサイル基地が大地震で壊滅するような皮肉な喜劇でも起こらないかぎり——(96)。

ビッグサイエンスである宇宙開発との対比で、地震予知研究の歩みが早められていないことを嘆いている。「ナマズの暴動」に手が出ないのは、地震研究者のレベルが低いからではなく、十分な資金が投下されていないからだとされた。

それから約三カ月後、一九六八年五月一六日に十勝沖地震が発生する。この地震は、発災直後の調査で求められた震央から「十勝沖地震」と呼ばれているが、その後の調査の結果に基づけば、「三陸沖地震」や「八戸沖地震」と名づけられるべきものであったという。ただし、名称の変更はなされていない(97)。鉄筋コンクリートの建造物が倒壊したことや、地盤の不同沈下などによる被害が目立った。死者は一名と報告されている。

発災当日の夕刊一面は、「規模は関東大震災なみ」と大きく報じている。[98] 東京大学名誉教授の坪井忠二は関連記事で、「この程度の地震が起こるのは地震国日本の宿命だ。むしろ、これまで大地震がなくて不思議なくらいだった」。「今後も大地震が起こる素地は十分にある。ただ、それが日本列島のどこを襲うかわからないのだ」と語っている。[99] 科学的な予知をしていたわけではないが、地震学者にとっては想定の範囲内だったようだ。

翌日には「大地震への備えはよいか」と題する社説が掲載された。「統計的に地震発生の周期説をとなえる学者もいる」、「関東大地震から四十五年になろうとするいま、関東地方、とくに人口過密の東京湾周辺一帯への大地震の襲来は、一種の〝時間の問題〟としてつねに心に銘記すべきであろう」と、関東を襲う地震の周期説が注目されている。[100] さらにこの年の「防災の日」の社説でも、「学問的な話はともかくとして、地震発生の年表をみれば、数十年もたつと大地震がほとんど確実に、またその土地にやってくる」と指摘した。[101] 関東大震災を軸に、巨大地震の再来が論じられている。

ここで指摘のあった関東を襲う地震の「周期説」として代表的なのは、東京大学地震研究所の河角廣が過去の統計から割り出した「69年周期説」だろう。

河角は一九五一年の論文で過去の地震記録を統計学的に検討し、地震危険度の分布図を公表していた人物である。[102] 一九六一年に発表された鎌倉の大仏修理工事の報告書において、初めて「69年周期説」を指摘した。[103] この説は、一九九一年を中心にその前後一三年間に七五%の確立で東京を大地震が襲う、というもので、同報告書では、「附　鎌倉強烈震の周期性」という見出しを付け、簡単に解説されていた。[104] この後、一九七〇年に東京地学協会のジャーナル『地学雑誌』で、「関東南部地震69年周期の証明とその発生の緊迫度ならびに対策の緊急性と問題点」というタイトルの論文が発表されている。[105] 先述した、新潟地震のあと、一九六四年七月三日に行われた衆院災害対策特別委員会では参考人として、「69年周期説」をもとに関東地方に巨大地震発生の時期が近づいていると指摘していた。翌月には東京都防災会議に地震部会が設けられ、部会長を河角が務めている。起こりうる地震の脅威を語り、東京都の防災行政で重要なポストに就いた(106)。

こうした東京都防災会議設置の動きと河角の登用を考慮してか、衆院災害対策特別委員会での発言を、先行研究は「大きく報道され〔た〕(107)」としている。しかしながら、『東京朝日』は「〝過去の統計から見て関東に大地震近づく〟河角東大教授が国会で警告」という見出しで報じていたのみである(108)（図5-3）。続報や大きな特集が組まれていたわけではない。なお、『毎日新聞』も七月三日の夕刊で報じているが、河角の発言趣旨の中で周期説は取り上げられていない。「耐震建築に多くの教訓　新潟地震和達氏ら衆院で意見」という見出しからも明らかなように、河角とともに参考人として登場した和達清夫が最も注目されていた(109)。『東京朝日』、『毎日新聞』に対し、『読売新聞』の扱いは比較的大きかったが(110)、続報が充実していた様子はない。つまり、国会における河角発言の新聞紙面上での取り上げられ方は、先行研究のように、「マス・メディアで大々的に取り上げられたこともあり、社会的に大きな衝撃を与えた(111)」と指摘できるようなものではなかったのである。

〝過去の統計から見て
関東に大地震近づく〟
河角東大教授が国会で警告

図5-3　国会での河角発言を取り上げる記事（東京朝日）

新潟地震から十勝沖地震の間に『東京朝日』が河角の「69年周期説」に言及したことはほとんどなく、見出しに登場したのは衆議院災害対策委員会での発言を報じたこの記事だけだった(112)。つまり、新潟地震の後、継続的に紙面上で大きな注目を集めていた様子はなく、十勝沖地震以降に再発見されたといえる。十勝沖地震の翌年、一九六九年の「防災の日」に、「きょう防災の日　パンク寸前〝地震の巣〟」という見出しの記事で言及され、「東京版」の頁には東京都知事美濃部亮吉との対談が写真付きで掲載された。「69年周期説とは」

図5-4　美濃部都知事と河角の紙上対談（東京朝日）

の見出しで解説記事も付されている(113)（図5－4）。

一九七〇年には自治省消防庁長官の諮問機関である消防審議会が、東京を中心とした大震火災対策について、河角の「69年周期説」を「指標とし、対策をすみやかに確立する必要がある」旨答申したことが報じられた(114)。このことは、「周期説には学界でも異論がある。われわれは審議会が周期説をとったことの是非をいう立場にはない。何にせよ、不意に起こる可能性がある以上、対策は急を要すると主張するのである」と、社説でも取り上げられている(115)。「対策は急を要すると主張する」立場からすれば説の当否などは問題でなく、科学者による指摘という形式が重要だった。切迫性が強調されるものであればどんなものでもよかったのだろう。この年の八月一六日から九月一日まで連載された「東京震度6」（全一四回）は、第一回で「69年周期説」の解説記事を付けている。河角説が連載企画の念頭にあることは明らかだ(116)。「防災の日」の社説では「九九・九％の確かさで、六十九年ごとに大地震が発生しているという根拠にもとづいている」説だと紹介されていた(117)。それまでと比べ、明らかに注目度が増している。

後に、「69年周期説」には批判的な知見が紙面に登場する。一つは宇佐美竜夫（東京大学地震研究所教授）の研究で、「東京が大地震に見舞われる周期は三十六年になる、という新たな事実」であり、「三十六年周期説のほうが信頼性が高いとみる向きが多くなってきた」と紹介された(118)。もう一つは、「関東大地震　69年周期説に疑問」という見出しの記事で、島崎邦彦（東京大学地震研究所助手）の研究が翌月の地震学会で報告されることを伝え、「根拠がない。地震発生に周期はない」という周期説そのものを否定する研究として取り上げた[119]。この記事は、「69年周期説に確信」という小見出しで河角廣の反論コメントも紹介している。科学者同士の論争が新聞に掲載されるほど、「69年周期説」は注目を集めていた。しかし、こうした批判的な知見は紙面で支配的なものとはならなかった。河角の訃報では、「69年周期説」を否定した島崎との論争が話題を呼んだと紹介したうえで、以下のように記している。

しかし、説の当否はともかく、河角氏が六十九年説を打出すことによって、忘れがちの天災への警鐘を鳴らし、地震の防災対策や地震予知研究の進展に大きな功績があったことは、だれも否定できないところだろう[120]。

「説の当否」など問題ではないのだ。防災対策や予知研究の伸展にどれだけ寄与したかが重視されている。「69年周期説」で警鐘を鳴らした河角はその「功績」を評価され、好意的に語られた。

このように、十勝沖地震の報道では関東大震災への言及だけでなく、起こりうる地震語りとして「69年周期説」が発掘され、注目を集めるようになった。関東大震災という過去の地震と「69年周期説」に基づく未来の地震語りが同居している。河角廣の周期説に対する科学者の批判が紙面に掲載される場合もあったが、「説の当否」という科学知の次元は問題とされず、防災対策や研究推進のための警鐘であったことを理由に好意的な評価が下されていた。

泊次郎は一九六九年に国土地理院が行った調査で「房総半島などの異常隆起が明らかになると、元地震研究所教授の河角廣の「関東南部地震69年周期説」が再び注目を集めた」と指摘しているが[121]、紙面での「69年周期説」の再発見には十勝沖地震の発生と関東大震災の記憶が再構築されつつあったことも影響していたと考えられる。反対に、新潟地震のときに「69年周期説」が定着しなかったのは、関東大震災がその時点で「忘れそうな記憶」だったからではないだろうか。先述の通り、記憶の再構築が進みつつあった十勝沖地震の場合は発災当日の夕刊一面に「規模は関東大震災なみ」と大きく報じられていた。なお、統計学的な手法を用いて河角廣が提示した「69年周期説」と観測網を張り巡らせて行う科学的地震予知は別物であるはずだが、読者が区別していたとは考えにくい。どちらも起こりうる地震の恐怖を指摘する科学者による見解として受け入れられたものと考えられる。[122] 一九六九年の「防災の日」に掲載された記事では、地震への警戒を呼び掛けるため、以下のように一緒くたにして言及された。

日本列島の地下に蓄積されている地震エネルギーは、地震が集中的に起こる場所――「巣」別にみて、関東から東海道沖が最も大きい。気象庁、地震学界が、いまとくに注目しているのも、この両地方の地震の巣である。一日は「防災の日」。関東地方については「六十九年周期説」があり、関東大震災からすでに四十六年を経て「第二の関東大震災は近づいている」という警告が、何度か繰返されているが、物理学的にみても、両地震の巣で大規模な地震が発生する可能性は、十勝沖、三陸沖、南関東沖など、他の地震の巣にくらべてはるかに大きいという。日本列島で一年に一回はM(マグニチュード)7程度の大地震が起こっていることからみても、両地方の地震活動はとくに警戒される。[123](傍点引用者)

創られた非日常――京浜地震説の報道[124]

(一)『日本沈没』の大ヒット

一九七三年は関東大震災から五〇年の節目である。[125] 第三章で述べた通り、この時点で周年社説における関東大震災認識は「忘れそうな記憶」から「自明な記憶」へと語りの形式が転換していた。

小松左京が書き下ろしで『日本沈没』(光文社、一九七三年)を刊行するのもこの年である。三月に上下巻が同時発売されると、たちまち大ヒットを記録した。「上下巻合わせて、四〇〇万部を売る超ベストセラーになるとともにTV化、ラジオ化、映画化、劇画化され、日本中を「沈没ブーム」に巻き込んだという。[126]下巻の末尾に、「この作品を書くにあたって、地震学の権威、坪井忠二先生、また地球物理学の竹内均先生のご著作から、数多くの啓発をうけ、参考にさせていただいた。巻末を借りて、お礼申し上げたい」という付記があるように、同時代の科学知を意識した作品であった。[127]カバーのそでに記載された「著者のことば」には、「〝日本列島を沈める〟のは容易なことではなく、呻吟《しんぎん》しているうちに月日がたってしまった。この間、地球科学の発展はめざましく、新しい理論の出現に従って、改稿しなければならないところもあった」と記されている。

同作は、〝世紀の祭典〟と呼ばれた東京オリンピック開催の一九六四年に書き始められ、刊行まで約九年を要した。祝祭の只中での執筆動機を小松は「戦争」だと回想している。

書きはじめた動機は戦争だった。本土決戦、一億玉砕で日本は滅亡するはずが終戦で救われた。それからわずか二十年で復興を成し遂げ、オリンピックを開き、高度経済成長の階段を駆け上がって万博。日本は先進国になった。私もその渦中を駆け抜けたのだが、豊かさを享受しながら、危うさや不安がいつも脳裏にあった。日本人は高度経済成長に酔い、浮かれていると思った。あの戦争で国土を失い、みんな死ぬ覚悟をしたはずなのに、その悲壮な気持ちを忘れて、何が世界に肩を並べる日本か、という気持ちが私の中に渦巻いていた。のんきに浮かれる日本人を、虚構の中とはいえ国を失う危機に直面させてみようと思って書きはじめたのだった。日本人とは何か、日本とは何かを考え直してみたいとも強く思っていた。[128]

戦争を忘れ、「のんきに浮かれる日本人を、虚構の中とはいえ国を失う危機に直面させてみよう」と考え、日本を沈没させはじめたという。[129]東京においては戦時体制が関東大震災の記憶を下支えしていたことをすでに指摘したが（第二章）、ここでも戦争体験が『日本沈没』を産み落としているのは興味深い[130]。だが、本章とのかかわりでは、執筆開始時期の方が重要だろう。刊行後、『図書新聞』に掲載された川添登との対談で、一九六四年の七月に「第一章を書いた」と述べている。

> あれ書き始めたころは九年前ですからね。一九六四年の七月に第一章を書いた。オリンピックの年ですから、七〇年代というのはずいぶん遠い。なにかまだバラ色の霞のかかったようなところがあったんだな。書いているうちに、現実の方が追いついてきた。関東大震災なんて、最初からプランにはいっていたんだけれども、書いているうちに、だんだんと関東大震災が近いなんていう議論が起こってきちゃってね、書いてるうちに本当に起るんじゃないかと思って往生したな[131]。

一九六四年の七月は、先述した新潟地震の一カ月後である。新潟地震が動機であったという記述は確認できないが、小松が全く影響を受けなかったとは考えにくい。いや、むしろ影響は少なくなかったはずだ[132]。オリンピック世論に飲み込まれてしまったが、新潟地震は急速な近代化・産業化への警鐘を鳴らした地震である[133]。小松左京の執筆意図とも合致するものだ。「第二次関東大震災も、現在のようにやかましくいわれるようになるとは予想もしなかった」が、「書いているうちに、現実の方が追いついてきた」[134]。本章で展開してきたここまでの議論を小松は体感しており、その先に『日本沈没』があったのだ[135]。

　地震の科学的予知を目指す研究者も『日本沈没』のヒットを好意的に受け入れている。地球物理学者の竹内均は「地球物理学という地味な学問に光を当ててくださった。あの本のおかげで志望する学生が増えましたよ[136]」と小松に語ったとされる。『中央公論』に掲載された地球物理学者の上田誠也と小松の対談では、上田が「ずいぶんお勉強になったんですね。あれならうちのマスター論文ぐらいにはなるかな、なんて思っておったんですがね」と述べていた。さらに、「日本が沈没するということは、たいへん大きな比喩なんでしょうが、やっぱり直接いちばん関係があるのは地震でしょうね。小松さんの本を現実の世界に引き戻すと、それは地震なんですよ。おそらく地震予知をやってる人が、直面している問題なんですよ」と、『日本沈没』を地震予知と関連が深いものとして語っている。[137]

(二) 地震予知と「オオカミ少年路線」

紙面でも一九七三年は大きな変化を確認できる。[138]「学者が語る「新しい地震観」」という見出しの記事が掲載され、「「立ち向かえば、地震に勝てる」という見通しも生まれつつある」ことを紹介した（図5-5）。「いつ」地震が発生するかを正確に言い当てることはできないが、「間違いなく大きいのが来る」というのが地震学者の一致した見解となり、「理論的に場所を指し示せるようになった」こと、「およその規模まで検討がつく」ようになったことが、「新しい地震観」の特徴として紹介されている。[139] 書籍化もされた同時期の連載特集「地震列島」（全二〇回）は、前半部を「新しい地震観」による地震現象の説明にあてており、その中で、大地震が「起こりうる」という不確定なものではなく「「必ず来る」」と、学者たちがほぼ一致して認めるに至った」と記していた。[140] この「新しい地震観」は、地球の表面を一〇枚ほどのプレートによって分割されているものとし、プレート同士がぶつかったり下に潜り込んだりする運動現象によって地球上の地質現象を説明するプレートテクトニクスとい

学者が語る「新しい地震観」
本州に衝突する伊豆半島
「必ずくる」で一致
海底プレート説が根拠
全力投球で戦えば勝つ

図 5-5　新しい地震観により科学者たちは「必ず来る」で一致（東京朝日）

う新理論に基づくものである。

先行の科学史研究で明らかにされているように、地震予知が可能であるという見通しと、東海地震説の切迫感は地震予知のための観測網整備を後押しした。そして、一九七八年に発生した「伊豆大島近海地震の余震情報をめぐって住民にパニック騒ぎがあった」[141]ことから、「東海地震に備えた法律をつくることに異議をはさむ人は少なく」なり、大震法が成立する。

このような、予知を前提とする科学主義的防災対策の確立過程でメディアが担った役割は、京浜地震説の報道から浮き彫りになる。

一九七五年二月八日、京浜コンビナートについて「「地震予報」が出たのに国、具体案を持たず」と報じられた。この「地震予報」とは、前年の暮れに地震予知連絡会から出された「震度5、直下型の強震が川崎、横浜両市と東京の一部を襲う可能性がある」という見解で、「問題の地域が京浜コンビナートに当たることと、ちょうど石油タンクの不等沈下問題が表面化したことが重なって、地元自治体や住民を不安がらせている」という[142]。

地震予知連絡会によるこの見解を「前年の暮れ」に『東京朝日』が「地震予報」と報じた形跡はないが[143]、この記事が「地震予報」と伝えて以来報道が盛り上がる。「コンビナート防災対策を急げ」という社説が掲載され[144]、「京浜工業地帯の地震警報」[145]や、「地震警戒信号」[146]といった見出しを付けた記事が続いた。「〝京浜地震〟備えはどうか」という記事では、「「地震予報」に対する各自治体の緊急対策」をまとめた表を付け、「わが国初の〝地震予報〟を発表して以来、住民の不満が広がっている京浜地区」で進められていた各自治体の防災対策を紹介。「地震予報」が社会を動かしていることを確認している。「一年以内に準備を完了させようという短期決戦型でのぞんでいるのが特色」だというが[147]、ここで想定された京浜地震は発生していない。一九七六年五月に地震予知連絡会が「異常隆起が地震の発生に結び付く公算はかなり薄い」という統一見解を発表し、事態は収束した[148]。

こうした京浜地震説をめぐる報道について『東京朝日』がどのように考えていたのか。この点については、同時期に掲載されていた連載特集「地震　予知と防災」（全三一回）の最終回に併置された「連載をおわって」という記事から読み解くことができる。

耐震ボンベの開発や、建築基準法耐震規定の強化は伊豆半島沖地震（一九七四年）や大分地震（一九七五年）での貴重な体験によると指摘したうえで、「その体験を実りある方向に推し進めたのは、やはり地震予知連絡会の「京浜地震予報」による〝緊張感〟があったからにほかならない」。「一部の専門家がいま、予知連の「京浜地震予報」を〝オオカミ少年〟呼ばわりしている、と聞いた。この人たちは、緊張感の下でないと、防災面ではなかなか進歩がみられないことを知らない」と述べている[149]。『東京朝日』が、防災対策を推進するために「地震予知連絡会の「京浜地震予報」による〝緊張感〟」が重要であると認識していたことは、この記事から明らかだ。同時に、地震防災対策を推進する原動力となるような「緊張感」を創り出すことに、予知報道を行う意義を見出していたことも推察可能だろう。同特集をもとにした書籍『地震　予知と防災』の「おわりに」でも、連載が行政の動きに反映されたとして、以下のように評価している。

連載途中で建築基準法のうち耐震規定の改正が建設省を中心に進められ、通産省でもプロパンガス用の耐震ボンベの研究開発に着手するなど、コラムでの危険の指摘がわずかでも行政面に反映しつつあることは、地震被害に悩まされ続ける国民にとって心強い「変化」であったと思います[150]。

このように、「創られた非日常」の期間では、科学的地震予知への期待が高まると同時に予知された地震への不安も高まっている。その典型的な事例として京浜地震説を確認したが、ここで『東京朝日』は予知による「緊張感」の重要性を指摘していた。防災対策を推進するために「緊張感」を高めることが、報道意義とみなされていたのである。

泊次郎は、京浜地震説について、「地震予知連絡会は騒ぎが沈静化するのを、望んでいなかったのかも知れない」、「川崎の異常隆起と中国の海域地震の予知成功などで盛り上がった社会の〝地震予知熱〟をきっかけに、地震予知研究予算をさらに増額してほしい、との思惑がうかがえる」などと指摘した。[151]その上で、一九七〇年代半ばの研究動向を以下のようにまとめている。

地震予知連絡会は、房総半島の隆起、東海地域の観測強化地域指定、房総沖の大地震の空白域、川崎地区の隆起などの〝事件〟を通して、「地震に結び付くかもしれない」との不安をかき立て、地震予知への関心を高め、持続させることに成功した。〝オオカミ少年路線〟といってよいかも知れない。さらにこの〝路線〟は続き、東海地震の予知を前提にした大規模地震対策特別措置法の制定へと進む。[152]

地震予知研究の歴史を辿れば、地震予知連絡会が「地震予知への関心を高め、持続させる」ために、「オオカミ少年路線」を採用したことになるという。しかしながら、ここまで確認してきたようにそれは地震予知連絡会だけに限るものではない。『東京朝日』も「オオカミ少年路線」を支持していたし、そのことで防災対策が推進されることを肯定的に評価していたはずだ。そもそも、たとえ地震予知連絡会が「オオカミ少年路線」だったとしても、社会に直接語りかけていたわけではない。マス・メディアが介在する。その路線に協調し、〝拡声器〟の役割を（結果として）新聞報道が担っていた、という事実を見落とすべきではないだろう。

予知報道とは何だったのか

メディアの機能・役割

廣井脩はマス・メディアが行う災害の啓蒙報道について、「災害発生直後や九月一日の「防災の日」前後の特集記事を除けばあまり活発とはいえない[153]」と述べている。たしかに、第三章で確認した通り「防災の日」が制定されて以降、災害は九月一日の社説で取り上げられるほど重要なテーマとなっていた。「防災の日」という記念日において、災害関連の報道は充実している。しかし、発災直後や「防災の日」でなくとも予知が議題として設定されることによって、地震・防災に関わる議論が「日常の報道」や「非日常の報道」で行われている。また、予知は地震の被害規模、被害特性にかかわらず、発災時にすぐさま議題として設定することが可能である。実態の把握できない地震であっても、予知を語ることで地震そのものの注目度を高める機能を有していたと考えられる[154]。科学記者が振り返るように、便利なアジェンダであった。

予知というアジェンダが設定されることで、地震予知研究に携わる科学者も注目される。「ある人物や政策が、ひとたびマス・メディアの中で好意的な注目をかちうると、その社会的な立場があがるということは、調査によらずとも普通の経験によって明らか」であり、「個人や集団の地位を正当であると認定することによって、彼らの権威を高め、かれらに威信をあたえる[155]」（強調原文）。こうしたマス・メディアによる「地位附与の機能」が予知に携わる科学者たちを特別な地位へと押し上げた。

予知の科学に対する好意的な認識が「前提」として提示され、読者は共有を求められている。異なる予測が提示されても問題とはならず、〝バラ色〟の地震予知が語られた。予知の定義はあいまいなものであり、『ブループリント』における定義に該当しない見解が「的中」と報じられる場合もあった。次第に予知の技術が完成間近であるという期待感が構築され、地震が発生していない日常であるにもかかわらず、予知によって非日常的な「緊張感」が創り出されていく。

そのため、期待感の高まりは、予知された地震への不安＝「緊張感」を増幅しうるものであったと考えられる。科学に期待を寄せているからこそ、科学者の指摘は正統性を帯びていくのだ。だとすれば、科学的地震予知を好意的に取上げる報道が地震防災対策の推進、地震防災意識の向上に寄与したことを見過ごすべきではない。そして、このことに『東京朝日』は明らかに積極的だった。京浜地震説の報道を確認したように、社会を動かした「緊張感」が重要だと主張している。地震予知についての批判が育たなかったのは、予知への期待に加え、「緊張感」を高めることに報道意義を見出していたためではなかったか。

なぜ地震が語られるのか

地震防災対策の推進という『東京朝日』が想定した報道意義は、「防災の日」制定以来の規範に基づくものであったと考えられる。先に引用した廣井が指摘するように、地震や防災は日常において議題に設定されにくい事象であったが、予知は災害が話題となりにくい日常で、地震の恐怖を啓蒙するために便利なアジェンダであった。

併せて、予知や未来の地震を語る大震法成立までの過程と、関東大震災の記憶がナショナルな枠で再構築される過程が並行関係にあることにも注意したい。九月一日は関東大震災の「震災記念日」であり「防災の日」でもある。「防災の日」の社説では伊勢湾台風を忘却し、関東大震災がナショナルな記憶として再構築された（第三・四章）。そして、関東大震災がナショナルな記憶となりつつあった一九六八年に十勝沖地震が発生し、河角廣の「69年周期説」が再発見されていく。

過去の地震を想起し、未来の起こりうる地震を語る。記憶と予知の語りが重なり合い、現在を生きる人びとに地震の恐怖をより強く訴えかけることが可能となったのだ。地震防災対策の推進には、過去の地震を想起するだけでなく、未来の地震を想像すること、すなわち、過去と未来に対する想像力が社会に求められたのである。記憶と予知は相互参照関係にあった。

だとすれば、「防災の日」の契機である台風という比較参照項も重要な意味を持ちえたのではないか。「コースの予測もある程度まで捕捉可能である」台風に対し、「地震は、日本の地震学および観測技術が世界の水準を抜くほどであるにもかかわらず、いまだに予知は不可能に近い」と語られている[156]。台風は、富士山気象レーダー、気象衛星などによって観測技術が向上し、次第に可視化されていった。これにより、相対的に克服されたと考えられていく。その一方で、科学的な地震予知は完全ではない。完全ではないからこそ予知研究には期待を語る〝余白〟が存分にあり、その重要性が叫ばれ続けたといえる[157]。

自然災害によって奪われる人命は風水害の方が多かった。本章が対象とした時代において、戦後最悪の自然災害は伊勢湾台風である。しかし、それでも台風は想起の対象に選ばれず、忘れられていった。奪われる人命以上に、予測不可能性を克服しようとする科学の夢に支えられ、報道が推し進められたのである。まさに科学主義的な防災思想であった。

「地震大国」の災害認識

他方で、起こりうる地震をめぐる新たな問題も浮上した。

一九七八年の伊豆大島近海地震の後、「余震情報」をめぐるパニックが発生したと朝刊一面で報じられている[158]。「余震情報」とは、起こり得る余震の見通しに関する情報である。国の災害対策本部の情報をもとに静岡県が「余震情報」を作成し、発表したことをきっかけとしてパニックが発生したとされた。追跡調査で「万人が共通して認めるほどの大混乱でなかったことは確か[159]」（強調原文）と指摘されているように、あくまでメディア報道によるパニック神話であったものの、起こりうる地震情報の伝達、社会的影響といった問題が表面化している。

地震予知報道が災害認識に与えた影響もうかがえる[160]。「防災の日」制定以来の防災規範に基づいて進行した、関東大震災の記憶を再構築する語りと科学的地震予知の語りは、地震を中心的に語る言論空間を用意していく。再構築された関東大震災というナショナルな記憶が、伊勢湾台風の忘却の上に成り立っているのと同様に、台風防災を中心とした災害対策基本法が不十分だと指摘されることで大震法が成立した。地震を中心的に語る言論空間において、台風は周縁化していったのだ。

こうした報道は地震防災対策を主張することに留まらない。関東大震災を想起し、起こりうる地震の不安を紙面で煽ることで、台風は災害の「親玉」ではなくなり地震が特別な災害として認識されていった。大規模地震対策特別措置法の要旨発表について記した『東京朝日』の社説「大地震対策法案の課題」には、「伊豆大島近海地震の発生が、法案作成を一段と促すことにもなった」だけでなく、「主として風水害を対象とした現行の災害対策基本法とは別に、大地震を対象とする特別の法律があっても、世界有数の地震国としては当然だろう」と記されている[161]。

伊勢湾台風を忘れ、台風を予測によって対応可能なものとみなし、地震を特別な災害として位置付け直すこと。それは、日本が「地震大国」であるという認識を改めて強化する営みでもあったのだろう。

「夢」の再考

本章では、一九六〇年から一九七八年の科学的地震予知報道を跡づけた。研究開発の歴史に焦点を当ててきた科学史研究に対し、予知報道の分析から、同時代の災害認識を把握することに重点を置いている。地震予知という科学知を社会に伝達した新聞は、科学者に特別な地位を付与しながら科学的地震予知への夢を社会に抱かせた。しかし、予知は起こりうる地震の不安をより一層強化するものでもあった。また、予知語りは「防災の日」制定以来パラレルに進行していた記憶語りと重なり合うもので、起こりうる地震をより現実的なものとして想定するために、過去の地震が持ち出されている。記憶と予知が編み出す言論空間においては、災害の中でも地震が中心的に語られ、それまで災害の「親玉」であった台風は周縁化していった。伊勢湾台風の記憶が忘れられ、予測可能なものとみなされるようになったからである。

なお、二〇一七年、『東京朝日』の科学十大ニュースの一つには、「地震の予知前提、見直し」が挙げられ、東海地震の前兆をとらえて「警戒宣言」を出す仕組みが凍結されたことを以下のように記している。

東海地震が予知できることを前提とした大規模地震対策特別措置法（大震法）に基づく防災体制が約四〇年ぶりに見直された。

地震学者らも加わる国の作業部会が九月、「確度の高い地震の予測はできないのが実情」とする報告書を公表し、新たな防災対策への転換を提案。これにより、東海地震の前兆をとらえて首相が「警戒宣言」を出す仕組みは事実上、凍結された[162]。

東日本大震災を経て、科学的地震予知の夢はしぼみつつあるのかもしれない[163]。

さて、ここまで本書では新聞紙面から浮かび上がる集合的な認識、記憶の再構築と地震予知への期待を追いかけてきた。しかしながら、それは特定個人の語りとどの程度対応するものなのだろうか[164]。次章では、この問題について検討していこう。

注

（1）無署名「CM　DATE BASE」『コマーシャル・フォト』二〇〇六年四月号、一二九頁。

（2）『日本の地震予知研究130年史　明治期から東日本大震災まで』（東京大学出版会、二〇一五年）の著者である泊次郎も、科学的地震予知を「夢」と称しているが、現代的な見立てだけでなく、同時代にも「夢」として語られることが少なくなかった。例えば、NHK報道局（当時）の柳川喜郎は、「地震予知情報を考える」という論考の中で、「夢の地震予知が現実に」という見出しを付している（『放送文化』一九七九年九月号、八－一九頁）。科学的地震予知は、核エネルギーのように新たなフロンティアを開拓するイメージはあまりないが、送り手にとっては緊急警報の開発やマス・メディアの重要な役割を再確認できるという意味で、「夢」の技術であったのだろう。災害情報論など社会科学者による災害研究が隆盛をみせるのも科学的地震予知の存在が大きい。一九五〇年代後半から六〇年代中ごろにかけて、台風についての防災情報は関心を集めていたが、放送関係者、自然科学者の論考を確認できる一方で、災害情報論として人文社会系の研究者が精力的に取り組んだ痕跡は見られない。ある意味、地震予知の「夢」が人文社会系の災害研究を産み落としたといえる。

（3）関谷直也も同じCMを取り上げ、「このCMのブラックユーモアを成立せしめているのは、視聴者としての静岡県民が共有する、災害に関する二つの災害文化の衝突、つまり、「耐震」という規範的な「災害文化」と「東海地震はいったい、いつ来るんだ？」というサブカルチャーとしての「災害文化」の衝突なのである」と解説している（関谷直也「災害と広告」大矢根淳・浦野正樹・田中淳・吉井博明『災害社会学入門』弘文堂、二〇〇七年、一三二－一三三頁）。

（4）地震予知計画研究グループ『地震予知　現状とその推進計画』一九六二年。全三二頁の計画書で、世話人として、坪井忠二、和達清夫、萩原尊礼の名前が記載されている。「緒言」においてこの計画を「ブループリント」と呼んだことからこの通称が定着した。この段階では研究の青写真でしかないため、「地震予知がいつ実用化するか、すなわち、いつ業務として地震警報が出されるようになるか、については現在では答えられない」（同書、三二頁）としている。つまり、同計画書の発表当時、地震予知の実用化を目指しつつも、それがいつ可能になるかなどは見通しすらついていなかった。

(5)「「日本の地震予知研究は『ブループリント』に始まる」との〝神話〟」を指摘する泊次郎の成果があるように、地震予知の歴史は一九六〇年以前にも遡ることが可能である(前掲泊次郎『日本の地震予知研究130年史』、二二九頁)。
(6) 津久井進『大災害と法』岩波新書、二〇一二年、二五頁。
(7) 島村英紀「大震法の制定過程とその問題点」『科学』二〇〇三年九月号、一〇二九頁。
(8)「予知という言葉が一般的に使われるようになったのは、一八九二年に震災予防調査会がつくられた頃からである」(前掲泊次郎『日本の地震予知研究130年史』、vii頁)。『ブループリント』では、「地震を予知するといえば、時・所・大きさの三つの要素をかなりこまかく指定しなければ意味が少ない」と、かなり厳密な予知が目指されていた。しかし、一九七六年の測地学審議会による「第三次地震予知計画の再度一部見直しについて(建議)」で「長期的予知」と「短期的予知」という言葉が初めて用いられたように、地震予知という言葉の含意は揺らいでいる(同書、一、三二一頁)。なお、科学の妥当性を検証したり、科学が正確に伝えられたか否かを問うことが本章の目的ではないため、こうした言葉について細かな意味の検討に立ち入ることはしない。
(9) 田中重好「東日本大震災を踏まえた防災パラダイム転換」『社会学評論』第六四巻第三号、二〇一三年、三六七－三六八頁。
(10) 地震予知研究の歴史については、力武常次『地震予知　発展と展望』(日本専門図書出版、二〇〇一年)、日本地震学会地震予知検討委員会編『地震予知の科学』(東京大学出版会、二〇〇七年)など。地震予知政策への批判としては、ロバート・ゲラー『日本人は知らない「地震予知」の正体』(双葉社、二〇一一年)が代表的。本書の地震予知に関する科学史は前掲泊次郎『日本の地震予知研究130年史』に依拠している。
(11) 前掲泊次郎『日本の地震予知研究130年史』、i頁。
(12) 津村建四朗「書評　予知研究と社会との関わりを克明に描く　泊次郎著　日本の地震予知研究130年史　明治期から東日本大震災まで」『地震ジャーナル』第六〇号、二〇一五年、三八頁。
(13) 前掲泊次郎『日本の地震予知研究130年史』、i頁。ここで地震予知に批判的な記事を書いたと回顧しているが、これは本章が対象とする時期よりも後の時代、すなわち、大規模地震対策特別措置法成立以後のことである。

また、泊は記者時代にも地震予知報道の問題点を指摘していたことがある。「地球科学の研究は地震予知の研究に役立つという説明は非常に単純明快でわかりやすいために、多用されたきらいがある」こと、取材を通じて「予知は簡単ではないことはわかってくるが、進展がない後ろ向きの話題はニュースになりにくい」というジャーナリズムの構造的な問題、「多くの人が関心を抱いているテーマだけに、どんないいかげんなことを書いても売れるという現実」に基づく「売らんかな主義」の三点を挙げていた（泊次郎「地震予知と「成熟した社会」」『地震予知と社会』古今書院、二〇〇三年、八九頁）。

(14) 記述された内容だけでなく、どのような記事がどのように登場するのか、といった記事の性質に注目するなど、メディア研究の知見から再度検証されるべき点が少なくない。

(15) 例えば、秋元律郎・太田英昭『都市と災害』（学文社、一九八〇年）、秋元律郎編『現代のエスプリ　都市と災害』（至文堂、一九八二年八月号）、安倍北夫・秋元律郎編『都市災害の科学　市民のライフラインを守る』（有斐閣選書、一九八二年）、広瀬弘忠編『巨大地震　予知とその影響』（東京大学出版会、一九八六年）など。

(16) 例えば、東京大学新聞研究所編『地震予知と社会的反応』（東京大学出版会、一九七九年）、同『続　地震予知と社会的反応』（東京大学出版会、一九八一年）、同『災害と人間行動』（東京大学出版会、一九八二年）、同『災害と情報』（東京大学出版会、一九八六年）など。この他にも、日本社会心理学会編『災害の社会心理学　年報社会心理学　第24号』（勁草書房、一九八三年）も初期の成果として重要である。なお、同時代の社会科学においては地震予知に関する研究の他に、都市災害についての研究も盛んに行われていた。

(17) 日本マス・コミュニケーション学会編『日本マス・コミュニケーション学会50年史』三嶺書房、二〇〇一年、八三頁。司会は佐藤智雄（中央大）と中西尚道（ＮＨＫ）、問題提起者は藤竹暁（ＮＨＫ）、柳井道夫（成蹊大）、三浦恵次（明治学院大）となっている。報告は以下の通りで、放送・報道現場からの報告と東京大学「災害と情報」研究班の初代研究代表者である岡部慶三の報告があった。柳川喜朗（ＮＨＫ）「地震予知情報のテレビ・ラジオ報道」、門馬普（読売新聞）「地震予知情報の新聞報道」、岡部慶三（東京大）「予知情報に対する国民の反応」。なお、一九八四年にも「災害報道」のシンポジウムが開催されている（同書、九一頁）。

(18) 秋元律郎・太田英昭『都市と災害　現代社会研究叢書』学文社、一九八〇年、一四四頁。

（19）柳川喜郎「地震予知情報を考える」『放送文化』一九七九年九月号、八‐一九頁。
（20）柳川喜郎「「地震警報発令」をどう伝えるか？　地震からの「逃亡」から「迎撃」へ」『放送文化』一九八〇年九月号、一二頁。
（21）日本放送協会総合放送文化研究所放送史編修部編『ＮＨＫ年鑑　80』日本放送出版協会、一九八〇年、一六頁。
（22）例えば、前掲東京大学新聞研究所編『続　地震予知と社会的反応』の第三章。
（23）遠藤健治「新聞報道に見る東海地震予知の成立と展開」（広瀬弘忠編『巨大地震　予知とその影響』東京大学出版会、一九八六年）は、対象とした時代・資料ともに本章と類似の試みである。ただし、科学史のトピックや地震の発生との対応で新聞記事の紹介がなされるため、地震が発生しない時期や予知を伝えるメディアの論理がどのようなものだったかについては検討の余地がある。時代区分も本章とは異なっている。
（24）田中重好「「想定外」の社会学」田中重好・船橋晴俊・正村俊之『東日本大震災と社会学　大災害を生み出した社会』ミネルヴァ書房、二〇一三年、二八六頁。
（25）木村周平「未来の地震をめぐるリスク　日本における地震の「リスク化」プロセス素描」東賢太朗・市野澤潤平・木村周平・飯田卓編『リスクの人類学　不確実な世界を生きる』世界思想社、二〇一四年、八三‐一〇三頁。
（26）前掲田中重好「「想定外」の社会学」、二八六頁。
（27）本田一二「日本における科学ジャーナリズムの発達　下」『総合ジャーナリズム研究』一九七三年冬季号、九七頁。
（28）若松征男「70年代公害環境報道」中山茂（編集代表）『通史　日本の科学技術　第4巻』学陽書房、一九九五年、一〇三頁。
（29）辻村達哉「「予知神話」とメディア」『科学』二〇〇三年九月号、一〇五四頁。
（30）川端信正「大規模地震対策特別措置法制定当時の内部事情　地元の視点から見た大震法」『科学』二〇〇三年九月号、一〇四五‐一〇四六頁。
（31）前掲泊次郎『日本の地震予知研究１３０年史』二三〇頁。本文にも記した通り、一九四七年の計画案は、遂行にかかる経費が巨額過ぎたために修正を余儀なくされたという。しかし、だからこそ、『ブループリント』では

「地震予知の実用化と国家の財政支援は不可分の関係にあることを訴えている」(同書、一八九‐二〇九、二二七頁)。本章で確認するように、国と国民の理解は予知研究推進のための重要な要素として度々言及された。

(32) 萩原尊礼「想林　政府・国民の理解を　地震予知計画の実現に」『東京朝日』一九六三年七月六日付夕刊。

(33) この他にも当時の科学記者へインタビューを行うといった方法もありうるだろう。しかし、彼らの語りが主観的なものでないとはいえず、記憶の再構築といった問題も孕んでいる。福間良明が述べるように、ある認識が「同時代においていかなる位置にあり、どのような力学のなかで生み出されたのか」を考察するためには「書かれたもの」の検証が必要あり、そのことは、インタビューを含む多角的な検討のために不可欠な基礎作業だと考えられる(福間良明『焦土の記憶　沖縄・広島・長崎に映る戦後』新曜社、二〇一一年、一八頁)。こうした基礎作業が行われていないことは、本章で科学的地震予知に関する新聞記事を対象とした理由の一つである。

(34) 一九六二年にも「科学技術に関する世論調査」が行われている。しかし、いずれの調査も「新聞」を「雑誌」が上回ることはない(内閣府世論調査)。テレビについては支持率・順位の変動が大きく、通時的な検証には不向きである。資料へのアクセスも難しい。

(35) もちろん『東京朝日』のみの分析で描くことのできる全体像には限りがある。だが、ある程度の期間を設定した場合には、その時代に支配的であったと考えられる媒体に焦点を絞り、議論するという方法も有益だと考えられる。本章の場合、連載特集の単行本化に見られるような、『朝日新聞』の地震予知に対する関心の高さを重要視した。泊次郎は東海地震説について「地震予知の実現性をどのように考えるかという点で、新聞社によってニュアンスの差が多少あったくらいで、それ以外の論点では新聞各紙の主張は一致していた」(前掲泊次郎『日本の地震予知研究130年史』、三二三頁)と述べており、本章が対象とした期間の新聞報道は各社ともある程度一致していたと考えられる。しかし、地方紙を含め検討の余地がないわけではなく、地域間の比較については今後の課題としたい。

(36) 新聞社、通信社の科学部については、若松征男「科学部の成立」(中山茂(編集代表)『通史　日本の科学技術第2巻』学陽書房、一九九五年、一二二‐一三二頁)を参照。朝日新聞社に科学部が創設される背景には、『読売新聞』が一九五四年三月一六日に第五福竜丸の「ビキニ被爆」記事をスクープし、独走状態になったことがある。

この経験が「朝日にとって大きな教訓となり、反省を生んだ」。一九五七年五月一日に「自然科学及び技術の記事並びにこれに関する事務を掌る」科学部（初代部長、半沢朔一郎）を東京本社編集局に新設。「これは他紙に先んじたものであった」という（朝日新聞百年史編修委員会『朝日新聞社史　昭和戦後編』朝日新聞社、一九九四年、一九一－一九二頁）。

(37) 朝日新聞社編『地震列島』朝日新聞社、一九七三年。同編『地震　予知と防災』朝日新聞社、一九七五年。朝日新聞「地震警報が出る日」特別取材班『地震警報が出る日』朝日新聞社、一九八一年。

(38) 一九七七年の七月二八日から九月六日にかけて松坂屋（静岡、浜松、東京銀座、名古屋、大阪）で開催された（朝日新聞東京本社企画部編『大地震展　その歴史・科学・災害・予知』朝日新聞社、一九七七年）。

(39) 一九六〇年一月から一九七八年一二月の期間、縮刷版に掲載されている記事索引を用い、文化、社会、特集記事、地方、国土・人口の欄と本社欄の社説から地震予知関連の用語がある記事を抽出した。「地震・地震予知に関する」用語とは、「地震」、「地盤」、「予知」、「気象」、「災害」、「耐震」、「防災」などである。天声人語や声欄は記事索引を用いずに記事を収集した。また、「予報」、「予測」、「予言」、「見込み」、「警報」などを含め、「予知」という曖昧な言葉を曖昧なまま総体的に把握し、起こりうる地震を予測する科学技術とそれを扱う科学者にまつわる記事、科学的に指摘された起こりうる地震に対する記事などを検討対象とした。得られた記事は大きさだけでなく性質も様々であるため、一つの記事として単位を設定することに分析者の恣意が入りかねない。また、本章は量的な分析を主とするものでもないため、どのような内容の記事が、どのように登場したかを重視し、本文中では記事の性質や見出しをできるだけ明示した。

(40) 原武史・重松清『団地の時代』新潮選書、二〇一〇年、一三四頁。

(41) 「天声人語」『東京朝日』一九六〇年九月一日付朝刊。なお、同年『東京朝日』に掲載された「科学特集　科学界この一年」という記事では東条貞義が「気象観測」を中心に記しており、地震予知ではなく気象予報への関心の高さがうかがえる（一九六〇年一二月二六日付夕刊）。

(42) 内閣総理大臣官房審議室『風水害に関する世論調査』一九六〇年六月。

(43) 和達清夫「台風・防災〈上〉　進歩する台風予報」『東京朝日』一九六五年八月一三日付朝刊。

(44) 災害対策制度研究会『新 日本の災害対策』ぎょうせい、二〇〇二年、九‐一〇頁。なお、「一九四五年から一九五九年の十五年間の災害による死者数の平均は年二二九八人であるのに対し、その後、一九九四年までの三十五年間においては二八四人となっている」（前掲木村周平「未来の地震をめぐるリスク」、九五頁）。もちろん死者数がすべてではないが、ひとつの指標にはなりうるだろう。

(45) 気象庁監修『気象年鑑 2015年版』一般財団法人気象業務支援センター、二〇一五年、二四〇‐二四一頁。地震等災害の一件はチリ地震津波（一九六〇年）であり、死者・行方不明者は一四二名とされる。伊勢湾台風のような五〇〇〇人規模の人的被害をもたらしたわけではなかった。

(46) 「「防災の日」の行事について」一九六〇年八月四日（国立公文書館デジタルアーカイブ）。

(47) 国土庁編『防災白書（昭和57年版）』大蔵省印刷局、一九八二年、七五頁。

(48) 第三章で触れた通り、一九六〇年代前半に水防が重要だった背景には伊勢湾台風の恐怖が鮮明だったことがある。また、終戦直後の日本は水害が多数発生していた。「戦争による国土の荒廃や治山事業の遅れだけでなく、むしろ大規模治水事業による河川の改造が原因となって被害が誘発された一面があった」（室井研二『都市化と災害とある集中豪雨災害の社会学的モノグラフ』大学教育出版、二〇一一年、六頁）。

「防災の日」制定まで地震の恐怖が忘れられていた背景には、戦争の終了によって関東大震災の記憶を下支えしていた戦時体制が解体されたことがある（第二章）。加えて、戦争末期に発生した地震の報道が十分になされなかったという問題もあるだろう。一九四四年一二月七日の東南海地震、一九四五年一月一三日の三河地震については、木村玲欧『戦争に隠された「震度7」 1944年東南海地震・1945年三河地震』（吉川弘文館、二〇一四年）で報道の検証がなされている。木村は、報道管制下においても報道が取りやめになったわけではなく、地元の『中部日本新聞』では「検閲の目を逃れながらもできうる範囲で震災報道を行っていた事実」を明らかにしている。歴史から葬りさられてしまった原因の一つとしては、被災地が東京でなかったために『東京朝日』や『読売新聞』の報道回数が少なくなり、内容も質素になったと推察した（同書、五三、六七‐六八頁）。

(49) 特定の時代にのみ特定の記事が登場するという意味での区分ではなく、科学的地震予知報道の傾向をもとに時期を区分した。

(50)ここで取り上げる地震については、前掲泊次郎『日本の地震予知研究130年史』の第五章と対応させた。泊は第五章の二節で新潟地震、三節で松代群発地震、四節で十勝沖地震を扱っている。
(51)前掲泊次郎『日本の地震予知研究130年史』、二五一頁。
(52)本章では詳述しないが、地震予知連絡会は定期的に起こりうる地震に関する見解を公表し、紙面で報じられた。こうした報道も「緊張感」を高める機能を有していたと考えられる。
(53)「防災、有機的に統一」『東京朝日』一九六〇年二月二一日付朝刊。
(54)「私は知りたい　地震の予知は?」『東京朝日』一九六〇年二月二一日付朝刊。
(55)「「予知研究グループ」誕生　十年以内に予報を」『東京朝日』一九六一年二月二八日付朝刊。この後発表される『ブループリント』は、一〇年後に「いつ実用化するか」という問いに答えられるようになると予想していただけなので、「十年以内に予報を」という見出しは誇張表現である。しかし、記事の中で萩原尊礼は「計画通りの測量が完全に実施されればですよ……」と前置きしたうえで「あと十年のうちに見通しがつくと思う。予報もできるようになるでしょう」とコメントしており、見出しと記事内容は一致しているようにも読める。
(56)「地震予知への第一歩　観測資料を整備」『東京朝日』一九六二年三月六日付朝刊。予知計画の主な内容として、どのような調査が行われるかなどを七つの項目に分けて紹介している。
(57)萩原尊礼「想林　政府・国民の理解を」『東京朝日』一九六三年七月六日付夕刊。
(58)「地震予知を軌道に　文部省に近く準備委」『東京朝日』一九六三年四月二一日付朝刊。
(59)「地震予知　文部省、部会を新設」『東京朝日』一九六三年五月一四日付朝刊。
(60)「地震予知に「七つのカギ」　予知グループの青写真」『東京朝日』一九六三年五月二〇日付朝刊。
(61)新潟地震については、拙稿「警告する新潟地震　オリンピックを介した二つの「破壊」」(石坂友司・松林秀樹編『一九六四年東京オリンピックは何を生んだのか』青弓社、二〇一八年、二三三 - 二四七頁)も参照。
(62)前掲泊次郎『日本の地震予知研究130年史』、二二五頁。
(63)「地震観測所を全国に　測地学審議会が建議」『東京朝日』一九六四年七月一一日付朝刊。
(64)宮地政司「地震予知計画の実施について(建議)」一九六四年七月一八日。日本地震学会ホームページ「日本の地震予知・予測研究の歴史（1962年のブループリント以降）」の「過去の地震予知研究計画」で確認できる（http://www.zisin.jp/publications/pdf/daiJi-monkago-p.pdf）【二〇一八年二月二八日取得】。
（65）前掲泊次郎『日本の地震予知研究130年史』、二三七頁。泊は一九六四年六月一八日付の『読売新聞』の社説と併せ、地震予知計画の開始を訴えるものと紹介している。
（66）「社説 〝新潟地震〟に思う」『東京朝日』一九六四年六月一七日付朝刊。
（67）「社説 復旧促進と残された問題」『東京朝日』一九六四年六月一八日付朝刊。
（68）那須信治「新潟地震に思うこと」『東京朝日』一九六四年六月二〇日付朝刊。
（69）鶴田均二「地震予知への提言」『東京朝日』一九六四年六月二六日付朝刊。
（70）新田次郎「白い野帳 地震予知のカギさがし」『東京朝日』一九六四年一〇月三日付夕刊。本名は藤原寛人。富士山気象レーダーが完成したのはこの年の夏。その後、『富士山頂』（文藝春秋、一九六七年）を執筆し、石原プロモーションで一九七〇年に映画化された。
（71）「座談会 科学者のみた新潟地震」『東京朝日』一九六四年七月六日付夕刊。
（72）「本社記者座談会 身にしみた新潟地震の恐怖」『東京朝日』一九六四年六月二五日付夕刊。
（73）「6月の投書から 多い〝新潟震災人災論〟」『東京朝日』一九六四年七月一日付朝刊。翌月の「7月の投書から 池田首相に注文殺到」でも「話題の主なもの」の一つに新潟地震を挙げており、「天災と人災」という小見出しも付けていた。しかしながら、科学的地震予知への言及はない（『東京朝日』一九六四年八月一日付朝刊）。
（74）「大震災から一年 新潟の表情」『東京朝日』一九六〇年六月一三日付朝刊。
（75）大崎順彦「文化 耐震工学へ貴重な教訓」『東京朝日』一九六〇年六月一五日付夕刊。
（76）「世界の話題・日本の話題 ことしの科学ニュースから みんなの科学」『東京朝日』一九六四年一二月二四日付夕刊。なお、年末に一九六四年の十大ニュースの一つとして新潟地震を取り上げた『読売新聞』の「編集手帳」は、「地震そのものの規模の大きさもさることながら、ここにもまた高度成長の産業災害が内包されている事実を、昭和石油のタンク爆発の三百五十二時間燃えつづけの事件から深刻にくみとらざるを得なかった」と、近代化・産業化の逆機能、災害のリスク増を指摘し、地震予知には言及していなかった（『読売新聞』一九六四年一二月二二日付朝刊）。
（77）日本新聞協会編『日本新聞年鑑　１９６５年版（昭和四十年版）』電通、一九六五年、一三－一四頁。
（78）日本新聞協会編『日本新聞年鑑　１９６６年版（昭和四十一年版）』電通、一九六六年、一六頁。
（79）『放送文化』誌上で紹介された論考は、放送メディアの注目が松代群発地震をナショナルなアジェンダに浮上させたとして、「途中から全国の放送や新聞が一斉にとりあげて以来、はじめて松代地震は社会の問題としてその座を占め、佐藤総理の視察に象徴されるように、ようやく政治の課題として登場したのであった」と記している。この論考はＮＨＫの関係者ではなく、長野県農協中央会調査役によるものだが「地震予知の世論をリードすべし」という小見出しを付し、地震予知研究を後押しするキャンペーン報道を求めていた（三沢光広「松代地震をめぐる放送　その役割と一つの提言」『放送文化』一九六六年七月号、五二－五三頁）。
（80）「松代群発地震〈下〉〝前科五十件〟の北信」『東京朝日』一九六六年五月一三日付朝刊。
（81）「取戻した静かな暮し　松代群発地震　揺れ続けて二年」『東京朝日』一九六七年七月二四日付夕刊。「地震予知へ手がかり」という小見出しも付されている。
（82）「長期戦の松代地震　ほしいのは〝学問〟」『東京朝日』一九六五年一一月二六日付朝刊。泊はこのコメントについて、「地震活動の予測ができない地震学への不信感をストレートに表現した言葉として、その後も新聞などでしばしば引用された」と紹介している（前掲泊次郎『日本の地震予知研究１３０年史』、二四四頁）。
（83）「気象庁初の〝地震予報〟「松代町（長野県）に中クラス」」『東京朝日』一九六五年一〇月九日付夕刊。
（84）「落ち着き払った松代町　〝地震予報〟騒ぎを現地に見る」『東京朝日』一九六五年一〇月一〇日付朝刊。
（85）「みんなの科学　地震予知進む研究」『東京朝日』一九六五年一一月一日付朝刊。
（86）力武常次は見通しを述べるだけでなく、松代群発地震の「正体」を明らかにしたと語った（「正体は〝溶岩のかたまり〟　松代地震　力武東大教授が結論」『東京朝日』一九六五年一二月六日付夕刊）。なお、明るい展望だけでなく、「いつ・どこで　予知は不可能」と小見出しを付し、現状では科学的地震予知はできないとする記事も存在したが、そのような否定的な見解が支配的だったとはいえない（「地震　不気味な活動をさぐる」『東京朝日』一九六五年一一月二四日付夕刊）。

(87)「地下の変動広がる　松代地震東大地震研が発表」『東京朝日』一九六六年四月三日付朝刊。
(88)「松代地震北に広がる　長野市など震度5」『東京朝日』一九六六年四月六日付朝刊。
(89)「松代群発地震一年ぶり警報を解除　当分は被害出まい」『東京朝日』一九六六年七月二〇日付朝刊。
(90)「北信〝安眠〟破る震度5　〝警報解除〟から6日目」『東京朝日』一九六六年八月三日付夕刊。
(91)「北信にまた〝地震警報〟　松代付近の地殻変動を観測」『東京朝日』一九六六年八月九日付朝刊。「第三の活動期に　松代群発地震再び警報」『東京朝日』一九六六年八月一八日付朝刊。
(92)「北信に連続震度4　「活動期」の警報裏付け？」『東京朝日』一九六六年八月二一日付朝刊。
(93)「警報的中　また強い地震」『東京朝日』一九六六年八月二九日付朝刊。
(94)前掲地震予知計画研究グループ『地震予知　現状とその推進計画』、一頁。
(95)前掲泊次郎『日本の地震予知研究130年史』、二四四頁。
(96)「社説「えびの地震」に思うこと」『東京朝日』一九六八年二月二四日付朝刊。
(97)前掲泊次郎『日本の地震予知研究130年史』、二四九‐二五〇頁。
(98)「北日本全域に強い地震　震源、十勝沖　規模は関東大震災なみ」『東京朝日』一九六八年五月一六日付夕刊。
(99)「地震国日本の宿命」『東京朝日』一九六八年五月一六日付夕刊。
(100)「社説　大地震への備えはよいか」『東京朝日』一九六八年五月一七日付朝刊。
(101)「社説　大地震に備えて」『東京朝日』一九六八年九月一日付朝刊。
(102)Kawasumi, Hiroshi, 1951, "Measures of Earthquake Danger and Expectancy of Maximum Intensity Throughout Japan as Inferred from the Seismic Activity in Historical Times," *Bulletin of the Earthquake Research Institute*, 29(3): 469-482.
(103)河角廣に限らず、周期説はたびたび指摘されている。例えば、気象庁地震課長・木村耕三の「活動周期」に関する見解は、「気象庁の公式なものでは、もちろんない」という留保付きで大きく紹介された（「揺れる日本列島ひん発する地震」一九六八年九月一日付朝刊）。なお、河角については柳田邦夫（当時、NHK社会部）の「〝69年目〟を予言した男　学会に黙殺されても河角博士は地震周期説を訴え続けた」（『文藝春秋』一九七三年九月号、二四六‐二五八頁）が詳しい。
（104）高徳院国宝銅造阿弥陀如来坐像修理工事委員会『高徳院国宝銅造阿弥陀如来坐像修理工事報告書』高徳院、一九六一年、八八頁（http://www.kotoku-in.jp/investigation-document.html）【二〇一八年三月五日取得】。「附　鎌倉強烈震の周期性」の末尾には「河角廣」の署名がある。
（105）河角広「関東南部地震69年周期の証明とその発生の緊迫度ならびに対策の緊急性と問題点」『地学雑誌』第七九巻第三号、一九七〇年、一一五‐一三八頁。
（106）前掲泊次郎『日本の地震予知研究130年史』、二五四‐二五六頁。
（107）同前、二五四頁。吉井博明も、「新潟地震では液状化とコンビナート火災が注目され、関東地方では東京大学地震研究所の河角所長（当時）による「69年周期説」がマス・メディアで大々的に取り上げられたこともあり、社会的に大きな衝撃を与えた」と述べている（吉井博明「災害への社会的対応の歴史」大矢根淳・浦野正樹・田中淳・吉井博明編『災害社会学入門』弘文堂、二〇〇七年、六二頁）。
（108）「〝過去の統計から見て関東に大地震近づく〟河角東大教授が国会で警告」『東京朝日』一九六四年七月三日付夕刊。
（109）「耐震建築に多くの教訓　新潟地震　和達氏ら衆院で意見」『毎日新聞』一九六四年七月三日付夕刊。
（110）「「大地震、関東にも起こりうる」　衆院の河角警告をめぐって」『読売新聞』一九六四年七月四日付朝刊。
（111）前掲吉井博明「災害への社会的対応の歴史」、六二頁。
（112）データベースでは一九六四年七月九日付朝刊の記事がヒットする。この他、一九六四年、一九六五年、一九六六年の「防災の日」に掲載された記事の本文で言及がある。しかしながら、見出しを付けたり「69年周期説」の解説が付されるようなことはなかった。
（113）「紙上対談　大地震が起ったら」『東京朝日』一九六九年九月一日付朝刊。
（114）「大震災が起ったら　被災者は80万人に」『東京朝日』一九七〇年三月二五日付朝刊。
（115）「社説　政府は大地震への対策を急げ」『東京朝日』一九七〇年三月二六日付朝刊。
（116）「東京震度6〈1〉ある日大地が怒ったら」『東京朝日』一九七〇年八月一六日付朝刊。ただし、「東京版」での連載。

(117)「社説　大地震の襲来にそなえよ」『東京朝日』一九七〇年九月一日付朝刊。

(118)「第一歩踏出した地震予報」『東京朝日』一九七一年二月二五日付朝刊。

(119)「関東大地震69年周期説に疑問　若手学者来月、学会で発表」『東京朝日』一九七一年九月二五日付夕刊。

(120)「河角広氏　地震69年周期を主張」『東京朝日』一九七二年一二月一三日付夕刊。

(121)前掲泊次郎『日本の地震予知研究130年史』、二五四頁。関東大震災によって急激に隆起していたあと、ほぼ一定の速度で沈降していたが、一九六九年の調査で隆起していることがわかっていた。なお、泊は十勝沖地震の節を用意しているが、そこでは主に政治レベルでの科学的地震予知に関する議論が紹介されている。

(122)そのために、ここでは科学的地震予知の範疇で河角の地震説を扱った。この点については、次章で取り上げる清水幾太郎の地震語りも参照されたい。メディア知識人の清水と一般の読者が必ずしも同じ認識を示すわけではないが、清水は統計学的な予知と観測に基づく予知の両方を〝科学者による起こりうる地震の指摘〟として捉えていた。当否の判断は下そうとすらしていない。清水以上の科学知に基づいて一般の読者が区別し、記事を読み込んでいたとは考えにくい。

(123)「きょう防災の日　パンク寸前の〝地震の巣〟」『東京朝日』一九六九年九月一日付朝刊。

(124)京浜地震説については評論家の柳田邦夫による「つくられた〝川崎直下型地震〟」(『文藝春秋』一九七五年七月号、一六二―一七六頁)が同時代の分析として重要である。「地震予報」の報道が川崎市民に与えたインパクトについての取材に基づく指摘もさることながら、地震予知連絡会の発表に対して「地震予報」という言葉が報道で用いられたことにも鋭い指摘をしている。以下のように報道の展開を記した。

もともとは「万が一」の話だったものが、最初の報道では〝地震予報〟に化け、それが続報では「「地震予報」が出たのに」という文脈にまで発展してしまったのだ。ここに至って、虚構の〝地震予報〟は社会的事実として定着し、「京浜地震」「川崎地震」という用語が生まれる。マスコミ情報の典型的な自己増殖作用と言うことができよう。(同書、一六九―一七〇頁)

本節ではこうした報道の流れを跡づけつつ、『東京朝日』の報道意図まで推し量っていく。

(125) 泊次郎によれば、「新聞記事や国会議録で「地震予知」というキーワードが最も頻繁に登場するのが一九七三年から一九八〇年までの時期である」。データベースの確度に問題がないわけではないが、留意しておきたい（前掲泊次郎『日本の地震予知研究130年史』、二八二―二八三頁）。
(126) 小松左京『小松左京自伝　実存を求めて』日本経済新聞出版社、二〇〇八年、四一七頁。映画は「特別スタッフとして地球物理学や耐震工学・海洋学の専門家を招いて学術的監修を受け」た（坂東護「映画「日本沈没」のイメージを探って」『キネマ旬報』一九七三年一一月下旬号、五一頁）。阪神・淡路大震災後の二〇〇六年に公開されたリメイク版と比較すると、旧作は明らかに日本を沈没させる過程、沈没の原理を長く描いている。これは、人びとの地震予知の科学に対する知的欲求を意識したものだと考えられる。
(127) 前掲小松左京『日本沈没　下』、二四八頁。
(128) 前掲小松左京『小松左京自伝』、七六―七七頁。
(129) この後、刊行前に小松左京は一九七〇年の大阪万博に携わっていく。この点については、拙稿「震える、あの頃の夢」（大澤聡編『1990年代論』河出書房新社、二〇一七年、一三一―一四二頁）でも簡単に触れた。
(130) 次章で扱う清水幾太郎も戦争との対比が重要である。なお、『日本沈没』に限らず、小松左京は「僕は戦争を経験してなかったらSFは書いてない」と述べている（前掲小松左京『小松左京自伝』、二二四頁）。初期の社会科学における災害研究も戦争研究がベースにあった（秋元律郎「アメリカにおける都市災害研究の現状と動向について」『社会科学討究』第二五巻二号、一九八〇年、二二三―二五五頁）。
(131) 川添登・小松左京「日本列島の死と再生」『図書新聞』一九七三年四月二一日。引用部分は小松左京のコメント。
(132) 小松左京「ニッポン・七〇年代前夜　ドキュメント・オリンピックから万国博へ」（『文藝春秋』一九七一年二月号、二二〇―二七〇頁）では、新潟地震直後に行われていたとされる梅棹忠夫、加藤秀俊らとの会合が描かれている。ここで、小松が本題に入る前に話題にしていたというのが新潟地震であった。「私は前月半ばにあった新潟大地震の、その後の話などを少しやりかけた。――例の公団アパートの二棟を、土台からすてんとひっくりかえしてしまった「クイック・サンド」という現象について、二、三また新しい情報をききこんだので、それについて、何となく披露したのである」と記されている（同書、二三〇頁）。

(133) 前掲拙稿「警告する新潟地震」、二三三－二四七頁。

(134) 先述の「著者のことば」より引用。

(135) 『日本沈没』の背景については、鳥羽耕史「小松左京『日本沈没』とその波紋　高度経済成長の終焉から「J回帰」まで」（『日本文学』二〇一〇年一一月号、一四－二六頁）が詳しい。

(136) 前掲小松左京『小松左京自伝』、七八頁。朝日新聞編集委員の黒沢大陸は、著書の中で「『日本沈没』に刺激を受けて地球科学を目指した研究者は少なくない」と述べ、「日本沈没世代」の研究者を挙げている（黒沢大陸『「地震予知」の幻想　地震学者たちが語る反省と限界』新潮社、二〇一四年、二二八－二二九頁）。

(137) 小松左京・上田誠也「対談　日本列島が沈没するとき」『中央公論』一九七三年七月特大号、一四八－一四九、一五二頁。この対談には「プレート・テクトニクス」の解説が図付きで掲載されていた。

(138) 年末に掲載された「'73年科学の話題」は、日本の科学十大ニュースの四位に「大地震予告」を挙げている。一位はあいつぐコンビナートの爆発炎上、二位は江崎玲於奈のノーベル賞、三位は公害関連で「水銀ショック」となっていた。「大地震予告」に次ぐ五位は「原子炉の安全性に論議」である（『東京朝日』一九七三年一二月二八日付朝刊）。

(139) 「学者が語る「新しい地震観」「必ずくる」で一致」『東京朝日』一九七三年八月一五日付朝刊。

(140) 「地震列島第1部　12　対策なしでは無意味」一九七三年八月四日付夕刊。一九七三年九月にこの特集をもとにした『地震列島』（前掲）が刊行されている。「あとがき」では、読者、専門家から好評だったことと、五〇周年の関東大震災が注目を集めていることのほか、「小松左京氏のSF「日本沈没」がベストセラーになるなど、地震に対する関心がかなり高くなりました」と記している（同書、二三六頁）。当時、大阪社会部にいた泊次郎も執筆グループに加わっていた。

　この特集については、泊の著書『プレートテクトニクスの拒絶と受容　戦後日本の地球科学史　新装版』（東京大学出版会、二〇一七年）での記述も注意しておきたい。『地震列島』の連載は、六月の根室半島沖地震もあり、大きな反響を呼んだ一方で、地学団体研究会に関係した人びとから「プレートテクトニクスというのはまだ仮説の段階にすぎないのに、これが正しい理論だといわんばかりに新聞紙上に紹介するのは、はなはだしく公正さを欠く」という趣旨の「抗議」があったと回顧している（同書、二四三 - 二四五頁）。

この回想に従えば、立場によっては否定的な評価を寄せる人びとが同時代に存在していたことになるが、そうした意見が紙面や単行本で反映されることはなかった。

(141) 前掲泊次郎『日本の地震予知研究130年史』、三三二頁。

(142) 「えっ防災しゃ断帯ない?!　お粗末、京浜コンビナート」一九七五年二月八日付朝刊。

(143) 地震予知連絡会の発表は一二月二六日に行われた。「地震予知連絡会が例会とは別に記者会見を開いたのは初めてであり、駆け付けた報道記者の多くは〝緊急記者会見〟と受け止めた」という（前掲泊次郎『日本の地震予知研究130年史』、二九五頁）。『東京朝日』で該当する記事は「多摩川下流で異常隆起　地震の前兆か、無関係か」（一九七四年一二月二七日付朝刊）、「地盤隆起の多摩川下流　地震予知へ観測強化」（一九七四年一二月二八日付夕刊）。『毎日新聞』は「多摩川下流に異常隆起　地下からの〝逆転〟」（一九七四年一二月二七日付朝刊）と報じ、「地震予報」とはしていない。『読売新聞』は「京浜で異常な地盤隆起」（一九七四年一二月二七日付朝刊）という記事の中で発表内容と、「なぜ発表したか」を解説している。「今回の隆起が直接、地震と関連があるとわかれば、初地震の予報を出せるとみている」と記したように、ここでの発表を「地震予報」とはしていない。また、この時期に報道が盛り上がる背景としては、地震対策に限らず、コンビナートの事故対策が叫ばれた時期であったこともある。

(144) 「社説　コンビナート防災対策を急げ」『東京朝日』一九七五年二月一八日付朝刊。

(145) 「京浜工業地帯の地震警報　対策強化へ新法も」『東京朝日』一九七五年二月二五日付朝刊。

(146) 「川崎周辺の異常隆起　地下水急上昇と関係」『東京朝日』一九七五年二月二八日付朝刊。

(147) 「〝京浜地震〟備えはどうか」『東京朝日』一九七五年二月二五日付朝刊。

(148) 前掲泊次郎『日本の地震予知研究130年史』、二九六頁。

(149) 「連載をおわって　耐震研究さらに推進を」『東京朝日』一九七五年六月一三日付朝刊。

(150) 小林英司「おわりに」朝日新聞社編『地震　予知と防災』朝日新聞社、一九七五年、二六八頁。同書には五〇頁にわたる「資料編」が付き、「日本地震誌」というタイトルの年表、「千代田建設研究会報告「建築鉄骨の実際と問題点」用紙」などが付されている。

(151) 前掲泊次郎『日本の地震予知研究130年史』、二九六頁。当時、一九七五年二月五日の遼東半島における中国の地震で予知が成功したと伝えられていた。現在では、誇大に伝えられていた可能性が指摘されている（同書、二八一頁）。

(152) 前掲泊次郎『日本の地震予知研究130年史』、二九八頁。先述の通り、ここでの記述は津村建四朗の書評で強く批判されている。

(153) 廣井脩「災害とマス・メディア」東京大学新聞研究所編『災害と人間行動』東京大学出版会、一九八二年、一三三頁。

(154) この点については、新潟地震の翌日に社説で地震予知が取り上げられ、その後、被害の有り様に基づいた社説が掲載されたことが好例である。

(155) Lazarsfeld, Paul, F. and Merton, Robert, K, 1949, "Mass Communication, Popular Taste and Organized Social Action," Schramm, Wilbur, eds., *Mass Communications*, Urbana: University of Illinois Press: 459-480.（犬養康彦訳「マス・コミュニケーション、大衆の趣味、組織的社会活動」学習院大学社会学研究室『マス・コミュニケーション』創元社、一九五四＝一九六九年、二七〇－二九五頁）。

(156)「社説 〝新潟地震〟に思う」『東京朝日』一九六四年六月一七日付朝刊。

(157) 例えば、予知技術の不十分さを指摘し、「従来のような「風水害の片手間に震災対策を準備する」というやり方を抜本的に改める」（傍点引用者）という国土庁の方針が述べられている（「震災対策に物心両面作戦」『東京朝日』一九七六年八月一六日付朝刊）。

(158)「余震情報で避難騒ぎ」『東京朝日』一九七八年一月一九日付朝刊。

(159) 前掲東京大学新聞研究所編『地震予知と社会的反応』、一一一頁。

(160) 山本昭宏によれば、「世界に破滅をもたらす要因として人びとが想定したものは、一九六〇年代ならば核戦争に限られていたが、七〇年代になると公害、食糧、気象、エネルギー、人口増加、天変地異などさまざまに考えられるように」なったという（山本昭宏『核と日本人　ヒロシマ・ゴジラ・フクシマ』中公新書、二〇一五年、一二七頁）。『日本沈没』がそうであったように、終末論として「天変地異」が浮上することと、科学的地震予知の盛り上がりは無縁ではないだろう。

（161）「社説　大地震対策法案の課題」『東京朝日』一九七八年二月二〇日付朝刊。このような語りの次元だけでなく、世論調査でも風水害に対する恐怖は低下し、地震に対する恐怖が上昇する状況を確認できる。例えば、一九五一年「消防行政（第一部）に関する世論調査」、一九六〇年「風水害に関する世論調査」、一九七一年「大都市住民の防災意識に関する世論調査」などで追跡できるが、あくまで目安である（内閣府世論調査）。

（162）「２０１７年、10大ニュース」『東京朝日』二〇一七年一二月二八日付朝刊。

（163）この点については、前掲拙稿「震える、あの頃の夢」も参照。

（164）加えて、『東京朝日』のみを対象とした本章の試みでは地域の偏差が明らかでない。東海地震に焦点を当て、甚大な被害が予知された東海エリア、特に伊勢湾台風の記憶が色濃く残る名古屋における言論編成の検討が求められる。また、当時の科学観と接続させた議論が十分とはいえない。一九六〇年代後半から盛り上がる公害問題だけでなく、大阪万博（一九七〇年）を経た後のオイルショック（一九七三年）は当時の科学観に少なからぬ影響を与えただろう。

第六章　「地震後派」知識人の震災論

これまでの章は関東大震災以来の新聞を追跡調査することで、長い〈災後〉を描こうとしてきたが、本章は清水幾太郎という特定の人物に注目する。対象とした資料は清水が関東大震災について書き残したものであり、新聞に限らず、雑誌や単行本を含めた。新聞を主たる対象としてきた本書の中で、特定の個人に注目するという方法は奇異に映るかもしれないが、後述するように、関東大震災の認識を検討するうえで清水は欠くことのできないメディアであった。本章では、「地震後派」知識人・清水幾太郎の震災論を通じ、日本社会の関東大震災認識を新聞とは異なる角度から検証していきたい。

清水幾太郎とは、戦前・戦後を通して活躍したジャーナリストであり、社会学者であり、評論家である。竹内洋はメディアを舞台にしたオピニオンリーダーの意味で、「メディア知識人」と呼んでいた[1]。そして、本章で確認していくように、自身のライフコースにおいて関東大震災の被災体験を重要視し、くり返し言及する人物である。このことは、先行研究で強調されてきた。

一九五九年に刊行された『論文の書き方』（岩波新書）はロングセラー作品となり、歴代の岩波新書の中でもかなり多くの読者を持った。とはいえ、もはや「忘れられつつある思想家[2]」や「忘れ去られた思想家[3]」と評される人物なのかもしれない。「翻訳の文庫本や新書、そして、東日本大震災をきっかけとして復刊した『流言蜚語』（ちくま学芸文庫、二〇一一年）を除けば、清水自身が執筆した本を書店でみつけることはほとんどない[4]」。現代において、清水幾太郎は震災との関わりで浮上する人物なのだ。

『流言蜚語』と関東大震災

二〇一一年三月一一日に発生した東日本大震災は、関東大震災の記憶を呼び起こした。苅部直は、「東日本大震災の直後には、新聞や雑誌の記事や論説で、大正の大震災に言及する例がたくさん見られた〔……〕おそらく、これほどまでに過去の災害が想起されることは、一九九五年の阪神・淡路大震災のさいには見られなかったのではないだろうか(5)」と述べている。リバイバルの一例として、『流言蜚語』の文庫版刊行をあげていた。

一九三七年に日本評論社より刊行された同書は、前年の二・二六事件を受けて『中央公論』に発表した「流言蜚語の社会性」と、『文藝春秋』に発表した「デマの社会性」という二つの論文がもとになっている(6)。戦後、一九四七年には日本評論社版の「序文」を削除し、新たな「序」を付した岩波書店新版が刊行されているが、本文の内容に大きな変更はなかった(7)。

しかし、本書の関心に即せば、ここで日本評論社版の「序文」が削除されたことは、非常に大きな変化である。それは、削除された「序文」の中で、「多くの人々と同じやうに、私が流言蜚語といふ問題に興味を持つに至つたのは、大正十二年の関東大震災の折、家を潰され、火に追はれ、弟娘を見失ひ、流言に怯えつつ彷徨したことに始まる(8)」と記し、流言蜚語に興味を持ったきっかけとして関東大震災を挙げていたからだ。新たに書き換えられた岩波版の「序」に、関東大震災への言及はない。戦後になって、関東大震災への言及が取り除かれたことになる。

佐藤卓己が指摘するように、日本評論社版における「関東大震災の例示は検閲対策のデコイ（偽装）で、本命は二・二六事件だったはずだ(9)」。関東大震災が持ち出されていたのは検閲をかいくぐるためで、その必要がなくなったから、戦後に関東大震災についての記述が消えたのだろう。実際、本文でも「流言蜚語に就いて広く流布してゐる誤つた見解」ともいえる例外的事例として関東大震災を挙げ、「かういふ例ばかりが流言蜚語なのではない。寧ろ多くのものはこのやうな昂奮から離れてゐる(10)」と述べていた。『流言蜚語』は、関東大震災の経験を念頭に置いて書かれたものではないのだろう。

それでも、震災の経験が踏まえられた論考として評価されており[11]、東日本大震災後の復刊にあたっては、新たに第Ⅱ部「大震災は私を変えた」が加わった。「日本人の自然観　関東大震災」（以下、「日本人の自然観」）、「明日に迫ったこの国難　読者に訴える」（以下、「読者に訴える」）、「大震災は私を変えた」、「地震のあとさき」という震災関連の論考が複数収められている[12]。東日本大震災を背景に、『流言蜚語』はより強固に震災と結びつけられたのだ。

東日本大震災を経た新たな「災後」において、震災の記憶への注目とともに清水の地震語りが再評価されているようだ。もっとも、清水は「戦後派」を意味するアプレ・ゲールとの対比で自らを「地震後派」[13]と称し、『手記　関東大震災』（一九七五年、新評論）や総合雑誌の震災特集で監修を任されたこともある人物だった[14]。関東大震災の記憶を検討するうえでは欠かせない知識人である。だが、清水の震災語りの変遷はこれまで正面から論じられてはいない。

本章では、新聞の検討によって析出された関東大震災の集合的記憶認識の変遷との対応を意識しつつ、清水幾太郎による震災語りの変化とその要因を検討していく。

図6-1　清水幾太郎（出典　清水礼子責任編集『清水幾太郎著作集 12』講談社、1993年）

清水幾太郎の履歴

本論に入る前に、清水の経歴をごく簡単にふり返っておこう[15]。

一九〇七年、東京の下町、日本橋に生まれ、一九一九年の六月に本所区（現在の墨田区）に移転。一九二一年からは医師の子どもが多く通う独逸学協会学校中学へ通った。清水の場合、親が医師だったわけではないが、他の多くの生徒たちと同じように、医者を目指していたという。

そして、独逸学協会学校中学三年生、一六歳のときに関東大震災に遭っている。命こそ落とさなかったが、自宅は倒壊し、火災によって家財のほとんどを焼失してしまった。この凄惨な経験の後、清水は担任の助言もあって医師ではなく社会学の道に進んでいくが、これは、震災直後に露わとなった社会不安に接し、社会への関心をより一層強くしたためであった。震災体験は、清水の思想形成の根幹にかかわるエピソードとして重要視されている。

一九二五年に独逸学協会学校中学を卒業し、東京高等学校に進学。前々年度に設立されていた日本社会学会に入会し、ドイツ系の文献を読み漁った。一九二八年には東京帝国大学文学部社会学科に入学し、一九三一年の卒業後は同大社会学研究室の副手（助手の下の職）として勤務するようになる。副手の給料はさほど高くなかったが、女学校の講師など、副業の収入もあったという[16]。卒業論文は「オーギュスト・コントに於ける三段階の法則」で、その一部は『思想』に掲載された[17]。

一九三三年に副手の職を解かれると、家庭教師や執筆活動でなんとか生計を立てる生活を強いられた。所属のない、フリーのジャーナリストである。その後、一九三八年から『東京朝日』の学芸部専属で記事を書くようになり、一九四一年から一九四五年一二月までは、当時の主筆、高橋雄豺《ゆうさい》に招かれ[18]『読売新聞』の論説委員として社説を書いた。「論説委員の仕事は、大変に楽なものであった」という。戦時期には国民徴用令によって陸軍徴員とされ、一九四二年にビルマのラングーンへ赴いたが、「何も仕事なく、毎日、読書に耽り、またインド事情などを研究[19]」して過ごしていた。

戦争が終わると、旧友の英米文学者・細入藤太郎、経済学者で後に東大総長となる大河内一男とともに、「社会科学及び哲学の研究と普及」を目的とした財団法人二十世紀研究所を設立し、所長の座に就いた[20]。平和運動へも積極的に関わっていくようになり、一九四九年からは平和問題談話会（前、ユネスコの会）の事務局的存在として活躍した。五〇年代には内灘・砂川の基地反対闘争に参加し、日米安全保障条約改定をめぐる安保闘争にも積極的な関わりをみせている。『世界』に「いまこそ国会へ　請願のすすめ」（一九六〇年五月号）を発表したことが有名である。[21] なお、一九四九年から一九六九年までは学習院大学で教授も務め、「最終講義　オーギュスト・コント」が『中央公論』（一九六九年三月号）に掲載されている。

六〇年安保の後は運動から手を引き、その反省をもとに『現代思想（上・下）』（岩波書店、一九六六年）、『倫理学ノート』（岩波書店、一九七二年）を執筆した。[22] 学習院大学を退職してからは、新宿区の野口英世記念館内に「清水研究室」を設け、そこで研究活動や「談話会」を主催している。この点については、『「社交学」ノート』（ネスコ、一九八六年）に詳しい。

生涯を閉じたのは、一九八八年八月一〇日であった。

清水幾太郎というメディア

しかしながら、災害の集合的認識を検討する本書において、なぜ清水幾太郎という個人の震災語りを検討する必要があるのだろうか。これまでの議論との対応関係を示し、清水幾太郎という対象の特性について確認しておきたい。

第Ⅰ部と第Ⅱ部で確認したように、関東大震災の集合的記憶が再構築されるためには、一九六〇年に制定された「防災の日」が九月一日であり、関東大震災の「震災記念日」と重ね合わされたことが重要である。一九六〇年以前、関東大震災は薄れゆくローカルな記憶に過ぎないものであったが、「防災の日」が設置されたことで九月一日の社説で関東大震災が言及されるようになる。当初は「忘れそうな記憶」として言及されていたものが、一九七〇年を過ぎたあたりでナショナルかつ「自明な記憶」へと転換する。このように、本書では新聞における震災語りを検討することで、集合的な記憶認識の変化を浮き彫りにしてきた。「防災の日」が設置された一九六〇年と、関東大震災の記憶がナショナルかつ「自明な記憶」へと移行した一九七〇年頃は、集合的記憶認識を検討する上で重要な時期だと考えられ、本章でも注目していく。

本書で試みたここまでの整理はあくまで新聞記事の分析に限定されるものである。新聞のみの検討であるがゆえに、こぼれ落ちてしまう点も少なくない。言うまでもなく、幅広い読者層を想定する新聞というメディアでは、個々人の多様な認識は捨象されやすく、「新聞の分析だけで何がいえるのか？」という疑問も浮上する。総合雑誌や文学作品など、新聞以外のメディアで登場する関東大震災語りや、被災体験者の有する個人的な記憶が、新聞で描かれるものと必ず一致しているとは限らないからだ。言うまでもないが、新聞を分析対象とすることには限界がある。

ただ、そうであっても、総合雑誌やその他のメディアでの関東大震災語りがどのような位置にあるのか、個人的な記憶認識が何に規定されて変化しているのか、といった問題は、新聞のような公的なメディアにおける語りとの比較において議論されるべきものである。ある種の基準を用意するために、新聞は有用な資料であった。いやむしろ、一九二四年から二〇一四年という長い期間を設定し、普及力のある同一資料を定点観測するためには新聞以外の資料を扱うことは不可能だろう。基礎作業として新聞のような公的なメディアで書かれたものの整理がまずなされるべきなのだ。そして、そうした作業（＝本書のこれまでの議論）を経たことで、特定の媒体、個人における認識の布置を問うことが可能となる。

このような前提を踏まえ、本章では清水幾太郎という特定の人物を対象に、記憶認識の変遷を追跡していく。被災体験を有する者のうち、関東大震災の体験を社会で発表し続ける機会を有した数少ない人物の一人である。ゆえに、被災体験者の記憶認識を追跡可能な珍しい事例だといえる。清水の記憶認識と、発言の場を持たない人びとの認識が一致していたと断言することはできないが、「知識人たちの議論に共感や反発を抱きながら、大衆層の思いも形作られてきた」[23]とも考えられる。清水の震災語りを跡づけることは有用な作業であるはずだ。

また、このことは被災体験のない世代を埒外に退けるわけではない。本章で詳しく見ていくように、清水は同時代の人びとが有する関東大震災認識を鋭く察し、その対応で自身の記憶語りを変化させていた。被災体験者に限らず、異なる世代にも受け入れられる語りを産出していたのであり、だからこそ、くり返し震災を論じることが可能な書き手であった。そのため、清水による震災語りの変化とその要因・背景を精緻に読み解くことで、被災体験者個人（＝清水）の震災認識とともに、個人的な記憶の先にある、同時代の集合的記憶認識についても措定することができると考えられる。[24]

清水の震災語りは個人的な記憶認識の提示であるが、同時に清水は人気のある書き手でもあった。それは、（被災体験のない世代を含む）同時代の人びとに共有されている認識を巧みに表現し、支持を得ていたことを意味している。とすれば、清水は個人の認識を持ち出すが、そこで想定される同時代の集合的記憶の位置付けは、人びとの認識と無縁でなく、連続するもの／支持されるものでもあったと考えられる。それゆえ、本章の試みは、被災体験者である清水の個人的な記憶認識の検証にとどまらない。清水が書き残した震災論の検証は、新聞とは異なる角度から関東大震災の集合的記憶認識を追跡する作業としても読むことが出来る。これが、清水幾太郎という対象の特性であり、選定理由でもある。新聞の検討によって析出された集合的な記憶認識との対応を見ていくために、清水幾太郎は有用なメディアなのだ。

関東大震災語りの状況

ただし、清水のほかに関東大震災を語る者が全くいなかったわけではない。震災関連の論考や書籍は同時代にも存在していた。[25]

例えば、一九六四年六月一六日に新潟地震が発生した後、『中央公論』は特集「関東大震災の日　その体験と教訓」を組んでいる。吉野作造の「遺稿・朝鮮人虐殺事件」と、正力松太郎や広津和郎、石橋湛山など総勢二〇名による関東大震災の回想録が掲載された。吉野作造の論文は震災直後に執筆されたものであるが、「内務省の記事差しとめにより公表の機会をえず、自筆原稿のまま東大図書館の吉野文庫に保管されていた」ものである。一九六三年刊行の姜徳相・琴秉洞編『現代史資料6　関東大震災と朝鮮人』（みすず書房）に収録され、はじめて活字化されていたが、改めて『中央公論』に掲載された。(26)

この他、同号には有馬頼義の「第二震災の脅威」が収められている。新潟地震後の衆議院災害対策特別委員会で発表された、〝東京を襲う大地震が近づいている〟という河角廣（東京大学地震研究所）の見解を踏まえ、東京の地震対策について記すものだった。(27)執筆者の有馬頼義は一九一八年生まれの作家である。伊勢湾台風の後にも災害関連の論考を『中央公論』誌上に公開していた。(28)父親は政治家の有馬頼寧であり、近衛文磨内閣の有力なブレーンの一人で、農林大臣を務めた。関東大震災後には、震災共同基金会を創設しており、有馬家と関東大震災のかかわりは深いようにみえる。しかし、一九一八年生まれの頼義は震災当時にまだ五歳で、実体験として語ることができる「地震後派」とはいえず、生涯を通じてくり返し関東大震災を語ったわけでもなかった。むしろ戦争体験の影響が色濃く、東京空襲を記録する会の発起人にも名を連ね、『東京空襲19人の証言』（講談社、一九七一年）の編者でもある。「有馬家の御曹子から、小説家有馬頼義に変貌するためには、この愚かしい戦争が必要であった」(29)と評される人物であり、「地震後派」を自称する清水とは対照的だった。

また、特集ではないものの、『文藝春秋』では米国人ジャーナリストのN・ブッシュ「関東大震災と日本人」（一九六三年九月号）や、無署名「大地震東京を襲う」（一九六九年九月号）などの扱いが比較的大きい。N・ブッシュは最後の節で、「強烈な思想的衝撃」を与えた「リスボン大震災」と関東大震災を対比させているが、これは一九六〇年に発表された「日本人の自然観」で清水幾太郎がすでに論じていたことである。(30)関東大震災を主題とした書籍としては、鶴見俊輔、松本三之介、橋川文三、今井清一の共同研究から生まれた『震災にゆらぐ　日本の百年（5）』（筑摩書房、一九六二年）や、吉村昭『関東大震災』（文藝春秋、一九七三年）、姜徳相『関東大震災』（中公新書、一九七五年）などを代表的なものとして挙げることができる。(31)

しかし、それぞれの仕事は単発のものである。新聞で描かれる震災の記憶認識が転換する一九六〇年以前と一九七〇年頃の両期間、総合雑誌や書籍などでくり返し関東大震災を語っていた人物は、清水幾太郎のほかに見当たらない。総合雑誌などに登場した記述は、震災語りの総体を把握するための資料としては有用であるが、特定個人における記憶認識の変化を長期の時間軸で検討するという目的に適した対象とはいえないだろう。

清水幾太郎論と関東大震災

対して、清水はくり返し震災を語った「地震後派」の「メディア知識人」である。最も古い言及は『流言蜚語』の「序文」まで遡ることが可能で、新しいものとしては亡くなる前年に発表した「荻窪という土地」を挙げることができる[32]。

くり返し震災を語っていただけでなく、先述の通り、関東大震災を記録する会編『手記 関東大震災』や『中央公論』の特集で監修を任された。一九六〇年に発表した「日本人の自然観」に対する書評では、関東大震災は清水にとって「手なれた素材」とされており[33]、清水と関東大震災の結びつきは社会で認知されていたものと考えられる。また、藤竹暁は一九七〇年に発表された「見落された変数　一九七〇年代について」（以下、「見落された変数[34]」）を挙げ、「関東大震災の次の大地震に対する予知と対応の社会的必要性をいち早く喚起するとともに、大災害に関する社会科学的研究が日本で成長する端緒ともなった」と述べている。その先見性を高く評価していた[35]。関東大震災のイデオローグと目される人物で、「私の決定的な体験という意味では、第二次世界大戦などは、関東大震災の足元にも及ばない[36]」とも語る清水は、震災語りを検証されるべき対象だと考えられる。

しかし、くり返しになるが、清水幾太郎が関東大震災をどのように語ってきたのか、という問題については、これまで正面から論じられてこなかった。清水幾太郎研究が存在しないからではない。一定の蓄積が存在し[37]、その中でも関東大震災は頻繁に取上げられるトピックである。思想形成との関わりで非常に重要な体験であった、とするのがスタンダードな記述だ。裏を返せば、震災についての記述はその程度で済まされている。清水による震災語りが時代とともにどのように変化してきたのか、あるいは、変化の背景や要因がどんなものであったかについてはほとんど論じられていない。

思想形成との関わりだけでなく、一九七〇年代に清水が展開した震災論に注目したのが竹内洋である。竹内は、一九七〇年頃に流行していた未来学や公害論を挙げ、それらとの「差異化戦略」で清水が震災を語っていたと、以下のように推測している。

> 世は未来学（futurology）が流行っていたが、未来論ではインダストリアリズムの反復と延長で、芸がなさすぎる。明るい未来学の潮流に反する問題提起こそ警世の言論となる。未来論に反する問題提起といえば、公害も社会運動となっていたが、これは猫も杓子もいっている。六〇年安保を闘った者がいまや公害問題に乗り換えている。目新しさはないし、そんな仲間と同じ船にまた乗っても仕方がない。そこで飛びついたのが地震である。アラーミスト（騒々しく警鐘を乱打する人）としての清水がはじまった。意地悪くいってしまえば、そういう見方もできるかもしれない[38]。

おそらく、ここで指摘されている差異化の意図もあっただろうが、公害問題に関心がなかったわけではない。例えば、経済学者で未来学者としても知られていたケネス・E・ボールディングとの対談では、起こりうる地震への恐怖を語りながらも「まず公害との戦いから」として、公害対策の徹底を第一に求めていた。そもそも、清水は震災対策と公害対策が「完全に一致するとはいわないけれども、ほぼ一致するんじゃないか」と考えており[39]、環境への関心も決して低くなかった[40]。また、「地震こそ清水の十八番[41]」だとしても、清水の地震語りは一定のものでなく、変化が生じている点に目を向ける必要がある。

一九七〇年代に清水が震災論を展開するようになった背景については、日本社会における災害認識の変化と対応させせつつ、考察すべきだろう。(42)

もっとも、本書で確認してきたような関東大震災認識の変遷は従来の研究で明らかにされていなかった。そのため、竹内が関東大震災認識の変化を加味できなかったのは無理もない。本書の作業を土台にして、改めて清水幾太郎と関東大震災の関連を問うことが出来るのである。(43)

それでは清水の震災語りを四つの時代に分け、その変遷を追跡していこう。(44)

震災をいかに語るか

第一期—「忘れられた震災」

一六歳で被災した関東大震災は、清水幾太郎にとって「一生のうちで最も大きな経験」とされている。一家が「完全な無一文になった」だけではない。(45)「軍隊は何のためにあるのか。軍隊によって守られている国家は何のためにあるのか。今から思えば、関東大震災のドサクサの中で、十六歳の私はこの大きな秘密の一部分に触れた」と朝鮮人虐殺事件を回想している。(46)また、大杉栄が妻と甥とともに殺害された「事件によって、私の関東大震災は完成したようなものであった」とも述べている。(47)下町育ちの清水には朝鮮人の友人が多く、大杉栄については震災以前から著作を愛読し、「個人的思索」という短い文章に励まされていた。事件を自身と結びつける回路を有していたのである。こうした関東大震災体験が重要となるのは、「生活の崩壊や「没落」の完了といった震災体験そのものの衝撃によるだけで」なく、「震災に伴う諸状況のなかで暗い部分を露出しはじめていた社会の一端を清水が覗いたことで、清水の人生のある部分が決定されたことにもよっている」。(48)

震災に対する清水の所感が初めて記されたのは、一九三八年一一月一三日の『東京朝日』に掲載された時評「地震によせて」とされている[49]。これは、当時『東京朝日』社会学芸部の専属として記事を書いていた清水が、一九三八年一一月五日に発生した福島県東方沖地震に際して執筆した文章だと推測できる。以下のように書き出した。

暫く忘れてゐた地震の恐怖に襲はれて、私はこの数日なかなか平静な気持を取り戻すことが出来ない。関東大震災のとき東京の下町に住んでゐて、その災禍を十二分に味はつた私には何時になつても地震への恐怖を克服することが不可能である。少しでも揺れ始めると、恥も外聞も忘れて屋外の安全なところへ逃げ出してしまふ[50]。

地震の発生と関東大震災の記憶を結びつけた。そのうえで、「今から考へると、少年としての私の生活はそこで完全に終り、それ以後は現在と殆ど変らぬ大人の生活が続けられてゐるやうに思はれる」と述べ、被災体験が人生の転機であったと回想している。この時点ですでに清水はライフコースの重要な出来事に関東大震災を置いていた。

次に確認できるのは、一九四〇年に刊行された『心の法則』（古今書院）所収の「忘れられた震災」という文章である。初出は不明だが、『心の法則』[51]が一九四〇年刊行なので、それ以前に執筆されたことは確実である。文章の末尾には「昭和一五・七」の記載があるため、おそらく一九四〇年七月頃に書かれたものと考えられる。

表題の通り、関東大震災を「忘れられた震災」として扱っていることが重要だろう。「新旧の東京に亘つて新しい家が夥しく作り出されてゐる現在、忘れられてゐる一つのことがある。それは耐震耐火といふ条件である。歴史的事実を引合に出せば、関東大震災のあの経験を誰も彼も忘れてゐる」と指摘した。また、「日本の軍隊が頑張ばつてゐる限り、外国の飛行機が東京の空を襲ふやうなことは容易に起こりはしないであらうが、それも決して絶無とは言へない」と、火災の原因に空襲を挙げ、「吾々は関東大震災を忘るべきではない。そしてこの経験を現代に生かすことが焦眉の急務なのである」と記した[52]。忘却を憂う清水は関東大震災を忘れていない。しかし、清水が目にしたのは震災体験を忘れ、「耐震耐火といふ条件」を考慮せずに次々と新しい家が建てられていく状況である。社会が震災を忘れ去ってしまったかのようで、だからこそ、想起を求めていた。震災だけでなく、空襲という新たな火災要因が予見されていたからだ。

管見の限り、終戦以前に関東大震災が語られている文章は、『流言蜚語』を除くとこの二つのみである。関東大震災について語るのは三〇歳を過ぎてからのことで、この時期にはそれほど多くを語ってはいない。『東京朝日』の専属だった清水は一九四一年から『読売新聞』の論説委員となっており、まとまった文章を発表する機会がなかったわけではないだろう。『読売新聞』の社説で空襲・防空について記述する場合はあったが、そこでも震災には言及されていなかった[53]。関東大震災の「震災記念日」に周年社説を執筆した形跡もない。

この時期の限られた震災に関する記述から明らかなのは、清水は関東大震災を忘れていなかったが、社会が震災体験を忘れてしまっているように見えていた、ということである。また、被災体験が人生の転機であることは示唆されたが、具体的な記述はほとんどなかった。日本評論社版の「序文」では検閲対策として関東大震災を持ち出していたが、同時代の言論状況において、朝鮮人虐殺事件や大杉栄の事件などを書くことまではできなかったのだろう。

清水が新聞社内部の人間であったことも考慮されるべきだが、この時期における清水の関東大震災認識は、新聞で析出可能な集合的認識と対応している。起こり得る空襲との関連で関東大震災の想起を求める形式は、第二章で論じたものと同様であった。

第二期――「地震後派」の関東大震災

戦争が終わると清水幾太郎は『読売新聞』の論説委員を辞し、フリーのジャーナリストとなった。一九四九年には学習院大学の教授に就任している。また、「平和問題談話会」のメンバーとして積極的に平和運動に参加し、声明文の草案などに関与していた。石川県内灘村でのアメリカ軍砲弾試射場設置反対運動、東京都砂川町の基地拡張反対闘争を経て、一九六〇年の安保闘争に関わっていく。このような社会活動に参加しつつも、一九五〇年代前半は清水が最も多くの原稿を書いていた時期であった[54]。そして、この頃から、再び清水は自身のライフコースをふり返り、戦争よりも重要な体験として関東大震災を回想するようになる。

その先がけになったのが、一九四九年に『思索』で連載された「読書の日記」である。この連載は、「小学生の頃から最近までに私が読んだ書物、そのうちから主要なものを選び、これを読んだ私の動機、これが私の内部に残した痕跡、これに対する私の反応などについて叙述した」、「読書に関する自伝風の記録」であり、書き下ろしの原稿と併せて『私の読書と人生』（要書房、一九四九年）に収められた[55]。清水は生涯三冊の自伝を刊行しているが、これが初の自伝である。

関東大震災に紙幅を割いているのは、第二回の「本所の片隅」と第三回の「脱出の方向」である[56]。単行本では「関東大震災」という節見出しが付されており[57]、「大震災で本は全部焼けてしまつた。それ以前に何を読んだかをここに報告することが出来ない。併し私は大震災の時に、人生といふ大きな書物の重い頁を繰つたのである」と、震災の衝撃を記している[58]。

また、先述した朝鮮人虐殺事件と大杉栄の殺害事件はここで初めて自身の問題として言及した。くり返しになるが、記述を確認しておくと、震災後に「私を敢へて陰鬱にするものがあつたとしたら、それは大杉栄が殺されたといふ事件と、朝鮮人虐殺の事件とである」とし、その理由を以下のように述べている。

当時の私が大杉栄の思想を十分に理解してゐたとは言へない。彼に対する理解も同情も頗《すこぶ》る曖昧なものであつたに過ぎぬ。併し彼に対して、彼が殺された事件に対して、自分は或る特別の関係と関心とを持つ人間であると信じた。また私は朝鮮人の友達が多かつた。(59)

このように、「或る特別の関係と関心とを持つ人間である」という思い込みと、「朝鮮人の友達が多かった」という状況が、二つの事件を清水が重要視する理由とされている。次回にあたる第三回の「脱出の方向」は、震災後の状況から東京高等学校に入学して日本社会学会の会員になるまでの経緯について記述されていた。(60)

その後、二冊目の自伝である『私の心の遍歴』（中央公論社、一九五六年）に収められた『婦人公論』の連載で「大震災は私を変えた」(61)を発表し、一九五九年刊行の『社会学入門』でも「私の運命を決めた関東大震災」(62)という見出しを付けて震災体験を人生の分岐点に位置付けた。『婦人公論』には、「明らかに、私は違った人間になっていました。父にとっては、すべてが全く終ったようでしたが、私にとっては、総てが終った半面、総てが新しく始まろうとしていたのでしょう」などと記されている。(63)「私を変えた」体験や「運命を決めた」ものとして、関東大震災をライフコースに位置付けていた。

このような記述が浮上する背景として示唆的なのが、一九五一年一月〜三月号にかけて『新女苑』で連載された「わが青春の日々」である。同時代を生きる若い世代に宛てられた文章として読むことができるもので、「地震後派」という興味深いフレーズがここで提示された。

アプレ・ゲールと呼ばれる人々にあつては、青春のアンバランスが戦争の経験によつて二重に深められ鋭くされてゐる。地震と私との関係が、戦争と現代の青年との関係として現はれてゐると言はうか。諸君が若しアプレ・ゲールであるとすれば、私は、私たちは、敢へて奇妙なフランス語を用ひて、アプレ・トランブルマン・ド・テル、つまり、地震後派と称すべきものである。[64]

戦後を意味し、第二次世界大戦後の日本で流行していたアプレ・ゲールと対比させる形で「地震後派」と称している。また、冒頭では以下のように述べていた。

諸君の青春が今度の戦争と深く結ばれてゐるやうに、私の青春は関東大震災と切離して考へることは出来ない。青春の日々の経験が人間の一生を決定するといふ学者の説に従ふなら、震災は私の一生を支配するとも言へるであらう。[65]

清水からすれば、アプレ・ゲールの戦争は、自分の世代にとっての関東大震災と等価なのである。同時期に発表された「私の社会観」では、「戦争のために青春期に固有な不均衡が二重になった人々を「戦後派」(après guerre)と呼ぶのなら、私は、私たちは「地震後派」(après tremblement de terre)と称すべきである、とかつて戯れに書いたことがある」と、「わが青春の日々」での記述をふり返ったうえで、「この時代に、私が出会った経験やたどりついた覚醒は、私だけに属するものであるよりも、私が多数の人々と共有するものであった」と記している。[66]

かつて、関東大震災の記憶が戦時体制に下支えされていたように、あるいは、小松左京の『日本沈没』(光文社、一九七三年)が戦争を背景として産み落とされたように、清水の中でも震災は戦争と対置されることで、改めて浮上するものであった。だからこそ、震災体験に強力な意味を付与する語りが登場するのは戦後なのである。震災を語る意義は、戦争体験をめぐる語りを通して見出されていた。

ただし、「諸君は、私が戦争と地震とを簡単に比較するのを不満に思ふかも知れない。悲惨な敗北を以て終つた今度の大戦と、如何に烈しかつたとはいへ、一瞬の地震とは、到底比較を許すものではない、と諸君は言ふであらう」[67]と述べており、震災体験が次世代とは隔絶したもので、受け入れられるものではないと認識していた。そのため、この時期の震災語りはあくまで私的な体験に閉じたものとなっている。社会で広く共有されるものとは考えていない。清水のライフコースにおいて関東大震災は重要な出来事であったが、自らの体験の内部でしか語ることができないものだった。

第二章で述べたように、終戦後には、関東大震災と結びついていた空襲や「興亜奉公日」などの要素が消失し、震災語りは量的にも質的にも忘却へと向かっていた。これに対し、清水は戦争が終わってから関東大震災への言及が増え、ライフコースにおいて重要な体験としてくり返し語るようになった。言及する機会が増えただけでなく、記述内容も戦前に比べると詳細なものになっている。新聞で析出可能な集合的記憶が忘却へと向かう時期において、個人的な記憶が根強く残っていた様子を確認できる。

とはいえ、清水の語りはあくまで私的な体験に閉じるものであった。個人的、あるいは体験を共有する同世代にとって重要であるから盛んに語っていたが、同時代を生きる多くの非体験世代には受け入れられないものと認識していたのだろう。裏を返せば、だからこそ、震災を語る形式は私的な体験に閉じたものにならざるを得なかったと考えられる。

第三期—「可哀想」な関東大震災

こうした私的な体験に閉じた震災語りに変化が生じたのが、一九六〇年に発表された「日本人の自然観」である。伊藤整との共編で刊行された『近代日本思想史講座3　発想の諸様式』の巻頭論文で、清水の「手に成る論文の中で、最も知名度の高いものの一つで」あり、「関東大震災というものを、本格的に思想的な脈絡の中に据えた恐らくは最初の文献、少くとも古典としての評価の定まった最初の文献」だとされている。[68]『近代日本思想史講座』は一九五九年から一九六一年にかけて筑摩書房から刊行され、丸山眞男が企画の中心的役割を担ったものである。

「この文章は、結局、自叙伝の一つの試みと見ねばならないようである。必ずしも自分の生活について多くを語ってはいないけれども、やはり、自分の直接の経験の処理という意味では自叙伝の一種なのであろう[69]」と清水自身は述べているが、それまでの語りは私的な体験に閉じるものであったから、「自分の生活について多くを語ってはいない」ことは、それ自体が大きな変化である。清水の中では新しい形式の震災語りであった。

震災直後に刊行された雑誌などの記述をもとに、同時代に生きた人びとがいかに震災を受け止めたかを描こうとし、「この天災に対する各人の心理的反応を越えた、唯一の思想的反応とも見るべきもの」として「天譴の観念」を詳しく取り上げている[70]。「災害の立体化[71]」という清水独自の概念も注目されるが、本章の問題意識との関連で興味深いのは執筆経緯に関する記述である。

清水は、刊行元である筑摩書房から「どんな問題でもよいから」と依頼を受けたが、「一向に気乗りがしなかった」と述べている[72]。それは当時、「安保の問題に気を取られていて、長い原稿を書く余裕がなかった」ことに加え[73]、「最近流行の思想史というのは、あまり興味のないテーマ」だったからだという[74]。

しかし、「気乗りがしなかった」清水は結局依頼を引き受けている。しかも、しぶしぶ承諾したのではなく、依頼をしてきた編集者以上に乗り気になっていた。その経緯については以下のように回想している。

ところが、編集者と押問答しているうちに、日本人の自然観というテーマが飛び出して来た。それが、咄嗟に、関東大震災への反応に現れた日本人の自然観というテーマに変化した。それなら書ける、いや、書かねばならぬ、と独り合点して、原稿を引受けることにした。編集者は少し渋っていたように見えたが、そんなことは、どうでもよかった[75]。

「日本人の自然観」というテーマが突然浮上した経緯は明らかにされていないが、同時代の社会背景として、第五章で取り上げた伊勢湾台風の来襲（一九五九年九月二六日）が挙げられる。戦後最大の被害をもたらした巨大台風であり、同時代の注目度も全国的に高かった。この原稿は一九五九年一一月二七日～一二月一七日にかけて書かれたもので、その約三カ月後に再び原稿に手を加え、出来上がったのは一九六〇年三月一一日だった[76]。一一月～一二月にかけて書かれたとされる部分で、次のように伊勢湾台風報道の性格を指摘している。

マス・コミュニケーションが悲惨な事件を取扱う場合、申し合せたように、誇張された「明るい話題」を添えようとする――近くは、一九五九年九月下旬の伊勢湾台風においても――手法と相通ずるものである[77]。

伊勢湾台風の報道に触れ、日本人の自然観というテーマを思いついた。取り上げる災害については、自身が体験を有する関東大震災とし、資料収集・分析を経て執筆に至る。この流れに違和感はない[78]。あるいは、伊勢湾台風の甚大な被害が台風防災を推進させる、という見立てのもと、地震防災対策のために関東大震災を想起することが必要だと考えたのかもしれない。ちなみに、「丸山眞男文庫　草稿類デジタルアーカイブ」には、各巻の編者に送付予定のものとみられる執筆要領の草稿があるが、ここで、清水には「社会集団と思考様式」というテーマで「近代日本におけるエスプリ・デ・コールの問題」、「集団における正統と異端」という項目が提示されている[79]。自然災害や関東大震災を編集者が持ち出したわけではなく、「日本人の自然観」は、清水が見つけ出したテーマだったのだろう。

決定的な証拠が見当たらないため、真偽のほどは定かでない。だが、ここで重要なのは関東大震災を題材とすることで「書かねばならぬ」原稿になったことだ。また、清水の回想に従えば、「どんな問題でもよい」と依頼して来たはずの編集者が、関東大震災というテーマを快くは受け入れなかった。編集者と清水の間で震災認識の差異をうかがえるが、この差異こそが、関東大震災を「書かねばならぬ」理由なのであった。

本章で確認してきたように、「日本人の自然観」以前に清水は何度も関東大震災について記述している。それは、「関東大震災当時の私が感じ易い少年であったために、それが私の内部に二度と消えぬ痕跡を残したという事実」と、「関東大震災が、一向、それにふさわしい重要性を認められて来ていないという私の不満がある」ためであった。「今日に至るまで、それ（＝関東大震災）は正当な取扱いを受けて来てはいない」と認識しており、そのことが不満だったのだ。[80]「妙な言い方であるが、以前から、私は関東大震災が可哀想で堪らなかった。多くの死者が可哀想なのは、判り切った話であるが、私には、大震災そのものが可哀想であった」。[81]つまり、関東大震災の社会的な位置付けが低いために、忘れられてしまっているために、清水は筆を執ったのである。[82]

また、関東大震災は大きな被害を受けたのが「インテリの住む東京の山の手」ではなく、「地震の経験を他人に向って書いたり喋ったりする能力や便宜」を持たない「下町、と言うより、場末」であった。そのため、「誰もあまり真面目に取上げないうちに、当時の「世相」という曖昧なものに溶けてしまった」。だから、清水には「辛くも生き残った人間として、それを書く責任」があったのだと述べている。[83]

こうした執筆経緯を踏まえれば、「日本人の自然観」は一九六〇年に関東大震災の集合的な想起を企図したものとして位置付けられるだろう。それまで「忘れられた震災」を私的な体験に閉じて語っていたが、ここでは関東大震災を思想の問題として取り上げ、重要性を見出し、再度位置付け直そうとしている。

しかしながら、この後一九六〇年代に清水は関東大震災関連の論考を発表していない。[84]「日本人の自然観」はあくまで単発の仕事でしかなく、震災を語る機会が増えたわけではなかった。

背景には、一九六〇年の安保闘争後、清水が「メディア知識人」としての立ち位置から退き、研究に専念していたことがある。竹内洋によれば、安保闘争の余韻が冷めると清水の執筆本数はかなり減り、「出ずっぱりだったメディア知識人としての清水のプレゼンスに翳りがみえるように」なった。それまでは『世界』での執筆機会が多かったが、一九六五年以降は一本しか寄稿しておらず、「論壇から遠ざかっていた、いや、発表場所がなくなっていたともいえる」という。[85]

あるいは、社会に「日本人の自然観」を受容する土壌がなかったともいえるだろう。本書で論じてきたように、「防災の日」が設置されたことで関東大震災の記憶がナショナルなレベルで再構築されはじめるが、すぐに完了したわけではなかった。記憶の定着は一九七〇年頃であり、一九六〇年代は再構築の最中であった。また、「日本人の自然観」は一九六〇年五月に発表されたが、「防災の日」の設置が閣議で決まるのは一九六〇年六月一七日で、発表当時に「防災の日」は存在していなかった。清水が先行し過ぎており、社会の認識が追いついていなかったのだと考えられる。清水の立ち位置の変化と、社会認識とのズレという二つの問題が重なっていたことで、一九六〇年代に震災語りは展開されなかった。

しかし、再構築された関東大震災の集合的記憶が定着する一九七〇年頃になると、清水は再び論壇に居場所を得る。それは、地震を語ることによってであった。竹内洋は、地震に関する論考の影響力は定かでないと留保しつつも、「清水が健在であることのアピールにはなったであろう。そのせいか執筆数はこのころからまた回復しはじめた」と指摘する。[86]

では、それ以前の地震語りと比べ、どのような論考が展開されていたのだろうか。

第四期─社会問題としての震災

一九七一年の一月にスタートした『東京朝日』の連載「わが思索わが風土」は、日本の文化界を支える代表的な人物が月ごとに担当する連載企画であった。「思索のあゆみと、その形成にかかわる社会的、文化的、あるいは政治的風土について」語るもので[87]、一九七一年二月を清水幾太郎が担当している。この中で、清水は一九七〇年を振り返り、「秋が終るころ、私は、来るべき関東大震災に夢中になっていた。「倫理学ノート」も、カイコワも、ボールディングも、私が夢中にならなかったものは一つもないが、地震では、自分でも見苦しいと思うくらい夢中になっていた」と述べている[88]。その理由は、「それ〔＝二度目の関東大震災〕が一日一日と近づいているのに、何一つ対策が立てられていないという事実のためであるが、それと同時に、大正十二年の関東大震災の経験が私の内部に生き続けているためである。というより、私という人間の全体があの大震災で捏《こ》ね上げられているからであ」った[89]。

重要なのは、「関東大震災の経験が私の内部に生き続けている」だけでなく、「何一つ対策が立てられていないという事実」が「自分でも見苦しいと思うくらい夢中になっていた」理由として挙げられていることだろう。これまでの私的な体験に閉じた語りでも、思想の問題として関東大震災を取り上げた「日本人の自然観」でも、起こり得る地震への備えは主題とされていなかった[90]。一九七〇年以降の清水による震災語りにも、明らかな変化が見て取れる。

一九七〇年三月号の『中央公論』に掲載された「見落された変数」は、「日本人の自然観」以来のまとまった震災語りである。「この文章は、一九七〇年一月二十一日、社会教育協会主催の労務指導者講習会で行った講演の速記に加筆したもので」、「お正月」、「生物としての人間」、「二つの自然」、「未来の影の下に」、「経験の廃品化」、「人間的エントロピー」、「来るべき大地震」という七つの単元に分かれている。最後の「来るべき大地震」で、「多くの方々が避けてらっしゃるのか、お忘れになったのか、とにかく、全く触れていらっしゃらない」、「或る高い確率をもって近く関東地方を襲うであろう大地震」

を取り上げた[91]。

ここで清水は「いかに私が経験を持ち出しましても、私は地震学の専門家ではありません。そこで、専門家の言葉を引用することにいたします」と述べ、東京大学・松沢武雄の記述を引く形で東京を襲う大地震の周期を「最長約五〇年」とした。そのうえで、関東大震災と起こり得る地震について語り、対策が講じられなければ「一九七〇年代に、遅くとも一九八〇年代に、東京は何も彼も滅茶苦茶になり、元も子も失ってしまうでしょう」と警鐘を鳴らしている[92]。

興味深いのは、清水が自然科学系の研究者による指摘を持ち出すことで、震災語りを正当化していることである。以前から、「台風は約一年の周期をもって、関東地方の大地震は六、七〇年の周期をもって私たちを訪れる[93]」のように、周期説には言及していたが、ここで初めて「専門家のことば」を持ち出している[94]。その後、『潮』に掲載された「大震災で大人になる」では専門家の引用をせずに「五十年周期説」を挙げていたが[95]、一九七〇年の「防災の日」に『毎日新聞』で掲載された「関東大震災と下町と現代[96]」、『諸君!』に掲載された「関東大震災がやってくる」などは、東京大学名誉教授の河角廣が唱えていた「関東南部地震69年周期説」を科学的根拠として持ち出した。

第五章で述べた通り、河角の説には反論も寄せられたが、清水は「東大名誉教授河角広氏の「関東南部地震六九年周期の証明とその発生の緊迫度」(『地学雑誌』第七十九巻第三号、一九七〇年)という立派な論文を読んでいるうち、矢も楯も堪らなくなって」いた[97]。また、別の場所では「統計的に見ても、地球物理学的に見ても、この十年ぐらいで、東京を中心とする南関東地方や東海地方に、大正十二年程度の大地震が起こるはずである」(傍点引用者)と述べている[98]。統計学的な地震予知と地球物理学的な地震予知は全く別物であるはずだが、近い将来大地震が発生することの証左として同列に扱われていた。どのように予測されたかという内容ではなく、専門家による指摘という形式が重要だったのだろう[99]。

こうして、清水は関東大震災を語ることに現代的な意味を見出した。もはや、私的な体験や思想的意

特集　地震　明日に迫ったこの国難

読者に訴える

日本人は、なぜ一日一日と近づいて来る大地震を漫然と待っているのでしょうか。なぜ国難を乗り切るための革命的な方策を樹てないのでしょうか

清《し》水《みず》幾《いく》太《た》郎《ろう》

一　あの日

大正十二（一九二三）年九月一日は、大変に暑い日でした。正午、私たちが中食を終って、食卓の周りで寛いでいる時、ゴーッという地鳴りと一緒に烈しい震動が来ました。最初の震動から家が潰れるまで、何秒かかったのでしょうか。小学生の妹が最初の震動にビックリして、台所から家の横の路地へ飛び出しました。しかし、瓦が雨のように降って来るのに驚いて、私たちのところへ逃げ戻って来ました。震動は益々ひどくなります。もう一度、妹は路地へ飛び出し、そして、瓦の雨が怖くなって、また私たちのところへ駆け戻って来た、その瞬間に私たちの家は完全に潰れたのです。妹は出たり入ったりしていましたが、私を初め、他の人間は立ち上ることも出来ず、声も出ませんでした。

床の間の太い柱が曲って砕けるのを見たのが最後で、天井が頭の上に落ちて来て、真暗になりました。落ちて来た天井

—140—

読者に訴える

が運よく食卓で支えられましたので、私たちは、食卓が作ってくれた小さな空間に首を突っ込むことが出来ましたが、崩れた壁土を浴びたため、呼吸が苦しくなって来ました。私たちの家は、現在の墨田区横川四丁目（当時は本所区柳島横川町）の、幅四メートルばかりの道路に面していました。食卓を囲んでいたのは、中学三年生の私、母、小学校へ通っている妹と弟、学齢前の弟、叔母の六人で、父は、何かの用事で日本橋の茅場町へ出かけて留守でした。私が頑ばらねば、という責任感のようなものがあったのでしょう、私は、頭の上の天井板を夢中になって毀しました。それは直ぐに毀れました。次に何かを毀し、また何かを毀しました。とにかく、手当り次第に、上へ上へと毀して行きました。それを何分間か続けているうちに、ドッと土を浴びました。土の塊を押し除けた時、屋根の瓦が動いて、強い日光が射し込んで来ました。

家は二階建だったのですが、総二階でなく、しかも二階の部分が道路の方へ崩れていたので、私たちは助かったのです。「大地震の時は二階へ逃げろ」というのが常識になっていますが、私たちの場合は、もし二階にいたら必ず圧死していたでしょうし、また、仮に二階が安全だとしても、あの震動の中で階段を上ることなど出来るものではありません。私は、一所懸命、日光が射し込んで来る穴を大きく広げて、そこから屋根へ這い上り、家族を一人一人順番に引き上げました。屋根は、裸足で立っていられないほど、太陽で熱くなっていました。私たちは黙っていましたし、四辺はシーンと静まり返っていました。人間の営みがすべて終った静けさでした。あの辺は、特に地盤が悪いためか、どこを見ても、満足に立っている家はありません。小さな商店が並んでいる道路は、両側の家がみな前方へ崩れ、完全に塞ってしまいました。商店というものは、道路に面した店先に柱が少い作りになっているので、どうしても、前方へ崩れるのだと思います。潰れた家々の屋根には、運よく這い出した人たちの姿が見えますが、家の下敷になっている人の方が多いようです。

二百メートルばかり西の方に火事が始まりました。もっと遠いところにも、火の手が上っています。私たちは黙っていましたが、日本橋へ出かけた父は、どこで地震に遭ったのであろうか、無事なのであろうか、ここへ帰って来てくれるであろうか、そればかり考えていました。火事は次第に大きくなって来ます。間もなく、私たちは逃げねばなりません。しかし、逃げる前に、父が帰って来てくれるでしょうか。帰って来る前に逃げたら、どこで父と会うことが出来るのでしょうか。気を揉んでいるところへ、潰れた家々の屋根を渡って、巡査がやって来ました。「子供たちは、柳島尋常小学校へ避難しろ」という命令だか勧告だかを伝えました。当時は、巡査が大きな権威を持っていましたから、小学生の妹と弟とは、近くの小学校へ行くことになりました。その前であったか、その後であったか、今は覚えていませんが、潰れた

—141—

図6-2　清水幾太郎「読者に訴える」（『中央公論』1973年9月号）

味を問うことにとどまってはいない。近い将来大地震が発生すると科学者が指摘しているからこそ、「地震後派」の「メディア知識人」として関東大震災の体験を語り、見落とされている問題として、震災対策の必要性を主張するようになっていく。

一九七三年には、『中央公論』[100]が「地震　明日に迫ったこの国難」を特集する。清水が監修をつとめ、「読者に訴える」を寄稿した。同論文は前半で「死者に代わって」関東大震災の被災体験、被災後の苦労といった過去を記し、後半部で江東デルタ地帯や人びとの震災に対する関心、対策の不備など同時代の問題について指摘している。ここで、震災は「国難」であり、「国政のレベル」での対応が求められた[101]（図6－2）。

この特集には自然科学系の地震研究者も寄稿していたが、編集者は「ここ数年来、精力的に地震対策の警告を発しておられる清水幾太郎氏に監修の労を煩わして、今回本格的な特集を組んだ」という。[102] 一九六〇年の「日本

人の自然観」で関東大震災というテーマが飛び出して来たとき、編集者が「少し渋っていたように見えた」状況とは明らかに異なっている。十数年で社会における災害認識が大きく変化したことがうかがえる。

こうした変化に清水も言及する。一九七一年に発表した「関東大震災がやってくる」に対する周囲の反応はまだ冷たかったが、「最近、地震に対する広汎な関心が起って参りました。本当に有難いことだと思います」と述べるまでになっていた(103)。「地震に対する広汎な関心」を反映するかのように、一九七〇年以降は清水による震災語りを最も多く確認できる時期となる(104)。

このように、一九七〇年を過ぎると清水は私的な体験に閉じるでも、思想の問題として関東大震災を語るでもなく、社会問題として震災を語るようになっていた。『中央公論』の特集では、「大地震の問題が国政のレベルへ乗せられることを祈って、私は、この企画を進めて来たのです」と述べている(105)。関東大震災の体験（記憶）を持ち出す正統性は、自然科学系の研究者による起こりうる地震語りにも支えられ、地震対策の必要性を主張するために、関東大震災の体験（記憶）が求められていた(106)。一九七五年には関東大震災の被災体験者による手記がまとめられ、清水の監修により『手記 関東大震災』（新評論）として刊行された（図6－3）。「監修のことば」では、「長い間、私は、こういう書物が作られることを待っていた。待っているうちに、何時か、諦める気持になっていた。それが、今度、多くの方々のお力で、関東大震災の罹災者の経験が一冊の本に収められることになった。私には、涙が出るほど嬉しく感じられる」と述べている(107)。

図 6-3 『手記 関東大震災』新評論、1975 年

個人的な記憶と集合的記憶

以上、本章では清水幾太郎がいかに震災を論じてきたかを跡づけ、語りの変化とその要因、背景を浮かび上がらせてきた。最後に、関東大震災の集合的記憶のあり様を検討するため、清水による震災語りの変化を、本書のI部、II部で展開した、新聞の検討から浮かび上がってくる集合的な記憶認識との対応で改めて整理しておきたい。

終戦以前を対象とした第一期において、清水はほとんど関東大震災を語っていなかったが、数少ない事例の中で、「忘れられた震災」として言及している。清水自身は震災を忘れていなかったが、社会が忘れているように見えていたのだ。清水が新聞社内部の人間だったことも考慮されるべきだが、この時期の語りは、新聞の認識とある程度一致している。清水が空襲による火災の恐怖とともに関東大震災の想起を求めたように、「震災記念日」の東京の紙面では防空訓練や「興亜奉公日」など、戦時体制の文脈で震災の想起が促されていた。

第二次世界大戦が終わると、清水は関東大震災をライフコースにおける重要な出来事に位置付け、具体的に語るようになる。これが本章の第二期であった。戦争体験との対比で震災体験に強力な意味が付与されている。アプレ・ゲールに対して自らを「地震後派」と称したことが象徴的だろう。ただし、被災体験が他者に理解されるものとは考えておらず、この時代の語りは私的な体験に閉じたものとなっていた。

こうした清水の震災語りに対し、新聞で描かれる集合的な認識は量的にも質的にも忘却へと向かっていた。戦時体制の解体は、戦争と結びついて想起されていた震災の記憶をも解体する。社説では関東大震災への言及がほとんどなく、東京ローカルにおいてでさえも、薄れゆく記憶であった。清水が他者に理解されないものと考え、語りを私的な体験に閉じざるを得なかったのは、こうした新聞の認識と対応するものである。裏を返せば、メディアからは捨象されてしまう個人的な記憶の存在が、「地震後派」の人びとにとっていかに重要なものであったかが、清水の語りと新聞における記述の差異から浮かび上がってくる。

そして、この新聞で描かれる集合的な認識との差異は、清水にとって関東大震災の社会的な位置付けが低いという不満になり、一九六〇年に「日本人の自然観」を発表する原動力となった。それまでの私的な体験に閉じた語りではなく、関東大震災を思想の問題として扱い、「可哀想」な震災に意義を見出そうとしたのである。同時期、個人的なものにとどまっていた震災の記憶を社会に位置付けようとする試みは、清水以外にも行政レベルで登場した。閣議で関東大震災の「震災記念日」を「防災の日」とすることが決まり、「防災の日」の周年社説で関東大震災が言及されるようになっていく。

しかしながら、清水による震災語りは「日本人の自然観」以後には継続していない。一方、新聞社説では「忘れそうな記憶」としての言及が一九六〇年代を通じてくり返され、集合的記憶の再構築が進んだ。「日本人の自然観」の後、清水がまとまった震災論を初めて発表するのは一九七〇年三月の「見落とされた変数」である。新聞紙上で関東大震災の記憶が「自明な記憶」として定着しつつある時期だった。新聞の社説で展開されていた関東大震災をナショナルな記憶として想起する営みが、地震の社会的地位を高め、語るべきアジェンダに引き上げたと考えることができる。一九七〇年以降、清水は地震を盛んに語っただけでなく、ナショナルな問題として語るようになっていた。

もっとも、清水の震災語りの背景には、自然科学系の研究者による科学的地震予知の議論もあった。近い将来発生するとされた大地震対策の必要性を主張するために、関東大震災の被災体験が持ち出されている。第五章で記憶と予知の相互参照関係を指摘したが、清水の語りにもその傾向は如実であった。そこでは科学の妥当性、科学知のバックグラウンドは考慮されず、科学者による指摘であることが重要視された。

一九六〇年代に新聞で関東大震災の再構築が進んだことにより、記憶の想起にも、起こり得る地震の恐怖を煽るためにも、関東大震災の個人的な記憶が持ち出されるようになったのである。

このように、本章では、これまで検討されていなかった、清水幾太郎の震災語りを跡づけ、その変化と背景を検証した。そして、特定個人の記憶認識だけでなく、「メディア知識人」を介して集合的記憶認識を検討し、新聞で描かれる集合的な記憶認識と対応させた。そのことで、新聞の分析からはこぼれ落ちてしまう個人的な記憶の布置や地震予知に関する議論の受容形態が明らかになった。新聞が集合的な想起を促すことで震災を語る場が用意され、私的な体験に閉じた語りから国家の問題へと話のスケールが変化する点も、災害の記憶とメディアの役割を考える上では重要だろう。

関東大震災の被災体験者とメディアの結節点に清水幾太郎は位置している。

注

（1）竹内洋『メディアと知識人　清水幾太郎の覇権と忘却』中央公論新社、二〇一二年、二九頁。
（2）大久保孝治「忘れられつつある思想家」『早稲田大学大学院文学研究科紀要』第一分冊四四号、一九九八年、一三三－一四八頁。
（3）前掲竹内洋『メディアと知識人』、二〇－二二頁。
（4）同前、二一頁。
（5）苅部直「「戦後」の恐怖と「災後」の希望」サントリー文化財団「震災後の日本に関する研究会」編『別冊アステイオン「災後」の文明』CCCメディアハウス、二〇一四年、一一八頁。
（6）清水幾太郎「流言蜚語の社会性」『中央公論』一九三六年四月号、三一七－三三三頁。同「デマの社会性」『文藝春秋』一九三六年四月号、四〇－四六頁。なお、清水幾太郎の作品について本章では、清水礼子責任編集『清水幾太郎著作集』（講談社、全一九巻）や書籍に収められた文章も、引用元が初出の場合は初出の情報のみを記載することとした。著作集や書籍から引用した場合で、発表年次が重要な意味を持つ場合は、引用元の書誌情報に初出の発表年を併記している。

(7) 経緯については、清水礼子「解題」（『清水幾太郎著作集2　流言蜚語・青年の世界・人間の世界』講談社、一九九二年、三八三－三九一頁）が詳しい。

(8) 清水幾太郎『流言蜚語』日本評論社、一九三七年、二頁。

(9) 佐藤卓己「メディア流言の時代　第4回　二・二六事件の「流言蜚語」と太古秘史のデモクラシー」『考える人』二〇一四年秋号、一六九頁。ただし、岩波版刊行以降にも、「私と流言蜚語との縁は、一九二三年の関東大震災の経験から始まり〔……〕」と述べ、関東大震災を流言蜚語に関心を持つきっかけとする場合があった（清水幾太郎「南博訳　オルポート／ポストマン『デマの心理学』」『図書』一九五三年二月号、一二頁）。

(10) 前掲清水幾太郎『流言蜚語』、一九九頁。

(11) たとえば、藤竹暁は「関東大震災の経験は、清水に大きな仕事を残させている」とし、その第一に『流言蜚語』を挙げた（「清水幾太郎の業績とその着想」『社会学評論』第四〇巻第四号、一九九〇年、九一頁）。また、小熊英二は『流言蜚語』を「関東大震災のさいに人びとが無根拠な噂に左右された経験をふまえ、主体性や合理的判断能力を失った大衆心理をあつかったものである」と紹介している（小熊英二『清水幾太郎　ある戦後知識人の軌跡（神奈川大学評論ブックレット26）』御茶の水書房、二〇〇三年、二〇頁）。このように、『流言蜚語』と関東大震災の関連はくり返し言及されてきた。

　ただし、『流言蜚語』を「座右の書の一冊」とする藤竹は、別の論考で、「清水幾太郎先生の『流言蜚語』が、昭和十一年の二・二六事件から十二年七月の日中戦争の勃発と拡大の空気を湛えているとすれば〔……〕」とも述べており、必ずしも関東大震災を記述したものとは考えていなかったようである（藤竹暁『パニック　流言蜚語と社会不安』日経新書、一九七四年、三－四頁）。

(12) 各々の書誌情報は以下の通り。清水幾太郎「日本人の自然観　関東大震災」伊藤整・清水幾太郎編『近代日本思想史講座3　発想の諸様式』筑摩書房、一九六〇年、九－六二頁。同「読者に訴える」『中央公論』一九七三年九月号、一四〇－一五三頁。同「私の心の遍歴　大震災は私を変えた」『婦人公論』一九五四年七月号、九二－九六頁。同「地震のあとさき　わが人生の断片　10」『諸君！』一九七四年四月号、一六四‐一七六頁。

(13) 清水幾太郎「わが青春の日々（Ⅰ）」『新女苑』一九五一年一月号、三九頁。

(14) 清水幾太郎監修・関東大震災を記録する会編『手記　関東大震災』一九七五年、新評論。清水幾太郎監修「特集　地震・明日に迫ったこの国難」『中央公論』一九七三年九月号。

(15) ここでの記述は庄司武史『清水幾太郎　異彩の学匠の思想と実践』（ミネルヴァ書房、二〇一五年）の「序　清水論から清水研究へ向かって」と、清水礼子責任編集『清水幾太郎著作集19　補遺・年譜・著作目録・執筆目録　他』（講談社、一九九三年）所収の「年譜」をもとにしている。

(16) 竹内洋によれば、「副手の給与は五一円。貧困層に入る師範学校卒の小学校教員の初任給（四五円前後）をやや上まわる程度だった。副手の月給は、当時の帝大卒一流会社のサラリーマンの初任給七〇円～九〇円と比べればかなり低い。しかし、雑誌編集の手伝いと女学校講師などの収入もあわせると、このときは月収が二〇〇円を超していた」（前掲竹内洋『メディアと知識人』、八八頁）。

(17)「オーギュスト・コントに於ける秩序と進歩」（『思想』一九三一年八月号、八四‐九六頁）、「コントに於ける人類の観念」（『思想』一九三二年四月号、四四‐六三頁）。この論文を読んだ三木清が手紙を寄こしたことは有名なエピソードである。

(18) 清水幾太郎『わが人生の断片　上』一九七五年、文藝春秋、九九‐一〇〇頁。

(19) 前掲清水礼子責任編集『清水幾太郎著作集19』、二八五頁。

(20) 前掲庄司武史『清水幾太郎』、一六頁。

(21) なお、平和運動に取り組んでいた清水は右傾化、「転向」が指摘される。その転換点としてしばしば指摘される「戦後を疑う」は『中央公論』一九七八年六月号、「核の選択　日本よ 国家たれ」は『諸君！』一九八〇年七月号に掲載された論文である。ただし、庄司武史によれば、清水の右傾化は一九七〇年前後からすでにはじまっていた。庄司は清水幾太郎「戦後史をどう見るか　常に時代と共に生きた筆者の七〇年代展望」（『諸君！』一九六九年七月号、四四‐四八頁）を「皮切り」としている（前掲庄司武史『清水幾太郎』、一八頁）。

(22) 一九六八年一一月から一九七一年四月までの間に『思想』に掲載された論考がもととなっている。どれだけ本気かはわからないが、青木昌彦との対談で『倫理学ノート』には「書かれざる一章」があると告白し、「第二十篇として「地震について」という文章を書こうと考えた」と述べている。しかしながら、「迷った末、到頭、書かれなかった」（清水幾太郎・青木昌彦「人間の幸福と科学に関する対話」『中央公論』一九七三年五月特大号、六六頁）。

(23) 福間良明『焦土の記憶　沖縄・広島・長崎に映る戦後』新曜社、二〇一一年、一七頁。

(24) 知識人の扱いについては、小熊英二『〈民主〉と〈愛国〉　戦後日本のナショナリズムと公共性』（新曜社、二〇〇二年）、福間良明『焦土の記憶』（前掲）、山本昭宏『核エネルギー言説の戦後史1945‐1960　「被爆の記憶」と原子力の夢』（人文書院、二〇一二年）などを参照。

(25) とはいえ、一九六〇年から一九八〇年までの期間、『世界』、『中央公論』、『文藝春秋』といった代表的な総合雑誌で震災関連の特集を組んでいたのは『中央公論』の二度のみである。総合雑誌で震災が盛んに論じられていたとはいえない。また、一九六〇年以前については六〇年以降よりも災害が論じられる機会自体が少ない。

(26) 山辺健太郎「解説　吉野作造と朝鮮人」『中央公論』一九六四年九月号、二九三頁。『現代史資料6　関東大震災と朝鮮人』では、「労働運動者及社会主義者圧迫事件」とともに『圧迫と虐殺』として掲載された。

(27) 有馬頼義「第二震災の脅威」『中央公論』一九六四年九月号、一九八‐二一一頁。第五章で確認した通り、新聞紙上で河角の主張が大きく取り上げられていたわけではないが、論題の俎上にはのせられていた。この点は注目すべきである。だが、新聞報道の動向を踏まえると、この事例のみをもって大きく報じられたとは言い難い。

(28) 有馬頼義の書いた災害関連の論考でいえば、『中央公論』の一九六二年九月号・一〇月号に掲載された「誰が東京を台風から護るか」がある。第四章で取り上げた伊勢湾台風（一九五九年）を念頭に置くものである。

(29) 山本健吉「解説」『現代文学　有馬頼義集』河出書房新社、一九六四年、四六五頁。

(30) N・ブッシュ「関東大震災と日本人」『文藝春秋』一九六三年九月号一七六頁。原著の刊行も一九六二年で清水の「日本人の自然観」以降である。『文藝春秋』掲載のものは「エッセンス訳」。

(31) 悉皆的ではないが、一九六〇年以前の資料については前掲姜徳相・琴秉洞編『現代史資料6　関東大震災と朝鮮人』の巻末「関東大震災関係文献目録」で整理されている。発災直後の資料が中心で、戦後の資料は多くない。

また、同書の「月報」では山辺健太郎が「いまではこの震災のことを知らない人もずいぶんいると思う。ましてやこの震災のときに何千という朝鮮人が日本の民衆や警察、軍隊の手にかかって殺されたことを知っている人はもっとすくないのではなかろうか？」と述べており、この時代の日本では朝鮮人虐殺事件の記憶がほとんど定着していないという見解を示していた（山辺健太郎「震災と日本の労働運動　朝鮮人問題と関連して」『現代史資料月報　第五回配本「関東大震災と朝鮮人」付録』みすず書房、一九六三年一〇月、一頁）。

また、今回検討の対象とはしなかったが、吉村昭の作品は広く読まれたと評価される場合が多い。東日本大震災後には文藝春秋編『吉村昭が伝えたかったこと』（文藝春秋、二〇一三年）が刊行された。あるいは、一九七〇年代であれば評論家の柳田邦男も災害に関する論考を総合雑誌で複数回発表しているし、小松左京も『日本沈没』（光文社、一九七三年）刊行以降、地震研究者との対談など、災害に関わる仕事を多数こなしている。こうした一九七〇年代における震災論の整理は今後の課題であるが、清水幾太郎の動きは他の者と比べて先行していた。なお、吉村・柳田・小松の三人はいずれも関東大震災後に生まれた人物で、「地震後派」ではない。

(32) 清水幾太郎「荻窪という土地」清水礼子編『清水幾太郎著作集19』講談社、［一九八七］一九九三年、二三八－二四〇頁）。

(33) 高畠通敏「〝メタ思想〟の摘出と分析」『日本読書新聞』一九六〇年六月六日。

(34) 清水幾太郎「見落された変数　一九七〇年代について」『中央公論』一九七〇年三月号、五四－七一頁。

(35) 前掲藤竹暁「清水幾太郎の業績とその着想」、九一頁。ただし、この指摘には検討の余地がある。従来、災害の社会科学的研究が体系的に行われるきっかけは一九六四年の新潟地震とされている。そして、一九七〇年代以降、社会科学系の研究者が展開した地震予知の議論もそうした流れを組むものである。「見落とされた変数」が同時代の社会科学研究にどの程度の影響を与えたかは判然としない。

(36) 清水幾太郎「わが体験　大震災で大人になる」『潮』一九七〇年六月号、七九頁。

(37) 清水幾太郎研究の整理については前掲庄司武史『清水幾太郎』を参照。

震災語りの変化については、荻野雄も「日本人の自然観」と「読者に訴える」を対比させている。しかし、同時代の記憶認識との対応は踏まえられていない（荻野雄「清水幾太郎における自然と人為（2）　平和運動と転向」

『京都教育大学紀要』一一九号、二〇一一年、一四九頁)。
(38) 前掲竹内洋『メディアと知識人』、二九〇頁。
(39)「対話　七〇年代の英知　未来への挑戦〈上〉」『中日新聞』一九七〇年一一月一五日付朝刊。『中日新聞』の長期連載企画だが、第一回でボールディングと清水が対談している。司会は行動学の権威、田中靖政。この対談の中で、清水は災害対策として「戦争の時だけ許された権利の制限が僕は必要になってくるだろうと思いますね」と述べており、後の右傾化を匂わせる。
(40) この点については、前掲庄司武史『清水幾太郎』所収の「一九七〇年代の地震論「地震後派」の環境観」を参照。なお、庄司の議論は、清水の震災語りを幅広く扱ったものだが、主たる関心は清水の環境観を把握することにあり、語りの変化などについては検討されていない。重要な成果であることは間違いないが、本章とは問題関心が異なっている。
(41) 前掲竹内洋『メディアと知識人』、二九〇頁。
(42) 小熊英二の場合は、「時代の危機」を説いてアジテーションを行う清水幾太郎のスタイルが一貫していたことの傍証として、「恐慌や革命の危機が遠のいた一九七〇年代」に清水が震災による東京の崩壊を論じたと指摘している(前掲小熊英二『清水幾太郎』、七八頁)。しかし、「恐慌や革命の危機が遠のいた」とき、必ず震災が持ち出されるわけではないだろう。なぜ震災が浮上したか、という点については判然としない。清水にとって震災体験が重要だったからという答えもあり得るが、そうであるなら、以前から震災体験がどのように持ち出されていたのかを検討する必要がある。
　この他、天野恵一が一九七〇年代の震災論について「彼が震災でメチャクチャになるであろう民衆の生活を本当に心配しているなどと考えるのは大間違である。清水は〔……〕一見脱イデオロギー的な問題である震災をネタに権力による民衆の生活の統制の必要性を主張しているにすぎない〔……〕彼は、民衆が国家統制を自発的に受け入れるようなムードを作り出すために、大震災の危機を絶叫しているのである」と述べている(天野恵一『危機のイデオローグ　清水幾太郎批判』批評社、一九七九年、二六二―二六三頁)。
(43) 清水による震災語りの変化を基に、第一期：一九四五年以前、第二期：一九四五年〜一九五〇年代、第三期：

一九六〇年代、第四期：一九七〇年代以降と四つの時代に分割した。もっとも多くの記述を確認できるのは第四期で、一九七〇年代に限っても二〇の文章を確認できる。もっとも少ないのは第三期の二つ。次が第一期の三つ。第二期は七つだった。ただし、連載は一つとし、転載・一部転載記事、単行本での再録などは含めていない。

(44) 対象資料については清水礼子「目録」(『清水幾太郎著作集19』講談社、一九九三年、五五〇‐二七八頁)で見出しを確認し、「地震」や「震災」、「危機」、「青年」、「戦争」などの関連語句が登場するもの、あるいは過去の回想を含む文章を抽出した。その後、得られた資料に目を通し、質的な検討を施している。清水が震災について語ったすべての文章を対象とするが、議論の中心は関東大震災の集合的記憶認識が転換する一九六〇年と一九七〇年代である。

(45) 前掲清水幾太郎『わが人生の断片　上』、二〇六頁。

(46) 清水幾太郎『社会学入門』光文社、一九五九年、五一頁。

(47) 前掲清水幾太郎『わが人生の断片　上』、二一六頁。

(48) 前掲庄司武史『清水幾太郎』、一四‐一五頁。

(49) 同前、二八七頁。ただし、先述の通り新評論社版『流言蜚語』の「序文」でも言及がある。

(50) 清水幾太郎「兵騎槍　地震によせて」『東京朝日』一九三八年一一月一三日付朝刊。

(51) 清水幾太郎「忘れられた震災」清水礼子編『清水幾太郎著作集4』講談社、[不明]一九九二年、三四二頁。

(52) 前掲清水幾太郎「忘れられた震災」、三四〇‐三四一頁。この文章で清水が言いたかったのは、「関東大震災を忘れぬこと、現代の科学を社会的に組織して国家と民衆との力に転ずること」の二つである(同書、三四二頁)。

(53) 「社説　防空陣は完璧か」(『読売新聞』一九四四年一一月一八日付朝刊)や「社説　帝都死守の論」(『読売新聞』一九四五年五月六日付朝刊)など。確度のほどは不明だが、『清水幾太郎著作集19』の目録には、担当した社説の記録も記載がある。

(54) 清水の執筆数の推移については、大久保孝治「清水幾太郎の「内灘」」(『社会学年誌』第四五号、二〇〇四年、四六頁)にグラフがある。また、竹内洋『メディアと知識人』にも「清水幾太郎年度別執筆数」と、媒体ごとの執筆数を整理した「雑誌への清水の年度別執筆数」がある(同書、二八二‐二八三、二八七頁)。

(55)清水幾太郎『私の読書と人生』講談社学術文庫、[一九四九]一九七七年、五頁。『思索』での連載は一九四九年の四月から同年九月、全四回。
(56)「脱出の方向」以降の箇所でも関東大震災に言及する場合はあるが、言及しただけで傍論に過ぎない。
(57)前掲清水幾太郎『私の読書と人生』、二九頁。
(58)清水幾太郎「本所の片隅　読書の日記(二)」『思索』一九四九年六月号、四七頁。
(59)同前。
(60)清水幾太郎「脱出の方向　読書の日記(三)」『思索』一九四九年八月号、三五-三九頁。なお、社会学へ向かう経緯については、自伝ごとに記述のズレがある(大久保孝治「自伝の変容　清水幾太郎の3冊の自伝をめぐって」『社会学年誌』第三八号、一九九七年、一〇三-一二〇頁)。
(61)清水幾太郎「私の心の遍歴　大震災は私を変えた」『婦人公論』一九五四年七月号、九二-九六頁。連載は一九五四年の一月から翌年一二月、全二十回。
(62)前掲清水幾太郎『社会学入門』、四七頁。
(63)前掲清水幾太郎「私の心の遍歴　大震災は私を変えた」、九六頁。
(64)前掲清水幾太郎「わが青春の日々(I)」、三九頁。
(65)同前、三六頁。
(66)清水幾太郎『私の社会観』角川文庫、[一九五一]一九七〇年、一九六頁。
(67)同前、三六頁。
(68)清水礼子「解題」『清水幾太郎著作集11』講談社、一九九三年、四〇三-四〇四、四一一頁。
(69)前掲清水幾太郎「日本人の自然観」、五四頁。
(70)「天譴の観念」とは、天災を腐敗した人間社会に対する罰だとみなす考え方で、「とにかく、天譴は当時の支配的な観念であった」(前掲清水幾太郎「日本人の自然観」、二二-二三頁)。関東大震災における代表的な天譴論者に渋沢栄一がいる。
　東日本大震災の後にも天譴論に似た主張は確認できる。例えば、二〇一一年三月一四日の会見で石原慎太郎(当時、東京都知事）は、災害をどう受け止めるかという見立ての一つとして「日本に対する天罰」と発言し、強い批判を受けた。石原は「被災された方にはですね非常に耳障りな言葉に聞こえるかもしれませんが」という言葉を添えて発言していたが、「天罰」という言葉が独り歩きした。「「謝って済む話でない」石原知事「天罰」発言、批判が殺到」（『東京朝日』二〇一一年三月一六日付朝刊）の見出しで報じられたように、二〇一一年の天譴論は支配的なものにならなかった。

他にも、東浩紀編『福島第一原発観光地化計画　思想地図β vol. 4‐2』（ゲンロン、二〇一三年）に対して、内容ではなく「観光地化計画」という名称を理由に批判が寄せられるという奇妙な現象がみられた。この経緯については、東浩紀『ゲンロン0』（ゲンロン、二〇一七年）が詳しい。「観光地化」（ダークツーリズム化）という発想は災害体験の継承を考える上でも重要な試みの一つであるはずだが、「観光」という語感が同時代の空気に沿わなかったようである。この事例が示すように、東日本大震災の後には奇妙な「正しさ」が漂っていた。

（71）清水幾太郎は特定の災害事象がそれ単体で発生するのではなく、その他の災害事象を誘発するものと捉え、「災害の立体化」という言葉を使用した。なお、清水は以下のように、地震を災害の中でも特別なものと認識している。

多くの天災の中で、明らかに、地震は特別な地位を占めている。特別な地位の或る部分は、前に触れた災害の立体化から来ているが、他の部分は、洪水、火事、台風などが外部から人間を襲うのに対して、地震は謂わば内部から人間を襲うところにある。天災は、その何れかを見ても、人間に対する自然の裏切りには違いないけれども、大地の動揺としての地震は、自然のうちの最後の味方の裏切りと言ってよい（前掲清水幾太郎「日本人の自然観」、一二頁）。

（72）『近代日本思想史講座』の企画そのものは、一九五〇年代半ばあたりだったと推測されている（石田雄「『正統と異端』はなぜ未完に終わったか」『みすず』一九九八年九月号、四頁）。清水がいつ頃依頼を受けたのかについて、正確な時期はわからない。

（73）清水幾太郎『わが人生の断片　下』文藝春秋、一九七五年、二四一頁。『わが人生の断片』は『諸君！』の連載（一九七三年七月から一九七五年七月、全二五回）をまとめたもの。清水三冊目の自伝である。ここでの記述は日記を引用するなどの工夫がみられるが、あくまで回想である。資料の制約から引用したが、記憶の改竄がないと断言することは不可能であることを留意しておきたい。

なお、清水は〝仕事の記録〟のようなものとして、日々のログを付けていた。「日記という言葉から想像されるような上品なものでなく、むしろ、商売上のメモ」として、「某月某日、某誌に二十枚書いたとか、一枚何円貰ったとか、某社の印税が遅れているとか、某記者は油断ならぬ男であるとか、要するに、そんなことをノートに書きとめるだけ」と述べている。仕事関係の記録は丁寧に残していた可能性が高いため、意図的な改竄がないかぎり、記述に大きな誤りはないと考えられる（清水幾太郎『私の文章作法』中公文庫、〔一九七二〕一九九五年、一五二－一五三頁）。

(74) 前掲清水幾太郎「日本人の自然観」、五四頁。

(75) 前掲清水幾太郎『わが人生の断片　下』、二四一頁。

(76) 同前。「日本人の自然観」に具体的な日付への言及はないが、三カ月後に書き足したことは本文にも記述されている（清水幾太郎「日本人の自然観」、五三－五四頁）。

(77) 前掲清水幾太郎「日本人の自然観」、三九頁。この記述だけでは、伊勢湾台風に着想を得たとは言い切れない。だが、伊勢湾台風の報道のあり方に注意を払っていたことはわかる。

(78) 清水幾太郎『日本的なるもの』（潮選書、一九六八年）の解説で、川上源太郎は「安保闘争の末期、清水幾太郎先生の研究室に伺うと、外国の本にまじって、表紙の大分いたんだ日本の古い本がたくさんあった。新安保阻止運動の経験から得た厄介な問題を反省、批判するために、先生は一九三〇年代の研究に向かわれていたが、同時に、「日本人の自然観」の構想をも練っていたのである」（同書、二三四頁）と記している。この回想は貴重だが、残念なことに具体的な日時についての記述がない。

(79)「丸山眞男文庫　草稿類デジタルアーカイブ」で公開されている草稿では、最終的に巻頭となった清水論文が二本目に配置されている。まだまだ企画段階の資料と見られる（http://maruyamabunko.twcu.ac.jp/archives/）【二〇一九年五月一日取得】。

(80) 前掲清水幾太郎「日本人の自然観」、一九、五四頁。

(81)前掲清水幾太郎『わが人生の断片　下』、二四一頁。
(82)関東大震災が思想化できなかった理由について、清水は「天災史という長期的プロセスに溶けると同時に、当時の社会的動揺という短期的プロセスに溶けて行」ってしまったからだとしている（前掲清水幾太郎「日本人の自然観」、二一〇頁）。長期的プロセスとは、日本が周期的に自然災害に襲われること、短期的プロセスとは同時代に重大事件が多かったことを指している。
(83)前掲清水幾太郎『わが人生の断片　下』、二四二頁。
(84)鶴見俊輔によるインタビューに応える形で関東大震災への言及はあるが、まとまった記述ではない。戦争よりも震災の方が重要な体験であると応答したのみで、震災に対する所感ではなかった（「政治との距離　語りつぐ戦後史　第二十回」『思想の科学』一九六八年八月号、一〇九－一一九頁）。あくまで例外的な事例である。また、『現代を生きる三つの知恵』（青春出版、一九六二年）や『日本的なるもの』（潮出版、一九六八年）などの一九六〇年代に刊行された書籍には、「大震災は私を変えた」、「日本人の自然観」など、それまでに発表された関東大震災関連の文章が収められている。
(85)前掲竹内洋『メディアと知識人』、二八六、二九二頁。
(86)同前、二九六頁。
(87)岡本太郎「わが思索わが風土〈1〉　反抗と告発」『朝日新聞』一九七一年一月一八日付夕刊。第一回となる一月は、芸術家の岡本太郎が担当した。
(88)清水幾太郎「わが思索わが風土〈1〉　お前は何者なのか」『朝日新聞』一九七一年二月一五日付夕刊。
(89)清水幾太郎「わが思索わが風土〈2〉　関東大震災」『朝日新聞』一九七一年二月一六日付夕刊。
(90)ただし、戦前に執筆した「忘れられた震災」は、起こり得る地震や空襲への備えを呼び掛けている。
(91)前掲清水幾太郎「見落された変数」、六六－六九頁。
(92)同前、六九、七一頁。
(93)前掲清水幾太郎「日本人の自然観」、一八頁。
(94)なお、引用元には「このような、全然統計的事実にだけよった知識では、理学的予知というには、はるかに遠い」とあり、専門家の科学知に基づく指摘ではないものとして記述されている（松沢武雄「地震」下中弥三郎編『世界大百科事典』平凡社、一九五七年、一一三頁）。

(95) 前掲清水幾太郎「わが体験　大震災で大人になる」、七九頁。

(96) 清水幾太郎「関東大震災と下町と現代　あの日を空しく繰返すのか」『毎日新聞』一九七〇年九月一日付夕刊。

(97) 清水幾太郎「関東大震災がやってくる」『諸君！』一九七一年一月号、一二三頁。河角の名前は「廣」と表記される場合と「広」とされる場合があった。本書は「廣」と表記するが、引用の場合は原文の表記に従った。

(98) 清水幾太郎「生き証人が耐震行政ゼロの状況に痛言！　大自然の発狂は人間を狂気の動物にする」『週刊朝日』一九七四年一二月二〇日号、六七頁。

(99) この点については、第五章も参照されたい。専門の科学知を有しない人びとが地震予知の科学をどのように受容したかについては科学者間の議論とは別次元のものとして検証する必要がある。清水による地震予知への言及からも明らかなように、科学知を検証する術を持たない人びとは、〝近い将来大地震が発生するという科学者の指摘〟として、あらゆる予知を区別なく受容していた可能性があるからだ。つまり、関東大震災の周期説であれ、京浜地震説であれ、「大規模地震対策特別措置法」が前提とする東海地震説であれ、人びとがどのような科学知に支えられて提示された予知であるかを正しく把握していたとは考えにくい。科学者にとっては多種多様な科学的地震予知も、多くの人びとにとっては〝近い将来大地震が発生するという科学者の指摘〟でしかなく、そうした積み重ねによって構築された認識が「大規模地震対策特別措置法」の素地であったと考えるのが適当だろう。

(100) 清水幾太郎監修「特集　地震・明日に迫ったこの国難」『中央公論』一九七三年九月号、一四〇－一四四頁。特集の目次は以下の通り。「読者に訴える」清水幾太郎／「大震災は避けられない」太田裕（北海道大学教授・耐震工学）／「大地震は常に予知されている」力武常次（東京大学教授・東京大学地震研究所）／「この不気味な前兆」Scholz, H. C.（コロンビア大学ラモント・ドハーティ地質学研究所准教授）／「マグニチュード七・九＝東京崩壊の日」松本克美（共同通信科学部長）／「都市防災計画は間違っている」伊藤滋（東京大学助教授・都市工学）／「地震対策は抜群の政治である」秦野章（元警視総監）／「奇妙な日本人の天災観」イザヤ・ベンダサン〔山本七平〕。監修の清水がどれだけ人選に関与したかは不明。一九六九年から一九八二年まで清水幾太郎は仕事場で「清水研究室談話会」を開き、多様な人びとと交流を持っていた。その断片を『「社交学」ノート』（前掲）でうかがい知ることはできるが、この特集にかかわる情報は確認できなかった。

（101）前掲清水幾太郎「読者に訴える」、一四四、一五三頁。

（102）笹原「編集後記」『中央公論』一九七三年九月号、四三二頁。

（103）前掲清水幾太郎「読者に訴える」、一五三頁。なお、「関東大震災がやってくる」の反応を冷たかったとする裏には「三島由紀夫事件」がある。清水は掲載誌が「発売された時、日本中は、三島由紀夫事件で沸立っていた。数百万人の無残な死は、一人の人間の華麗なる死の背後に消えてしまった」と述べていた（清水幾太郎「わが思索わが風土〈1〉お前は何者なのか」『朝日新聞』一九七一年二月一五日付夕刊）。

（104）「東京震度6」（一九七〇年九月七日付朝刊）、「江東デルタ」（一九七二年一月五日付朝刊）など『朝日新聞』の連載特集にも登場した。また、『新潟日報』の新潟地震十周年特集号の一面に「地震は国難」を寄稿している（『新潟日報』一九七四年六月一五日付朝刊）。

（105）前掲清水幾太郎「読者に訴える」、一五三頁。

（106）一九七〇年前後、ベトナム戦争を背景に沖縄戦や東京大空襲をはじめとする空襲体験が、座談会や体験記としてまとめられていく。大門正克が整理しているように、一九七〇年～一九八〇年代は「語る歴史、聞く歴史」が拡がっていく画期となる時代だった（大門正克『語る歴史、聞く歴史　オーラル・ヒストリーの現場から』岩波新書、二〇一七年）。「東京空襲を記録する会」の結成が一九七〇年である（それ以前から動きはあった）。「東京空襲ブームといわれる状況が起きた」（同書、七九頁）。関東大震災の手記を集める営みとどのような関係を持つかは判然としないが、『手記　関東大震災』（新評論、一九七五年）は、関東大震災を記録する会という市井の人びとが運動の担い手であり、刊行の「二年ほど前から、東京・江東区地区でミニコミ新聞「月刊・下町」」（同書、五頁）を発行していた。悲惨な記憶を語る同時代の流れの中に位置付けることは不可能でないように思う。

（107）清水幾太郎「監修のことば」関東大震災を記録する会編『手記　関東大震災』新評論、一九七五年、一頁。

終章

日本社会は災害の記憶をいかに語ってきたのだろうか?

序章の冒頭で掲げたこの問いに対し、地域間、災害間、時代ごとの比較を念頭に置きながら、災害の記憶語りを追跡してきた。東日本大震災後に語られた「災後」を相対化するための、関東大震災から引き続く、長い〈災後〉の記憶史である。本書で明らかにしてきたように、災害の記憶認識は、時代や地域によって変化するものである。地震と台風という災害ごとにも差異がみられた。また、未来への想像力が記憶語りに影響を与える場合もあった。

記憶認識は一定ではない。ダイナミックなものだ。時代や地域の文脈に沿いながら、忘れられたり、思い出されたりするのである。終章では、これまでの議論を再整理したうえで、重層的な〈災後〉の上に立つ、現代的な「災後」における災害語りの布置、「奥行き」を推し量っていきたい[1]。

復興という目前の課題

一九二三年に発生した関東大震災は六カ年継続事業として復興計画が練られ、発災から約六年半が経過した一九三〇年の三月末には復興の完成を祝う帝都復興祭が挙行されている。帝都復興祭は、復興過程の「頂点」に位置づけられるものであり、震災の語られ方が〈現在形〉から〈過去形〉に変わる転換点である。

そのため、一九三〇年までの震災語りは現在進行形の課題として復興にまつわる事象を取り上げるものであった。甚大な被害を受けた東京には、目の前に復興という課題が存在している。だからこそ、「震災記念日」の社説では関東大震災が取り上げられ、復興にまつわる問題が論じられるのだ。実際に、帝都復興祭までは、「震災記念日」の周年社説や特集が持続していた。ただし、直接的な被災体験のなかった大阪は、東京の悲劇から教訓を学ぼうとする姿勢をみせてはいたが、「震災記念日」の周年社説は持続しなかった。大阪に震災の影響がなかったわけではないが、目の前に、東京ほどの課題は存在していなかったのだろう。

従来の研究は、発災直後のメディア体験によって関東大震災の記憶がナショナルなレベルで集合的に構築されたことを指摘してきた。メディア体験としての震災は大阪にも存在しており、起こりうる地震に対する恐怖も高まったという。たしかに、一周年の「震災記念日」には、「大阪市非常変災要務規約」が制定・施行されている(2)。

しかし、そうであっても、東京と大阪の位相は異なっていたはずである。復興が目の前の課題であった東京と、そうではない大阪は、時間の経過とともに記憶認識に差が拡がっていた。現代の感覚からすれば、関東大震災をナショナルな記憶として位置づけることができるのだろうが、その感覚を過去にあてはめ、〝発災時の全国的なメディア体験〟を〝現代に連なる全国的な集合的記憶の構築過程〟とみることには問題があるように思われる。発災時の体験が現代的な認識を構築したわけではないからだ。当時の認識が、そのまま現代に引き継がれるとは限らない。

帝都復興祭とその拡がり

それゆえ、帝都復興祭を復興過程の「頂点」に位置付け、時間軸の中でのみ捉えようとする方法は片手落ちになる。また、東京―大阪間の位相差を踏まえると、『東京百年史』(東京市、一九三二年)でみられるような、〝帝都復興祭が帝都(=東京)の催しだから、国家的な催しだ〟という認識は、再検証しなければならない。縦の時間軸に対し、横への拡がり。東京だけでなく、同時代における東京外の都市において、帝都復興祭がどのように位置付けられていたのかを把握する必要があった。

もっとも、東京だけを視界に収めていても、帝都復興祭が重要なイベントであったことは指摘できる。復興の完了を祝うこの催しの中で、重要な役割を担っていたのが昭和天皇だ。特に、復興完成式典に先立って行われた復興帝都の巡幸が興味深い。復興の成果を天皇が巡閲するというこの催しは、発災からさほど時間が経過していない一九二三年九月一二日、当時は皇太子だった昭和天皇による「帝都復興の詔勅」と対応するものであるからだ。

「帝都復興の詔勅」は、震災直後の社会混乱に対し、人心の安定を図ったものである。東京は帝国の首都であり、「政治経済の枢軸」、「国民文化の源泉」として仰ぎ見られており、震災の被害を受けても東京が「我が国都」としての地位を失うことはない、とした。遷都論も囁かれていた中で、東京が日本の首都・帝都であるという認識を皇太子が提示したことは重要な意味を持つ。そして、「旧態を回復」する〝復旧〟ではなく、震災以前よりも発展する〝復興〟を呼びかけていた[3]。

この詔勅を、『東京朝日』は巡幸当日の社説で取り上げている[4]。同日は特別な紙面構成で、社説は一面の最上段に掲載されていた。『東京朝日』がこの詔勅を社説の中で取り上げたのは、「帝都復興の詔勅」で求めていた復興の完了を、天皇自らが確認する催しとして復興帝都の巡幸を捉えていたためだろう。復興の完了によって、「帝都復興の詔勅」の意味が完結する。さらにいえば、求められていた復興が完了することで、すでに担保されていた東京の首都・帝都性は、より一層正統なものとなる。つまり、帝都復興祭に合わせて行われた天皇巡幸は、東京が〈帝都〉としての正統性を再確認する催しであったのだ。東京の人びとにとって、帝都復興祭は非常に重要な意味を持っている。

しかしながら、横への拡がりが十分であったかといえば、必ずしもそうではない。当時、ナショナル・メディアとして期待されていたラジオによる全国中継放送も行われていたが、同時代において、ラジオは都市のメディアであった。全国民が共時体験として帝都復興祭に沸きあがれるほどの伝播力は有していなかったと考えられる。一九二八年に行われた昭和天皇の即位大礼は、ラジオも利用されたナショナル・イベントであったが、天皇の身体が実際に各地を移動したことや行政の動員力に支えられた面が少なくなかった。復興帝都の巡幸は東京の内部に限定されたものであり、全国各地の人びとに行政からの働きかけがあった様子は確認できない。ロケ地東京で完結するイベントであり、それゆえに、ナショナル・イベントとはなり得なかったと考えられる。

実際、大阪と東京では紙面にかなりの温度差があった。大阪では事前報道がほとんど行われていない。帝都復興祭に湧く大阪の人びとの様子も確認できない。『東京朝日』が主導した「市民公徳運動」というメディア・イベントも、同系の新聞社である『大阪朝日』が直接的な参加をしたり、同調したりすることはなかった。

帝都復興祭は、東京ローカルな東京のためのイベントという側面が強いものである。東京の紙面を読んで全国的なイベントに見えてしまうのは、大阪の存在感を意識せざるを得なかった東京が、全国的意義や帝都であることを強調していたためだろう。同時に、関東大震災＝ナショナルなもの、という現代的な認識が作用していると考えられる。

戦時の備えと震災の記憶

結局、帝都復興祭は全国的な催しとはなり得ず、周年的に回顧される記念日としても成立しなかった。それでも本書の関心に即せば復興過程という時間軸の中で、震災の語られ方が〈現在形〉から〈過去形〉に変わる転換点として重要な意味を持つ。帝都復興祭を機に、関東大震災は過去の出来事として語られるようになっていった。

過去のものとなった関東大震災は、復興に関わる問題をテーマとして設定できなくなり、社説で取り上げられることも少なくなった。区切りのよい一〇周年や二〇周年であっても、すべての新聞社で周年社説が用意されたわけではなく、九月一日の「震災記念日」に社説で言及される機会はほとんどなかったといえる。朝日新聞社は一九九五年の阪神・淡路大震災について、毎年周年社説を掲載しているが、これは当時と全く異なった様子なのである。周年的に災害を想起しようとする営みは、自明なものではない。災害の記憶をどのように位置付けるのか、という社会の態度は、時代を経て明らかに変化している。

社説に掲載されないからといって、想起の営みがなかったわけではない。東京では、毎年行われる慰霊祭が大きく報じられ、同日開催の防空・防火訓練、非常変災防備演習の記事も「震災記念日」の催しとして掲載されていた。東京の九月一日には、死者を悼む慰霊と、被災体験を現在形の問題に読み替え、未来の変災に備える催しが同居していた[5]。ただし、東京の九月一日は慰霊の日としての側面が強かった。東京・横浜・川崎三市連合防空演習が行われた一九三四年にのみ逆転がみられ、備えの催しが強調されてはいるものの、九月一日の紙面では慰霊祭が重要な位置を占めている。

これに対し大阪は、慰霊の催しよりも備えの催しが重要な位置にある。慰霊祭に関連する記事は、大阪で行われた催しではなく東京の様子を伝える転送記事がスタンダードで、大阪の催しとしては変災防備演習が大きく取り上げられていた。しかし、十三回忌の一九三五年を過ぎると「震災記念日」そのものの位置づけが低くなった。大阪で行われていた備えの催しに関する記事は登場しなくなる。そして、このことで、関東大震災関連の記事は一気に縮小した。大阪における「震災記念日」の周年報道は、備えの催しに支えられていたことがわかる。

記憶の動員、解体

戦時体制と「震災記念日」のかかわりについては、一九三九年に「国民生活日」として設置された「興亜奉公日」が重要である。毎月一日に設定されたが、初の「興亜奉公日」が「震災記念日」である九月一日だった。第一回の「興亜奉公日」として九月一日が採用された背景に、関東大震災の「震災記念日」があることは明らかだろう。日付が重ねあわされたことで、東京では震災の記憶がより一層、総力戦体制へと動員されていった。慰霊の日に落ち着きつつあった「震災記念日」に、再び防空訓練が取り上げられるようになる。

こうした戦時体制における記憶の動員は、関東大震災の記憶を下支えするシステムでもあっただろう。しかしながら、記憶を動員できたのは被災体験を有する地域限定だったと考えられる。大阪を含む多くの都市は、「国民生活日」を関東大震災の記念日である一日ではなく、日中戦争勃発の七日に設定していたし、東京のように「震災記念日」と結びついた防空演習が紙面で復活することもなかったからである。

そして、戦争が終わると大阪の紙面に関東大震災の周年記事はほとんど登場しなくなる。紙幅の問題も考慮されるべきではあるが、同じく九月一日にまつわる「二百十日」は毎年関連の記事が掲載されていた。関東大震災の記念日がほとんど重要なものとみなされず、台風の厄日に注意が向けられていたのである。

東京においても戦時体制の崩壊は重要な変化をもたらした。関東大震災の記憶は量的にも質的にも忘却へと向かっていく。周年記事が掲載されない年が存在したばかりか、語りの形式にも変化がみられ、関東大震災は忘却されたものとして語られるようになった。戦時体制という記憶の動員システムが解体され、関東大震災の忘却を指摘することでしか記憶を持ち出せなくなったのである。戦争が終わると、関東大震災は東京ローカルかつ薄れゆく記憶になった。

ナショナルな記憶としての再構築

このような戦後初期にみられる関東大震災認識は、現代の認識と大きく異なっている。鶴見俊輔は、関東大震災が日本人にとって「放っておくというわけにはいかない」ものであるとするが、関東大震災がそのような位置を獲得するのは一九六〇年以降のことであった。(6)

転機は一九六〇年の「防災の日」創設である。以降、関東大震災の「震災記念日」である九月一日には、「防災の日」という新たな意味が付与された。発災から三七年後という中途半端なタイミングであったのは、「防災の日」創設のきっかけが一九五九年の伊勢湾台風だからである。新たな〈災後〉に新たな記念日が用意された。

注意すべきは、伊勢湾台風をきっかけとするにもかかわらず、関東大震災の「震災記念日」が「防災の日」として採用されたことである。九月一日は「震災記念日」であるだけでなく、台風の厄日を意味する「二百十日」でもあり、地震と台風の日付として都合が良かったのである。また、記憶の鮮明な伊勢湾台風に対し、関東大震災が東京ローカルかつ薄れゆく記憶であったから、想起が必要に迫られたものだったともいえる。

実際、九月一日に設定されたことは、関東大震災の記憶認識に重要な影響を与えた。「防災の日」制定の経緯よりも、九月一日という日付が全国紙の関心を集めたからである。「防災の日」は全国紙の社説で取り上げられるようになり、その中で関東大震災の「震災記念日」であることがくり返し言及された。

一九六〇年代に、関東大震災は「忘れそうな記憶」として語られていたが、「忘れそうな記憶」はそのまま忘却へとは向かわず、一九七〇年頃に「自明な記憶」へと転換した。忘却することなく「自明な記憶」へと逆転したのは、「防災の日」の社説で関東大震災に言及するという形式が定着したためだろう。「忘れそうな記憶」を置き去りにし、語りの形式が定着することで、むしろ「自明な記憶」として語られるようになった。

また、関東大震災の記憶が再構築される過程とパラレルに、科学的地震予知への期待が高まっていたことも見過ごすべきではない。一九六二年に『ブループリント』が公表され、一九六五年からは国の「第一次地震予知研究五カ年計画」がはじまった。一九七八年には東海地震の科学的地震予知を前提とした「大規模地震対策特別措置法」が成立する。こうした流れの中で、幅広く社会に科学知を媒介していたのはマス・メディアであり、本書で確認した『東京朝日』は、地震防災対策を推進するための「緊張感」を創り出すことに、報道意義を見出していた。

マス・メディアが「オオカミ少年路線」を採用していたともいえるが、それゆえに、起こり得る地震を指摘する科学者は重用された。その典型として河角廣の「69年周期説」を挙げることができるだろう。統計分析に基づく地震予知と地球物理学的な地震予知は異なるものであるが、多くの人びとにとっては〝科学者による、近く発生する大地震の予告〟として区別なく受け入れられていたと考えられる。河角廣は一九六一年の時点で「69年周期説」を指摘しており、一九六四年の新潟地震の際にも国会で発言していたが、一九七一年頃に紙面上で大きな注目を集めた。関東大震災の記憶が「自明な記憶」として定着した時期と重なっている。地震防災を推進するために、過去の巨大地震の記憶が持ち出され、起こり得る地震への想像力が喚起されていたのである。記憶と予知は相互参照関係にあった。

伊勢湾台風の〈災後〉

こうした動向の中で見過ごすべきではないのは、日本という枠の中で、伊勢湾台風がどう位置付けられてきたか、という問題である。先述の通り、伊勢湾台風は「防災の日」創設のきっかけであったが、全国紙は「防災の日」制定の経緯には関心を示さず、九月一日という日付に意味を読み込んだ。それゆえ、「防災の日」の社説で伊勢湾台風はほとんど登場しなかった。

伊勢湾台風で甚大な被害を受けた名古屋に拠点を置く『中日新聞』は、「防災の日」の社説で伊勢湾台風との関連を指摘していたが、一九六〇年代半ば以降は関東大震災の「震災記念日」であることを強調するようになる。「防災の日」は伊勢湾台風との関連を解き、関東大震災と強く結びつくようになった。

それでも、『中日新聞』は伊勢湾台風の記念日である九月二六日に周年報道を展開しており、地域の重要な記憶に位置付けていた。『名古屋朝日』も同様の傾向を確認することができる。だが、『東京朝日』はほとんど伊勢湾台風の周年報道を行っておらず、在名古屋新聞社のように、九月二六日を伊勢湾台風の記念日として意味付けてはいなかった。つまり、「防災の日」のきっかけとして触れられず、記念日に周年報道も行われないため、伊勢湾台風はナショナルな記憶として構築されなかった。再構築された関東大震災というナショナルな記憶は、伊勢湾台風の集合的な忘却の上に成り立っているのだ。[7]

興味深いのは、戦後最大の地震と台風の違いである。阪神・淡路大震災と伊勢湾台風は、どちらも奪われた人命が五〇〇〇人を超える巨大災害だという点で共通しているが、社会的な位置付けは大きく異なっている。くり返しになるが、阪神・淡路大震災は現在まで全国紙の社説で周年的に想起が促される震災である。これに対し、伊勢湾台風は発災翌年ですら全国紙に社説は掲載されていなかった。[8]巨大災害だからといって、記憶を周年的かつ集合的に想起するという営みが、必ず試みられるわけではないのだ。

目の向けられない伊勢湾台風に対し、阪神・淡路大震災の記念日が重要視される背景としては、一九六〇年以降、伊勢湾台風の〈災後〉に培われてきた災害認識の影響があるだろう。日本社会は台風を忘れることで地震の記憶を再構築し、起こり得る地震への想像力を育んできた。「主として風水害を対象とした現行の災害対策基本法とは別に、大地震を対象とする特別の法律があっても、世界有数の地震国としては当然だろう[9]」と述べられていたように、「防災の日」から「大規模地震対策特別措置法」成立までの時代は、風水害対策を中心とした「災害対策基本法」とは別に、大地震を対象とする「特別の法律」が誕生するまでの過程である。(10)

過去の巨大地震を想起し、起こり得る地震を想像すること、そして、伊勢湾台風の記憶を忘却することにより、日本社会は改めて「地震大国」としての自己認識を確立していった。こうした土壌があったからこそ、阪神・淡路大震災は日本という枠で周年的に想起すべき重要な記憶に選ばれたのである。

一九九五年や二〇一一年の震災を画期とする指摘も存在するが、(11)それらの巨大震災を〝画期に位置付けようとする認識〟は、一九六〇年の「防災の日」制定以降、着々と積み上げられてきたものだといえる。現代に生きるわれわれが、震災の記憶を重要視する背景には、一九六〇年の「防災の日」制定以降における関東大震災の再構築と、伊勢湾台風の集合的忘却が横たわっているのだ。つまり、日本災害史を振り返ったとき、現代の認識を規定する重要な画期として取り上げるべきは、「防災の日」を用意した伊勢湾台風なのである。

重層的な〈災後〉の上に、現代的な「災後」が存在するのだ。

災害認識と自然

こうした災害認識の変遷は、日本社会の「自然」に対する意識の変化とも対応している。

一九五三年から五年おきに統計数理研究所は「日本人の国民性調査」(12)を行っており、その中で、「自然と人間の関係」が問われてきた。「自然と人間との関係について、つぎのような意見があります。あなたがこのうち真実に近い（ほんとうのことに近い）と思うものを、ひとつだけえらんで下さい」という問いに対して、「人間が幸福になるためには、自然に従わなければならない」（以下、「自然に従え」）、「人間が幸福になるためには、自然を利用しなければならない」（以下、「自然を利用」）、「人間が幸福になるためには、自然を征服してゆかなければならない」（以下、「自然を征服」）、「その他」の四つから選

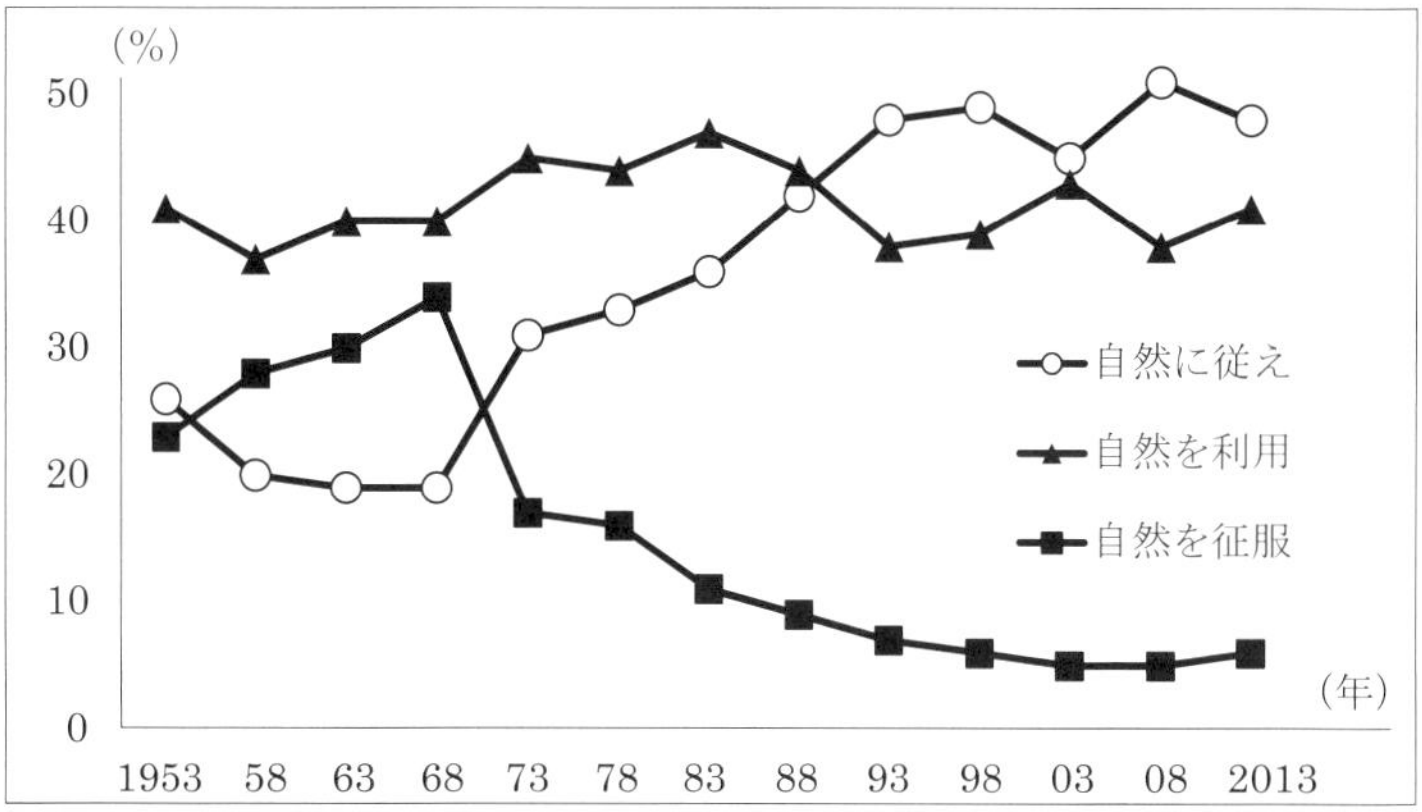

図終-1　自然と人間の関係（「日本人の国民性調査」をもとに筆者作成）

んで回答をする形式のものである。一九五三年から二〇一三年までの結果をグラフ化すると図終－１のようになる。

注目すべきは「自然を征服」と「自然に従え」の回答比率が大きく変化していることである。図終－１で示したように、一九六八年調査と一九七三年調査の間で反転し、それまで優位であった「自然を征服」が「自然に従え」を下回るようになっている。この変化についてはこれまでも先行研究で指摘されてきたが、自然災害との関連は十分に把握されてこなかった。それどころか、「自然」に対する意識とうまくリンクしない、「逆説的な事態」とされている。

例えば、調査主体である統計数理研究所が刊行する『統計数理』の中で、坂元慶行は自然と人間の関係について聞くこの設問は、「戦後日本の社会経済的な動きを一問の結果で素描するかのような劇的な動きを見せた」と述べ、「社会経済的な動き」から理由を説明しようとしている。一九五三年から一九六八年まで「自然を征服」が増えつづけた背景としては高度経済成長を、一九七三年以降にみられる逆転現象については「公害の社会問題化、列島改造と地価高騰、第一次石油危機等といった社会経済的な動き」の反映だと指摘した[13]。日本社会における災害認識の変化は勘案されていない。

また、小林傳司は自然災害による死者数の増減を踏まえ、一九六八年調査と一九七三年調査の間で生じた変動を「逆説的な事態」と指摘している。理由は、一九六〇年までは自然災害によって多数の人命が奪われていたが、治水事業や防災対策が施されたことで、六〇年代以降の死者が激減しているからだ[14]。治水事業や防災対策は「まさに自然に打ち勝とう、征服しようという試みであり、それが成功してきた」。しかし、「その成功のおかげで豊かで安全な生活がある程度実現されたとき、人々は「征服」を疑問視し始めるのである。これは逆説的な事態であった」と述べている。人びとの意識が変化した要因としては、坂元と同様に自然災害ではなく、高度成長後の公害問題やオイルショックを挙げている[15]。人びとが「「征服」を疑問視し始める」のは、科学技術による負の側面が顕在化したからだとした。自然災害は変化を説明する要因には含まれない。そればかりでなく、「逆説的な事態」にみえてしまう要因に位置づけられていた。

だが、人びとの「自然」に対する意識に自然災害の存在が全く影響を及ぼさないとは考えにくい。例外的なものとして除外するのではなく、自然災害に対する認識との対応を考慮し、検討すべきではないだろうか。

本書で明らかにしたように、関東大震災による大量死が現代的な記憶を構築したわけではなかった。科学的地震予知への期待が膨張していく過程においても、実際の地震で多くの人命が奪われていたわけではない。むしろ、自然災害によって奪われる人命は風水害の方が多かった。奪われる人命の多寡ではなく、予測不可能性が報道を推し進めていたのであり、自然災害による死者数の増減と災害認識は必ずしも一致しない。

小林の論理に従って、死者数の減少が「自然を征服」の割合を高める要因だとすれば、大量死をもたらす地震災害が発生していない時代には、「自然を征服」の割合が上昇するはずである。しかし、そうはなっていない。また、同様の論理のもとでは、死者数が多くない時期に地震の恐怖が高まり、地震防災体制の整備が進むことも考えにくい事態だ。

　だが、現実には多くの死者を生み出す震災が発生していない一九六〇年代以降、巨大地震に対する恐怖心は高まっていき、「大規模地震対策特別措置法」が成立した。恐怖を駆動したのは、記憶と予知の相互参照関係だ。関東大震災の記憶がナショナルな記憶として再構築されたことと、起こり得る巨大地震が科学者によって指摘されつつも完全な予測ができないことである。記憶の想起と、予測の不可能性が、人びとの〝地震は怖い〟という論理を支えていた。極端に簡略化すれば、図終-2のように、災害の記憶認識と予測に対する認識の二軸で示すことができる。記憶が（再）構築されればされるほど、正確な予測が難しければ、難しいほど、災害への恐怖は高くなる。反対に、記憶が忘却され、予測も可能だとされれば、災害への恐怖は低くなる。

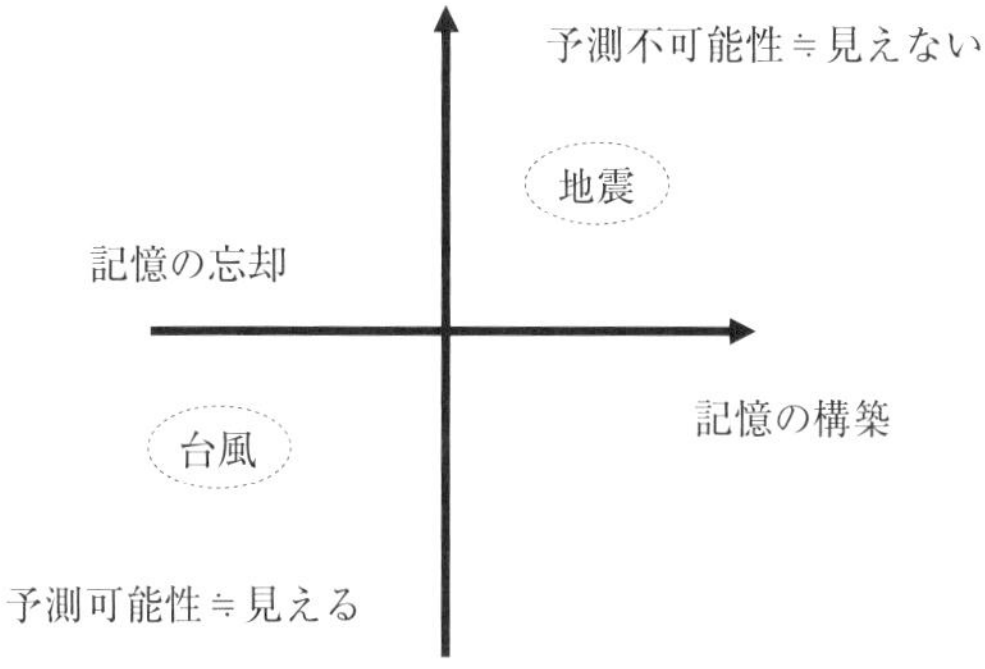

図終-2　災害に対する恐怖の類型（筆者作成）

　地震についていえば、関東大震災の記憶が再構築され、起こりうる地震が予知されたものの、いつ発生するかを断定することはできなかった。過去の記憶を参照し、「起こる」と言い続けただけである。だから［記憶はある／予測は不可能］という第一象限に位置し、人びとは怖さを抱く。

　一方、台風は［記憶はない／予測は可能］という第三象限に位置する。それは、伊勢湾台風の記憶を集合的に忘却し、気象レーダーや人工衛星によってある程度の予測ができるようになったと考えられたからである。

　このように、記憶と予知の相互参照関係に基づいて、巨大地震に対する認識が社会で高まったからこそ、「自然を征服」とは考えにくくなったのだろう。災害との関係を踏まえると、人びとの「自然」に対する意識は「逆説的な事態」ではない。「逆説的」に見えるのは、自然災害によって奪われる死者の数にとらわれて考察しているからだろう。本書で浮かび上がってきた災害認識の変遷は、日本社会の「自然」に対する意識の変化と矛盾することなく対応している[16]。

震災の記憶と個人の営み

そして、このような災害認識の変容は、新聞で析出可能な集合的認識に限るものではなかった。清水幾太郎による震災論の変動とも対応している。

被災体験を持つ清水は、終戦以前、ほとんど関東大震災について語っておらず、数少ない事例の中で「忘れられた震災」を語り、起こりうる空襲との対応で震災の想起を求めていた。戦争が終わると、関東大震災をライフコースにおける重要な出来事と位置づけ、震災体験を語りはじめる。駆動因は戦争であった。戦後派（アプレ・ゲール）に対し、「地震後派」（アプレ・トランブルマン・ド・テル）を自称している。しかしながら、この時期は被災体験が他者に理解されるものとは考えておらず、私的な体験に閉じた語りとなっていた。

本人にとっては重要な体験（記憶）であるにもかかわらず、私的な体験としての語りにならざるを得ないこと。つまり、関東大震災に対する認識が他者と異なり、また、関東大震災が社会で正統な位置を獲得していないという認識が、清水に「日本人の自然観」[17]を書かせた。「防災の日」の創設とほぼ同時期、一九六〇年に発表されている。その後、一九六〇年代はほとんど関東大震災を語らなかったが、一九七〇年以降は社会や国家の問題として関東大震災の被災体験を語るようになっている。七〇年代の震災論は、もはや私的な体験にとどまるものではなかった。震災は、社会・国家の問題として語られる。関東大震災がナショナルな記憶として定着し、清水の震災語りがより広く受け入れられるようになっていたのだろう。清水は社会の変化を敏感に嗅ぎとり、語りのスケールを変化させていた。

昭和天皇の〈災後〉

清水幾太郎と同じように関東大震災についての記述を長期間追跡できる対象は見当たらないが、「震災記念日」における個人の動向を一定程度モニタリングできる資料が存在する。『昭和天皇実録』（東京書籍）だ。原武史は、『「昭和天皇実録」を読む』（岩波新書、二〇一五年）の中で、以下のように記している。

関東大震災から一年が経った一九二四年九月一日には、皇太子は屋外での運動を控えています（当日条）。翌一九二五年の九月一日は午前中、皇太子妃の良子とともに謹慎しています（当日条）。この習慣は以後ずっと続き、九月一日は慎みの日となってゆきます。[18]

実際に『昭和天皇実録』で九月一日の記述を追いかけてみると、外出を控えたり、追憶のために食事を質素にしたと記述している年が多い。

ただし、一九三五年から一九四七年までは、一九三九年を除いて関東大震災に関連する記述がない。「慎みの日」が慣例的なものとなり、記述が省かれていた可能性は高いが、日中戦争が勃発した一九三七年以降は、午前中から人と面会したり、枢密院会議が開かれたりと、慎んでばかりもいられない様子であったことがわかる。当初、日中戦争は「戦争」ではなく「事変」ということになっていたが、これはあくまで名目上のものだった。原武史は、「実態はまぎれもない戦争であることを、天皇自身は認識していたと思います。なぜなら、これを機に天皇の生活が一変するからです」[19]と指摘している。

例外的に言及のあった一九三九年とは、本書で指摘した初の「興亜奉公日」を迎えるタイミングだった。『昭和天皇実録』には「興亜奉公日」の創設、内容に触れた上で、以下のように記されている。

天皇は、九月一日は震災記念日につき例年御昼餐は簡素な御食事とされてきたところ、思召しにより、この日より毎月一日は朝・昼・夕を通じて一菜程度の極めて簡単な御食事とすることを定められる。(20)

「例年」とあるから、それまでの年は記述されないだけで、追憶のための簡素な食事であったことが推測できる。そして、「興亜奉公日」のために、毎月一日は昼食だけでなく、朝・昼・夕が簡単な食事となった。この年にあえて「震災記念日」への言及があるように、「震災記念日」と「興亜奉公日」が協調するものであったことは、『昭和天皇実録』からもうかがえる。ただし、これ以後、戦中に「震災記念日」関連の記述がみられることはなかった。

もう一点、本書との関わりで『昭和天皇実録』が興味深いのは、九月一日における関東大震災関連の記述が戦後になって再び登場し、定着することである。戦前は慣例的なものとして記述が省略されているようにみえるが、戦後の場合、ある時期を境にほとんど毎年記述されるようになった。

戦後、初めて九月一日と関東大震災が結びつけられたのは、震災から二五周年の一九四八年だった。墨田区の震災記念堂で「都内災変遭難者慰霊祭が挙行される」ことに触れ、「この年は関東大震災二十五周年に当たるため、特に思召しをもって、天皇・皇后・皇太后より慰霊祭主催の財団法人東京都慰霊協会に生花を賜う(21)」とある。次に登場した一九五三年も、「関東大震災三十周年に当たるため、お慎みになる(22)」となっていた。戦後は二十五周年や三十周年など、区切りの良い年に震災関連の記述を確認できる。

大きな変化が生じたのは、一九五七年のことである。「関東大震災の日に当たるため、御散策をお控えになる(23)」という、何の変哲もない記述だが、区切りが良いわけでもない年に「関東大震災の日」についての記述が登場したのだ。そして、これ以後、晩年までほぼ毎年、九月一日には関東大震災の記述が登場することとなった。記述内容そのものは、特別なものではなく、「お出ましをお控えられる」程度のものだが、欄外の「標出」に「関東大震災の日」という見出しが定着した。あくまで、『昭和天皇実録』という資料上の話に限るが、そこから浮かび上がってくる昭和天皇の動向として、「関東大震災の日」が定着するのは一九五七年なのである。なお、『昭和天皇実録』に記述はないが、前年の一九五六年は、都慰霊堂で三十三年法要が営まれ、復興記念館が一〇年ぶりに再開した年であった[24]。

『昭和天皇実録』の編修作業自体は一九九〇年四月から始動したものであり、同時代的な史料ではない。実録全体をみれば、「一次資料と回想録が典拠として混在している[25]」という問題もある。編者が意図したものか、無意識のうちに現出した変化かもわからない。だが、史料そのものが抱える問題を差し引いても、一九五〇年代後半から九月一日＝「関東大震災の日」という記述が定着していることは、新聞の検討から浮かび上がる社会認識とほとんど一致しているようで興味深い。

戦争体験と震災の記憶

話を清水幾太郎に戻す。注意したいのは、清水が戦争を背景に震災体験を語りはじめることである。小熊英二は「戦後思想とは戦争体験の思想化であった」というテーゼを打ち出した『〈民主〉と〈愛国〉戦後日本のナショナリズムと公共性』（新曜社、二〇〇二年）において、清水幾太郎のために用意した、「一章分の草稿」を削除したと述べている。理由は、「清水は「戦後」を語るうえで欠かせない人物」であるものの、二〇代で戦争に直面した世代とは異なり、一定の年齢を過ぎていたため「戦争によって人格形成に影響をうける度合いが少なかった」と考えられるからだ。思想形成において重要なのは関東大震災であり、「三〇代で迎えた戦争よりも、一六歳で直面した関東大震災のほうが、はるかに重い体験だった」という[26]。

しかし、そうであっても、清水にとって戦争は重要な意味を持っていた。だから、関東大震災を語りはじめる背景に戦争との対比があるのだ。清水幾太郎の震災論には戦争が影を落としている。

そしてこれは、清水だけに限らない。小松左京の『日本沈没』(光文社、一九七三年)の背後にも戦争がある。本書で指摘した通り、同作は東京オリンピックが開催された一九六四年に書き始めたとされており、執筆動機を、小松は「戦争」だと回想していた。戦争を忘れ、のん気に浮かれる日本人を「沈没」させようとしたのである。

とはいえ、一九三一年生まれで関西出身の小松左京に関東大震災の被災体験はない。清水幾太郎のように戦争との対比で関東大震災を想起し、『日本沈没』を執筆したわけではないだろう。災害を持ち出した背景と考えられるのは、執筆直前、オリンピックに湧く日本で発生した新潟地震である。「災後」の日本において、オリンピックという輝かしい記憶の裏に、新潟地震が発生していたことを覚えている人は多くないはずだ。しかし、実際には地震が都市を破壊する様子がテレビという映像メディアを介して全国に伝えられ、大きな注目を集めていた[27]。テレビオリンピック直前の〝テレビ地震〟であり、この年、オリンピックに次ぐ二番目のニュースとなっている[28]。テレビを介して伝えられた新潟地震の衝撃は、経済成長や都市拡大による新たなリスクを露見するものであった[29]。被災地域にとどまらず、東京・全国でも起こり得る新たな都市災害として認識されるもので、「高度経済成長下で発展しつつあった全国の工業地帯や新産業都市の防災対策について、新しい視点からの取り組みを要請する警鐘となるものであった[30]」。オリンピックムードが充満する日本社会で、小松は新潟地震を〝警告〟として受け止めたのだろう[31]。梅棹忠夫、加藤秀俊らに向かって、新潟地震の「クイック・サンド」についての話を披露していたように、この地震に対して強い関心を示していた様子もうかがえる[32]。

しかし、同時代において新潟地震の〝警告〟は定着しなかった。そればかりか、拙稿でも論じた通り、オリンピックと復興が現代のように接続することもなかった。聖火リレーから大会が終わるまでの期間、オリンピックと復興は新聞報道の中で結びつけられてはいない。紙面の中で、〝被災地出身のアスリート〟と意味付けられる選手は存在せず、復興への呼びかけもなされなかった。長期的な世論調査をもとに藤竹暁が指摘していた通り、同時代の日本は「オリンピック一色」だったのである。[33] 全国紙であれ、地方紙であれ、今日みられるような被災地・復興とオリンピックを過度に結びつける語りは、顕在化していなかった。

二〇二〇年に控える東京オリンピックは、「復興」をキーワードに〝幻のオリンピック〟(一九四〇年東京大会)、〝世紀の祭典〟(六四年大会)との連続性が指摘されている。[34] 阿部潔が指摘するように、これは、「それぞれの歴史上の時期において「復興」が重要な位置を占めていた/いる点を強調することで、首都東京でオリンピックを開催する歴史的な意義を読者に訴えかける手法」である。[35] 二〇二〇年の東京オリンピック開催決定を伝える報道も、「復興物語」一辺倒であった。[36]

だが、一九六四年の新潟地震がそうであったように、震災復興はいつの時代でもオリンピックと結びつけて強力に主張されるものではない。六四年大会は戦後復興が意識された一方で、新潟地震の復興が見落とされていた。このことと本書の議論を踏まえれば、震災復興をオリンピックと接続して語ってしまう要因は、〝スポーツのチカラ〟への期待だけでなく、震災に対する意識の高まりによるものだとも考えられる。一九六四年当時と大きく異なるのは、現代日本の災害に対する認識、震災の布置である。目を背けられないほど震災が重要な位置を占めるようになったのだ。

そしてそれは、一九九五年の阪神・淡路大震災、二〇一一年の東日本大震災を起点とする「災後」という短期的な傾向ではない。一九六〇年からひたひたと続く、記憶の構築と忘却のせめぎ合いに基づくものである。長く、重層的な〈災後〉の産物だ。

形骸化した記念日に

本書は、災害の来し方行く末をテーマとして、長い〈災後〉を辿るものである。新聞報道を中心に、災害間、地域間、時代ごとの比較を通じ、日本社会が災害の記憶をいかに語ってきたかを追跡してきた。時間的にも空間的にも発災（時・場所）に限定されず、災害とメディアの長期的な関係を紐解く試みである。

こうした方策によって、〝災害情報〟を中心としてきた従来のメディア研究とは異なる位相での、〝災害のメディア研究〟を志向し、研究の拡張を目指した。既存の研究とは異なる新たな視点から、災害とメディアの長期的な関係、メディアの役割を問い直せたのではないだろうか。課題は少なくないが[37]、災害をめぐる諸問題を考察するための端緒となればと思う。

本書で中心的に取上げた周年報道を、「形骸化したカレンダー・ジャーナリズムだ」と批判する人もいるだろう。そんなものに意味はない、と。オーラルヒストリーのように、体験者に寄り添い、実際の声に耳を傾けることの重要性を強調する立場からすれば、マス・メディアはあまりに最大公約数的だ。言うまでもなく、報道の中で捨象している声は少なくない。

このようなマス・メディア批判は容易い。形骸化しているという指摘も否定はしない[38]。しかし、形骸化しながらも、継続してきた事実に読み込むべき意義はないのだろうか？

本書を通じて明らかにしたように、周年報道が「形骸化」しなければ、現代的な状況とは異なる「災後」になっていた可能性がある。災害の社会的位置付けが低く、巨大災害が発生し、多くの人命が奪われても、日本という枠で周年的な想起が営まれない世界。災害の記憶についての議論が盛り上がらず、災害体験の継承が重要視されない世界。そのような「災後」も十分あり得た。

「形骸化」してでも周年報道が持続されなければ、関東大震災の位置付けは変わっていたはずだ。東京ローカルなものとして、忘れ去られていた可能性は否定できない。全国的な防災訓練はなく、未来の地震を「東海地震」のように固有名で呼ぶこともできなかったかもしれない。地震防災対策の進み具合も遅れていただろう。一月一七日が阪神・淡路大震災の重要な記念日だという認識も構築されず、全国的には忘れ去られていたのではないか。当然、個々の記憶語りは顧みられない。伊勢湾台風がそうであったように。

つまり、形骸化を批判する前に、形骸化すらできなかった歴史を知るべきなのだ。周年的に想起を仕掛ける試みは、決して自明なものではない。また、マス・メディアが仕掛ける周年的な想起がトリガー（引鉄）となって、個々の語りが誘発されるという面も少なくないはずだ。長期的にみれば、「実際の声」が広く社会で受け入れられるようになるために、メディアの「形骸化」は必要不可欠だった[39]。私たちは、長い〈災後〉を経て、記憶の重みを認識するようになったのである。

では、三月一一日という記念日に、私たちはこの重みをどのように受け止め続けるか。重層的な〈災後〉の上に、現代的な「災後」が成り立っていることを自覚し、行く末を見定めなければならない。

注

（1）ここでの「奥行き」とは、與那覇潤が「現時点で私たちがもっている価値観や提示されている選択肢、そういったものの成立事情や背景をしることで見えてくる、相対化の感覚、ということになるでしょうか。どの価値観や選択肢をえらぼうと、歴史の流れにそれらが拘束されていることをしれば、けっして全能感は得られない。そういうわりきれなさ、「過去の影」のようなものですね」と語るものを意識している（與那覇潤「歴史学者廃業記　歴史喪失の時代」二〇一八年四月六日（https://books.bunshun.jp/articles/-/4225）【二〇一九年二月二七日取得】）。福間良明が述べる「「正しさ」の相対化」とも通じるものだろう。福間は、「現在の価値規範から過去を問いただすことは、ある意味ではたやすい。だが、戦時であれ、戦後初期であれ、自分がその状況に投げ込まれたとき、同じ「正しさ」を確信をもって主張し続けることができるのか」と問いかけている（福間良明「ポスト「戦後七〇年」と戦争社会学の新展開　特集企画にあたって」『戦争社会学研究』第一巻、二〇一七年、一三頁）。序章で指摘した通り、災害の記録や記憶は現代社会で重要なものとみなされているが、そのような現在の立ち位置がどのように獲得されたものなのかを過去との相対化によって推し量っていく。

（2）関東大震災が、大阪で起こりうる地震への恐怖に与えた影響、その後の動向については土田宏成『近代日本の「国民防空」体制』（神田外語大学出版局、二〇一〇年）を参照。

（3）「帝都復興の詔勅」の内容については、国立公文書館のホームページを参照（http://www.archives.go.jp/exhibition/digital/henbou/contents/16.html）【二〇一九年五月一日取得】。引用にあたり、現代語訳に改めた。

（4）「社説　復興帝都御巡幸」『東京朝日』一九三〇年三月二四日付朝刊。

（5）こうした腑分けは、西村明の「シズメ」と「フルイ」の概念が参考になる。西村は「死者やその記憶を過去のものとして生者の生きる現在から切り離してとらえる姿勢」を「シズメ」、それとは反対に、現在に接続させようとする姿勢を「フルイ」と定義している（西村明「シズメとフルイのアップデート」『戦争社会学研究』第一巻、二〇一七年、六六頁）。関連する初期の議論としては、西村明『戦後日本と戦争死者慰霊　シズメとフルイのダイナミズム』（有志舎、二〇〇六年）。

（6）鶴見俊輔『戦後日本の大衆文化史　1945〜1980年』岩波書店、一九八四年、一二四頁。そもそも、鶴見俊輔が取り上げたNHKの連続テレビ小説は「防災の日」制定以後、一九六〇年以降のメディア文化である。第一回の『娘と私』は一九六一年四月三日に放送がはじまった。なお、大河ドラマの第一回は『花の生涯』で一九六三年四月七日放送開始である（日本放送協会『20世紀放送史　下』日本放送出版協会、二〇〇一年、五四八‐五四九頁）。

加えて、一九六〇年代以降のメディア環境の拡充も重要だろう。テレビ放送の開始は一九五三年だが、広く普及し、基軸メディアがラジオからテレビへと移行するのは一九五〇年代後半から一九六〇年代前半にかけてである。一九六七年に行われた内閣府の『山村地域の住民の意識調査』において、「テレビ」が九五％の普及率を誇っていたように、地域や階層にかかわりなく、テレビは見られるようになっていった（内閣府世論調査）。一九七〇年代に日本社会の格差は縮小したとされているが、その転換点が一九六〇年代なのである（橋本健二『増補新版「格差」の戦後史　階級社会日本の履歴書』河出書房新社、二〇一三年、一一三頁）。

つまり、「「世代共通文化」「世代共通体験」が生まれる素地が整ったのが一九六〇年代前半」である。人口が都市部に集まりつつあり、メディアを通じた共通体験が容易となっていた。「生活水準は都市部と違うのに、テレビから流れてくる情報は一緒という、地域格差が顕著な時代」である（古市憲寿『絶望の国の幸福な若者たち』講談社、二〇一一年、四六‐四七頁）。こうしたメディア環境の変化も一九六〇年代以降に関東大震災がナショナルな記憶として再構築される土台であったと考えられる。

（7）第四章で確認した通り、伊勢湾台風というローカルな記憶は想像の共同体を用意する資源にもなりうる。災害とメディアの長期的な関係には、地域の特性が色濃く現われていた。「地域共同体のアイデンティティを回復する」という点において、地方メディアが重要な役割を担っていることは、本書の成果から明らかである。

（8）本書で確認した『東京朝日』に限らず、『毎日新聞』、『読売新聞』でも同様である。

（9）「社説　大地震対策法案の課題」『東京朝日』一九七八年二月二〇日付朝刊。

（10）阪神・淡路大震災の予知はできなかったが、状況に大きな変化はなかった。この点については、拙稿「震える、あの頃の夢」（大澤聡編『１９９０年代論』河出書房新社、二〇一七年、一三一‐一四二頁）も参照。

（11）吉見俊哉『戦後と災後の間　溶融するメディアと社会』集英社新書、二〇一八年、九八頁。

（12）統計数理研究所の「日本人の国民性調査」（http://www.ism.ac.jp/kokuminsei/）【二〇一八年三月二日取得】。

（13）坂元慶行「日本人の国民性　50年の軌跡──「日本人の国民性」から──［研究ノート］」『統計数理』第五三号第一号、二〇〇五年、一四頁。

（14）災害の死者数については序章、第五章も参照。

（15）小林傳司『トランス・サイエンスの時代　科学技術と社会をつなぐ』NTT出版、二〇〇七年、九八‐一〇二頁。

（16）地震予知の科学は地震の発生を防ぐものではない。それゆえ、「自然を征服」する科学ではなく、「自然に従え」に属するものであったともいえる。また、伊勢湾台風が記憶すべきと見なされなかったことに、「自然を征服」が優位であったという時代背景もあるのだろうが、その場合、関東大震災を想起する意義が見出されたことを説明できない。

(17) 清水幾太郎「日本人の自然観　関東大震災」伊藤整・清水幾太郎編『近代日本思想史講座3　発想の諸様式』筑摩書房、一九六〇年、九-六二頁。

(18) 原武史『「昭和天皇実録」を読む』岩波新書、二〇一五年、七五頁。

(19) 同前、一二〇頁。

(20) 宮内庁編『昭和天皇実録　第七』東京書籍、二〇一六年、八三一頁。

(21) 宮内庁編『昭和天皇実録　第十』東京書籍、二〇一七年、六九三頁。

(22) 宮内庁編『昭和天皇実録　第十一』東京書籍、二〇一七年、五四八頁。

(23) 宮内庁編『昭和天皇実録　第十二』東京書籍、二〇一七年、三六六頁。

(24) 東京都総務局総務部東京都公文書館百年史編集係編『東京百年史別巻』東京都総務局総務部東京都公文書館百年史編集係、一九七九年、七六一頁。

(25) 前掲原武史『「昭和天皇実録」を読む』、四頁。

(26) 小熊英二『清水幾太郎　ある戦後知識人の軌跡（神奈川大学評論ブックレット26）』御茶の水書房、二〇〇三年、四、六-七、九五頁。

(27) 黒田勇「メディア・スポーツの変容　「平和の祭典」からポストモダンの「メディア・イベント」へ」『マス・コミュニケーション研究』第六二号、二〇〇三年、六頁。

(28) テレビが被災地外へ情報を発信し、ラジオが被災地向けの情報を発信するという放送メディアごとの役割分担は、新潟地震以降のものである（廣井悠「情報と災害史」田中淳・吉井博明編『災害情報論入門』弘文堂、二〇〇八年、四二頁）。

(29)「64年の日本10大ニュース」『読売新聞』一九六四年一二月二二日付朝刊。

(30) 新潟県編『新潟県史　通史編9　現代』新潟県、一九八八年、四五九頁。

(31) 第五章で指摘した通り、急速な近代化・産業化への警鐘を鳴らした新潟地震の特性は、小松左京の執筆意図と合致する。

(32) 小松左京「ニッポン・七〇年代前夜」『文藝春秋』一九七一年二月号、二二〇頁。

(33) 藤竹暁「東京オリンピック　その5年間の歩み」『東京オリンピック』日本放送協会放送世論調査所、一九六七年、七六頁。

(34) 例えば、「東京２０２０　アクション&レガシープラン２０１６　～東京２０２０大会に参画しよう。そして、未来につなげよう。～　中間報告」(https://tokyo2020.jp/jp/games/legacy/items/legacy-progressreport.pdf)【二〇一八年三月二二日取得】。

　二〇一八年一月発行の『東京２０２０大会ガイドブック』からは「様々な困難を乗り越え、復興へと歩む被災地の姿」を世界に発信しようとする意図が窺える。興味深いのは開催決定後（二〇一六年四月一四日）に大地震が襲った熊本にも言及していることだろう。東京開催決定後の地震であったが、復興との関連を打ち出している。「復興へと歩む被災地の姿」が一九六四年当時に話題とならなかったこととは大きな違いである（『東京２０２０大会ガイドブック』(https://tokyo2020.org/jp/games/plan/data/tokyo2020-guidebook-ja.pdf)【二〇一八年三月二二日取得】）。災害すべてを網羅しようとする姿勢は、社会が「フラット」なものになったという時代診断とも適合的だ（遠藤知巳編『フラット・カルチャー　現代日本の社会学』せりか書房、二〇一〇年）。

(35) 阿部潔「先取りされた未来の憂鬱　東京二〇二〇年オリンピックとレガシープラン」小笠原博毅・山本敦久編『反東京オリンピック宣言』航思社、二〇一六年、四四‐四五頁。

(36) 拙稿「２０２０年東京オリンピック・パラリンピック開催決定と他者　テレビ報道を事例に」『スポーツ社会学研究』第二四巻第一号、二〇一六年、七九‐九二頁。

(37) 本書を通して浮上した課題のうち、今後、検証すべき特に重要なものとしては、以下のものがある。まず、読者対象の広い新聞では語りの背景が見えにくいため、雑誌のような読者を絞った媒体の検証を進める必要があるだろう。また、本書では清水幾太郎以外の知識人を扱えなかった。震災を語った回数は少なくとも、小松左京のように重要な作品を残した人物は存在している。理科系の研究者を含め、そうした知識人・文化人の検証は今後検証すべき重要な課題である。次に、対象地域についていえば、災害常襲地に注目する従来の研究との距離を意識し過ぎてしまった感がある。地震が多発したり予知される地域、水害常襲地など、名古屋・大阪以外にも検証すべき重要な地域はある。さらに、地震に対する恐怖が高まる過程は検討できたが、台風の恐怖が低下していくことについては記憶の忘却しか指摘できていない。日本社会がいかに台風を克服したものとみなしたか、という問題は、地震に対する集合的な認識との対応で考察すべき重要なテーマである。今後の課題としたい。

(38) 本書で〝語りの形式が定着した〟と表現したことも、見方を変えれば「形骸化」である。

(39) 清水幾太郎による震災論のスケールが変化していたことや『手記 関東大震災』(一九七五年、新評論)の刊行などは、このことを示す格好の事例だ。

あとがき

冒頭でＲＡＤＷＩＭＰＳを挙げたのは、彼らの営みの〝軽さ〟を指摘したいからではない。むしろ、その逆。記憶の〝重み〟を受け止めようとするものとして例示した。そうした営みを、重層的な〈災後〉を踏まえ、どのように考えるか。それが本書の出発点である。

拙稿で論じたように、「復興」という言葉が政治的に、都合よく用いられるものだとすれば、二〇二〇年の東京オリンピック・パラリンピックという祝祭に、かつての帝都復興祭的な意味（＝復興の完了／ひと区切り）が付与されないとは言い切れない。そうした標語的なものではなく、〝私たちは、忘れていない〟と行動で示すこと。関係を持続させることが、過去の巨大災害との向き合い方として必要ではないかと思う。その意味で、ＲＡＤＷＩＭＰＳの営みは尊い。これからも同時代的な想いや迷いを歌い続けてほしい。

とはいえ、東日本大震災が研究者への道を開いたわけではない。二〇一一年三月一一日は法政大学在学中。三年生のおわり頃だ。買い物に行くため友人と駅で待ち合わせをしていたとき、大きな揺れに襲われた。ちょうど、待ち合わせ相手がホームから上がってきて、目が合ったタイミング。ぼくは、その友人を見捨てて駅の外へと駆け出していた（今でも「薄情者」といわれる）。

もっとも、家までは歩いて帰れる距離で、帰宅難民にもならなかった。計画停電の影響を多少受けた程度である。東日本大震災の「災後」という時代状況でなければ、本書がより位置づけにくいものになったであろうことは認めるが、東日本大震災がきっかけではない。

災害というテーマを発掘できたのは、名古屋市立白水小学校で受けた伊勢湾台風の防災教育が決定的である。小・中・高の友人たちは、『伊勢湾台風物語』に登場する犬が可哀想だったとか、家が洪水で流されるシーンを覚えていると話してくれる。ぼくも同じだ。話が東海豪雨（二〇〇〇年九月）に行きつくこともある。

しかし、大学の友人にこの話題は通じない。高校日本史の教科書に載っていないからだと気づいたのは、しばらく後のことである。同時に、戦後最悪の震災は教科書に登場し、戦後最悪の台風が取り上げられないことも知った。この落差は何なのか？　おそらく、名古屋市で教育を受けていなかったら、本書には辿り着けなかった。この本を書くためには、「名古屋人」であることが重要だったのである。

本書は、二〇一八年四月、関西大学大学院社会学研究科に提出した博士論文「「防災の日」のメディア史　日本社会における災害認識の変遷」に加筆・修正を施したものである。

初出は以下の通りとなっている。

はじめに　書き下ろし
序　章　書き下ろし
第一章　「〈東京〉の帝都復興祭」『京都メディア史研究年報』第三号、二〇一七年
第二章　書き下ろし
第三章　「「防災の日」をめぐる災害の記憶　一九二四年―二〇一四年における関東大震災周年社説を手がかりに」『マス・コミュニケーション研究』第八八号、二〇一六年
第四章　「伊勢湾台風の集合的記憶　全国紙／地方紙における周年報道を手がかりに」『次世代人

文社会研究』第一四号、二〇一八年
第五章　書き下ろし
第六章　「「地震後派」知識人の震災論」『マス・コミュニケーション研究』第九三号、二〇一八年
終　章　書き下ろし

博士論文が完成に至るまで、多くの先生方にお世話になった。

まず、大学院入学以来、指導していただいたのが黒田勇先生だ。〝何が社会学的におもしろいのか〟という嗅覚は、黒田先生に依る部分が大きい。思えば、〝おもしろくなりそうなタネ〟を持って行き、〝おもしろくなるネタ〟を選定していくオーディションが黒田先生との議論だった。見通しがつけば、あとは進めるだけである。未開拓なテーマを自信満々で推し進めていけたのは、こうした後ろ盾があったからだ。

黒田先生とぼくを引き合わせてくれたのが、法政大学スポーツ健康学部時代の恩師・山本浩先生である。たまたま受かった大学に入っただけの、モチベーションの低い学生だったぼくは、〝サッカー実況のカリスマ〟と呼ばれた先生と出会い、人生が変わった。知識や体験を蓄え、それを表現する技術を間近で体感し、衝撃を受けたのだ。それ以来、手当たり次第に本を貪り読む学生生活が始まった。面白かった本は書評を書き、添削をお願いした。お忙しいにもかかわらず、少しも嫌な顔をせずに毎回丁寧な赤入れをして頂いた。作文能力を養うための、本当に贅沢な時間である。なかなか褒めてもらえる水準の文書を書くことはできなかったが、学生時代のこの体験がなければ、大学院で論文を書くこともままならなかったのではないかと思う。

東京から大阪へ移ったのは、若干「都落ちの」感がある。けれど、関西に来たことを後悔はしなかった。その理由のひとつとして、関西大学の素晴らしい研究環境がある。

指導教官の黒田先生をはじめ、社会学研究科マス・コミュニケーション学専攻の先生方には総力戦体制で支えていただいた。特に、月に一度開催される「合同演習」という専攻全体のゼミは、先生方と議論ができる「場」としてとても貴重だった。博士後期課程に進学してからは、「合同演習」の司会を担当させていただけるようになり、研究以外の面でも指導を受けることができた。

関西大学でお世話になった先生方すべての名前を挙げることはできないが、小川博司先生には修論、博論ともに副査を担当していただいた。この場を借りて、御礼を申し上げたい。

もうひとつ、関西に来てよかったのが、他大学の先生、学友との出会いだ。

まず、京都大学の佐藤卓己先生である。佐藤先生には、博士論文の副査を引き受けていただいたが、博論審査の口頭試問には、ちょっとしたエピソードがある。二〇一八年の「今年の漢字一文字」には「災」が選ばれたように、災害の多い年だった。博士論文の口頭試問も大阪府北部地震の影響で延期になっている。災害に関する論文の審査が災害で流れるというベタなお話しだ。延期が審査をする側の負担であることは想像に難くない。だが、本番では延期の影響は全くなく、鋭い批判、的確な助言をいただくことができた。本書にはその応答も含まれているが、積み残した課題も存在する。佐藤先生が重要視される「二冊目」で、なんとか課題を回収していければと思う。

また、これまでに、佐藤先生には多くのことばをいただいてきた。特に、「一点突破、全面展開」は研究課題を設定する上で、常に意識していることだ。まだ修士一年の頃、「書ける研究者を目指しなさい」と声をかけていただいたことも忘れられない。「書く」ことを念頭に、戦略的に院生時代を過ごすことができたのは、佐藤先生のお陰である。

立命館大学の福間良明先生には、院ゼミにお邪魔させていただいただけでなく、正規のゼミ生と変わらない、とても丁寧な指導をしていただいた。いつも表面的な変化ばかりを追って、深みのないぼくの研究報告に対し、鋭いコメントで、変化の背後に存在する奥行きに目を向けさせてくれた。福間ゼミでは資料の掘り起こし方、研究の拡げ方など、本当に多くのことを学ばせていただいている。

神戸市外国語大学の山本昭宏先生との出会いも刺激的だった。本文中でも言及したが、文理横断的に資料を見渡すアイデアは、山本昭宏先生から学ばせていただいたものである。年齢も近く、懸命に背中を追いかけたい存在だ。けれども、研究会などでのコメント力、応答力にはいつも圧倒されている。その背中は遠い。

また、すべての方の名前を挙げることはできないが、佐藤卓己ゼミ（京都大学）、福間ゼミ（立命館大学）の方々にも、研究報告に対し、たくさんのコメントをいただいた。特に、福間ゼミの佐藤彰宣さん（東亜大学）には論文を書くたびに原稿を送りつけ、忙しいにもかかわらず、丁寧なコメントをいただいていた。博士論文を比較的短期間で書き上げることができたのは、優秀な先輩・後輩たちの存在が、ぼくのモチベーションを維持してくれたからだ。

本書の出版にあたっては、人文書院の編集者、松岡隆浩さんに大変お世話になった。本書の内容に興味をもっていただき、出版に向けてご尽力いただいただけでなく、ぼくのわがままなお願いを通してくださった。

なお、多くの先生方にお口添えしていただいたが、松岡さんとぼくを引き合わせてくれたのは近畿大学の大澤聡先生である。大澤先生は、『１９９０年代論』（河出書房新社、二〇一七年）で執筆の機会を与えてくださっただけでなく、ぼくが焦り過ぎないように、また、燃え尽きないように、適切なタイミングで声がけをしてくれていた。二人でよく飲みに連れて行ってもらったが、話題の守備範囲の広さにはいつも驚かされる。公私ともにたくさんのことを相談させていただいた。

本当に多くの方々に助けられながら、本書の刊行に辿り着くことができた。感謝したい。

そして、最後は両親に。「新聞記者になりたい」と言っていた息子が急に大学院へ進学し、驚かせたと思う。しかも、二年で終わるかと思ったら、法政よりも長く関大にいることになった。心配ばかりかけているが、いつも応援してくれてありがとう。

二〇一九年七月

水出　幸輝

著者略歴

水出幸輝（みずいで・こうき）
1990年、名古屋市生まれ。関西大学大学院社会学研究科博士課程後期課程修了。博士（社会学）。現在、日本学術振興会特別研究員（京都大学）。専門は社会学、メディア史。共著に『1990年代論』（大澤聡編、河出書房新社）、『一九六四年東京オリンピックは何を生んだのか』（石坂友司・松林秀樹編、青弓社）。論文に「「防災の日」をめぐる災害の記憶」（『マス・コミュニケーション研究』第88号）、「2020年東京オリンピック・パラリンピック開催決定と他者」（『スポーツ社会学研究』第24巻第1号）など。

〈災《さい》後《ご》〉の記憶史
メディアにみる関東大震災・伊勢湾台風

二〇一九年九月二〇日　初版第一刷印刷
二〇一九年九月三〇日　初版第一刷発行

著　者　水出幸輝
発行者　渡辺博史
発行所　人文書院
〒六一二-八四四七
京都市伏見区竹田西内畑町九
電話〇七五・六〇三・一三四四
振替〇一〇〇〇-八-一一〇三

装　幀　間村俊一
印刷所　モリモト印刷株式会社

落丁・乱丁本は小社送料負担にてお取り替えいたします

ISBN978-4-409-24126-4 C3036

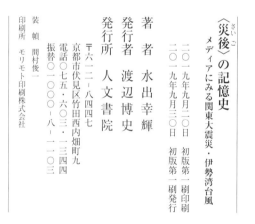

山本昭宏著

核エネルギー言説の戦後史1945-1960

「被爆の記憶」と「原子力の夢」

二四〇〇円

敗戦からの一五年間、原爆と原子力という二つの「核」をめぐって何が言われ、人々はそれをどのように受け止めたのか、中央メディアから無名作家たちのサークル誌までを博捜し社会全体を描き出す。

福間良明著

「聖戦」の残像

知とメディアの歴史社会学

三六〇〇円

戦争表象から戦時・戦後の博覧会、民族学や日本主義の変容まで、近代日本における戦争・知・メディアの編成と力学を多様なテーマで描き出す、歴史社会学の濃密なエッセンス。著者一〇年間の主要論考一千枚を集成。